島津齊彬文書刊行會編

島津齊彬文書

上巻

株式會社
吉川弘文館
發行

島津齊彬（寫眞）

島津忠重氏所藏

島津齊彬和歌短冊

勝目　清氏所蔵

序

史上の人物評は、評者にその人物以上の識見あってこそ、肯綮に値するものだと思う。これは評者の主觀が主となるからである。抽象的な觀念論だけではいけない。この意味から私は常に古人の遺稿文書を尊重しそれを通じてその人物の眞味にふれ、正しく研究することを心がけている。島津齊彬公が幕末諸侯中、拔群の名君であったことは周知の事實である。その教育、産業、民生に關する見識、對外關係、西歐文化の吸收、科學振興の業蹟等は枚擧に遑がなく、亦明治維新の基礎を築いたのもほかならぬ齊彬公その人であったのである。

昭和三十三年は公の薨去後百年に相當し、公を祀る舊城下の照國神社では嚴肅に百年祭を執行した。鹿兒島市としてはこの偉人の百年祭記念として最適の事業を考えたが、偶々齊彬公文書並に同關係文書が島津家に蒐集されていることを承りこれを記念出版として刊行することとした。島津家はこの擧を諒解され、また現在その文書を所藏される東京大學史料編纂所が、この刊行を許可されたので、ここに島津齊彬文書上下二卷を世に送ることとなつた。これによつて未だ曾て秘庫を出なかつた完全な齊彬公文書が永久に江湖に傳わるに至つたことは、出版の意義大にして公の正しき研究資料として重要な役割を果すものと信じる。出版については名古屋大學教授大久保利謙氏の盡力を得、編纂校訂には史料編纂所員林田眞二郎氏を煩わした。またこの特殊な出版は吉川弘文館がこれを引受けられた。發刊にあたつて史料編纂所並びに大久保、林田、吉川圭三諸氏の好意に感謝の意を表して序に代える。

昭和三十四年三月

鹿児島市長　勝目清

例言

一、ここに刊行する島津齊彬文書は、齊彬の書翰・建白・申告・令諭・遺文・日記などを輯錄し、且つその關係文書を參考として、附收したものである。

一、本文書は、これを上下二卷とした。上卷には天保十一年正月より嘉永三年五月までを、下卷には嘉永三年七月より安政五年七月までを收めた。

一、編纂の體裁は、文書の年月日に據つて編次し、年代の明らかでないものは、假りに推定年代を附して、その箇所に收めた。なほ年代推定の困難なもの及び日記の類は、これを下卷末に別收した。

一、文書には、番號を附し、標題を掲げた。標題は、原則として、島津齊彬の名を省略して宛名のみを掲げ、公的な文書には內容を表示した。また參考文書にもそれぞれ、番號を附して、便宜の標題を掲げた。

一、文書中の古體・異體・略體などの文字は、概ね正字に改めた。但し相通ずる文字でも、その組成を異にするもの、例へば廿・卅と二十・三十、帋と紙などは、原字體を用ゐた。變體假名は、努めてこれを殘した。なほ之・叓・ゟ・〆・ヿなどは、舊字體を用ゐた。

一、編纂者の加へた文字には、すべて〔　〕または（　）を施し、あるひは、首に○を附して、本文と區別した。右二種の括弧の中、前者は校訂註で、後者は參考註である。

一、傍註にヵの字を加へたものは、斷定を差し控へたものである。また文意の通じ難い箇所、もしくは原文のままに從つたことを示す場合は、（マヽ）と傍註した。

一、地名・人名・件名などの傍註は、原則として初出の箇所に加へたが、頻出するものは、便宜に從ひ、適宜略註を加へた。

一、文書が別紙で裹まれてゐるとき、差出人側で裹んだものは封紙と傍註し、受取人側で裹んだものは包紙と傍註して、裹紙添附の狀態を明らかにした。

昭和三十四年三月

編纂者

島津齊彬文書

上巻

目次

弘化四年丁未（西曆一八四七年）

嘉永元年戊申（西暦一八四八年）

嘉永二年己酉（西曆一八四九年）

嘉永三年庚戌（西暦一八五〇年）

七四　正月廿四日　德川齊昭への書翰

一 補遺

圖版

目次終

島津齊彬文書 上卷

天保十一年庚子（西暦一八四〇年）

一 正月十七日 伊達齊邦への書翰

樂宮中陰中ニ於ル同席諸侯ノ登城

徳川家祥ニ謁見ノ件

（奥封宛書）「陸奥守様（伊達齊邦、仙臺藩主、外様、大廣間席）　豐後守（齊彬、鹿兒島藩世子）」

貴答忝致拜見候、愈御清榮奉賀候、然者昨日内々申上候處、早速御手留（大廣間席勤仕手留）メ拜見忝奉存候、此方（齊興、鹿兒島藩主、外様、大廣間席）ニ者在國ゆへ、何も不相分候處、千萬忝奉存候、度々恐入候得共、廿一日後も御中陰（將軍徳川家慶夫人樂宮ノ逝去）中ニ登城も御座候樣相見得申候、幾度御座候や、且西丸大納言様（大御所徳川家齊カ）ゟ謁シ候も、老中ニ而御座候や、日限等相知を居候ハヽ、被仰下候樣奉希候、扨廿四日比、表向ニ相成候由ニ御座（發喪）候、且又有馬（玄蕃頭、賴徳、久留米藩主、外様、大廣間席）ゟ、昨夜別紙（所見ナシ）之通申參候、如何之思召ニ御座候や、此度者凶例ニ而も申出安く存候間、先日も御談し申上候例を以て、右大將様（將軍世子家祥）謁之義、申立ニ相成候而者如何ニ御座

候や、思召相伺度、若々御書面ニ而相分り兼候ハヽ、家來差出候とも、又ハ小子廿一日比
ニ罷出候様ニ可仕、何分御勘考可被仰下候、先ハ御再答旁此段奉申上候、頓首、

正月十七日

猶々、御自愛専一奉存候、以上、

天保十二年辛丑（西暦一八四一年）

二　十一月三日　伊集院兼珍への書翰

調所廣郷著府

伊集院兼珍ノ故齊宣遺體歸國隨從ヲ罷ム

二階堂行經故齊宣遺體

（奥封ウハ書）
「つる　　　」

一御供之義ニ付、（前鹿児島藩主齊宣遺體歸國ニ隨從スルヲ云フ）寿満か（齊彬側室、伊集院兼珍養女）承り候趣も有之候得とも、先日申候通り、無據事ゆへ、申付候へとも、昨日笑左衛門（調所廣郷、家老）著ニ御座候間、猶またゝ相考へ申談候處ニ、都合よく相成、御國（在麑齊興）ゟもよろしき様ニ申上候筈ニ而、此度ハ殘り、來春ハ立之方ニ相成候間、此段早々申聞候、少しも早く申聞候方よろしくと存候間、鳥渡申入候、明日比ニ申渡ニ相成可申候、少しも心配もなく、よく申談候間、案んし申間しく候、尤申渡相成迄ハ、誰ゟも申ましく候、口上ニ而申聞候而ハ、外ゟ知を候間、此段以書面申入候、表向計り氣薄ニも相成、且主計（二階堂行經、大番頭兼勘定奉行）・笑左衛門兩人居なから、御供不致候而ハ、御城（江戸城）之聞得も如何と申處ニ而御座候、尤笑左衛門ゟ挨拶等致し而ハ不宜候間、此段も申入候、主計共御供ニ被仰付候筈ニ付、

帰國ニ隨從

此段極内々申入候之、

十一月三日

齊興指宿温泉入湯

〔參考〕 九月十九日　調所廣鄉より島津久寶(カ)への書翰

太守様(齊興、鹿兒島藩主)益御機嫌能被爲遊御座、
御内證様(齊興側室ゆら、岡田氏)御同様被成御座、恐悦御儀御座候、
太守様此度も別ゟ御氣丈様被爲入、難有御事ニ奉存候、近々ゟ指宿(薩摩揖宿郡)温泉ゟ被遊御光越筈ニ御座候、右御光越之儀ハ、御願申上候御事ニて候、來年ハ琉球人被召列御參府ニ付ゟハ、御自分も御案内之通り、別ゟ冬深之御道中ニ御座候へハ、前以御加養ニても被遊不被下候ゟハ、御案申上御事ニ付、千代とニても御入湯被遊被下候様、奉願上申候御事ニ御座候、左様御承知置可給候、於其御許
中將様(齊宣、前鹿兒島藩主)
少將様(齊彬、鹿兒島藩世子)
御前様(齊彬室英姫德川齊敦長女、故將軍家齊姪)其

齊彬ノ精勤

國吉親方調所廣郷ニ唐物商法再願ヲ懇請ス

齊宣不例

病症惡質

高輪邸詰醫師增員

御外様、益御機嫌能被爲遊御座、恐悦御儀奉存候、就中
少將様御健様ニ被遊御座、　御登城其外御勤事も無御缺段も、追々奉伺誠ニ難有奉存
候、おゝ元何も相易候儀も無之、琉球ゟ當夏三司官國吉親方（朝章）唐恩謝首尾使者ニ而上國、序
ニ拙者へ致面會度との事候付、下著候上面會、右之儀承候處、矢張唐物商法御再願被下
候様ニと申事ニ御座候、尤中山王（尚育）ゟ願書も持登り申候、以上ハ至極之願書ニ御座候間、
唐物商法御願ニハ隨分御爲ニ相成歎願書ニ御座候、外ニ何も相替不申候、
一中將様御事、當七月頃ゟ少々御不豫被爲
在候由候へとも、追々御快との御事、此度飛脚便ゟ承知仕、先ハ難有儀奉存候、併
御病症いまた御名ハ付不申候へとも、何分不容易御煩之段被申越、唯々奉恐入申候、
就而ハ當分高輪（江戸、下邸）江相詰居候沖渡來も、近年身弱有之由ニ而、壹人ニ而ハ届り兼候付、
岩山玄伯致出府候ハヽ可然との御評議、尤
少將様御沙汰も被爲
在候段、主計殿御方（二階堂行經、大番頭兼勘定奉行）ニとゟも被申越、則入
御聽候所、尤成事ニ

岩山玄伯染川源七郎出府發途

齊彬廣郷ニ歸府ヲ命ズ

日新寺代參

思召候間、少も早く致出府候様可取計旨被仰出、則申渡相成候所、束〔速〕ニ御請申出、昨十八日致出立候、折柄御小納戸見習染川源七(源七郎)事も、其御許小道具衆らへ被仰付、致出府候付、兩人同立申談、源七郎も昨日出立いたし候、扨

中將様御様體書、又ハ各方ゟ細々被申越趣逐一致承達候處、何分奉念入候御病症と奉存候、最初十九日附ニ而被申越候節ハ、早々出立不致候而ハ相成間敷奉存居候處、廿六日便ゟ少々御快段被申越候付、先ハ難有奉存候、尤拙者早く致歸府候様ニとの御事ハ、

少將様ゟ

太守様江御直ニも被

仰上候由、又私へも

御直書を以も被仰下奉恐入申候、則御請も仕、何時ニても出立仕候心得ニ罷在申候、

就而ハ私ニハ加世田(薩摩川邊郡)日新寺(島津忠良廟所)江

御代參相勤罷歸候而、直ニ致出立候様被仰下、いろ〳〵も難有奉存候、廿二三日迄ニたゝ元御内用向相仕廻候様被仰付、夫ゟ

藩務多端ニテ歸府遲延ス

齊興在國ト齊彬ノ心勞

御代參相勤候樣ことの御事ニ御座候、唯々心せき御座候得とも、

右

御代參も相勤不申候而ハ不相成、其外御内用向誠ニ夥敷事ニ而、最初十九日之飛脚到來より、實ニ晝夜と取掛り次渡事ハ其通り、又ハ夫々手を附置候事も、品を付旁ニ而實ニ寸暇も無之、朝夕之飯も時々ニハ得給不申候位ニ而相働候へとも、多端ニ而手ニ及不申候、併もはや近々相片付申候付、成丈ヶ早致歸府候樣可仕候、乍恐

太守樣御在國年之御事候付、

少將樣御案被遊候御事ハ誠ニ御尤樣ニ奉存候、仍而早々致出立筈候へとも、實ニ此度ハ品々大切成取扱事ニ手を附置候付、其儘相置候而ハ大變成事候付、右ニも申上候通り晝夜と取掛、實ニ此三月廿日ハ安眠も不仕程之事、

○以下切斷

弘化二年乙巳（西暦一八四五年）

三　五月二日　徳川齊昭への書翰

狆及ビ豚肉ヲ贈ル

水戸ノ新刀ヲ試ム

琉球渡來外國船ノ動靜

「（封紙宛書）上　御請　松平（齊彬）修理大夫」

「（奥封宛書）上　御請　修理大夫」

尊書謹拝見仕候、入梅中、鬱々敷天氣御座候得共、益御機嫌克被遊御座、恐悦御義奉存候、然ハ過日ゟ國狎〔狆〕・豚肉進上仕候處、不存寄以御直書、御手製之佳品拝領被　仰付、重疊難有奉存候、先年頂戴仕候後、久々ニゐ拝味仕、別ゐ難有奉存候、將又先比拝領之御刀、早速於國許試仕候處、一ノ胴土檀通ニゐ切レ味申分無御座段申來、早速拵申付置、永く家寶ニ可仕と重疊難有奉存候、扨琉球之儀、如命誠ニ不一方心配仕候、去ル三月十六日便ニも、未タ跡船も不相見得段申來候、異人之様子、且つ申掛候趣意内密可申上候得とも、今日ゟ書取出來兼候間、近日中極内以直書申上候様可仕候、先ゟ御請迄、早々可申上如斯御座候、

恐惶敬白、

五月二日

猶々、御端書之趣、難有奉存候、日々不同之季候ニ御座候間、被遊御加養候様奉存候、

以上、

四　五月三日　徳川齊昭への使者口上書

直書及ビ菓子ノ贈與ヲ謝ス

薄暑之節、益御勇健被成御座、珍重御儀奉存候、將亦、昨日者時候御尋旁御内々以御使、御直書并御家製之御菓子拜受仕、毎度御懇篤之御儀、重疊忝仕合奉存候、先不取敢以使者御禮申上候、以上

松平修理大夫

五月三日

使者　伊集院卯十郎（兼通、小納戸）

琉球政府ノ在留佛人對策

英船再度薪水ヲ請フ

家藏ノ蘭書多クハ分離術ノ書本草ノ類少シ

天文臺ニテ和解ノ海上炮術全書ヲ入手ス

五　十月十二日　徳川齊昭への書翰

（封紙宛書）「上　御請　松平修理大夫」

（奥封宛書）「上　御請　松平修理大夫」

御書難有拝見仕候、益御機嫌克被遊御座、重疊恐悦奉存候、然者異船之儀、其後可申上程之義も承り不申候、唐國江中山方（琉球中山府）及尋問申候佛人之義、（オーギュスタン・フォルカド Théodore Augustin Forcade. 漢字名嚹爾珈助、宣教師、弘化元年三月十一日來航）回答御座候處、以後者佛船當年可參候間、篤と及示談候而、歸國之義取計可申との事ニ御座候、其外も英船兩度薪水所望ニ著船仕候計りニ御座候、且亦蘭書之義、恐入奉存候、祕候ニ者無之候得共、御用立候程之書類所持不仕、分離術之書物計りニて、其外本草之類、少々所持仕候、右故是非珍書取出候而可申上、日々と延引仕、重疊恐入奉存候、所持之分、珍書も無御座候得共、明日中書付入御覽候樣可仕候、和解書ニ者一部海上炮術全書と申候ゼー・アルチルレリー、天文臺ニて和解出來候品、極内分相賴、先月末手ニ入申候、右御用ニ御座候ハヽ、入御覽候樣可仕候、他江も何卒御祕シ被下候樣奉願候、今日書目差上候筈ニ御座候得共、無據義ニ而取

込ミ、恐入候得共、明夕迄ニ差上候様可仕候、將又何寄之御品頂戴被仰付、難有早速拜味可仕、重疊難有奉存候、先ハ御請早々奉申上候、謹言、

十月十二日

尚々、御端書難有奉存候、寒冷之候、乍恐御自愛被遊候様奉存候、以上、

〔參考〕十月十一日　德川齊昭より齊彬への書翰（控）

扣

對外事情ヲ問フ

寒冷之節、先以起居萬福、抃賀之至存候、其後ハ異船之義も不承候處、何そ珍事も有之候ハヽ、極密承り申度候、扨ハ此品不腆ニ候へ共、弊國之産故、御一笑ニ進申候也、

弘化二巳十月十一日

島津家所藏蘭書目錄ノ公開ヲ望ム

二白、不順時候、御加養專一ニ存候、先達ゐ御所藏蘭書目錄御問合申候處、今以何等御答も無之候へ共、海外へ廣り候品、拙老へ御秘ニも及申間敷、彼か術を取て彼を防禦し、乍不及　天下の御爲ニ仕度事ニ候故、可相成ハ御申聞ニ致度候也、

齊（前水戸藩主）昭

修理大夫殿　參

弘化二年十月

蘭書目ヲ贈ル
炮術ノ新書ノ購入
海上炮術全書
水戸家所蔵本借覧ヲ請フ

六　十月十三日　徳川齊昭への書翰

（封紙宛書）
「上　　申上　　松平修理大夫」
（奥封宛書）
「上　　申上　　修理大夫」

寒冷之候御座候得共、益御機嫌克恐壽之至奉存候、然ㇾ昨日ㇾ御國產之御品頂戴仕、千萬難有奉存候、早速ニ拜味仕候處、珍敷御品ニて重疊難有奉存候、將又蘭書之儀、珍敷品も無御座候得とも、書目差上申候、とても御用立候品ハ御座有間敷奉存候、當年ハ是非炮術之新書取寄候筈ニ仕置候間、長崎ゟ參次第、早々申上候樣可仕候、昨日之ゼー・アルチルレリーハ餘程珍敷和解書ニ御座候間、御沙汰次第ニ、四五冊ツヽ差上候樣可仕候、全部三十冊ニ御座候、此以後珍敷書類、外ゟ借出シ候ハヽ、御內々申上候樣可仕候間、何卒御藏書之內も、不苦御品拜借奉願候、先ハ右可申上如斯ニ御座候、恐惶百拜、

十月十三日

尚々、時氣折角被遊御自愛候樣奉存候、此品不珍敷候得共、御側迄進上仕候、以上、

七　十一月三日　徳川齊昭への書翰

（封紙宛書）
「御請　松平修理大夫」

（奥封宛書）
「御請　修理大夫」

蘭書ノ貸與
水戸家藏書ノ借覽

尊書被成下謹而拜見仕候、寒冷之砌益御機嫌能被遊御坐、恐悦奉存候、然ハ蘭書之義、委細奉承知候、四五日中、取揃差上候樣可仕候、其節拜見之分も相願候樣可仕候、其外之義、萬々承知仕候、後日委細可申上候、恐惶頓首、

十一月三日

猶以、時氣折角御厭被遊候樣專一奉存候、以上、

海上炮術全書ハ有馬頼永ニ貸與

借覽希望ノ書籍

英國ノ珍書

八　十一月七日　徳川齊昭への書翰

（封紙宛書）「上　　申上　　松平修理大夫」
（奥封宛書）「上　　申上　　松平修理大夫」

寒冷之節、益御機嫌能被遊御坐奉恐壽候、然者所持之書物三部（別紙一参照）入貴覽候、甚見苦敷書物も御坐候得共、其儀者御仁免奉願候、セー・アルチルレリー之義者、當時少々外ニも借遣シ置候間、歸り次第可奉差上候、夫共御急ニも御坐候ハヽ、手元ニ在合之處可差上候、實者有馬筑後（頼永、筑後守、久留米藩主）懇望ニ而借用致寫候事ニ御坐候、且又御藏書御目錄も難有奉存候、左之分御序之節拜見奉願候、

ロイテン〔ル〕一代合戰記

草木養方書

ヱウロッハ帝王列傳

右之分相願度、甚恐入候得共、和解御出來之品者、和解書拜見仕度奉存候、將亦此節イキ

豚肉ヲ贈ル
無病ノ狆ヲ贈ル
増上寺参詣
蘭書目
條約書
使者名前書

リス、ブック之珍書御取入ニ相成候やニ外ゟ承知仕候、若不苦義ニ御坐候ハヽ、拜見之義奉願候、且豚肉此節ハ時節も後れ、風味も如何と奉存候得共、御好ニ付進上仕候、將又狆〔狆〕之義時々不快之由、持病ニ相成候義と奉存候、此節壹疋在合も御座候間、今日差出申候、尊意ニ叶候ハヽ進上可仕候、無病ニ御座候、仲間合も宜敷狆〔狆〕ニ御坐候、先ゟ御請旁奉申上候、猶、後日萬々可申上候、恐惶頓首、

霜月七日

尚以、寒氣被遊御厭候樣奉存候、只今増上寺(江戸芝)ゟ拜禮出掛、別而亂筆之段、宜敷御覽奉願候、以上、

(別紙一)

スマルレンヒユルグ　五冊
カステレイン　三冊
(フエ)ヘルハンデリング　一册

(別紙二)

小納戸

定府及ビ勤番小納戸

定府　伊集院卯十郎（兼通）

勤番　折田八郎兵衛
　　　伊木八十郎

右之者掛りニ而使者幷掛合向仕候、

定府小納戸見習

小納戸見習

定府　菊池矢市郎（武平）
　　　山田屯（爲範）

（附札）

（附札）「昨日ゟ掛り之者指合付、小納戸見習ニ而使者相勤申候、右ゟ御心得迄ニ申上置候、以上、

小納戸見習
山田　屯」

昨日指上物使者、右之者相勤申候、以上、

〔参考〕　十一月十一日　徳川齊昭より齊彬への書翰（控）

返翰扣

奇書三部ノ許借ヲ謝ス

朶雲披誦、雪寒一層栗烈、先以起居萬福抃賀之至ニ存候、陳者御一諾之奇書三部御許借、其他數品御投恵、御厚意令深謝候、急遽ニ謄寫申付、卒業候ハヽ返却と存候、將又拙家所藏之三書、弊邑より來著次第可供瞽覗候、先ッ御報迄、早々不盡、

弘化二巳仲冬十又一　　齊昭

修理大夫殿

御報

二白、隨時御自愛專一ニ存候也、

海上炮術全書ノ謄寫

別楮、御所藏之奇書、和解申付候ゟハ隙取返却も遲行可致、若別ニ和解之書有之候ハヽ、夫をも御許借希度申進候處、和解者未御出來ニ不相成よし、何も承り申候、一セー・アルチルレリーハ、（頼永、筑後守、久留米藩主）有馬へ御廻し置ニ付、若急候ハ末之方ヨゟも宜敷哉之由、御懇篤之儀、謄寫先後ニ相成候ゟ全備可相成候事故、御有合之分御許借可給候、ロイ〔ル〕テン一代合戰記　草木養方書　歐羅巴帝王列傳　右三書ハ、一昨九日國許へ申遣候、

家藏書籍ノ呈示

將又近來珍書取入候哉之儀、一小冊之地圖のミ、外ニハ得不申候、

弘化二年十一月

薩摩産狆ノ割愛ヲ謝ス

一御國産之黑狎〔狆〕、殊ニ御秘藏之由、御割愛不堪感謝候、御左右御瓲馴と相見へ、直ニ拙膝ゟ離れ不申候、御手入故毛艶又格別ニ存候、尙又食物等之儀、御示敎可給候、去春放逸之狎〔狆〕も取寄候處、至極靜ニ相成、一同無事ニ有之候得ハ、其内ニハ育子も可有之樂ミ申候、

櫻島大根賞味御守殿ヘモ差上グ

一御國產之大根、扨々見事なる珍品、早速賞味、尙又御守殿（齊昭養母峰姫、將軍家齊女）へも内々差上申候、

一豚肉不相換膏味澤山賞嗜致候、扨ハ弊産鱖鯛、乍麁少御入器返却之證迄ニ候、芝（增上寺）御法事等ニて延日ニ相成、風味如何と令苦心候、扨又黑狎〔狆〕之御報何欤と心懸候得共、存付も無之、

水戸製ノ鐵鍔ト碑本ヲ贈ル

偶手元ニ有合候弊邑拙工之鐵鍔、幷拙著之碑本表寸志候、御叱留候ハヽ大幸不斜候、御近臣伊集院（第八號ノ別紙二參照）・折田・伊木・菊池・山田等、蘭書幷狎〔狆〕之儀ニ付、家僕ゟ度々對談、彼是周旋ニも預り候由、依ゐハ此碑本之内各賜候樣ニと内々存候也、丙丁、

九　十二月二十九日　德川齊昭への書翰

珍品ノ贈與ヲ謝ス

大井下邸捕獲ノ鴨ヲ贈ル

蘭書種樹書ノ和解ニ著手ス

發焔火

(封紙宛書)「上　　御請　　修理大夫」

(奥封宛書)「上　　御側中御請　　修理大夫」

昨夕ハ尊書被成下難有拜見仕候、寒冷之砌御坐候得共、益御機嫌能被遊御座、恐壽之至奉存候、然ハ寒中御尋として、御懇命被仰下、且又珍敷御品頂戴被仰付、重疊難有奉存候、先ハ御請御禮可申上如斯御座候、餘ハ來春可申上候、恐惶謹言、

極月廿九日

尚々、寒氣折角御加養專一奉存候、此鳥不珍存候得共、一昨日於下やしき(武藏荏原郡大井村)捉飼仕候付進上仕候、以上、

(別紙)

(奥封宛書)「添　書　　御側中御請」

御添書拜見仕候、拜借蘭書之うち、種樹書之分、少々和解も取掛り拜見仕候、今しはらく拜借奉願候、外二部ハ圖之分拜見仕候ゆ此間返上仕候、種樹書ハ、成丈ケ和解爲致候心得ニハ御座候得共、工者之もの無之候間、少々手間取可申と奉存候、扨發焔火之義、私ニハ未タ製作も不仕候、外ニ委敷存候もの御座候間承り候ゆ、近日中委細可申上候、乍末昨日

和漢書ノ借覧ヲ請フ

拜領之御肴、誠ニ美味ニ而昨夜早速頂戴仕難有奉存候、將又先比ゟ家來に遣候樣石摺澤山拜領被仰付、重疊難有、銘々に申聞、皆々難有頂戴仕候、私ニ置千萬難有奉存候、且又和漢之御藏書之內、拜借相願候而も御許容可被下哉、尤富時差掛り相願候品も無御座候得共、御內々伺置度、乍恐奉申上候、此段宜敷御披露奉願候、以上、

廿九日

弘化三年丙午（西暦一八四六年）

一〇　二月二十日　徳川齊昭への書翰

（封紙宛書）
「上　御請　松平修理大夫（齊彬）」

（奥封宛書）
「上　御請　修理大夫」

尊書難有拜見仕候、春寒之節御座候得共、益御機嫌克被爲入恐悦御儀奉存候、然ハ發燭子之事、早速書付差出候樣先方ヘ申遣候處ニ、先月之大火（正月十五日ノ江戸大火）ニ而類焼仕、其後追々申遣候得共、未タ差出不申、何共恐入奉存候、又々申遣參次第早々可申上候、兎角西洋製作之程ニハ、持方六ヶ敷趣ニ御坐候、金硫黄加候法、一番宜敷趣ニ而御坐候、且又御藏書之儀難有奉存候、色々相願度品も御座候へ共、差當り保元ゟ壽永年中之實記、若々御在合も御坐候ハヽ、拜見相願度、京地ニ而も追々相尋候得共、何をも秘候而、其比之實記手ニ入不申、後普賢寺（關白忠嗣日記）殿下之御記等、若々御在合も御坐候ハヽ、拜借仕度奉存候、其外相願度書も追々可申上候、

發燭子

保元ヨリ壽永年中ノ實記
後普賢寺殿下之御記

源平盛衰記參考

眞田幸貫蘭書陸地ノ炮術書ヲ入手ス

字聲綱目ヲ入手ス

琉球平和ノ狀

發燭子

借覽希望ノ書名ヲ問フ

將又源平盛衰記參考御出板ハ無之候へ共、御著述ハ御座候やニ拜承仕候、是又不苦御儀ニ御坐候ハヽ、拜見之儀相願度奉存候、

一蘭書之儀未タ手ニ入兼申候、眞田ニハ（幸貫、信濃守、松代藩主）四五部手ニ入候やニ承候、陸地之アルチルレリー手ニ入候由、内々承り申候、私方ニハイキリス語ニ而和解仕候字聲綱目二冊、此間取入申候、此節珍敷書多、通詞持越申候由ニ御坐候、委敷儀ハ承り不申候、先ハ御請旁早々奉申上候、其内猶又可申上候、恐惶謹言、

二月廿日

猶々、御端書難有奉存候、不揃之時氣、折角被遊御加養候樣奉存候、中山其後先々平和ニ御坐候、相替候儀も御座候ハヽ、早々可申上候、取込亂筆御高免奉願上候、以上、

〔參考〕二月二十日　徳川齊昭より齊彬への書翰（控）

扣

春寒于今料峭、彌御安壯御起居候半、抃賀之至ニ存候、扠ハ先日發燭子持方之儀ニ付、御問合申候處、其節拙家藏書之儀、貴報ニ御申聞有之、其後御再問も無之候處、藏書も數部有之候間、何書ニ候哉、若國史なとゝも候哉、藏板有之候間、進入可申候、無御伏

藏御示教御尤ニ存候、御答旁早々不備、

仲春廿日

隨時、折角御自愛専要存候、琉球の事如何、其後上告も御坐候哉、内々密承致度候也、

（前水戸藩主）齊昭

修理大夫殿

參

琉球事情ヲ問フ

一二　三月　齊興昇敍請願幕府への口演書

（封紙宛書）
「上
　　　　　　松平修理大夫」

（封紙ウハ書）
「口演

　　　　　　松平修理大夫」

口演

佛船琉球ニ渡來和好交易教法ノ三事ヲ要請ニ

（弘化元年三月十一日）
一昨辰年、琉球江佛朗西國之船來著、和好交易教法之儀申掛候付、琉人共ゟ程能爲申斷候得共、乘組之内兩人（佛國人宣教師フォルカド、漢字名嘪爾珈助、及ビ清國人通事一人）殘置、追ゐ大總兵船可渡來旨申置致出帆、（二十日）其後右兩人ゟ茂、通商等之

人ヲ殘シテ去ル

琉球ハ東洋通船ノ寄港地

英米船沖掛ス

琉球ト清國トノ關係

清國英國ニ屈服ス

洋人ノ琉人懷柔ヲ慮フ

齊興陞叙請願ノ趣意

儀申掛候得共、一途ニ申斷、未兩人者致滯留居候、然者西土之儀、近來段々航海之道開ケ立、諸方未審之地迄も致渡海交易、又者商館等取建候向ニ御座候由、然處琉球者東洋江之海路ニ而、通船之湊ニ罷成候得者、至極便利之處与申事之由御座候付、近年者嘆咭唎幷亞墨利加等之船々、沖合江致汐掛候儀有之、右旁を以深ク思慮仕候得共、琉球之儀全體清國之封爵を受、朝貢罷成來候國ニ御座候得共、彼方江對シ爲致遠慮譯ニも爲有之筈候得共、阿片之一條ゟ嘆人与及戰爭、終ニ者清國ゟ納金を以和好之約定相成候哉ニ承及事候得者、其以來國威も相折ケ候處ゟ、右通致來著候哉、左樣之砌柄、西洋人共利害を說示し、琉人共之人氣致一變候儀共有之候而者、一大事之譯ニ候間、近年舊規等ニ不拘、何事も丁寧ニ取計、偏ニ恩義を以異心を不差起方ニ懷ケ置申候、乍然國役年貢之寬惠、或ハ窮民扶助之計ヒニ而ハ、慈愛而已ニ流レ、却而者威令薄方ニ成立候間、今般遮而昇進之儀奉願候趣意者、封書(所見ナシ)を以申上置候通、大隅守(齊興)事舊來之家筋、其上廣大院樣(將軍德川家齊夫人、茂姬、重豪女)御內緣も有之、且數十年國政行屆、殊ニ屬國迄も無異儀取鎭罷在、每度琉人召列致參府候儀共、旁厚以

思召、今般從三位昇進被

中山王ノ格式一等ヲ進メ攝政三司官モ加級セシメタシ

琉球ノ國情ト防禦策

仰付候旨承知仕候ハヽ、其段琉球ゟ申越候得者、如先規爲祝儀可致上國候付、其節可申渡趣者、今度格外之奉蒙

御殊遇候付而者、推恩之譯を以、中山王(尚育)會釋之格式一等相進、攝政・三司官共ニ茂、右ニ準加級申渡候ハヽ、琉球之儀海嶋之事ニ者御座候得共、年々清國ゟ使者差渡、於彼國官位之次第、衣冠之壯麗等見馴罷在候付、別而感服可仕、左候得者、

公義奉仰

御盛恩、次ニ者大隅守ゟ難有被仰付候餘光別而美目罷成、中山王初、攝政・三司官共外末々ニ至り、彌恩威ニ服シ、譬西洋人共ゟ何樣申諭候共、決而相靡申儀有之間敷、左茂無之候而者、琉球之儀誠之孤島ニ而、天性柔弱ニ有之、要害之固、兵器之備全ク無之、其上五穀薪水共ニ乏敷、加之七島灘を乙琉球迄之間、至而荒波御座候得者、國元ゟ差渡候船々茂、一節限り致往來事ニ御座候得者、船中之働調兼候付、西土之戰艦ゟ對し、防禦之術無之候付、是迄始終丁寧ニ致應答候儀を、肝要ニ申付置儀御座候、若過而戰爭ニ及儀共致到來候時者、那覇ゟ王城之間、比屋之場所ニ御座候得者、瞬目之間ニ灰燼与可罷成者必定ニ御座候、然上者商館ニ而茂相建、諸國互市之湊ニいたし、日本之隙を窺ヒ候樣ニ共有之候而者、

乍恐天下之御安危ニ相掛候儀ㇳ大隅守者勿論、家來共ニ而寢食を忘心痛仕、防禦之手當仕儀ニ者御座候得共、前文通之國柄御座候間、此上者

御寵遇之以

御威光、琉球之人心を結ヒ、且も領內舊族之家來共ニ而餘多罷在嶋方并海岸領地爲致來候者共而御座候付、一統猶以　御高恩之程難有爲奉存、只管武備相勵、乍不肖西海之押ヘ罷成候樣、盡忠勤度念望奉存候付、件之趣被

聞召届、大隅守願之通、從三位昇進被　仰付被下度、私ゟ而分ゟ奉願候事、

（幕威ニ倚リ琉球ノ人心ヲ結合セシメタシ）

三月　　松平修理大夫

［參考］安政四年十二月十五日　幕府より齊興への沙汰書

（齊興官位昇進ノ沙汰書）

松平大隅守（齊興）

其方儀、官位結構被　仰付候事ニ付、此上昇進之儀ハ御沙汰ニ難被及候得共、在職中年來之勤勞、其上

廣大院樣御續柄と申、且ハ當時之御緣邊旁出格之

思召を以、從三位昇進被　仰付候事ニ候條、以後之家格ニハ被心得間敷候、此旨、可申

（從三位ニ昇進）

聞旨御沙汰候、

右通御承知被遊候條、此旨、御役人限奉承知候様可申渡候、

正月（○安政五年）

駿河（○新納久仰、家老）

「ロイテル」和解書

三　四月六日　徳川齊昭への書翰

（奥封宛書）
「上　御請　修理大夫」

過日者、尊書難有拜見仕候、先以益御機嫌能被遊御座、恐壽之至奉存候、然者運阿彌（水戸藩同朋）迄相願候御書物之儀、細々仰頂キ難有奉存候、ロイテル和解書も難有奉存候、其内何そ珍書取出候ハヽ、入御覧候様可仕候、先者御禮迄、御内々奉申上候、恐惶頓首、

四月六日

猶々、時氣折角被遊御厭候様奉存候、以上、

（別紙）

（封紙宛書）
「上　御請　修理大夫」

弘化三年三月　四月

唐船申口

英人渡來中止ノ說

佛米船渡來

「ロイテル」和解謄寫

琉球滯在佛人ノ情報ナシ

「（奥封ウハ書）御請　　御直覽」

（所見ナシ）御別紙唐船申口之儀、去年於彼地イキリス人ゟ、日本通商之様子、唐人江承合セ候間、中々引合ニ不相成、渡來之儀取止メ度程之事ニ候得共、皇命ニ而銅持歸候事故、無是非年々渡來仕候へ共、內實ハとても引合兼候段、返答仕候處、夫ニ而も折角英人渡來候而も詮立不申候間、一往本國江掛合、日本通商ハ思留り可申との趣ニ申居候間、以後渡來ハ致間敷存候趣、以書面申出候由ニ極內承候へ共、書面之儀ハ、手ニ入不申候、右之通ゆへ、先ツ安心之姿ニハ御座候へ共、佛國・花（米國）岐國等も有之、其上深相考候へハ不意ニ爲可參、英夷之工ミも難計、夫ニなつみ御手當等閑ニ相成候而ハ、不可然事ニ而と奉存候、此義申上候事、吳々御內々ニ奉願候、

一ロイテル之和解難有寫申付候間、ハむらく拜借奉願候、

一中山其後左右も無御座、列歸候様子も聞得不申候、如何ニも不容易事と奉存候、

先ハ御請迄、御內々奉申上候、以上、

四月六日

三　四月二十三日　徳川齊昭への書翰

「ロイテル」傳謄寫出來

新發明ノ「ウヲルシキート」ヲ贈ル

對馬異船ハ捕鯨船

（封紙宛書）「上　　申上　　修理大夫」

（奥封宛書）「上　　申上　　修理大夫」

益御機嫌能、恐悦奉存候、然ハロイテル傳、長々拝借難有奉存候、寫出來仕候間返上仕候、扠中山表も其後未タ何叓も無御座、於當地種々評判も御座候得共、實々未タ異船渡來之様子ハ無之候、序故御内々奉申上候、フランスニゐ新發明之ウヲルシキート、甚タ輕少ニ御座候得共、少々手ニ入候間、御存も可有と奉存候得共入貴覧候、制法ハ未タ分兼申候、小炮ニハ随分便利成者ゐと奉存候、試候程品無御座、試ハ不仕、其内取出シ試候様ニ可仕候、先ハ御側迄可申上如斯御座候、恐惶頓首、

四月廿三日

猶々、乍恐時氣折角御保養専一奉存候、對州異船ハ全ク鯨獵船と被存候由、カヒタン申候との事、極内分承り申候、以上、

台記　玉海

關白忠嗣日記　參考源平盛衰記草稿

和漢藥ノ方劑蒐集ニ就キ依賴

〔參考〕四月二十三日　德川齊昭より齊彬への書翰

（奥封宛書）「修理大夫殿　御報　齊昭」

兎角不順之時候、起居萬福欣喜之至ニ存候、扨ハ御申越之保元ゟ壽永年中之實記と申書（第一〇號參看）ハ無之、公家之日記等ニも、台記・玉海等、皆其頃之實錄所藏有之、後普賢寺殿下之日記、是ハ關白忠嗣公之日記と相見へ候所、所藏無之、參考源平盛衰記上梓不致、草稿寫本ニもかりニ有之候、御秘書度々借覽寫卒り候分御返し申候、後巻御許借給候ハヽ本懷ニ存候、不宣、

四月廿三日

隨時、御自愛專一ニ存候也、

（別紙）

拙老幼年より好ニ而、日本產卽功之藥品、又異國之產まても和國之法劑等、追々取集メ試ミ申候所、定而貴國ニも邊鄉之民なと用ひ候奇驗之妙藥も可有之致推量候、可相成候ハヽ、御書集させ、御示敎所希候也、

玉海及ビ盛衰記寫本借覽

「リュシヘルス」ノ法

齊昭ノ和漢藥方劑蒐集ニ協力

一四　四月二十六日　徳川齊昭への書翰

（封紙宛書）「上　御請　修理大夫」

（裏封宛書）「上　御請　修理大夫」

貴書謹拝見仕候、如命日々不揃之時氣ニ御坐候得とも、益御機嫌克被為入、恐悦奉存候、扨御藏書之儀、委敷被仰下、難有奉存候、可相成ハ、玉海拝借相願度、且又盛衰記御寫本不苦儀ニ御座候ハヽ、拝見相願度奉存候、且先比被仰下候リュシヘルス之法、漸々差出候間奉差上候、將亦和漢妙藥之事、格別奇驗之藥も無御坐候得共、少シハ御坐候間、近日中ニ書集メ可差上候、尚大名之内ニも家法承り候様奉畏候、何を承り合セ可申上候、例之豚肉不珍敷御坐候得共、備貴覽候、先ハ貴書御請迄早々如斯御坐候、恐惶頓首、

四月廿六日

尚々、時氣御加養專一奉存候、御端書難有奉存候、以上、

丙丁録借覧ヲ謝ス

松平義建

琉球ニ英船渡來醫師及ビ其妻子ヲ留メテ退帆ス

佛艦モ亦來リ後續大總兵船ノ著岸ヲ告グ

異船二艘運天港ニ入ル

一五　閏五月二十二日　徳川齊昭への書翰

（封紙宛書）「上　　」

（封紙宛書）「上　　内用御直覽奉願候　御請　修理大夫」

（奥封宛書）「上　　御直覽奉願候　御請　修理大夫」

尊書難有拜見仕候、甚暑之節、益御機嫌能被遊御坐、恐悦奉存候、然ハ丙丁録（徳川齊昭編）拜見被仰付難有、篤と拜見可仕、重疊難有奉存候、且炮術書御返被下落手仕候、則跡差上候、外ニ圖解一册相殘候、追而差上候樣可仕候、久々御機嫌も不相伺、恐入奉存候、此間ゟ攝津守（松平義建、高須藩主）江御意之趣難有奉存候、時節到來もいたし候ハヽ、御目通り（齊昭トノ會見）奉願度、先御禮申上候、扨亦去四月五日、中山江英船參り、醫師（ベッテルハイム B.J.Bettelheim 漢字名伯德令、英國醫師、宣教師）一人、妻女一人、子供兩人、唐人（劉友于、清國人通事）一人、押而上陸いたし、本船出帆、同八日ニ而、又々佛蘭西三百人乘渡來仕、近日大總兵船二艘著岸可致、夫迄ハ滯留罷在候旨申聞候段、以飛船申越候付、先右之段、一昨夕御屆申上候、且又中山ゟ、飛船出帆之比、異船二艘、中山之内運天と申處江乘込ミ候樣ニ見受申候趣、飛船之ものの申出

琉球ノ件届書寫取揃呈覽スベシ

丙丁錄稿本ノ批評ヲ求ム

候間、大形大總兵ニ而相違有ましく存候得共、其後いまた便り無御座候間、治定之義相知れ兼申候、右之段、近日中、御届書取揃、御內々可申上と存居候處故、先ツ大意申上候、明日明後日之內ニ書面差上候樣可仕候、誠ニ不容易事ニ而、痛心仕候、種々申上度、且貴意も相伺度御座候得共、書面差上候節申上候間、中山安泰之　尊慮も御座候ハヽ、御內々私心得迄ニ拜承仕度奉存候、先〻御請迄、早々如斯ニ御座候、恐惶頓首、

後五月廿二日

猶々、時氣不同之候、折角御加養專一奉存候、

一丙丁錄誰ゟ拜見致させ候而も不苦旨、是又承知仕候、以上、

〔參考〕 閏五月二十一日 德川齊昭より齊彬への書翰（控）

扣

爾來御疎濶ニ打過候、兎角不順之時候、起居萬福欣喜之至、尙御近狀承り度候、此丙丁錄稿本、長日御消景ニ御寓目、且御批評給候ハヽ令大悅候、不一、

閏五念一

隨時御自愛專一ニ候也、

修理大夫殿
　参
齊昭

一六　閏五月二十四日　徳川齊昭への書翰

琉球ノ對外事情ヲ報ジテ所見ヲ質ス

追日暑氣相募申候處、益御機嫌能被爲入恐壽之至奉存候、然者過日密奏仕候中山之儀、別紙一通、外ニ中山之形勢事實幷愚考奉申上候條、御賢考も御座候ハヽ、拝承仕度奉存候、當時日夜痛心仕候事ニ御座候、恐惶敬白、

閏五月廿四日

暑氣折角御保護之様奉祈念候、以上、

（別紙）

琉球ノ地形

別啓、

中山之地形、南北三十五里、東西五六里、王城之邊幅三里ニ不足、高樓より東西之海上見渡し、王城も不堅固ニゐ、防禦之出來候場所無之候、

琉球ノ國情

一中山ハ清國之封を受、皇國随従者内分之義、皇國の事をトカラ人と唱、通商も已通船有之姿ニ御座候間、對外國皇國之命を受候義ハ難申立候、

琉球ノ人物

一中山之人物、文國ニゐ少も武邊心掛候者無之、此儀ハ慶長之度より、別ゐ武邊之義ハ、御内命も有之差止メ申候、夫故大砲ハ勿論、小砲も家來持越之品已ﾆゐ、本地にハ一切無御座候、

琉球ノ風俗

一中山之義、和漢通商ニゐ立行國故、一方絶好ニゐハ不相成事ハ、人民迄も一同得心之事ニ候得とも、武術無之、婦女同様之人物故、異人以威申募候ハヽ、其威ニ恐を如何様變心も難計、清國も如以前威光も無同様、英夷ﾆ和順之事故、頼ニ不相成、皇國とハ遠海之處故、人心如何ニ變し可申も難計候、

琉球ノ武備

一國元より差遣候人數も御座候得とも、大砲ハ少く、國ハ前條通り故、防禦之所甚無覺束、又人數差渡候も、海上不自由、異人ハ海上自由之事故、十分下知行届候義、難申上候、

通商ヲ許サザレバ滅亡

一右之通故、此度異人望之三ヶ條之内、通商之處ハ差免し不申候ゐハ、中山可及滅亡ニ哉、尤通商も本地ニゐ不取結、清國於福建取結候か、又ハ属島之内ニゐ取結ひ候様、示談仕

候ハヽ、夫ニ而外通信と天主教ハ、斷候而も可相濟やと存候、

一御條目之通り一向ニ斷、打拂度十分存候へとも、何を申も遠海之上、前文通之事實ニ候間、其義ハ叶間敷、甚々乍殘念、前文之通ニ愚考仕候、

打拂ノ實行ハ殘念ナガラ不可能

一當時右樣之義最中評議仕、公義御內慮相伺候事ニ御座候、何卒公平之御差圖御座候樣、奉存居候事ニ御座候、

一此度之義ハ實以て中山計りニ無之、本邦之御國體ニも相響候事故、甚々痛心仕候條、御賢考之趣も御座候ハヽ、御內々拜承仕度、伏而奉希候、

琉球對外策ハ本邦ノ大關心事

一別段相伺候而、か樣之義思召も被爲在候へハ、老中ニ思召之御沙汰被仰出候儀も相叶申候や、只今相願候義ニハ無之候得共、依樣子御聲掛り相願候義も、可有御座やも難計候條、後日之爲、御內々相伺置申候、

豫メ所見ヲ問ヒ聲援ヲ求ム

一先日拜見之丙丁錄之時節誠符合仕候、此上丁未之處、別而痛心之事と奉存候、

丙丁錄ノ時節ニ符合

一右之條々、篤と御覽奉願度、不文之うへ不敬之文言も可有御座、其儀を御仁免奉願候、謹言、

廿四日

齊彬藩地ニ著ス
琉球ノ異船佛英人ヲ殘シテ去ル

一七　八月十九日　徳川齊昭への書翰

一筆啓上仕候、秋冷之砌御座候へと毋、益御機嫌克被遊御座、恐悦御儀奉存候、私こも道中無滯、七月廿五日歸著仕候、立前ゟ何寄之御品拜領仕、重疊難有奉存候、中山も異船出帆仕、佛人壹人（宣教師ピエルマリー・ル・チュルヂュ Pierre Marie Le Turdu 漢字名伯多祿）、英人四人（醫師、宣教師ベッテルハイム Pettelheim 漢字名伯德令及ビ其ノ妻子）、相殘り、先々平和之趣こ御座候、猶別紙（所見ナシ）申上候、先御機嫌伺可申上、早々如斯御座候、恐惶謹言、

松平修理大夫

齊彬（花押）

八月十九日

上

御披露

猶々、時氣折角被遊御厭候様奉存候、以上、

此品御側迄進上仕候、以上、

［參考一］　六月朔日　徳川齊昭より齊彬への書翰

「（奥封宛書）修理大夫殿　參　　齊　昭」

齊彬ノ歸國ヲ送ル

只今承及候へハ、俄之御歸國、御取込と存候、御良策御心算も可有之と、風傳待入候、
隨而麁末之品々進入申候、早々不一、

六月朔

隨時、客中御自愛専一ニ存候也、

琉球對外處置ヲ委任ス

〔參考二〕　六月朔日　大將軍徳川家慶より齊彬への諭達書

琉球國へ異國船渡來之處、彼地之儀ハ素より其方一手之進退ニ委任之事故、此度之儀も存寄一杯取計、尤國體を不失、寛猛之處置勘辨之上、何れニも後患無之様及熟慮、取締向等機變ニ應し取計可申事、

齊彬ノ藩地歸著ヲ賀ス

〔參考三〕　九月二十六日　徳川齊昭より齊彬への書翰（控）

返翰扣

八月十九日附貴書（第一七號）、九月廿六日夜落手、則令披閲候、先以御道中無御滯、七月廿五日、貴邦御著之由、如諭秋冷之節、御起居萬福御在城、抃賀之至存候、御繁務中、爲御尋問、貴邦之產御投惠、毎度御懇慮之至、令多謝候、先ハ御報迄、早々不一、

九月廿六日夜燈下亂筆、御海恕可給候、

二白、御端書之趣忝存、順時爲天下御加養專一ニ存候也、

齊昭

修理大夫殿 御報

〔參考四〕六月　阿部正弘より德川齊昭への書翰

「(封紙ウハ書)書付　貳通」

今般琉球幷浦賀沖江異船渡來ニ付、何歟實事承り及候儀も御座候ハヽ可申上旨、此頃御書取被下置候處、種々不取留浮說而已ニ而、實事ハ扨置一向模樣も相分兼候、乍去何と歟承出し、少々者模樣可申上と、同席心當り之輩江も內々懇意之向へも申遣し候得共、是以實事更ニ不相分、既ニ當月朔日修理大夫御暇ニ而、別段於御座候之間御目見被仰付、　御內意

(參考二)御直之御下知被爲在候とし、是ハ別而御內密之御事のとしニ而他言等も不仕、彼國へ渡來之大船ハ、只今ニも戰爭相初り候樣ニも風說ハ仕候得共、是ハ全左樣之樣子ニハ無之旨ニ承り候、漸薩隅(齊興)ヨり老中迄指出候屆書一通手ニ入候得共、是以書面而已ニ而ハ難相

琉球事情伊達宗城ニモ質サレタシ

琉球ノ外國船ノ情況ヲ陳ズ

分り候得共、先々右寫奉入
電覽候、其内浦賀沖之異船ゟ歸帆仕候由ハ慥ニ承り及申候、乍去如　尊命近年ハ屢異船渡來之事ニ而、其内ニゟ如何體之異變出來可仕哉も難計、御書取之趣奉感銘候、依之先申上候程之義も無之故、追々御答及延引恐懼不少奉存候、小子ヨリ申上候儀ハ如何ニ御座候得共、伊達遠江（宗城、宇和島藩主）抔ハ修理（齊彬）格別懇意ニ而、何歟承り出し候實事も可有御座哉、同人ニ御尋等御座候ハヽ、少し之事ハ申上候心當りも可有之哉と相察候、是ハ全小子愚考ニ御座候故内密申上候、今日も中河罷出候段申聞間、先此段以書取申上候事、

六月

（別紙）六月三日　齊興より幕府への屆書　（寫）

（端裏書）「薩州より之屆書寫」

先達而申達置候琉球國之内那覇湊江當四月七日卸碇居候佛郎西船江、一昨年ゟ滯留之唐人差越候ニ付、小舟貸呉候樣五月六日申出候付、任其意役々附添爲乗移候處、夫形佛郎西船出帆、翌七日同國之内運天湊江卸碇候ニ付、三司官初役々差越、警固之儀嚴重申付置候、同十一日那覇沖江異國船一艘相見運天之樣乘來、同十三日同所湊江卸碇候付役

々差越相尋候處言語文字不相通、佛郎西之船三百人乘組、廣東より出帆致〔渡カ〕來候段、手樣ヲ以漸相通、石火矢等載付有之、前條之通晝夜勤番堅く取締申付置候、同十二日那覇沖江異國船一艘渡來、一昨年より滯留佛郎西人、右船江可差越ニ付、小舟壹艘貸吳候樣手樣を以相通、任其意役々附添乘越相尋候處、佛郎西國之船五百人大總兵乘組、廣東ゟ渡來之旨手樣ヲ以相通、右滯留佛郎西人之本船江乘移、夫形無程出帆、翌十三日是亦運天湊江卸碇候ニ付同斷嚴重取締申付置候、然ル處右唐人ヲ以、大總兵より琉球總理官江致面會度候ニ付、運天之樣差越候樣、右ハ仇敵之事ニ而無之、和平申談度趣申出候得共、一昨年渡來之節申掛置候難題筋、返答可承与之事ニ而相違有之間布、卒爾ニ致面會候而ハ不容易譯柄ニ御座候間、先面會不致內、右滯留兩人を以爲致熟整、可成丈和好程能及理解、平穩之以取計無異儀爲致歸帆候樣仕度、猶委細之儀ハ追々可申越旨、琉球より以飛船屆來候ニ付、長崎奉行江申達候由、國許家來共ゟ申越候、此段及御屆候、以上、

六月　松平大隅守（島津齊興）

一八　八月二十八日　琉球事件幕府への届書

佛大總兵上陸自儘ニ横行

佛人神父長期滯留ヲ說ク

琉球人ノ佛人ヘノ申入

私事、父大隅守(齊興)より奉願趣有之、御暇被下、當六月其御地發足、七月末(二十五日)國元へ致下著、早速一昨年より佛朗西國船竝暎咭唎國船琉球國へ渡來、當年も大總兵船來著(四月七日三艘)ニ付、當夏彼表より上國之家來、竝琉球人共成行承候處、一昨年(弘化元年三月十一日)渡來之佛人共、品々難題申懸候儀ハ、追々大隅守より御屆申上候通りニ候、然るニ、此節(四月七日)來著之大總兵共ハ、一昨年渡來之者共より、猶又强情申募、著岸早々上陸、馬上ニゐ、琉地之様子廣狹抔相糺らへ、琉球內自儘ニ横行、付添之者共へ、數々難題申懸、若哉琉人共越度ニゐも有之候ハヽ、夫を廉ニ相手ニ取候半との氣色面ニ顯れ、又外ニゐハ、品を替相懷候樣之手便、或殘居候神父(ル・チュルヂュ)佛人噺ニハ、是より二十ヶ年、其餘も逗留可致なと申聞、左候ゐ、大總兵出帆前乘頭等より琉人共へ申聞候ハ、殘置候佛人へ琉球言葉竝和語等敎へ、佛朗西言葉も習受、以來不辨利無之樣、今通不通ニゐハ往々不自由之事ニ付、互ニ敎習書籍等も可相渡と、品々爲先懸事迄も申諭候付ゐハ、何分輙く斷可聞濟樣子ニも不相聞得趣付、琉人より佛人共へ申入候ハ、此國ハ海

佛人ノ琉球人威嚇

佛船出帆

齊興ノ歸國ヲ待チ對策斷行

英佛人ノ底意

中之孤島、殊水ハ乏敷、天水之惠を以乍漸五穀も致成熟事候得共、不熟勝年分國用全不引足故、中國を親とし、度佳喇（日本）島を母と頼ミ、往古より今日を營ミ、月日を送候得ハ、此兩國之大恩、高き事ハ大山の如し、深き事ハ千尋の海ニも增れり、此人情可察、右樣海外獨立の小島、如何ニして、大國と交易迚も不及事、可憐なと殆迷惑之趣、頻ニ斷申入候得共、耳ニも不觸、剩怒罵り、今ニも琉球ハ灰燼と可相成勢なと見せ懸候へ共、元來柔弱之琉球人共、言葉を返す事も難成却而恐怖、乍然兼て被仰渡御禁制之趣を以、幾度も只相斷候得共、何分不聞入、左候而共儀ハ何樣承候而も、此大總兵ニハ落著不致候ニ付、斷之品、且又大總兵見聞之成行ハ、一往歸國之上可致奏達、左候ハヽ、皇帝何分議定可有之候間、今一ヶ年程ニハ、又々渡來否可申聞と申置、致出帆候段申出候、扨又今ニ逗留暎國之醫師（ベッテルハイム）竝神父（ル・チュルヂュ）佛人ハ、同穴之者ニ而ハ無之哉と、深相探候得共、不分明由、右等不審之廉々何分辨兼候ニ付、何れ大隅守來年歸國之上、品々申談度儀も多々有之事ニ候、左候得ハ又同人思慮も可有之、其上ニ而、來年琉球へ差渡候家來竝歸國之琉人等へ、何れも三ヶ條之難題ハ、遮而相斷候樣申談、厚申聞差下候樣可仕、抑三四ヶ年以前より、兩三度ニ及ひ、數萬里を隔たゐ、荒波遠海をも不厭渡來、加之暎人佛人居住迄も爲致置候次第、一朝一夕之事

琉球ノ疲弊

琉球救援ノ困難

共不相見得、底意根深き譯と被察候、就ゐハ來年渡來の上、其時宜如何可有之哉、氣長き者共候ニ付、來年渡來可致哉、一昨年も來年渡來と申置、昨年ハ來著無之、當年爲參事候ニ付、來年渡來之處何共難計候、將又、追々申上置候通り、定式差渡置候人數、外軍役之者共、多人數差渡置、殊一昨年より、追々異國船渡來、始終之入費、又嘆人佛人長々逗留付ゐも、警固旁厄害多、是迄之入價夥敷、和漢通商而已を以、乍漸生計の琉球、折惡敷一昨年ハ旬季不宜、穀物を初砂糖其外作職大不出來故、猶更難立行次第ニ付、大隅守藏方より追々兵粮外救米迄も差渡候、然るニ地方と違、荒波遠海を隔候ゐの懸引ニ候へハ、諸事倍增之及入費、大隅守藏方も至ゐ不如意、改革中不時之異變到來、甚致迷惑候得共、右ハ軍役之事候付、無異儀相勤候事ニ候、且又近來日本地方諸所へ、異國船漂來付、猶又海岸防禦之儀、度々御沙汰も被爲在候間、此度領內山川邊より諸所海岸致巡見、臺場等見分、大筒其外武器取ゑらへ、猶嚴重ニ相備候樣下知仕可申候、又々追々琉國より注進も候ハヽ、早々成行可申上候、私此度致下國候ニ付、此段先御届申達候、以上、

八月二十八日　國元日附

（島津齊彬）松平修理大夫

薩藩ノ届書ヲ呈示ス

齊彬ノ届書ニ對スル徳川齊昭ノ鼇頭朱批

〔參考一〕　十一月十八日　阿部正弘より徳川齊昭への書翰

芳墨奉拜見候、如尊命向寒之節御座候得共、益御機嫌よく被成御座奉恐壽候、然も過日差上置候届書御返納跡亦、尚又引替奉差上候、御入掌可被成下候〇中略、將又薩州届之義も、最早可有之与思召候旨承知仕候、側届書二通奉入御覽候、書中種々併呑之次第扠々可憎之至、〇中略、當節御用多亂筆御仁免可被下候、謹言、

十一月十八日　　阿部伊勢守（正弘、老中、福山藩主）

尚以、〇下略、

（別紙）

私事父大隅守より〇中略、此段先御届申達候、以上、

八月廿八日　　松平修理大夫

齊昭曰、當六月（八日江戸出立）修理大夫（齊彬）下り、又來春大隅守（齊興）下り交代するぎ、無益の入費かゝる也、來春大隅下ル程ならハ、當六月大隅下りて可然筈之處、右樣相成義ハ大隅の心得不宜より起たる事也、右にて届書を見るも其心得有へし、其義如何となれハ、大隅守事兼て三位

の念願有之、當暮抔整可申哉ニ付、悴修理を下し候處、願不整候故、左候而之修理國許ニ而領海巡見抔浦山しく相成、又々下り度相成候よし、國家重大の節を忘れ、一身之高位を思ふ愚物といふへし、右之事　廟堂へ達し候故、益念願の三位ハ不整筈也、○父子在國七日を不過樣ニと申渡有之よし、左候得ハ無益ニ入費のミかゝる也、若大隅歸國の上直す退隱ニも可相成哉、

齊彬ノ屆書ニ對スル批評

〔參考二〕　十一月二十八日　德川齊昭より阿部正弘への書翰

○上略、

丁未十一月廿八日（燈下亂筆、文字違等も多々可有之御推覽可給候之、）（第一八號）

二白、八月廿八日修理ゟの屆の中ニ、「國用金不引足故、中國を親とし、度佳喇島を母と賴ミ、往古ゟ今日を營ミ月日を送候得ハ、此兩國の大恩高き事ハ大山の如く、深き事ハ千尋の海ニも增り、此人情可察云々」と有之處、其本ハ本朝幷唐國を恐るゝゟ初りての事なれハ、佛暎等ゟ厚惠有之時ハ、兩國を親母とし、佛暎等を君と爲べきも難計、又佛國等より我子島の琉國へ贈物有之て大恩ニ成時ハ、父母ゟ謝禮ハ爲共、彼是ハ於理申難かるべし、是ニ不限兎角夷狄と義理立爲時ハ、終ニ彼か術中ニ陷ハ、指見えある義ハ

兼て愚説の通りニ、されハ大隅守初一國の人々召連、琉球國ニ渡海し居て、此方ゟ猛を好ミ勇威有て、夷狄ニ何ぞ手落有之ハよき幸一戰して、猛威を示し度程の息組ニて、寛ニ扱時ハ夷狄も其色を見取、彼ゟ手を引樣ニも可相成故、寛ニ扱事易かるべし、右之勇威を見て、歸帆の上ニも重て渡來ハ見合べし、夫共ニ强く打かゝられハ勿論の義、大隅守初打死するがよきニ、たとへ大隅一家を亡す共、薩摩守ニ被命人ハ、日本中ニ何程も可有之、琉人さへ兩國の大恩を不忘云々いふ程の義、於大隅守日本の大恩を蒙事、琉人の於　日本如くニハ無之、此所を能辨へ、大隅一家を亡して、　日本の武勇を示さん事を思ひ、若大隅亡ひバ、最寄西國の大名何べんニても被遣候ならハ、防留ぬと云事ハ有べからず、夫か爲の武門ニて、　日本の穀を代々食し、是迄命をつき、且ハ二百餘年、（徳川家康）神祖の御大恩ニて高枕の世ニ生出、是まて何一ッ命ニ拘る程の御奉公も無之候へハ、右の御大恩を報し、疊の上ニて不死事、武門の本意と思ひ定て、一同渡海して寛猛の扱セんニ出來ぬと云事有べからず、又ケ程の忠節有時ハ、於　公邊其家を亡し給ふ事も有べからず、然ニ其心とてハ聊もなく、彼か術中ニ陷り候事ニも不心附、表ニ穩便を唱、剩國益抔思ひ、唐物再願等ニ及ふハあさましき事ニ、

寛之助母子健在

齊彬海岸巡見ヲ了リ二月田温泉ニ滞留ス巡見届書ハ江戸ニテ作成

(豐臣)秀吉の朝鮮攻ハ無益なる事なりしが、其節さへ大名數頭渡海したり、況今琉球ハ大隅守私領と唱る程ニて、自身不渡海、僅ニ二頭計指遣、清國の返章等當と思ふハ不當なる事ならん歟、

右ハ　御爲厚存ゟ、過憂之餘り貴兄之事故、思ふ存分無遠慮書散申候、其心ニて一覽可給候也、愚昧之罪難遁、

［參考三］　十一月二十七日　調所廣郷より種子島時昉への書翰

○前文闕(齊彬二男)寛之助様御事、日増御成人被遊、此比ニハ餘程御知慮被爲附、御賑々敷御事ニ御座候、御實母(齊彬側室すま、伊集院氏)ニも至而無事至極之事ニ御座候、其外御屋敷中静謐、公邊又世間ニ而も何様相聞へ火事沙汰も薄く、板木も相少く候へ共、遠火ニ而仕合ニ御座候、

(齊彬)少將様去月十五日鹿府御發駕、(薩摩揖宿郡)山川邊海岸　御巡見被爲濟、同廿二日ゟ(薩摩揖宿郡)指宿二月田御茶屋へ被爲入、御滞留被遊候段も、去月式日便ゟ致承知恐悦御儀御座候、就而ハ御巡見御届等之儀も、こゝ元ニ而(齊興)宰相様へ奉伺、御伺書御取仕立いたし候様被仰付越候趣、逐一致知候、依之こゝ元御取

二月田別邸ノ焼失

齊彬濱崎太平次宅ニ立退

二月田別邸ハ重豪休息所

仕立之筈ニ而、當分御草稿御取調中ニ御座候、出來候ハヽ御目賦いたし、宰相樣御添御屆と御一所ニ御進達相成候樣御取計之筈候、未御草案出來不申候故、今日便まてハ御案文得差上不申、追而差上候樣可仕候、

二月田御茶屋へ、去月廿二日ゟ御滯留、御入湯も御相應被遊候折柄、去る二日朝五ツ半時分、奧御手水屋邊ゟ火起り候ニ付、御人數等相集消方爲致由候へ共、あやにく其日ハ西北之烈風ニ而防留かね、終ニハ暫時之間ニ御茶屋廻り不殘及燒失候由致承知、殊ニ奉驚入候儀ニ御座候、併

少將樣御事ハ早　御立退ニ而湊御本亭濱崎所へ被爲入、其後御機嫌御差障りも不被爲在段も奉伺、難有儀奉存候、扠火之起り之次第を承候處、御水屋御小鐵砲風呂邊ゟ燃上り候由、何とも奧御茶道不念麁々の至、誠ニ不可然事ニ候、右樣一統不念故、右時宜ニ到來、其上　御存知も不被爲在　上樣へ御迷惑を奉掛上、甚不都合之事ニ御座候、自右御茶道差扣相伺、御斷申上候事と存申候、

二月田御茶屋ハ以前二ノ丸三位樣御休息所ニ而、右を宰相樣御願御もらひ被遊、拙者掛ニ而御造立被爲在御茶屋ニ而、御在國年ニハ始終右御

(太平次、船主、海運業)(重豪)

齊興燒失事情ヲ聽取ス

失火責任者ノ處罰

茶屋へ被爲入、御入湯御保養被遊成、別ゐ御秘藏之御場所故、宰相樣御機嫌何程可被爲在哉と、實以致心配居候事ニ候、仍ゐ御家老方御屆書等を以ゐ、二階堂志津馬(行健、側用人兼側役)ゟ奉入御聽、其末拙者罷出、二月田御茶屋御燒失ニゐも何とも奉恐入候と奉申上候處、毎被爲入御敷込內ニ有之候御手爐御取片付被遊、こゝへこひ(マヽ)と御膝元へ御呼付被遊候付、是ハと奉存候へ共、御沙汰通り御膝近く罷出候處、右二月田之儀も笑左(調所廣鄉、家老)衞門ニハいかゝ考へ候哉と御沙汰ニ付、其儀ニ御座候、是も全く御茶道共甚不念第一、不調法ハ此者ニ御座候、其外御役々ニも不念ニハ御座候へ共、是ハ一統之事、御茶道請持之御水屋之鐵砲風呂邊ゟ火出候へハ申譯ハ無之、尤御家老方等ゟ御機嫌不被爲替と申遣候へ共實ハ左樣ニゐハ不被爲在、二月田燒失ハ御寢食なども餘り御心能不被爲在由、左候ゐ御目なども御こゝろみ被遊候ゐ、御平常之御顏付ニゐ不被爲在、至ゐ御迷惑被遊候御樣子と奉見上候段、將曹(島津久德、家老)申遣申候と申上候へハ、拙者ニも不思ほろ〳〵と落涙ニ及候、暫何も得不申上罷在候處、　御沙汰ニハ左候へハ、此度之不調法成程坊主ちやな、就てハ差扣ニても相伺居候半、此度ハこゝ元ゟ咎目沙汰申遣候ゐハ、何分居候哉と御沙汰ニゐ、成程夫ニゐハ宜可有御座候得共、御茶道・御小納戸其外御役々も、いつれ差扣へ奉

齊彬ヘノ責薄ラグ

二月田別邸再建

調所廣郷再建掛ヲ命ゼラル

伺ニ違ひ無御座候、疾ニ定ゐ大目付へ相渡有之候も難計奉存候、左候へハ不遠こゝ元へ伺ニ可申上候、此方ゟ申遣候ハヽ中途行違ニ相成、混雑可仕も難計候間、暫此方ゟ差扣置候様可仕段申上置、右差扣沙汰ニ落、

少将様御迷惑乍恐夫ゟ御薄く被為成候哉と奉存候、仍ゐもハや何も御不都合之御事ハ不被為在候間、決ゐ御案し不被遊候様可被申上置候、實ニ何も御存知不被爲在、

上様へ御迷惑奉掛上候ゐハ殊ニ不可然御事御座候、とこまゐも御茶道不調法ニ異論無御座候、扨夫ゟ又御茶屋本之通り御造立之儀奉伺候處、いや此度吉田(大隅諸縣郡吉田郷)惟新(島津義弘)様湯ニ可被遊との御事ニ付奉畏申候、併右御湯も日外御入湯被遊候節ハぬるく被爲在と、御沙汰奉伺申候、左候へハ御相應被遊と申ニゐハ不被爲在候付、何卒矢張本之通り、二月田之方ニと奉願候處、笑左衛門到來候ハヽ其通可被仰付と之御事ニ付、以前二月田御茶屋も私掛ニゐ出來仕置候付、此度までも被仰付候ハヽ無此上段申上候處、左様ならハ笑左衛門掛ニゐ御造立いたし候様ニと御直ニ蒙仰難有御座候、外ニハ伊集院織衛(悛行、側用人)掛被仰付被下度、御作方ニハ種子島加次右衛門、奉行ニハ川上七九郎(作事奉行見習)、大目付藤井才助被仰付、將曹殿方へ問合置候、右之趣ハ今日四日限り町飛脚別段召立、指宿二月田へ差越、燒跡之儘繪圖一

齊彬ノ迷惑除去ニ努ム

枚、夫ニ是まて之御茶屋之繪圖、定ゐ御作事方ニ可有之候間、右一枚外二月田御園内地割之繪圖三枚相揃、早々四日限町便ゟ拙者旅行先へ差越候樣可被取計旨、將曹殿へ申遣置候間、左樣御心得可給候、先ハ右之通り御造立被仰出、誠ニ難有儀ニ御座候、若二月田此度御造立不被爲在御事候ハヽ、　少將樣甚御迷惑之御事と奉存候付、乍恐御實事を以ゐ品々奉申上候處、一々御許容被爲在難有儀ニ奉存候、御同慶可給候、右外御返答等奉申御儀も有之候得共、御用多ニて不行屆、乍漸荒方之御用答如此御座候、已上、

十一月廿七日　調所笑左衛門（廣郷、家老）

種子島六郎殿（時昉、當番頭兼側用人側役勤）

追啓、嚴寒ニ候へ共彌御安康被成御座、いか計目出度奉存候、隨ゐ小生無異儀相勤居候間、乍慮外御省念可給候、不遠罷下り貴顏ニ旁可申上承候、

一九　八月二十九日　御流儀炮術問答書

下問書

御（洋式）流儀炮術

少將様（齊彬）被遊御上覽、翌日（八月二十九日）御問條被相下御書之寫、左之通御座候、

「ゲスイント」及ビ「シユンドロス」

一野戰筒早打幷調練等之節、ゲスイント（早道火）及シュンドロス（點火用練藥）如何之譯ニ而不相用、火縄口藥ニ而打方致候哉、

打方掛聲

一同斷之節、野戰筒打方聲掛候儀不相聞得、小音ニテ不聞得候歟、又者掛聲無之候哉、

一マルス及ヒル之掛聲短ク低キ故、今少高ク引ノバシ掛聲ニ而者如何、

小頭ノ麾

一調練之節、小頭麾ニ而モ可有之處、如何之譯ニ而候哉、

小頭ノ動作

一小頭銃卒引連出候時、先エ進ミ可行之處、附添之如ク相見得如何、

笛

一右之節、笛相用候儀、イマタ習受不申候哉、

手太鼓

一手太鼓等モ、不相用候哉、

足取

一野戰筒打候節者、足取習受候通ヨリ多クハ無之候哉、

「ホーイッスル」打方

一ホーイッスル打候節も、野戦筒同様相揃ニ而打方致候而ハ如何、

玉竿持玉薬持
「ゲスイント」持「シユンドロス」點火者
䥫定者

一野戦筒打候節、玉竿持候者も、玉薬持候者、打ッ度ニ玉行見候様ニ相見得、夫故手後レ相成候、右両人ハ、玉行ハ不構、筒口ヲ見當ニ致、ゲスイント持候者、幷シュンドロスニ而火ヲ付候者、䥫ヲ定候者、玉行ヲ見候様ニ致シ、小頭之者ハ萬事ニ氣ヲ付、聲掛打方爲致候事ニ而ハ無之哉、其處昨日之様子ニ而ハ見留兼候間、彌其通致候哉、又ハ如何致候哉、

打方調練ノ手續書

一野戦筒幷ホーイッスル打方調練之手續書、委敷相知居候哉、

野戦筒運搬

一野戦筒持運之儀、近(遠カ)キ所ハ持行候節ハ、如何致曳行心得ニ候哉、

車臺ノ筒

一ホーイッスル等之玉目、大成車臺之筒、昨日ホーイッスル取扱候所ニ而、急ニ進退六ケ敷候、是又備打等相用ヒ候節、如何致持行心得ニテ候哉、

玉薬車

一車炮之類ニ、玉薬車取付持行候節ハ、如何之取扱ニ而持行候哉、

劒筒

一劒筒調練之儀、昨日致候ヨリ外ニも、進退又ハ丸形一行ニ相成候業、調練致稽古有之候哉、

薬賦

一八町目印之節ヨリ、遠丁打薬賦之儀、何町ハ薬何程ト云儀、委敷書付有之候哉、

車炮ノ車輪ネヂ

一車炮之車輪、外之方ヱソリ候所、本式ヨリ者ソリ様少キ様ニ相見得候、又ネヂ之鹽梅モ違候様ニ見得候、流儀寸法通候哉、

洋式炮術書物ノ下附

一車炮之寸法、其外臺之寸法、并大筒寸法、町賦之藥、并道之寸法、野戰筒ホーイッスル進退調練等之手續等之分者、委敷書物ニ相分り居候、不相分者、何々不相知ト申叓書出シ候ハヽ、其外之書物相下ケ可申事、

足并揃方

一備打之節足并不揃者、右者太鼓ニ而モ打揃而者如何、

馬上打方

一野戰筒打候節、馬上之者有之儀、習受居候哉、

右條々、細々致勘考、以書附可被申出事、

答申書

右ニ相附候御答書、

口藥

一御本文奉承知候、目録ニ口藥ト書認申候得共、口藥者近來相用不申、此節　御覽之節モ、都而ゲスイントニ而打方仕候、兼而稽古序破意〔急カ〕之打方之節者、シュンドロス相用申候得共、未熟之者ニ而者、　御覽等之節ハ念遣敷御座候付、早打不仕、静ニ火縄ニ而打方爲仕、五百目七百目鐵盒彈三發之分、シュンドロスニ而打方爲仕申候、

掛聲

一御本文掛聲之儀、高島（秋帆、四郎太夫、茂敦、砲術家）ヨリ傳受仕候者、打方之節騘役ヨリヨシト申聲ニテ打方仕候、當

分者ヒュールト掛聲ニ而打方仕候、御前ニテ奉恐入小音ニテ差圖仕候、

一御本文掛聲、御沙汰之通リ短ク低ク御座候處、別而奉恐入候、高ク引ノバシ掛聲仕候方、實用之儀ト奉存候、

小頭ノ麾

一御本文、長崎ニ而者小頭麾ニ而差圖仕候得共、無據相用不申候、子細者口達ニ而奉申上候、

一御本文、御尤之御沙汰ニ御座候得共、備等ノ人數別而未熟之者モ御座候故、御前之儀御座候ニ付、萬一筒取扱等不行届儀モ念遣敷御座候間、小頭野戰筒方ト兼對〔帶カ〕ニテ付添居申候、

太鼓笛「ラッパ」

一御本文、長崎ニ而者太鼓・笛・ラッパ相用申候得共、御當國ニ而者未右樣之器械相備リ不申候、

足取

一御本文通奉恐入候、習受候足取者一足モ引取候方ニ御座候得共、何分未熟ニ而御目ニ相立候儀、被爲在候半ト奉存候、

一御本文奉恐入候、未人數モ相揃不申、全ク野戰筒同樣、相揃候處吟味行届不申候間、以來右之處御沙汰次第承知仕度奉存候、

火薬車

劍筒

一御本文奉恐入候、御沙汰通ト奉存候、何分未熟ニ御座候間、以來御沙汰之通仕度奉存候、

一御本文打方調練之手續キ、一通高島ヨリ習受仕候迄ニ而、外ニ書附等無御座候、就中ホ

ーイッスル打方手續之儀者、全相知不申候、

一御本文持運候儀、火薬車ニ括リ付、馬ニ而曳行候樣、高島ヨリ承置申候得共、未火薬車

製作モ相分リ不申候間、何分右樣之儀、御傳受被仰付被下度奉存候、

一御本文御尤之御沙汰ニ御座候、谷山(鹿兒島郡)中之鹽屋濱邊沙原ニ而、車之進退至テ不便利ニ御座

候、夫故無據多人數相掛リ取扱仕候、地面宜敷候得者、少人數ニ而自在ニ進退仕候、併

實用ニ運送候處、未相分リ不申候間、是又御傳受被仰付被下度奉存候、

一御本文、前ニモ申上候通リ、火薬車之製作モ相知不申候間、何樣可仕候哉、何分御沙汰

承知仕度奉存候、

一御本文劍筒調練者、丸備一行等、兼而者稽古仕候得共、此節者未熟之者モ多人數有之、

御前之儀ニ付、仕損シ無之樣打方爲仕候、

一御本文八町目印迄者、高島方ニ而打方仕候例ニテ打方仕候得共、場所柄不宜、實之經驗

是迄相調不申候、就中遠丁等之儀、全ク書付等無御座、右樣之儀折角心掛居候得共、高

島方之手便モ相絶、相困罷居候間、乍恐何卒御傳授被仰付被下度候、

車輪ネヂ

一御本文車輪之處、雛形ト繪圖ニ而製作仕候、本式之處、全ク存不申候、ネヂ等之儀モ、漸ク此節繪圖ニ而出來仕候、御國器之叓ニ御座候間、何卒本式之所相承申度奉存候、是又乍恐御沙汰承知仕度奉存候、

一御本文之條々、全相知不申候、

西洋炮術ノ書物

一御本文之條々、何共難有奉恐入候、全ク精微ニ相知不申候、高島ヨリ相傳申候一通之儀者、古法之書付等ヨリ稽古仕申候得共、中々西洋炮術者、大抵之事ニテハ會得不仕、折角書物等探索仕度奉存候得共、其儀モ相叶不申心痛仕候處、御書物等御下ケ被成下段、何共恐入難有奉存候、左樣御座候ハヽ、私者勿論、御門人中一統難有拜見爲仕、御用立候樣修行仕度奉存候、

足並

一御本文御沙汰之通ニ奉存候、長崎ニ而モ太鼓相用申候得者、足並能ク相揃申候得共、前ニ申上候通、イマタ太鼓モ相備リ不申候、

馬上打方

一御本文長崎ニ而モ馬上之打方仕、手續キ之儀モ、凡習受居申候付、折角馬上打方仕度奉存候得共、私式ニ者乘馬等モ飼方難相調、借馬等ニ而打方仕候儀、念遣敷奉存候付、是

迄稽古方熟練不仕、筒掛道具等モ御座候付、何卒御厩御馬ニ而モ被召下、稽古方被仰付被下候ハヽ、御門人共ヱ打方爲仕度奉存候、

「カルロンナーテ」

一此節カルロンナーテ十二ポンド位之筒、鑄調方仕候樣奉承知候付、切形等仕度奉存候得共、御下ニ相成候圖形ニ而、大形之筒ト相見得申候、格別成御道具ニ付、能ク寸尺割合等精徵ニ相分不申候而者、實用ニ相叶不申候間、何卒右樣大筒之寸尺、臺製作等之儀、乍恐御傳授被仰付被下、其上切形差上、尚又御覽之上、思召ニ相叶候處ニ而鑄調方仕度奉存候、

右條々、貴公樣迄申上候間、何卒御不都合不相成樣御取成被仰上被下度奉願上候、以上、

（正之、御流儀砲術師範役）成田正右衛門

上覧炮術目録

〔参考〕八月二十八日　木脇權一兵衛手記

少將樣御覽ニ付

目録

備打

一備打

弘化三年八月

弘化三年八月

内劒銃

但壹銃拾貳發位

三百錢炮

但壹炮三拾五發位

百五拾錢炮

但右同

一劒銃玉打

一右同連發

但壹銃五六發位

一臼炮（廿ドイムモルチール）　六發

内

ボンベン　三發

鐵籠燒彈（ブランドニーゲル）　三發内一發小榴彈入ル

一射擲炮（十五ドイムホーキッスル）　拾壹發

劒銃玉打

臼炮

射擲炮

内榴彈趯射放二發
右同彈一發
但八丁標幟
右同彈一發
但スピーケル附遠丁
右同彈一發
但遠丁
鐵籠焼彈（ブランドニーゲル） 二發
葡萄彈（ドロイブ） 二發
鐵盒彈大小 二發 大ハ一ポンドノ玉三拾四 小ハ六ロードノ玉百
右二種 射的

一野戰炮備打
但七百銭炮五發
五百銭炮右同

弘化三年八月

弘化三年八月

三百錢炮右同

右同炮　右同

百五拾錢炮右同

備打之續キ

一七百錢炮玉打拾五發

右同

一五百錢炮玉打　右同

一野戰炮鐵盒彈　六發

内七百錢炮三發

但壹彈五ロード之玉四拾壹

五百錢炮三發

但壹彈三ロード之玉四拾壹

以上、

右弘化三年丙午八月廿八日

少將公爲　御內覽、谷山村中之鹽屋打方有之候、

二〇　九月二十九日　德川齊昭への書翰

(封紙宛書)
「上　　　　御請　　　　松平修理大夫」

(所見ナシ)
尊章謹而拜讀仕候、冷氣之候、益御機嫌能、恐壽之至奉存候、不存寄、尊書難有、殊ニ珍ら敷佳肴拜受、重疊難有奉存候、當地(鹿兒島)ニ而鮭別而珍ら敷、早速頂戴仕、兄弟共ニも遣し、皆々珍らしき事と難有頂戴仕候、中山も又々七月末(二十五日)ニ佛船(佛艦サビーヌ、Sabine)來著、一人(宣教師マッシュー・アドネ、Mathieu Adnet 漢字名亞臬德)殘置、八月十一日出帆仕候、此度御屆ケ申上候、如何ニも不容易時節到來仕候、柔弱之人氣ニ付佛人見拔申候樣ニ被存候、甚タ殘念之次第、皇國も猶更油斷仕候時節ニ而無之と奉存候、朝鮮ニ而も、少々何而御座候やニ被存候、此度參候船者、二百人乘組罷在候、朝鮮ゟ寧波(淸國)ニ參り、夫ゟ一艘中山ニ參候よし、又々寧波ニ歸帆之由ニ御座候、以之外年々根深く相成可申樣子、長崎も來年又々可參やと被存候、呉々御內密奉願度、先ハ御請旁奉申上度、早々如斯御座候、恐惶謹言、

佛船琉球ニ來リ一人ヲ留メテ出帆ス

朝鮮ニモ渡來

修理大夫

九月廿九日

上

猶々、時氣折角御自愛被遊候様奉存候、何そ當地ニ御好之品も在らさられ候ハヽ、承知
仕度奉存候、以上、

二　十一月十二日　徳川齊昭への書翰

（封紙宛書）「上　　御直覧奉願候　　修理大夫」

（封紙宛書）「上　　」

（奥封宛書）「上　　御請　　修理大夫」

海上炮術全書ヲ貸與ス
玉海

先日者（所見ナシ）尊書被下難有奉拝見候、日々寒氣相増候得とも、益御機嫌能被遊御座、重疊恐悦奉
存候、然者海上炮術全書之儀、被仰下恐入奉存候、最早有馬（頼永、筑後守、久留米藩主）之方も相濟候間、全部取揃差
上申候間、御用之分御寫ニ相成候様奉願候、扨又玉海之儀、難有奉存候、又何そ相願候様、

「ロイテル」船戰ヲ謄寫ス

是又重疊難有奉存候、其内又々相願候樣可仕候、且又ロイテル船戰拜見難有、寫候而則返上仕候、御請延引ニ相成恐入奉存候、先者御禮迄奉申上候、恐惶頓首、

十一月十二日

猶々、時氣折角被遊御厭候樣奉存候、此鴨進上仕候、以上、

(別紙)

(奥封ウハ書)「別紙御請」

琉球外國船來航屆書ノ寫ヲ贈ル

(所見ナシ)御別紙難有奉存候、如命先々都合ニ宜敷御座候得共、其後いまた何事も不申參候、且又御屆之儀者書面ニ無之、國元ゟ重役差出候而(去ル閏五月二十五日、家老調所廣鄉ヲシテ琉球事情ヲ口述セシメタルヲ云フ)、辰ノ口(阿部正弘、老中)江直ニ口達ニ而申達候事ゆへ別段書面者無御座候、外ニ中山島々江異船渡來、御屆之儀者、書面ニ而差出候間、右寫者御内々奉差上候、先日より御請も可申上處、例之嫌疑之譯ニ而御屆書等手元江寫取り候儀も延引ニ相成、夫故大延引仕、何とも恐入奉存候、

池城安邑上國屆書寫ヲ贈ルベシ

(安邑、毛擧光)池城上國之御屆ヶ之儀も、口達之手扣御座候へ共、今日迄寫取入御覽候儀、少々不都合ニ御座候間、餘り延引ニも相成候ゆへ、先御請旁奉申上候、以後を近々御内々差上候樣可仕候、呉々恐入奉存候、尤口達扣之儀も、先日申上候意味之通りニ而、格別相替候儀者無之

宗義和歸暇

候、

一朝鮮も又々異船渡來之由ニ而、宗（義和、對馬守、對馬府中藩主）も御暇被仰出候、其後歸帆之由ニ者御座候へ共、以後も不安心と奉存候、何卒異人と合體不仕樣ニ仕度奉存候、猶々、來朝掛念ニ奉存候、以後近日猶又可申上、先日之御請迄奉申上候、敬白、

十一月十二日

三　十一月二十九日　德川齊昭への書翰

（封紙ウハ書）「過日之御請奉申上候」

（端裏書）「過日之御請旁奉申上候」

此度甚寒中ニ而方々文通取込、別而亂筆之段御免奉願度、宜敷御披露奉希候、以上、

琉球防禦ノ不備

過日者厚以思召段々仰頂き、重疊難有奉存候、實以て中山防禦、少し成共人數差渡置候事ニ而も出來候得ハ、寛猛之場ニをよろしく御座候得共、扠々恐入候事、寛ニ過申候事ニ而

朝意ニ疑義

琉球ニ英船三艘來ル

琉球對外事情ノ深刻化

御座候、被仰下候思召も誠ニ以て難有、乍恐(朝廷)雲上思召左程迄御遠慮御座候ハヽ、(八月二十九日ノ海防ニ關スル幕府ヘノ勅諭ヲ云フ)今少し被仰出方も可有や、恐なから、夫程御遠慮御座候得とも難有奉存候而、此處如何可有と恐なから奉存候、其後佛船(佛艦サビーヌ)一度渡來、(マッシュー・アドネ宣教師)一人殘置候、先便申上候と存候、其後英船(八月二十四日來航、二十八日退帆)三艘渡來候而何事も不申、先年ゟ英船渡來之節之挨拶申述歸帆仕候、實とも殘居醫師(ベッテルハイム、Fettelheim 漢字名伯德令)見舞と相見得申候、兎角只今ニ成候而者、中山とも勿論、皇國之存亡、甚タ恐入奉存候、當年とも先相濟、來春參府可仕難有奉存候得共、來年ゟ追々根深、夷人追々氣隨之振舞可有と奉存候、先々當今通ニ而とも、最早下向之義、誠ニ恐なから當惑仕候事ニ御座候、猶追々可申上候得共、御厚情被仰下候御禮旁、御內々奉申上候、以上、

十一月廿九日

弘化四年丁未（西暦一八四七年）

三　六月二十二日　山口定救への書翰

調所廣郷等ノ行動及ビ藩情ヲ探ラシム

探聞書密送ニ慎重ヲ期セシム

（封紙ウハ書）
「〆　此内秘書在」

（奥封ウハ書）
「〆　五両入」

極内申入候、此度之儀者、全むら（調所笑左衛門、廣郷、家老・二階堂志津馬、行健、側用人兼側役・相良索臼、奥茶道）・荒田（平之馬場・荒田村・草牟田村、共ニ薩摩鹿児島郡）・そんゑ之坊主邊ゟ起り候やと被存候へとも、委しき事不相知候、年來物入多き處なとゟり、色々起り候事と被存候、夫ゟとをかくも、下向も候ハヽ折角念入可申候、左候而中山之儀ニかきらは、何事ニ而も比ら邊其外之様子、風聞・實事かまひなく、心得ニ相成候義御座候ハヽ、例之定家流ニてもよろしく、よくよめ候様ニ書候而、飛脚之節ニ園田鄕（庭奉行）右衛門江頼ミ候とも、又者外ニ存寄ニ而よき人御座候ハヽ、其人江頼候ともいゑし、極細字ニ者さゝめ、山崎（拾、抱守兼伽役）迄相届け可申候、尤山崎江差付ケニ御庭方江頼候而もよく候得共、又差支も可在とそんし申候間、夫ゟ篤と勘候而よろしく可

琉球事情ヲ速報スベシ

焼物所一條

殘念ナガラ調所等ニ取入ルベシ

近藤欽吉ノ起用モ可

黒茶盌「石清水」ヲ授與ス

致候、重玄(重久玄碩、茶道頭)江ハ極秘ニ而御座候、菊池(矢一郎、小納戸兼抱守)・矢市(井右衞門、矢正、小納戸見習)而山田莊兩人之内もよろしくとそんし申候、以飛脚度々ニ而ハ難しく、書認め候而可遣候、尤中山(琉球)等之義、差而ゝ利候事ゟ早く承り度候、明日出立之段承り候間申入候、著之うへ考ニ而か樣と可申遣候、始ゟ山崎江向け封書ニ而可遣候、其うへ菊・山(菊池・山田)等之内ニ遣事ニ候ハヽ、其方申遣し次第極秘ニ菊・山等江も可申候、押川(乙五郎、小納戸見習)ゟ如何ニ候や、以飛脚著之うへ可申遣候、燒物之一條(苗代川・立野ノ燒物所)、之も其後如何之樣子ニ候や、承候ハヽ可申遣候、誰江もけして他言無用候、白石(如瓢、奥茶道)も表江出候やとそんし申候、よく樣子承り出し可申候、折田(八郎兵衞、小納戸)も大而ハ表江出候筈、是も著之比ゟ發候事とそんし申候、委しき義樣子承り度候、殘念ニ候ともむら邊(調所廣郷)而又ハ西田(彌右衞門、使番兼目付・平、小納戸頭取兼用取次)・伊集院邊江よく取入可申候、左候而樣子承り出し可申候、村甫(村田甫阿彌、茶道頭兼苗代川燒物所奉行)も如何之樣子ニ候や可申遣候、此品極内遣し申候、其外山崎可申候、尤山さき計り之取次方、今一人御座候而ハよろしく候、菊・山之内よろしくと存候ハヽ見立可申遣候、左樣の事よく汲受候ハ、山之方可然而とを存し申候、思ひの外近藤(欽吉、小姓、隆左衞門嫡子)之せ而れハよろしくと存申候、其外心當り無之候、先ハ要用秘事申入候、跡火中可致候之、

六月廿二日

黒茶盌於石清水と名付て授與す、

おこるとを
たをひなすてそ　石志ミ川
神のこゝろを
いつを清まれ

山口定救ニ隱密ヲ命ズ
側室すまヘモ秘セシム

二四　六月二十二日　山崎拾への書翰

（奥封宛書）「内　用　拾江（山崎、抱守兼伽役）」

一此茶わん、并ふくさ入、金子入封物（第二三號）、山口（不阿彌、定救、數寄屋頭）へ可遣候、尤兼々申候隱密同人江申付候、萬事申談可然候、尤重玄（重久玄碩、茶道頭）江極秘ニ候、此夜ニてもよろしく、若目立候て大事ニ候條、明日不目立樣相渡可然候、何分よろしく可致候、此隱密之義、ま（すま、齊彬側室）印江も内々之、

二五　六月二十三日　徳川齊昭への書翰

（封紙宛書）
「上　　修理大夫」

（奥封ウハ書）
「御　請　　修理大夫」

齊彬參府ス

（所見ナシ）
尊書難有拜見仕候、甚暑之候益御機嫌能被遊御坐恐悦奉存候、然ハ此度參府（五月十日江戸著）候ニ付、御懇之尊書頂戴、殊ニ何寄之御品被成下、重疊難有仕合奉存候、御請迄可申上如斯御座候、恐惶頓首、

六月廿三日

猶以、時氣折角被遊御加養候樣奉存候、以上、

（別紙）

（奥封ウハ書）
「別　紙　御　請　」

○本書ノ傍點ハ齊昭朱批ニカヽル

齊昭ノ琉球對外處置質

極密之御別紙（所見ナシ）拜見仕候、中山（琉球）之義も、屆書等も　御覽ニ相成、不容易事と思召候由、右ニ

疑ニ答フ

不得止バ小規模ノ交易

商館取建ハ拒絶

外國船ノ來ルヲ拒ムハ不可

琉球歸屬ノ表裏ト内實

付交易之儀も承知致候哉、商館取建ニ相成候哉、浦賀初メ湊々江不參樣申含承知ニ相成候や、此後之處如何可有之候やとの義承知仕候、左ニ御請申上候、

一交易之儀、いまた其儀も少しも色ニ出し不申當年渡來仕候ハヽ、成丈ケ猶また申斷候而、夫ニ而も承引之氣色無之候ハヽ、其節唐國之内福省（福建省）ニ而交易可致、尤中山渡來之義者小國ゆへ不行届之旨斷り可申、其上承引不致候ハヽ、中山之差配之宮古島・八重山島邊ニ而、手細ニ交易可致申談シ、夫ニ而もむつかしき節ニ者、中山ニ而交易可致候へ共、商館等取建候義者斷り、年々渡來候うへ、商法手細ニいたし、相濟候ハヽ不殘歸帆可致旨申談候心得ニ而、家來之もの差渡置申候、

一浦賀其外日本地而た江不參樣ニ申聞候義者、難相成事ニ御座候、其譯者全體清國其外異國江對シ、日本隨從之儀者押隱シ申候而日本と直ニ交易者不仕、度加羅嶋之もの方日本之品交易致候趣ニ申居候事故、日本地方江不樣參ニ申候義も相叶不申、明朝之比者日本隨從之義も不明候へ共、通信通商者仕候趣ニ申居候へ共、如何成譯ニ候や、清朝ニ相成候而者、日本江も通信通商共ニ不致趣ニ申立有之由ゆへ、外國江も清國江之聞得抔恐候や、押隱し有之候、尤内實者分明ニ清國ニ而も存候事ニ者候得共、表向者度賀羅嶋之を

薩人琉人ニ扮シテ應對

處置寛ニ過グルヲ痛心

商館建設ハ陥穽

長崎ノ防備充實ヲ俟ツ

利財ヲ論ズルノ時ニアラズ

の日本隨從いたし、右嶋人ゟ日本之品取次ニ而、交易いたし候趣ゆへ、此節渡來之異人にも同様相答有之候間、家來之面會者出來不申候、心得候ものゝ琉人之姿ニ而、應對爲仕候義ハ出來候得共、日本之姿ニ而應對者相成不申候、者而し異人も、事實者承知之様子ニ御座候得共、少しも言ニ者出し不申候、右之通りニ御座候、當年之處如何ニ可有之哉、未タ何之左右も無之候、又當年ハ氣を拔候やとも奉存候、前文之如く之相談、甚タ心配之義、寛猛之所置可仕との事ニ御座候得共、當時之處とかく寛之方計りニ相成候間、扨々內實心配仕候事ニ御座候、猛之所置手薄く御座候間、相談ニ相成候節、猶更隨意之儀申掛候ハ必定と甚タ心配仕候、私存候處ハ商館是非取建候様可相成、左候得者追々隨從之姿ニ可相成事と痛心仕候、今少シ猛手段有之度と內心存候計りニ御座候、甚タ恐入奉存候、且まゝ長崎御手當之義、此節兩家(福岡・佐賀)ゟ申立ニ相成、別而肥前守(鍋島齊正、佐賀藩主)骨折罷在候、何卒十分御手當ニ相成候様仕度、左候得者、中山之方も、嶋々領國海岸も、其響ニ而手當も少シハ行屆可申哉と奉存候、色々申上恐入候得共、何分不容易御時節、利財之義〔議〕論計ニ而者難相濟時勢と奉存候へ共、扨〳〵利財之方多く恐入奉存候、者而し阿閣(阿部正弘、老中)等者去年ゟハ又餘程心得も厚く心配仕候様子、一段之事と奉存候、何卒

朝廷ノ英斷ヲ要望

雲上(朝廷)御英斷有之度奉存候、先〻御請迄申上候、入組之義申上度候得共、筆紙難叶大略奉申上候、御火中奉願候、敬白、

六月廿三日　誠ニ亂筆御免奉希候、以上、

〔參考〕　六月　德川齊昭朱批

○本書ハ第二五號文書ノ餘白ニ齊昭ガ自記セルモノナリ

如本文、薩州、琉球にてハ通信通商不致よし異人へ申候共、於　公邊、弘化二年乙巳六月朔日、返翰被遣ニハ、海外諸邦通信貿易、固無一定、及後議定通信之國通商之國、通信限朝鮮琉球、通商限貴國與支那云々被仰遣置上ハ、薩州、琉球にて如何樣申候共、右書面を證據ニ出ス時ハ、一言も答ハ相成間敷事之、

二六　八月二十九日　島津久寶への書翰

八月三日之書面(所見ナシ)、廿三日ニ相達シ、委細致披見候、愈無事之由、珍重存候、當地何も相替

調所廣郷ノ密事露顯ス

折田八郎兵衛ノ事ニツキ阿部閣老ニ答申ス

村橋左膳ニ代リ島津久包ヲシテ琉球ヲ警守セシム

阿部閣老密ニ「少事」ハ之ヲ默許ス

琉球渡島ノ人數ノ寡少

儀も無之、公邊も珍らしき事も無之候、扠申遣候書面之趣、一々致承知候、

一調所（笑左衛門、廣郷、家老）事伊達（宗城、遠江守、宇和島藩主）ゟをれ候事とをんし候よし、此方ニて考候とおりニ御座候、左様計りそんし居候而者、以後もあぶなき事とそんし申候、

一折田（八郎兵衛、道奉行）事御返答委細心得申候而、阿部（正弘、老中）江先日七日也、參り、程能申置處可承知ニ而、以後共何分よろしく頼ミ入候、何そ御申聞も御座候ハヽ、二階堂（志津馬、行健、側用人兼側役）著之うへ委細申上候うへ、思召も御座候ハヽ、其せつ御直ニ御申聞可給、左候得者、猶更御趣意も能とゝき可申、難有存候旨申候處、是又委細相心得申候と返事御座候、此度村橋左膳（久陞、琉球在番奉行）代り何と申ものニやと申候間、いまゝ表向不申參、嶋津權五郎（久包、小姓與番頭兼用人）と申ものまても可有御座、いつきニも二印（二階堂行健）著之うへ、御聞被成下候樣ニと申置候、此段極内申遣候、阿部事實者村橋者去年承り候事も御座候、者し夫者ともかくも、御手當よく有之、御國體ニかゝりさへ不致候得者、少事者よろしくと申居候、是者誰江も不申聞候へ共、極内申遣候、

一權五郎（島津）之事も表向阿部江御屆ケ者無之候、十九人とハ少ナき事ニ御座候而、二印著之うへ一組之人數と、御屆ケ出候事而ともを被存候、夫而誠ニ恐ろしく御座候、別段人數被差

在琉球佛英人退去ノ情勢ヲ問フ

調所廣郷ノ反省

大至院等ノ不法

幕府隱密ノ琉球探索ノコトヲ聞ク

渡候御評議無之よし、㝡早其儀ハ中〳〵有ましく被存候、池城(親方、安邑、毛增光)之事もいまた當地ゟ表向ハ不申參候、自分も委細不存㒵ニ御座候、フランス人(宣教師マッシュー・アドネ)、英人(醫師、宣教師ベッテルハイム)も追々列歸可申との事、何寄之儀ニ御座候、何卒其通り致度事ニ御座候、右通り列歸候樣相成候ハヽ、其後ハ㝡早安心と存候や、又一往歸候而も後患難計存候や、其方心底如何ニ御座候や承度存申候、

一調(調所廣郷)も胸中ニハ當り候樣子、追々程よく取計候向ニ相聞得候よし、先々よろしく安心いたし申候、

一大至院等事も不都合之よし、けして左樣と存申候、先々何事も不申而た可然そんし申候、中〳〵人の申言聞入を候事ハ、先ハ無之と存申候、

一池城之義、いまた此方ゟも表向不參程之事ニ候處、七月廿八日登城之節、星野久庵(幕府表坊主)内々申聞候ハ、此間御庭番(幕府隱密)歸り候由、琉球も唐國ゟ去年參候使者(池城安邑ヲ指ス)歸り、唐國ニ而相談ニ相成、十萬兩程之品、御國ゟ被遣候而、殘り居候異人列歸候樣ニ相談も相濟候や之旨、御庭番申出候由、内々しらせ候もの御座候、兼て隱密歸り候ハヽ、申上候樣ニ被仰付候間、御内々申上候旨申聞候、十萬兩なそハ虚説ニもいたせ、大意ハ間違も無之候、其通りゆへ誠ニ恐しく御座候、又申聞候ハ、是ハなし而成ものニ承り候ニハ無之候得共、琉球嶋

々ハ異船參候よし、申ものも御座候と申聞候間、兩條共全く不存事、大ゟハ虛說ニも可有、何も國ゟ不申來と申置候事ニ御座候、

事ノ漏洩ヲ嚴戒セシム

一何事も洩れやすく心配之よし、尤至極之事、實ニ恐ろしく御座候、夫故此後も飛脚每ニハ此方ゟも遣すましく候、其方ゟも其心得ニゐ、此返事ハ屆次第遣し、其後ハ間拔置き可遣候、

琉球ノ情報ヲ求ム

一琉球之儀、其後如何ニ御座候や、大凡之處極內承り度候、當地ニゐ色々申候儀も御座候間申遣候、實否之儀、承り度そんし申候、

折田八郎兵衛山口定救兩人ノ處遇ヲ問フ

一折田（八郎兵衞）・不及（山口定救、數寄屋頭）等之事も、段々申遣し心得申候、調印ハも承りニ遣候へとも、書面まても難申遣と申候ゐ、只御膳所向職等之義まて、色々の事引出候と申來候、不印（山口定救）之義も一體是迄調印（調所廣鄕）も餘り不向之方ニ御座候間、旁不運と存申候、

江戸ニ於ケル琉球ノ風聞

一當地ニゐ琉球之儀申候事承り込候義左之通り、

一琉球靜ニ候得共、內々ハ三艘參り居候よし、德之しまハも三艘參り直ニ出帆之よし、又喜界しまハも四艘參り、牛奪ひ取り候よし、又飛船等參候ゐも、山川ニゐ差留メ、極秘事之よし、何ゐ琉球無事と計りニハ無之よし、世間より內々

折田八郎兵衛ノ轉役ニツキ質ス

臺場ノ築造

幕府ノ檢分ニ備ヘシム

幕府ノ金賦ニ困ズ

承り申候、右通り世間ニて申を全く虚説計りとは存しられ不申候、極内様子承り度そんし申候、

一折田も早速役替も爲致候筈ニ候得共、使ニも參り、公邊ニも名前相知れ候事ニて、餘り直ニてハ又隱密(幕府庭番)も承り、何かおかしく聞得候ても如何ゆへす、其段調印ねを先便申遣候て、去ル廿四日ニ役替(小納戸ヨリ道奉行ニ轉ズ)申付候、此義不都合ニを存し候得共、時節なしく公義御都合第一ゆへ、右之通ニ取計申候、調印口振如何ニ候や、内々承り置度候、

一臺場之事も、申遣し致承知候、其方巡見當り前之事ニ御座候、しかし此義如何と存し申候、申遣候通り一臺場五六十以上ニ無之てし、何之役ニも不相成、笑草ニ相成申候、公義ゟ見分之義ハ、先來年迄ハ有ましく、四五年之内ニハけして可有之、いつれ前年比御達し相成候うへ之事と聞得申候、其様子御座候得ハ、早速しらせ候筈ニいたし置候間、知れ候ハヽ早速其方迄極内々ニ申遣候様可致候、調ねハ此義何事も不申遣心得ニ御座候、

一御金賦之事も、不申てハ可然よし申遣し、委細心得申候、自分ニも其心得ニ御座候、必も案んし申ましく候、當年も同席(大廣間)中、方々まねき御座候、大てハ斷申候得共、無據頼ミ

茶道方等ノ不正ヲ匡正

島津久包ノ琉球渡島ニツキ質ス

調所等駒場藥園參觀ノ非違

關係幕吏處分セラル

旁ニ而之まねき、一往斷候而も再往申參候事故、無據參り申候、此義第一困り申候、

一茶道方・膳所等は餘程拔ヶ穴も御座候樣子ゆへ、此度將曹（島津久徳、家老）等も精々手を付ヶ申候間餘程違ひ可申、納戸表拂之方はとてもむつかしく、誠ニ少し計之事とそんし申候、

一念の爲申入候、權五郎儀、渡海候よしニは候得共、又響合計りニ山川（薩摩揖宿郡）迄ニ而、何とかく相濟候事ニ而は無之哉、如何之樣子ニ候や、是又極内承り申度ぞんし申候、

一是は別の事ニ御座候而、去年笑（調所廣郷）等駒場（武藏荏原郡目黒村）（藥園）拜見ニ參り、其後御場所拜見ニ參候義、餘程やかましく相成候而、加藤啓次郎（嘉藤次、識典、側用人格江戸留守居）江之進物等大造之事、家老之身分ニは不似合千萬と申事ニ而、調等初メ二印・半田其外不殘、名前等も相知れ候よしにて、既ニ表向ニ可相成樣子ニ候得共、先ツ平和之取計ニ相成、其節御鳥見（幕吏）何とかく愼ミ、加藤啓次郎押込ミニ相成申候而、夫ニ而表向ニ不相成候、いまた愼御免無之よし、加藤はとても再勤は有ましきよしニ御座候、右樣此義ニ而も、調等名前も上ニ響き、不都合ニ御座候、此後之所、餘程考無之と、色々つとひ候而、何と出可申も難計、二印此度之出府、樣子次第如何と案申候、調印出府之節も、此うへ何事もなく候ハヽ、何も御沙汰有ましく候へ共、何そむつかしき事御座候而は、あぬなきものとぞんし申候、此儀大而ニ極秘とそんし申候、五郎兵衛（早川兼義、江戸留守居）大

調所ノ不正暴露
幕吏ノ橋和屋探索
齊興ノ參府並ニ内之浦巡檢ノ期ヲ問フ
島津久德等ノ反目
爾後ノ琉球對策

心配いたし候樣子、しかしまづ〳〵何事も無之候、調印ゟ加藤江送り物等多く御座候哉、
仲間江配分不致處ゟ破を申候との事御座候、御小納戸頭取(幕吏)迄ハ、進物之品書、幷ニ調印
ハしめ參候人々の名前も、皆々聞合候而申上け候よしニ御座候、加藤江ハケ條書ニ而、
御問狀下り候よし、其外目黒(武藏荏原郡)ハしいや(料亭)等江調印之事等聞合ニ參候との事ニ御座候、極内
心得迄ニ申遣候、
一來年　御參府秋而と被存候而、如何之樣子ニ御座候哉、内々承り度、心得ニ相成候間極
秘ニ承置度候、又内の浦邊御巡見ハいつ比ニ相成候哉、是又承り度そんし申候、
一半田(議典)も如何之事候や、是まて樣子極内承り度候、將印も彌笑と十分ニ無之と存候而、如
何ニ候や、是又極内心得迄ニ承り度存候、
一自分も、此度阿部(正弘、老中)達之首尾相濟候得ハ最早用もなく、來年御いとまも有ましくとそんし
候間、琉球之事ハ何もかまひ不申姿ニいたし、將等江も少しもかまひ不申樣子ニいたし
候心得ニ御座候、阿部何と申候ともを成丈ケ斷り、將呼出し候而達候樣ニと可申心得ニ御
座候條、極内心得迄ニ申遣候、琉球之滯留異人其外異船渡來等致候節ハ、極内其方ゟし
らせ候樣頼ミ入申候、二印著ニ而阿部江參候迄ハ掛りあひ可申、夫よりハ最早安心と申

長崎風説書

大炮掛等ノ任命

「ボンベカノン」一名「ベキサンス」炮ノ効用

西洋炮術ノ奨勵

候ゟ、表向不構姿ニいゐし申候間、左様心得可申候、

一長さき風説書、極秘イキリス蒸汽船ふて今來年中ニ可參様子之段蘭人申出候よし、定メて承知之事とそんし申候、阿部も此間申聞候、御國も折角用心可致と申居候、

一大炮掛り等、追々被仰付候よし何寄之事、志かし鑄立方餘り其後多くも無之様子又響合計りまて無之哉、何卒現事十分御手當御座候様いゐし度、表向ゟ内實之方手厚ニ相成候様致度事ニ御座候、當時鑄立ニ相成候筒もよろしく候へとも、夫ゟ十貫目六貫目之ボンベカノーヲンと申筒、一名ベキサンス、右之筒臺場ニて極よろしく、其筒之備有之臺場にて用心致し近寄間しくと、西洋ニゐ申候程之筒と承り申候、其方申出候義出來兼可申とは存候へ共、心得迄ニ申遣候、ボンベン玉とは違ひ申候、其筒之圖ゟベキサンスと書付候ゟ、鑄製方ニも下ケ置候間御座候とそんし申候、是ゟ野戰ニ用立不申、臺場第一之筒ニ御座候、

一靑山(善助、愚痴、天山流炮術師範家)事も西洋(御流儀砲術)江入門ニ相成候よしニ承り候間、野村彦兵衛(勘定小頭、荻野流師範家)事も此迄荻野流ニゐ内々兆ゟら筒預ケ弟子六十人程も相成候得共、靑山も其都合ニ候ハヽ、彦兵衛も門弟一同成田(正右衛門、正之、御流儀炮術師範家)入門之方、御都合もよろしくとそんし候間、此儀將ニも相談いゐし藤五郎(三原經禮、納戸奉行)迄内々申遣し、

種子島時防ノ外一人モ油斷ナラズ

老中阿部正弘ノ善政

信州地震

即位奉賀使發途

寛之助ノ成

門弟一同成田ニ入門致し稽古致し、是迄之流義も預ヶ申候筒も御座候間、油抜之爲ニも相成候間、内輪ニ而不絶稽古いたし候様ことの事申遣候間、是又心得ニ申遣候、海老原等（宗之丞、清熙、側用人趣法掛勤）之口氣如何ニ候や、承り次第承り度ぞんし申候、

一其外我等心得ニ相成、よろしきと存候事も御座候ハヽ無遠慮可申遣候、六郎（種子島時防、當番頭兼側用人側役勤）方外壹人も油斷不相成、誠ニ困り入候事ニ御座候、其地市中御取しまりもきびしきよし、人氣如何とそんし申候、當地阿部之評判彌よろしく、諸役人一同心伏、市中も靜ニ相成、人氣立直り候様子ニ御座候、何事ニ而も一存ニ無之、三奉行（寺社・町・勘定ノ奉行等）其外掛り吟味之上、其内を善惡勘考候而取計らひ候様子ニ聞得申候、一人も阿部をあしく申ものも無之、何卒左様ニ有度事ニ御座候、殿中も無別條と申事多く、役人等進退誠ニ少く御座候、當地季候初冬之とく、綿入壹ツニ而も朝夕ハ寒き程ニ御座候、信州邊地震いまた少しツヽ御座候よしニ聞得申候、眞田（幸貫、松代藩主）領分計りニ而五千人程之死亡と聞得申候、當地火事も少ナク御座候、雲州（松平齊貴、松江藩主、孝明天皇即位奉賀使）御名代來月二日出立之筈ニ御座候、行列餘程立派と聞得申候、

一其御地御取しまり且被仰渡等も、心得ニ相成候義も承り度、當地心得ニ致し申候、

一寛之助（齊彬二男）も先々平和、しかしいまた十分成長無之候、追々ハよろしくと被存候、右ニ付而

長未シ

伊木常誠等ノ起用

も色々奥向入組之事有之甚タめんどふ、去なから最早相濟候姿ニ御座候、極秘之事ニ御座候、著もいたし候ハヽ直ニ可申聞候、

一右ハ返事旁申入候、此返事伊木（七郎右衞門、常誠、側役兼側用人）ニても種子ヶ島（時昉）ニても、都合次第ニよろしく頼ミ入申候、自分ハ以後都合次第、兩方之うちゟ可遣候、先ハ早々用事申入候、以上、

八月廿九日

二七　八月二十九日　山口定救への書翰

調所廣鄉等ノ擅權

二階堂行健出府

（所見ナシ）密書相達シ致披見候、當地相替候事も無之候、扨申遣候條々委細相心得申候、申遣之通實否之儀ハ無心元事ニも可有之、去なから心得ニも相成申候、德之島之事等も外ゟ承り申候、（薩摩揖宿郡）山川表迄ニて笑（調所笑左衞門、廣鄉、家老・二階堂志津馬、行健、側役兼側用人）・二ゟ外實事屆不知との事、尤其通と聞得申候、御側役計ニも無之、御家老も委敷事ハ不知、少々聞有て知る位之事之よしニ御座候、

一二（二階堂行健）印出府之儀も其通り候事、池（安邑）城上國不致うちハ出府いたさぬとの事、此池城義いまた

唐國ノ戰

臺場圖

調所等ノ寺院建立

ゆらノ寺社參詣ニツキ探ラシム

島津久寶ノ勝手方ヲ罷ム

上國不致事、是もうたかはしく、若や先しはらく上國不致様、御留メニ相成居候事かとも被存候、様子さくり候ハヽしれ可申、池城唐國之様子申遣候通りとの事ニ御座候、しかし此儀實否うたかはしく、どふか唐國も又少々戰爭も有之との事ニ御座候、此義も心付ケよくさくり候様可致候、彌其通りニ候ハヽ、とても引取り之義無覺束段々考候處、池城上國、二印(琉球滯在外人ノ退去)出府も、少し琉球之様子分り候うへニ可相成やとも被存候、

一法亢(六左衞門、元凱、作事奉行見習兼軍役方掛)ゟ申、臺場圖もらひ可遣候事尤ニ存候へ共、洩候時あふなく、折角用心第一ニ御座候、

一寺々取建之事、別庄〔荘〕も取廣メ申候義致承知候、彌評判不宜事と存申候、精光寺地藏何之(薩摩鹿兒島郡草牟田村丸山)譯ニ候や、此義さくり見可申候、此度はしめて蔦印(ゆら、齊興側室)參詣ニ候や、又此迄內々代參等參候義も御座候や承り度、少し心得ニ相成候間承り度、外ニも蔦印信仰ニ而祈禱等為のミ申候寺社も御座候や、急ニは不及候へ共、追々聞合セ可申遣候、

一押川(乙五郎、小納戶見習)其外申遣候儀、委細心得申候、

一黑木(島津豐後、久寶、城代家老)御勝手方御免之儀、日置(島津但馬、久風)程ニも無之と見得申候へ共、先同様とそんし申候、將印(島津將曹、久德、家老)ニも此前之様ニは無之、何事も表向之事計り、內々之儀調方(調所)不申遣様子、外方承り候姿ニ

廣鄕ノ戒愼
百姓ノ疑念
服裝取締
島津久德ニ對スル批判
川崎四郎左衛門下國
齊興ノ巡見及ビ參府

見得申候、將（島津久德）の申ニ者平（調所廣鄕）の邊（平之馬場）て二印（二階堂行健）ゟ色々と云されて此前と違候様子、第一身分之所恐候而、何事も御沙汰ニ從ひ候様ニ近年て別而御座候よし、相良（市郎左衛門、進達掛）、五大（五大堂、花倉別邸内所在）之比ゟ別而其様子ニ御座候と内々申聞候、是者虛說ニ有ましくとそんし申候、

一百姓等疑念起し候よし如何様ニ申候や承り度、追々承り候義も有之、將も先日色々申聞歎息いたし居申候、市中等衣服等むつかしく、宿内迄入て吟味有之哉ニ聞得申候、彌其通ニ候や、百姓町人如何ニ相成候や、

一段々將口振、且様子考候處、是迄將も色々と惡評も御座候へ共、御前向萬事之儀ニ餘程考候而無事ニ相成、手ぬどき事無之相濟居候様ニ被存候、江戸も將てあれ候後者、色々手つよき事も出候様子ニ御座候、將申ニて何事も御沙汰通りニ而て皆々恐入難儀も御座候、夫者御側役之役ゆへ色々和らぎねてあらぬ事、夫故二印ぶ其儘出し候而てあまり候そのニて無之、此前ゟ自分ニ覺有之と此節も時々申候、是等之評判も如何承り度候、

一嘉藤次（半田歲典、御用人格江戸留守居）之儀、上之方而不之の方而、評判よく承り可申、此度川崎（四郎左衛門、江戸留守居附役）と申ス留守居附役も下り候、如何之譯而よく承り見可申候、

一御巡見もいつ比御座候様子ニ候や、よく承り可申候、來春ニ相成候や、又御參府も秋之

立野燒

海老原清熙等ノ動靜ヲ問フ

島津久包ノ渡島

英船渡來ノ風説

幕府隱密ノ琉球探聞

調所廣鄕ノ持高

樣ニ被存候ハヽ、如何之樣子ニ候や、是まて承り見可申候、

一立野燒物、星山(中二、燒物師)之儀其後何之沙汰も無之候ハヽ、何の竈如何之樣子ニ候や承り度候、良阿(上村、數寄屋頭)彌等之口振よく承り可申遣候、素印(相良素白、奧茶道)も其後逢候や、如何ニ候や承り度候、

一百姓町人之人氣如何ニ候や、又諸士も如何ニ御座候や承り度候、

一海老原(宗之丞、淸熙、側用人趣法掛勤)之樣子承り度、友野(市助、永寶、側用人兼琉球產物掛)ハ少し勢ひ薄くと被存候ハヽ、如何ニ候や委しく可申遣候、

一此度之返事ハ山崎(拾、抱守兼伽役)江向け可遣候、山田(壯右衞門、爲正、小納戸見習)と打交セ可遣候、此方も同樣ニいたし候、不目立樣第一ニ心かけ可申候、

一近藤(隆左衞門、物頭町奉行勤)樣子如何ニ候や、評判承り度候、

一權五郎(島津久包、小姓與番頭兼用人)山川迄參候よし、又例之通り夫成、出帆不致ニ相濟可申とも被存候、樣子承り度候、

一イキリス當・來年之內、日本江可參と蘭人申出候よし承り申候、又池城(安邑)義、唐國ニハ申談し、此方ゟ十萬兩程之品物遣し、承知ニ相成候との事、隱密(幕府庭番)ゟ申上候との事、世間よて內々申もの御座候、此義も心かけ承り合せ可申候、

一調印(調所笑左衞門、廣鄕、家老)持高之儀、如何程ニ候や、內實樣子委しく承り可申遣候、

廣郷病ム

書状發信ノ時機

信州地震

一二印（二階堂行健）出府後、吉利（仲、久包、側用人兼側役）寄之よし、如何之評判ニ承度候、

一笑印（調所廣郷）儀、近年餘程病身ニ相成候間、寒氣之節如何と存申候間、若不快等之儀御座候ハヽ早々可申遣候、心得ニ相成申候、

一餘り度々書面遣候而も目立不宜、九月末遣候ハヽ十月止メ、十一月又正月初メと遣候樣可致候、去而し何乎差掛り候義も御座候ハヽ、早々可申遣候、

一當地寒さつよく、綿入壹つニて御座候、火事も無之候、信州地震いまた有之よしニ聞得申候、先も要用迄申入候之、

八月廿九日

（封紙宛書）「上　　　　　　　　　　　」

（奥封宛書）「上　　　　御請　　　修理大夫」

二八　九月九日　徳川齊昭への書翰

弘化四年八月　九月

借覽ノ書物ヲ返戻ス

秋冷之候御坐候得共、愈御機嫌克恐悦之至奉存候、然者先比者何寄之御品頂戴仕恐入奉存候、其後久々御不沙汰申上恐入奉存候、拜見被仰付候御書物も、篤と拜見難有奉存候、今日返上仕候、將又此鴨羽合仕候間、御内々進上仕候、先日之御禮御請旁奉申上候、恐惶頓首、

九月九日

尚々、時氣折角被遊御自愛候樣奉存候、以上、

（別紙）

（封紙ウハ書）「別　啓」

（奥封ウハ書）「別　紙　御　請」

（所見ナシ）御密紙難有拜見仕候、條々御請左ニ奉申上候、

貿易ハ手細ニ申談ノコト

一金銀米其外何程と申義見留之事有之候やとの義、末々夫迄之治定ニ相成候事ニ而も無之、只手細ニ申談候心得ニ御座候、此義も色々入組候而、筆紙ニ難申上候、

少人數ニテ防禦ノコト

一無二無三ニ打而かゝり候ハヽ云々、兼而人數少々渡し置候間防禦可仕手筈ニ御座候、此義第一種々意味合多く、甚タ恐入奉存候、後來如何と心痛罷在候へとも行を不申候、

度賀羅島ハ琉球ノ總稱

齊昭說ノ批駁

必勝ノ處置全備ヲ俟チ成敗ノコト

對外處置ノ遷延ハ朝廷ノミニアラズ

唐國事變ノ說

一度賀羅嶋之事、七嶋之内ニ而、寶嶋(トカラ)と申處御座候、一體ニ七嶋邊之總名ニ御座候、

一寬猛之事思召之御一册(齊昭對外處置意見書)、篤と拜見恐入奉存候、寬永年中同樣御成敗(打拂令)御座候而も可然事ニ御座候へ共、其比之異船と當時之異船之樣子如何ニ可有之哉、尤 皇國ゟ昔ニ相替候儀も有ましき事ニ御座候得共、當時ニ合候必勝之御所置全備迄ハ權之御所置有之、其うへ御成敗ニ相成候而ハ如何可有之哉、恐入候事ニハ御座候へ共愚意之段奉申上候、中山等ゟ別而之事而と奉存候へ共、只々心中ニ存候計り甚タ恐入奉存候、御一册も内々寫置度、自身ニ相認申候付、大延引ニ相成、何とぞ恐入奉存候、一體相願候うへ寫候筈ニ御座候へ共、餘り度々書面等差上候義、内外之樣子不都合之樣ニも御座候間、不伺寫候義、幾重ニも御免奉願候、

一度々以書面申立候ハヽ、少しハ可然と思召之程御尤ニ奉存候得共、云計(朝廷)ニも無之、公私共色々入組候義有之、存意行届不申、扠々恐入奉存候、中山樣子、其後先平和ニ而、異船渡來も無之趣ニ御座座候、一年も間有之候故、人氣別而寬ニ落入、誠ニ心配至極ニ奉存候、後來如何可相成や恐入候事ニ御座候、唐國又々少し事起り候やニも薄々承り申候、誠ニ延引之御請恐入奉存候、猶樣子相分り候ハヽ、早々申上候樣可仕、先ハ御禮御

請迄奉申上候、以上、

九月九日

二九　九月二十九日　山口定救への書翰

島津久包渡島ノ内實

炮術館開場

調所等ヘ金圓給與

百姓町人ノ難儀ノコト箇條書ニテ報ズベシ

八月之書面（所見ナシ）相達シ令承知候、權五郎（島津久包、小姓與番頭兼用人）之儀致承知候、表向ニ而琉球迄參候つもりと相見得、志（二階堂行健、側用人兼側役）津馬ニ而矢張琉球迄參候段申聞候、彌大しめ迄ニ候や、委細承り度きんし申候、

一稽古場之開きの事（八月二十日開場式執行）、大炮掛り・異國掛り出席無之事ニ而不快ニあや、又ニ而出席いたし候様ニ御沙汰無之哉、是又承り出可申候、

一笑・志・海（調所笑左衞門、廣鄕、家老・志津馬・海老原宗之丞、清熙、側用人趣法掛勤）ゟ金被下云々、右之儀ハよ〱相違無之事ニ候や、篤と承り糺し可申出候、

一草ム田之茶屋（精光寺參詣人休息所）之儀、不似合之事ニ候、何ニき下おゝろ御座候や、よく承り糺可申遣候、

一百姓町人難儀之事、如何之事ニて左様ニ御座候や、ケ條書ニて様子委しく可申遣候、黒木（島津豊後、久寶、城代家老）ニも逢候よし、さそ〱心配之事とさつし申候、民百姓迄も難有奉仰候様ニ申上ニ相

昆布ノコト

濱崎太平次取扱ナラバ物議ヲ釀スベシ

藩他ニ於ケル黨與ノ擧措ヲ條陳セシム

領民ノ難儀ニツキ島津久寶ニ島津久武ニ所見ヲ質スベシ

相良素白等内用掛任命

成候儀ハ、其通我らにも其段、時々笑・將(島津將曹、久德、家老)共々申居候事ニ御座候、黑印(島津豐後、久寶)も色々儀申上度と申事ハ、如何之事共ニ御座候や、是又委しく可申遣候、昆布之事、阿部(正弘、老中)申候ニ違ひ無之、夫故聞得哉恐を鹿兒嶋之分御免ニ相成、田舎(揖宿湊)之太平次(濱崎、船主、海運業)ハ被仰付候事と見得申候ゟ、夫ニてハまゝ公義ゟ何の近年中ニ出候ニハ相違無之候、太平次ゟ色々頼まれ旁之事とぞんし申候、

一吉壯八(吉崎壯八郎、奥小姓)之事、是ハ申迄もなく相心得申候事ニ御座候、

一仁節(仁禮雪庵、奥茶道)〔雪〕之事、是を其考尤ニぞんし申候、

一此節之有樣根深き事ニ而、樺山(樺左衛門、主税、家老、所謂近思錄崩レ卽チ文化朋黨事件ノ主唱)之節ゟ深く、皆々も申、家老中も左樣ニ存候樣子之處、ヶ條書ニて委しく承り度ぞんし申候、

一黑木(島津久寶)ハ此後も逢候ハヽ、何もしらぬつを利ニて御領國中難義之事哉、自分(我らに)ハ内々御申上被成候而ハ如何ニ候やと、都合ニ御座候ハヽ申候而樣子可申遣候、何と申候や樣子承り度御座候、壹岐(島津久武、家老)之義ハ如何ニ存居候や、是もよき都合も御座候ハヽ、何となく樣子承り見可申、しかし少しも不心付樣、第一ニぞんし申候、

一素・玄(相良素白、奥茶道・重久玄碩、茶道頭)ハ此度改而御内用掛被仰付候、是を油斷不相成候、用心之事御座候、仁節之義、

人物如何ニ候や、是まて様子承り度ぞんし申候、

一隠密之儀、借船出家等之儀云々、委細心得申候、尤ニ御座候、是ハ左迄恐を候事ニ者無之、聞出され而もなしき事な衆をハよろしくとそんし申候、

一笑(調所)ハ御成之事ニ付御座候や、委敷承り度候、指宿御入湯ニつゟニ御座候や承り度候、

一二(二階堂行健)印取計之儀、手つよき事と存候、一體之處評判可申遣候、

一其方之儀、全く去年中入用多くとの事ゟ、一體取しまり向も不宜との事、笑申候様子ニ聞得申候、(折田八郎兵衛、道奉行)折印も最早下著と存申候、是も同様之事とぞんし申候、何と申居候や、様子承り度ぞんし申候、是ハ二印と不印(不和ノ意)之様ニも聞得申候、如何承り度ぞんし申候、

一琉球之事情、猶また委しく承糺シ可申、事ニ寄候得ハ、八月末九月比、佛らんは船參候やも聞得候間、飛船參候ハヽよく承り糺シ可申候、

一其方毎度山(山崎拾、抱守兼伽役・山田壯右衛門、爲正、小納戸見習)兩人ハ文通も、若目立候而もなしく、時ニ寄候而ハ福(七之丞、小納戸見習、季惇男)崎事在國ゆへ、右ハ頼ミ山迄遣候様ニ致候而もよろしく御座候、

一近(隆左衛門、物頭町奉行勤)藤ら之様子如何ニ候や承り度事、

一琉ゟ帰り候その御座候ハヽ、何となく様子委しく承り見可申候、清國まて池(安邑)城事よく相

幕府隠密ノ跳梁

齊興調所邸ニ臨ム

折田八郎兵衛ノ下著

琉球事情ヲ報ゼシム

在琉球佛英

頼ミ、(在琉球佛英人)列〔連〕歸る約束ニ相成候との事ニて御座候へ共、内實之樣子よく承り合セ可申遣候、

先ハ條々申入候、猶後便可申入候之、

九月廿九日

人ノ情報ヲ求ム

三〇　十月晦日　山口定救への書翰

書面(所見ナシ)相達候、此方何も無事ニ候、川さき(四郎左衛門、江戸留守居附役)之事承知いたし候、是ハ笑事(調所笑左衛門、廣郷、家老)園田きらひ(彥左衛門、裁許掛見習)、將ニも(島津將曹、久徳、家老)秘し候而いたし候事、此度御軍役御手當被仰出候爲之事ニ而、これハ隨分笑之所存宜敷事ニ御座候、

調所廣郷ノ處置ヲ可トス

一蔦印(ゆら)之一條、委細心得申候、とくと此義(人形)ハ承り、京都ニ而出來申候事も、委しく手はゝきも相分り申候、當人之手元ニ參候後、如何相成候や、此義ハ存し不申、其義も少し手扱付ケ候得共、いまた不分、矢張當人之手元ニ御座候樣子ニ御座候、其方も折角心附ケ居可申候、竹下傳取次伊集院太郎左衛門〔右〕(悛徳、廣業用人、近衛家簾中附)へ申付候事之由、山田(一郎左衛門、清安、町奉行格鐵砲奉行勤)も存し候事、去年立前ゟ

ゆら京都ニテ人形ヲ作ラシム

島津久徳調所廣郷トノ不和

二階堂行健琉球館聞役名代ヲ命ゼラル

齊興へ進言ノ困難

山口定救ノ轉役

廣郷ノ持高及ビ所持金

色々京地ニ而ハ申候事ニ而、將(島津久徳)ハしめよく存し居事御座候、二主(二階堂主計、行經、大目付)も存候よし、虚說ニ而ハ無之候、其方ニも猶又こゝろ付ヶ可申候、

一將之儀、笑不和相違無之、左而しいまゝ内心彌之義、難計御座候、五萬兩之義、是ハ尤ニ候得共、彌之處何とを難申、水上(薩摩鹿兒島郡西田村)ニ而夜ニ入候事ハ其通りと存候、壹萬兩三人ニ而取而すめ候との事も評判承り候而、是ハ何とを難申、二事(二階堂志津馬、行健、側用人兼側役)ハ琉球館聞役名代被仰付候よし、左樣之義取交り、色々評判ニ相成事ニ而ハ無之哉とそんし候、

一色々之義御聞ニ入候事、誠ニ六ヶしき都合ニ而、中〳〵六ヶしくと存申候、今少したし而成事ニ而、彌か樣の事有之と申儀、よく不相分候而ハとても六ヶしく、よく承り出候樣可致候、

一先便ニも申遣候とふり、月々書面遣候而ハ目立候、十二月末而、正月初メニ遣候樣ニ可致候、後便ハ此方ゟも不遣候、

一其方表江出候儀云々、左樣ニも可有之、二印(二階堂行健)出候得共ハばと何事も承り不申、先きゟも何も不申候、

(定救、六月十五日茶道頭ヨリ轉ジテ數寄屋頭トナリ不阿彌ト改稱)

一笑持高之儀、其外鳥目等之儀云々、承知いたし候、表向五千兩程借財も御座候、此儀ヱ

海老原清煕ノ權勢

島津久寶同久武同久浮末川久平ト調所廣郷トノ折合ヲ問フ

精光寺不似合ノコト

示現流劍法ノ採用

妙國寺ノ法事

廣郷ノ庶政獨斷

ばと左様ニ致候や、猶又委しく承り度候事、

一宗印勢ひ尤之儀、(海老原宗之丞、軍役方總頭取)是もむつかしき人ニ御座候、御家老中とても叶申間敷、實ハ御家老中一同申合セ、笑等之儀申上候事、出來ぬと申ハ少しよわき事ニ御座候、一同申合セニ而動かぬ事申上候ハヽ、よもや御取上ケも有そふなる事と存候、

一豐後・壹岐・石見・久馬(島津久寶・島津久武・島津久浮・末川久平共ニ家老)評判如何承り度、笑ニ附候や、又不殘不附や、是又承り度候、中務(島津久陽、大目付、用人勤)評判あしくと存候、主計(二階堂行經、大目付)ハよろしくと存申候、

一精光寺(薩摩鹿兒島郡草牟田村)之儀云々、誠ニ不似合至極之事ニ御座候、猶又様子委しく可申遣候、笑ニ出入之町人之内ハよく取こみ、様子内々聞候様致事ハ出來兼申候や如何、承り度候、

一清水竈之儀云々、致承知候、

一藥丸劒術(示現流劍法)之儀云々、此義ハ笑ゟ承り候事も御座候、取立之様子ニ聞得申候、

一妙國寺(薩摩鹿兒島郡下伊敷村)(島津義久廟所)御法事之儀云々、御尤ニ御座候、笑取計ひ人氣ハ取り候爲ニ而と被存候、去なし御尤ニ而よろしく存申候、

一此比猶更一人ニ而取計ひ候由、追々左様可相成、今ハ下ゟ事起り可申と存申候、御家老中ニも時節致而ハなく、扣居候と被存候、以後ハ追々工夫も可致、去なし當時之處ニ而

は甚タ六ケしく御座候、是迄返事旁申入候、

一二印(二階堂行健)御用も濟候ゟ、廿五日ニ立申候、先々阿部(正弘、老中)之方も承知ニゟ相濟、人數も可也ニ聞濟ニ相成候間、定ゟ歸著之うへハ、上々都合ニ相濟候と可申、左候ゟ又大目付格ゟとを存申候、右之都合も様子委しく可申遣候、且まゝ世間評判も、さそやゟましくと存候、よく承り可申遣候、

一笑事惡意增長ゆへ切捨可申、又は鐵炮ニゟ打可申やなそと、下々ニゟ申候やニ、内々風評承り申候、彌左様ニ申候をの御座候や、委しく承り度そんし申候、

一いつ指宿(薩摩揖宿郡)御立御歸り、其外御出等御座候ゟ、又何そ御座候節々、承り次第委しく書付可申遣候、遊印(ゆら)も方々參候義も御座候ハヽ承り度候、

一遊印霧島參詣(大隅始羅郡霧島村田口)、何事ゟ不分候、來年ニも相成候ハヽ、何となく承り合セ、様子聞つくろひ可申候、

一其外は後便ニ可申遣候、先は用事申入候、此方阿部評判彌よろしく、諸人心服いゟし、諸役人も一抔ニ相つとめ候様子御座候、其外火事もゟく、世上一同平和ニ御座候、以上、

十月晦日

二階堂行健歸國

廣郷闇殺ノ風評

齊興ノ動靜ヲ詳報スベシ

ゆら霧島參詣

阿部正弘評判良ク諸人心服

（別紙）

（奥封ウハ書）「書　添　」

（所見ナシ）別紙之通り、主計（二階堂行經）ゟ内々申遣候、我ら爲ニ存し申遣候處、如何ニも大悦至極ニ御座候、定而其方内々ニ而承し候事と存候而、主計をよろしく候へ共、けして他言無用ニ御座候、呉〳〵心得第一ニ存候、同人若相尋候ハヽ、別紙申遣候事を内々ニ致し、只聞合セも不致様、他言も不致様ニ、かたく被仰付候と申置べく候、且また主計申遣候處を、重疊大悦ニ存候段、被仰下候段もよく〳〵可申、去而し主計ゟ何も不申候ハヽ、此方ゟ而申ましく候、左候て、又以後をけして主計江も、何事も申間敷、只々心中ニ秘し候而、承り候分ニ内々可申遣、けして外江他言無用ニ御座候、主計江右返事ニ委細承知、大悦いたし候、早速取止メ可申、且我ら内存委敷申遣候事ニ御座候間、是又心得ニ申遣候、主計別紙を返し可申候、尤正月三日便ニ此返事可遣候、主計申候處も尤ゆへ、此方ゟも正月末ニ後便可遣候、來月來々月を遣すましく候、此段申入候、呉〳〵心中ニ秘し可申候、以上、

十月晦日

嘉永元年戊申（西暦一八四八年）

三一　二月二十九日　山口定救への書翰

（封紙ウハ書）
「　　　　」
（奥封ウハ書）
「　　　　」

度々れ（所見ナシ）書面相達シ令披見候、追々暖氣ニ相成候得共、愈無事珍重ニ候、此方相替儀も無之候、申越之條々委細心得申候、軍役一條且給地高之一條も云々、委細致披見候、此度之給地高之事を御趣意をよろしく候へ共、承り候得者上江高差出、拜借其外之處も、此節上納いたし、高取をとし候様ことの事之由、彌左様ニ御座候得ハ甚タ不宜、是迄上ケ置候高を當人江被下切ニ、無上納ニ被仰付候様無之候而者下と共ニ利を爭候ニ相當り御趣意ニ違ひ可申候、又餘三月迄とハ早過申候、何も是迄大手拔之處ハ其様ニ急き候而も、軍役之爲とて不相成、人氣猶更動き候事と被存候、是又此義

給地高制更改ノ不備

調所廣郷等ノ自殖ト加藤平八等ノ迎合

齊興ノ沿海巡檢

島津久德娘ノ事

島津久寶ノ評判

島津久陽寺社奉行ト爲ル

吉利久包當番頭兼側役側用人ト爲ル

海老原清熙ト調所廣郷

付、笑（調所笑左衛門、廣郷、家老）・海（海老原宗之丞、清熙、軍役方總頭取）・二（二階堂志津馬、行健、大目付兼側用人側役）等自分ハ田江水を引、且加藤（平八、町人出ノ士）等之面々笑江取込ミ、色々自由可致と存候間、委しく相さぐり可申遣候、

一御巡見も在之候よし、人數被召列候由、是もよろしく候へ共、實用薄く、響合第一ニ相成、甚タ不安心之事御座候、白尾（登五左衛門）等之事も、尤之義ニ御座候、是ハよろしく御座候、

一將印（島津將曹、久德、家老）娘之義云々、致承知候、尤ニ存候、去かし主殿（島津久籌、當番頭）等之義考候得ハ、少し去間から不宜やニも被存候、

一笑印高在金之儀云々、在金之儀ハ是ハ左程ハ有ましくと存申候、

一黑木（島津豐後、久寶、家老）（薩摩薩摩郡）其外之事、評判之通ニ存申候、皆々只恐れて居る計り御座候、とても今申出候而も、行れ不申事故、致而も無之候、中務（島津久陽、大目付用人勤）此度寺社奉行勤ニ相成候、此義ハ初ゟ笑も不承知之人と承り居候、夫故其通ニ御座候、將ハ少々不本意ニ存居候と相見得申候、

一二印（二階堂行健）其地少々不印（不和）之樣子ニ評判之由云々、此節仲（吉利仲、久包）被仰付候處ニ而ハ、左樣ニも可有哉、猶又承り合セ可申遣候、御參府之節去、早く大坂江二印出候樣子ニ聞得申候、御側を放し、大坂之方を專らニ爲致候心得而と存候、海印（海老原清熙）ハ誠ニむつ而しき人物ニ御座候、笑（調所廣郷）も其儀ハ存居申候而、餘り御側江出候而ハ不宜ものゝよし申居候趣ハ、此前ゟ承り居申候、猶

二階堂行經ハ忠臣

清煕ノ傲慢失脚ニ至ラン

焼酎料ヲ與フ

江戸火災三老中一若年寄邸焼ク

委敷可申遣候、以後は小人の寄合ゆへ、長くは持チ申間敷と存申候、

一主計(二階堂行經、大目付)之儀云々、猶又相心得、折角極密第一ニ御座候、此節も主印(二階堂行經)ゟも色々申遣候、餘程厚き心得御座候人ニて、よろしくと存申候、名越右膳(盛胤、大目付)も随分よろしく候や、是又評判承り度存候、

一海印(海老原)、黒印(島津豐後、久寶、家老)江申掛ケ候儀、誠ニ以て不届至極、餘り勢ひ過き申事、不遠罪ニ逢可申と存申候、

一蔦印(ゆら)之儀云々、申迄も無く先年ゟ之事ニ御座候、

一福崎(助七、表小性)之事、著之うへ萬々承り可申候、

一主印書面請取申候、

一心岳寺海苔到來、満悦ニ存申候、何れ可遣と存候得共、火やん(焼酎)之用ニも可相成と目録(金子)遣申候、

一當地何も相替儀無之候、しかし當廿二日夜、青山(忠良、老中、篠山藩主)屋敷ゟ出火、戸田山城・枩玄蕃(忠温、老中、宇都宮藩主・松平忠惠、若年寄、小幡藩主)類焼いたし、廿三日晝八ツ比、又々岡山上(岡山藩主池田慶政、内藏頭)やしきより出火ニて、阿部伊勢(正弘、老中、福山藩主)類焼いたし申候、老中三人類焼、珍敷事ニ御座候、花も此兩三日少シ相見得申候、來月十日過盛りと存申候、

重久玄碩薬丸猪右衛門江戸ヲ發ス

越前屋さな嫁グ

大井別邸ノ鴨好獵

一玄碩（重久、茶道頭・薬丸、小納戸兼側目付）・猪右衛門も出立いたし申候、四月上旬其地（鹿児島）著と存申候、

一近藤隆左衛門（物頭町奉行勤）事、其地様子如何ニ候や、委敷承り度候、

一高崎五郎右衛門（温恭、船奉行家老座書役勤）事、笑之方餘り不宜とや、是又承り度シ、其外何も委敷承り度候、

一琉球も最早時節ニ相成申候、無油斷可申遣候、先ヽ返事旁用事申入候、扨又越前やさなも三谷三九郎二男ニ婚禮いたし候よしニ御座候、

一其外後便可申遣候之、

二月廿九日

猶々、大井（武蔵荏原郡大井村別邸）當年別而宜敷、鳥代も多く御座候、猪右衛門（薬丸）著いたし候ハヽ承り可申候、且表奥附合之事、きびしく候や、是又委敷承り度存申候、以上、

（封紙宛書）
「（花押）　　山及ニ（山口不阿彌、定救、數寄屋頭）」

（奥封ウハ書）
「（花押）」

三一　三月二十九日　山口定救への書翰

度々之秘書相達(所見ナシ)シ令披見候、無叓珍重之事ニ候、此方無異之事ニ候、返事以一書申入候、

磯ニテ大炮試射

一磯(薩摩鹿児島郡吉野村)ニ而御試之儀、全御響合と被存候、又女中之儀、如何と存候、實事如何と存候、野村(蒼兵衛勘定小頭、荻野流砲術師範家)事、様子如何ニ候や承り度、同人ゟよき折面會いたし、何となく實ニ御手當ニよき様子ニ而、又成田(正右衛門、正之、御流儀砲術師範家)流(洋式砲術)ハ只響合計り之様子ニ候而、承り候而可申遣候、

琉球滯留外人在番所ヲ訪フ

一琉(琉球)ゟ又異船も参り候よし、彌之事ニ候や、委しく承り糺シ可申遣候、又滞留異人在番所ゟ参り、漸々作太夫(倉山久壽、琉球在番奉行)等も忍ひ候よし、是又委敷可申遣、最早追々時節ニ相成候間、篤と承り糺シ細事可申遣候、呉々極秘ニ可致候、

海老原清熙炮術和解書閲覽ヲ阻ム

一吉井(七之丞、泰通、藏方目付)之儀ハ外之譯ニハ無之候、全く成田流内まく之手段、江戸ゟ可申遣やとの掛念ニ相違無之候、其通り秘し申候ハ、全表裏有之故之事と存申候、炮術和解書等も、宗印(海老原宗之丞、清熙、軍役方總頭取)持下り候得共、少しも成田門人ゟ見セ不申様子ニ而、内々ニ而此方ゟ書物無之困り候様子ニ、門人之中ゟ申遣候向多く御座候、吉井(七之丞)出入不致候とも、外ゟ皆委敷様子ハ相分り申候、ハ而し書物ハ此方ゟも一切遣不申候、

調所海老原ノ驕慢

一笑(調所廣鄕・海老原清熙)・宗勢ひ強く候よし、又屋敷取添之段致承知候、只今通り相成候うへハ、折角目立候

齊興巡檢ノ落書

島津久寶ノ海岸巡視聽レズ

調所ノ齊興陞叙運動

給地高制更改ト權家ノ利得

調所ハ功罪半シ海老原ハ全ク奸惡

様ニ致し、公義江隠密（幕府庭番）方入れ候様ニ相成方、かへつてよろしく、内之浦（大隅肝屬郡）之事も、猶又委敷承り可申遣候、

一御巡見之節落書之事云々、肥後のものニかも有之間敷、隠密之内かと存申候、其亭主如何ニ相成候や、是又委しく可申遣候、

一西目江巡見、是ハ虚説と存候、笑計り之事と存候、

一黒木（島津久寶、家老）も海岸巡見相願候よしニ候得とも、出來不申候よし、外之人ニも何も爲致ましき工ミニ御座候、笑江戸江參候も、例之御心願（齊興三位昇進ノ請願）ニ御座候、人ニ働かせ候か、若出來候時なしく候間、自分ニ參候事と存候、とても最早御心願ハむつかしく御座候様子ニ御座候、阿部（正弘、老中）事笑江對面も如何ニ候や、六ケしくと存申候、

一高之叓致し様なしく候間、とても十分行届兼候ハ知れたる事ニ御座候、上ニ利ハ取なから之取しらへゆへ、とても六ケしき筈ニ御座候、權家江入込候ものハ存外利ハ取ニ違ひ無之と存候、委しく可申遣候、

一宗印評判强きよし尤ニ御座候、笑ハ我儘計りニも無之、半分ハよき事も御座候得共、宗印ハ十倍之奸惡之ものニ御座候、少シ學問御座候間、猶更六ケしく御座候、

島津久德又ハ島津久風ノ起用

一黑木・笑出立跡ハ將(島津久德、家老)江次渡候事ニ而も無之哉、夫とも又左衞門(島津久風)又々登城との事ゆへ、機嫌とり人氣の爲ニ、又左衞(島津久風)江被仰付候而も相知不申、又々手段かへ候哉と被存候、樣子委しく可申遣候、

上下ノ意志疏通ヲ缺ク

一下ゟ上を疑ひ、上ゟ下を疑候樣子之由、下情上ニ達さゝるゆへ可御座候、上ハよき思召も御座候ニ相違無之候へ共、中ニ而自分勝手取計候ゆへ之義、又笑・二ゟ(二階堂行健)外、御政事向直ニ不申上ゆへ、疑念も起り申候、とかく大破を引出シ不申候而も、立直り六ヶしくと存申候、

琉球對外事情ノ推移ヲ案ズ

一來々年琉人(琉球謝恩使ノ參府)之事彌と存候、去而し異人次第追々根深く相成候ハヽ、六ヶしきも御座候、

一琉球之義餘り押計候事なから、當年ハ大丈夫ニ異船可參と存候、たとへ列〔連〕(在留佛英人ノ退去)歸候とも、只ハ歸り申間敷、是迄滯留も致候事ゆへ、以來通信致候義調候ハヽ、可列歸とも何とも可申、又今一ツ考候得ハ、廣東(清國廣東省)ニ而承知とハ申候得共、其後本國ゟ申遣候趣御座候間、是非ニ地面求メ、商法取組可申旨、申候二ヶ條之內を、多分可申と被存候、去而し笑等押隱し候ハ必定ゆへ、よく心附ケ聞合致候而可申遣候、此義ハ急度承り出シ可申遣候、

吉崎壯八郎有馬純紹ノ兵道ニ入門

一吉壯(吉崎壯八郎、奧小姓)、有馬方(衞守、純昭、軍役方兵道役)入門之義、委細心得申候、いつ比入門致候や、是又承り度候、

廣郷ノ武藝奬勵

藩地ニ於ケル久光ノ重任

久光ハ一門中ノ人物

島津内匠久光ニ劣ル

岩下祐元瀆職

一笑屋敷内武藝有之よし宜敷事候、全く諸士引立之心と見得申候得共、夫計りニ而も中く行を不申、かへつて笑ひ之種ニ而と存申候、

一周防殿(島津久光)之事云々、是ハ全く御發駕後之所、左様無之候ハヽ、又々我ら御暇(名代歸國)ニ相成候様子ニ御座候間、夫ニ而ハ物入多との申立ニ而御座候、全く内心ハ成丈ケ我ら御暇ニ不相成様ニ致度心根と見得申候、我らニも御いとまハ甚タめいわくニ存候事ゆへ、此度も六ケしく候得共、内實之譯合篤と阿部(正弘)ゟ咄合ニ而、漸々右之通りニ相成候事ニ御座候、夫故申立帖佐(大隅始羅郡)も出候事と被存候、實ニ一門のうちニ而も周・内(久光・島津内匠、共ニ軍役名代)兩人ゟ外人物ハ無之、外ハ役ニ立不申ゆへ、當前之事なから遊(ゆら)印御座候ゆへ、種々申候事ニ御座候、一體周評判ハ其地い而ヽニ御座候や承り度、我ら存候處ハ随分一體もよろしく御座候と存候而、評判承り度存候、實我らニハ随分よろしく、内匠殿ゟもよく相成可申哉と存居候、世間之様子承り度存申候、

一二(二階堂行健)印御都合且將之様子等、委しく申遣へく候、實ニ將と笑ハ内心不和ニ無相違との事、ましてニ申候ものも御座候、是又委しく可申遣候、當地岩(岩下新太夫、祐元、勘定奉行側用人趣法方掛兼)印評判以の外ニ御座候、なとされ材木抔千兩ニ取入候との事、世間ニ而色々申候よしニ御座候、

ふき女弟ノ安否ヲ問フ

一二印之供ニ而ぬき（齊彬側女中）之弟列を參り申候、右ハ當時如何ニ致居候や、何となく様子さくり可申候、信切ニ而世話いたし候や、又何そ所存有之候や、よく聞合セ可申候、

二階堂行經調所等ヲ捜査ス

一名右ハ（名越右膳、盛胤、大目付）評判よろしく候や承度候、二主も（二階堂主計、行經、大目付）其後色々委しく文通も御座候、笑其外之義、委しく取調居候筈ニ御座候、

一其外相替儀も御座候ハヽ、委しく可申遣候、此度先右之段申入候、後便又々可申遣候之、

三月廿九日

三三　五月二十九日　山口定救への書翰

（封紙宛書）「〆

山口（不阿彌、定救、數寄屋頭）に」

三度之書面（所見ナシ）相達シ委細致知承候、日々寒暖不同之季候ニ候へ共、愈無事珍重存候、扨申遣候條々、一々返事申遣候、

島津久寶江戸ニ著ス

一黒木（島津豐後、久寶、家老）（薩摩薩摩郡）も著いたし申候、著翌日逢申候、いまゟ其後逢不申候、此飛脚立之後ニ逢可申と存

申候、著早々逢候而、長談いたし候而ハ目立、又何とか御國江申遣候人も可在と存申候間、見合セ居申候、

一調印屋敷（調所笑左衛門、廣鄉、家老）之儀云々、甚タ不當之事ニ御座候、いつれ今ニ思ひ當り可申候、其地評判さそかしと存申候、十分榮花を極メ候所存と相見得申候、古今同樣の事、後白川の院之御時、清盛（平）ニ自由を爲致候樣子ニ、大小之違ひと存申候、嘉永壽永もよく似申候、最早兩三年と被存候、家作等取附候ハヽ、猶又委しく可申遣候、

廣鄉ト清盛 嘉永ト壽永

一琉球（對外事情）之義、いまた左右も無之よし、此度も何事も不申參候、無事と申事も不申來候得共、外ゟ無事之段ハ申參候、御家老ゟハ何も問合も無之候、餘りつまらぬ事と豐後（島津久寶、家老）等も申候よし、此間も阿部（正弘、老中）ゟ何事も不申來候やと、留守居呼出ニて御尋も御座候、たとへ何事なくとも、春ゟ今迄ニ兩度程ハ御屆け御座候へハ宜敷、老中ゟ先をおされ候而御屆ニ相成樣ニ而ハ、何而不行屆之段出候而もいたしかた無之と存申候、何事も自分勝手之手段ゆへ、甚タむつかしく存申候、

琉球對外處置取扱ノ怠慢

一高崎五（五郎右衛門、温恭、船奉行兼家老座書役勤奧掛）之事、是ハ譯合有之存候ものニ而御座候、隨分たしかニ而、笑（調所廣鄉）等之儀餘程不承知之樣子ニ聞得申候、當時ハ勢ひ無之ものゝ樣ニ承り申候、書役之内ニも餘程不伏之もの

高崎温恭等調所トノ對立

島津久武ノ廉直

も多く御座候やニ承候義も御座候、色々承合候も嶋壹（島津壹岐、久武、江戸詰家老）程たし而成人者無之様ニ存申候、正直ニ而たし而成、篤實之ものニ無之候而者、萬事抔委任いたし候事者中々不相成ものニ御座候、巧言令色之ものニ而は、たとへ如何様ニ利發ニ候とも、中々委任難相成、金子出入位之義はともかくも、政道はむつかしくとそんし申候、

二階堂行健ノ不信

一二印（二階堂志津馬、行健、大目付兼側用人側役勤）之事案のごとくニ御座候、此ものは將（島津將曹、久德、家老）ゟなしを、追々さき〳〵我意相はたらき可申事ニそんし申候、誠ニ以て早き昇進ニ御座候、昇進も早候間、退役も早くとそんし申候、笑（調所廣鄕）之居候内者、いはゝ古狸きゆへ可宜、笑居不申候而者、二・宗（二階堂行健・海老原宗之丞、清熙、軍役方總頭取）共ニ中〳〵たもち申間敷とそんし申候、

久光ノ為人

一重富（島津周防、久光、軍役名代、齊彬弟）（大隅始羅郡）之事云々、此義者宜と存申候、此人隨分よろしくと存申候、少し様子相分り候ハヽ、此人より笑・二之破を口ニも可相成やとそんし申候、書物相應は讀め、二・笑等之無學ニは無之候、此人所存と笑と違候と、直ニ破口之基ひと存申候、柔和ニは候得共、内心は柔和計りニ者有ましき様子と存申候、此人政事ニ差はまり候へ者よろしくと存申候、

谷山村大炮調練ニ於ケル調所ノ不謹慎

一谷山（城下谷山脇田村ニ於ケル大炮調練）大炮見物、笑家内等之義、誠ニ以て不屆至極之事ニ御座候、公邊隱密も大かた聞出候事とそんし申候、御本丸女中さへ不宜候處、猶更不可然義、誠ニ世の末とそんし申候、

炮術調練ヲ冒瀆

名代トシテ下國スル無意義ヲ知得ス

島津久徳ハ調所ニ勝ル

國家要用之大切成炮術ハ、なくさみ同様ニそんし、さじき等あけ見物之義、誠ニ以て不屈至極之至と存候、　上ニてもよもや御存知ハなるましく、左様ニ自由ニ致候事、御存知無之事恐入候事ニ御座候、

一重富之儀、我ら下向無之爲と存候旨、尤ニ御座候、其通りニ相違無之候、去々年下向ゆへ、人數之儀等ゐあましく被仰出候と、笑存居候ニ相違も無之、自分ニも又御名代ニて下向ハ最早いやニて御座候、十分の事ハ出來不申、誠ニ空名ニて御座候間、右之段篤と阿部(正弘、老中)ニハ意味合申置候てよく承知ニ御座候、　雲上(朝廷)ニてもよく御承知之旨も、阿部内々申聞候事御座候、大てい笑等我儘之事ハ、　雲上迄も知居候様子ニ御座候、

一近在抱地等之義、申受ニても可相成評判之よし、けして二・宗等之別庄(荘)出來之事と存申候、自分勝手之所業可致と存申候、是又委しく承り度事、

一將之事様子委しく可申遣候、二事(二階堂行健)、將ハ色々申、笑も不和相違無之候、笑ゟ將ハ少し學問有之ゆへ、十分自由ニ不相成ゆへ、二と取替候事と存申候、將ハ大てい豐後同様之御家老ニ相成可申、御側詰も止ミ可申と存申候、將も出立前も色々申候、著之上如何と存申候、委しく可申遣候、

二階堂行健ノ出府ト琉球事情

田之浦ノ海上炮試射

薩摩燒五具足一揃ヲ申付

一二事出立之義、是ハ琉球代替使者(謝恩使ノ參府)是非戌年ニ被仰出候樣、萬一異人滯留中ゆへ延ひ候而ハ不宜旨、豐後も承知ニ御座候、夫ハ中山之事實御届、且御心願(齊興三位昇進ノ請願)一條之事ニ而、早出府ニ相成候やニ存申候、當春ゟ早く出府可致樣子ニ聞得居申候、大而ム夫と存申候、琉飛舟も琉ゟハ戌年御斷申出候へ共、御手當被下候間、是非と申處ニ而、飛舟出候而夫ゟ歸り、琉も御受申出候よし、内々豐後江申遣候もの御座候との事ゆへ、多分其事と存申候、異船參、御いとま出候程之事故、公義如何六ヶしきものと存候、二印夫まて出候得者、此度ハ申とりニ而十分ニ參候事六ヶしき事と被存申候、

一田之浦(城北、種子島彈正久珍別邸)海上炮術之義云々、實ニ不宜、一度位ならし有之候とても、何も役ニ立ぬ事ニ御座候、實用ニ而御座候へハ、毎月三度程ツヽも役ニ出候而ならしいたし、花火のとく見物等無之いたし候へハよろしく、誠ニ以の外之義、響合ニ相違ハ無之候、此節も御書ニ而海上試も無滯相濟、御安心之旨申參候、宜き樣ニ笑・二等申上置候事と存申候、

一重玄(重久玄碩、茶道頭)之儀云々、委細心得申候、何も格別燒物(薩摩燒)註文者不致樣ニ覺申候、五具足一揃申付候樣ニ覺申候、猶又書留メ相糺シ可申候、此後之處委細心得申候、最早此方ニ而も其心得ニ而、此度ハ何も是と存候もの者不申付樣ニ覺申候、甫阿彌(村田、同朋頭、苗代川燒物所奉行勤)も別ニ申付候樣ニ覺申候、

相良素白ノ轉役
調所ノ山川邊廻勤ト琉球飛船
齊興出旅ト調所ノ戒心
薩摩燒註文
立野燒物所
苗代川燒物所

是ハ表向註文ニ而ハ無之候、商賣燒之方而と存申候、右樣之義も細々承繕可申聞候、東雪（高木、奥茶道兼抱守）等よ久聞合可申候、素白（相良、奥茶道）御同朋頭之事何而不分、御納戸奉行格而又御同朋頭とハ何の事ニ候や、少々不印ニ而候や如何、承り度そんし申候、右之通書候處、雪庵（仁禮、奥茶道）ハ參り候得者、是迄之通りニ而御同朋頭一役添候よし、左樣ニ候得者、不印と申ニ而者無之と存申候、

一笑印山川（薩摩揖宿郡）邊廻勤、俄ニ日數少く相成候ハ、全く琉球飛船と被存申候、二印立前右之義打合セ可申爲と被存申候事、

一笑も大而ハ御立比ニ出立と存申候、以法ハ御側ハあれ候と、何而又人而申上候てハあら ぬと、その掛念きびしく御座候、此義將も左樣申居候、

一燒物之事も、此度安清（池田）迄玄ゟ（重久玄碩）申遣候、三具足一揃、文具一揃之註文と申出候よし、外小植鉢（木脱カ）御座候、是ハ不申出候、澤山之つもりの處、二品計りゆへ、笑も案外ニ而、何事歟久甫（村田甫阿彌）印承知ニ而、是迄之通りニ而よろしき旨申來候、猶又申遣候、苗代川の方ハ何事歟久甫印承知ニ而、是迄之通りニ而よろしき旨申來候、猶又其地之樣子可申遣候、

江戸ノ櫻田芝兩藩邸普請

側女中弟ノ死

二男寛之助ノ病死

久光ノゆら並ニ調所等ニ對スル態度

海老原清熙町人ノ贈賄ヲ受ク

一二印も不遠出府と存申候、櫻田(江戸櫻田邸)御やしき御作事、芝(江戸芝邸)御作事等も、此度御用承り參候樣子之旨も、豐後迄內々外ゟ申來候との事ニ御座候、

一ぬき(齊彬側女中)弟之儀、此度夭亡ニ付、如何ニ致候やと存候、いはれ笑・二考も可有と存申候、上ニは御存しは無之事ニ御座候、此義も全く極秘取あつかひニ御座候、種六(種子島六郎、時昉、當番頭側用人)ゟ外存候ものも無之、將(側役勤)も委敷事は不存候、

一寛之助(齊彬二男)も此比少シ丈夫ニ候處、時氣ニ當り色々と手當もいたし候へ共、中〱むつかしく、猶又蘭法ニもいたし候へ共、其前ゟ手後れニ相成居候事ゆへ、行届不申事ニ而御座(本月五日夭亡)候、

一周防殿(島津久光)事云々申遣候通り候ハヽ、蔦印(ゆら、齊興側室)之意味も御座候、しかし此人實ニ器量御座候へハ、御國之爲ニも御座候間、笑等之惡事存分ニ可申上と被存候、いはれ申出とを急ニも出來申間敷と被存候、夫とも又只笑はされ居候樣子ニ御座候や、今少しいたし候ハヽ可相知、樣子承り出し可申遣候、

一海宗(海老原清熙)事、此比去ル町人ゟ木綿五十反金二包到來いたし候よし、何と申町人ニ候や承り可申遣候、

岡田利友醉餘小兒ヲ殺害ス
大島ノ風說
御流儀炮術ニ對スル不服
琉球滯留佛人病ム
北國沿海ノ外國船

一岡半(岡田半七、利友、小納戸頭取、ゆら兄)事、湯治先ニ而酒ニ醉ひ、馬ニ而小兒抔ふみ殺候よし、此度之事ニ御座候や、是まゝ委しく承り合セ可申遣候、蔦(ゆら)印ゟ金子出し內濟ニ相成候樣子ニ聞得申候、此前之事而此節之事而、委敷可申遣候、

一大嶋(大隅)ゟ惣髮ニ而土佐之國と申候而、五十人乘之船參り候義、彌之事ニ候や、よ〻承り糺可申遣候、豐後ゟ全く風評と申候へ共、猶又承り糺可申遣候、

一成田(正右衛門、正之、御流儀炮術師範家)門人靑山(愚痴、天山流炮術師範家)・野村(彥兵衛、荻野流炮術師範家)等之門人之儀、何而不伏之樣子、無據稽古いたし候而、靑山・野村ニも自分流儀之方ゟ進而稽古もいたし候よしニ承り申候、如何ニ御座候や、是まゝ委しく可申遣候、

一於琉球佛人(宣教師マッシュー・アドネ Malhieu-Adnet)壹人極〻太病之よし聞得候、如何之樣子ニ御座候や委敷可承候、

一大嶋之義等も、折八(折田八郞兵衛、使番)弟大嶋ゟ參り居候間、折八もよ〻存知候事と考候間、以折承り可申候、

一北國邊海濱所〻ゟ異船多く參り申候、何も譯なく通行之樣子ニ御座候、松前(蝦夷)ゟも異人參(五月七日米捕鯨船西蝦夷ニ漂到ノ件)候との事、兩三日跡ニ承り候へ共、彌之義不相分候、

一高鍋(日向)之ものと唱、成田(正之)方ゟ入門致し度と申候而、其內行衛不知ものゝ有之候よし、彌左樣

江戸佃島射場開始ト炮術ノ流行

ニ御座候や承り度存候事、
一當年ハ佃嶋（江戸）打場、今日ゟ〆しまり、都合七度御座候筈ニ御座候、追々公邊も炮術流行之様子ニ聞得申候、
其外ハ後便可申遣候、七之丞（福崎、小納見習、季惇男）に相渡し遣申候事、以上、

五月廿九日

三四　七月二十九日　山口定救への書翰

（封紙宛書）「〆　山口（不阿彌、定救、數寄屋頭）に」

（奥封ウハ書）「〆　」

近藤隆左衛門等齊彬ニ上書ノ風聞

（所見ナシ）書面相達候、愈無事珍重ニ存候、此方相替儀も無之候、扨申遣候條々委細心得申候、さてハ先月ゟ事の外取込、其うへ餘り度々ニも御座候而ハ、山田（壯右衛門、爲正、小納戸兼抱守）等も掛念之様子、且ハ早川務（兼照、奥小姓、抱守）ゟ申遣候ニハ、其方并ニ近藤（隆左衛門、物頭町奉行勤）等、（齊彬）江戸に色々申上〆不致やと申風聞御座候よし、山壯（山田爲正）迄申

齊興ノ參府

書狀ヲすま及ビ伊集院兼直ニ托ス

琉球謝恩使參府ノ請願

調所廣郷ヘノ幕府嫌疑

遣候間、此きゟ見合之方可然旨、同人も申候、此も尤ニ御座候まゝ、差ひかへ申候間、其方ニも其心得第一ニ御座候、左候て山田等にも、十一月比迄ハ必ず文通いたすましく、其うち務（早川）ニても誰ニても丈夫之人、出府之節ニ書付可遣候、餘り不遣もあしく候間、十一月比ニ可遣候、且又此度ハ山田方ゟハ取込ニ付書面不遣、追々御著（齊興參勤）も近寄、二印（二階堂志津馬、行健、大目付、側用人側役勤）も出府、旁少し見合候旨可申遣候間、其心得第一ニ御座候、必ず以後さとられぬ樣可致候、此方小姓其外も油斷不相成との御座候間、中〳〵油斷不相成候、山さき（拾、抱守兼伽役）等にハ必ず文通もまづいたすましく候、

一此書面ハおまに（齊彬側室）申付、藤九郎（伊集院兼直、小納戸見習）迄遣候間、相届き候ハヽ返事又々不目立樣ニ、同人に渡候樣ニ可致候、尤九月末便ゟ返事遣候てよろしく、夫迄ニ委しく萬事承糺シ委細可申遣候、必ず〳〵不目立樣ニ可致候、

一二印（二階堂行健）出府之事、琉人（琉球王襲位謝恩使）參府一條専ら取あつかひ申候事ニて、是非戊年被召列候樣ニ被遊度との御願ニ御座候、此義も餘りよき御都合ニハ有ましくそんし申候、

一笑事（調所笑左衛門、廣郷、家老）此度之出府ハ少しあぶなき事とそんし候、阿部事（正弘、老中）何て申候樣子ニ聞得申候、出府之うへ御内用取あつかひハ、猶以御不都合てと被存申候、

琉球事情ヲ探聞セシム

一琉球之儀をれ兼候よし、左様とそんし申候、しかし少々ニても相しれ候ハヽ可申遣候、
此義第一掛念至極之事ニ御座候、

調所廣郷膺懲

一笑之儀、勢ひつよき事誠ニ可惡事ニ御座候、以後いかゝ之勢ひニ相成候やらむ、とても致方なき節者、誰ニても一とゝほり不致候て者、とても治り申ましくとそんし申候、

青山愚痴門人指導ヲ亂ル

一青山千九郎（善助、愚痴、天山流炮術師範家）儀云々、成程同人ニも少々不行届之致かたも御座候との事ニ承り候へ共、餘りきびしく、第一人氣ニさわり不宜、外ニ如何程もいたしかた者御座候事、弟子中一同大起り致へくも難計事ニ御座候、又内々承り候得者、外武術も不殘一流ツヽニ相成候筈之由、評判御座候よし、彌左樣ニ御座候や、其通りニ御座候へ者、とても治り申ましく、

青山門人ノ不穩

笑事忽チ打ころされ可申とそんし申候、夫抔打もて置候樣ニ而も、士ニ而も無之候、彌左樣之事ニ候へ者、誠ニ一大事之事とそんし申候、委しく承り度候、此後も何そ捨置てなき一大事聞出候ハヽ、少しも早く可申遣、夫而し秘密之取あつかひ第一ニ御座候、此便りニ山田（莊右衛門・拾）・山さきにも極内と心得可申候、

二階堂行健等へ賜金

一二印（二階堂志津馬）立前ニ同人ニ千兩、笑ニ五百兩被下候よし、二印も譯も御座候、笑事何の爲と御座候や一向不分、誠ニ自分勝手とそんし申候、

重久玄碩ノ叛心

西洋炮術ノ推移ヲ問フ

ゆらト人形

島津久武ノ文通ハ虚説

相良素白ト山崎拾

菊池武平ノ死ヲ惜ム

吉井泰通ニ嫌疑ヲ避ケシム

一嶋登（島津登、久包、用人兼小姓與番頭）之儀云々、此義誠ニ不相濟事之第一ニ御座候、今ニ天罰當り可申候、

一重玄（重久玄碩、茶道頭）之儀心得申候、兼而心得候へ共、猶又用心第一ニ可致候、承得候儀ハ委しく承置度、左候得ハ猶更心得ニも相成申候、

一御軍役方之事、承候儀ハ追々可申遣候、成田（正右衛門、正之、御流儀炮術師範家・愚痴）・青山等之事もいかゝ御座候や、成田其後入門等御座候や又人氣不伏ニ而候や、折合申候や承り度事、

一末近江（末川久平、家老）之儀云々、何も役ニ立不申候、將（島津將曹、久徳、家老）之義も如何ニ候や承り度候事、

一蔦（ゆら）一條幷ニ人形、相良（素白、奥茶道）等之事、誠ニ不容易事ニ御座候、猶又承り糺可申遣候、

一其方等ゟ便之義、重玄申候や、是も推量之様ニ聞得申候、壹岐（島津久武、家老）ゟも書面遣候様子と申候よし、全く虚説ニ御座候、

一相良（素白）之事誠不思儀之事ニ御座候、漸々と相良ゟ押付ケ、御前向抔取つくろひ候事ニ相違無之候、夫故山（拾）さき等もあふなき事とそんし申候、

一菊池矢市（矢市郎、武平、小納戸兼抱守）も、長々不快ニ而終ニ落命ニ及申候、餘程八ケ敷所、（マヽ）おしき事御座候、

一吉七（吉井七之丞、泰通、藏方目付）ハ當時如何ニいたし居候や、是まて承り度、必ず便り之義、人ニ氣とられ申ましく候、御留守中ハ猶更笑（調所廣郷）ゟ隱密も御座候と存候間、湯治ニ而も參り候て、嫌疑抔さけ候様

人形ノ用途ヲ曖昧ニス

問條ヲ誣フル目付ノ名ヲ質サシム

市田義近ト島津久籌

成田正之ノ炮術流行ト青山門人ノ動キ

廣郷不相應ノ家作

久光ハ有志ノ人

種子島久珍病ム

ニ可致候、追々承り候處、重玄中々油断不相成事ニ御座候、

一人形之義、全く其事出候ハヽ、たし而成註文ニ而出來候事ゆへ、紛而ハむつかしくと、よき様ニ申上候而、其後色々外ニ事寄セ候義と存申候、

一御問條ニ、たとへ宿ゟ參り候とも、不參ものか、是非御問條通りニ無之候而も不相濟と、目付申候事不心得事ニ御座候、掛り目付誰ニ候や、名前承り置度候事、

一市田右近義（義近、小姓與番頭兼寺社奉行）云々、此人も不勤、其外如何之事も可有之候へ共、少しつよ過申候、嶋主殿（島津久籌、小姓與番頭）之品と考候へも、夫程ニも及ましくとそんし申候、又當地大坂等ニ而かまひもの、其外商ひ見世いたし候役人もかまひ無之ものやらん、とかく我意増長、致而ハ無之候、

一成田大（正右衛門）そふニ流行之よし、成田・青山門人不和之義如何ニ候や、青山門人一そふ動き候へはかへつてよろしく、笑等悪事吟味いたしやすき事ニ御座候、

一笑印家作り之義云々、如何之心得ニ御座候や、誠ニ天魔之所行とそんし申候、

一周防（島津久光）之事云々、追々様子分り候ハヽ、又々可申遣候、随分志も可有と存申候、

一種子（種子島久珍）彈正不快之よし、様子承り候ハヽ可申遣候、

一岡半（岡田半七、利友、小納戸頭取、ゆら兄）之事、何方之湯治ニ而御座候や、是又承り度候事、

海老原ハ大悪

一海印（海老原宗之丞、清熙、軍役方總頭取）之義、言語同斷之事ニ御座候、笑ゟ又一倍大悪と存申候、

江戸藩邸ノ普請開始

一二印（二階堂志津馬）も此せつ大勢ひニ御座候、櫻田・高輪・芝・西向（各江戸藩邸）不殘御普請ニてしまり申候、此時節金子有之ともハ、餘り大匠過大物數寄〔奇〕而とそんし申候、

具足ハ鐵炮ニ對シテ無力

一具足之義云々、これハ如何様ニ而も、とても非常之節具足ハ役ニ立ぬものと存候、鐵炮杯ニてとてもむつかしく御座候、

薩摩燒漸次廢止

一燒もの（薩摩燒）之義云々、手燒も何とかく追々取止メ可申考ニ御座候、燒物士等も追々外江取片付ヶ申候考ニ御座候、重玄之案外ニ可致と存候、

廣郷ノ心事

一利欲之義、笑等之心底ニ而て當り前之事、自分ニハ實ニ忠心と存居可申とそんし申候、

炮術調練ト軍立

一大炮試之義云々、大造之よし、是ハ公邊ニ聞得候而も差支無之事御座候、夫而し軍立等中〳〵常人之出來候事ニハ無御座候、鵜乃まねのからすと存申候、何そ事御座候ハヽ後悔ニ可及とそんし申候、

書狀送致ノ時期及ビ法方

一此返事、必ハ九月末ニ可遣候、八月末ニ而てなしく、九月を飛脚ゟ前、人之不心付うちニ藤（伊集院藤九郎、兼直、小納戸見習）江可相渡候、此便りハ山田（爲正）等江も内々之、

一山田（爲正）ゟ此節、まづ書面ハ方々さふ〳〵しく候間、見合候段可申遣候間、其心得ニ而挨拶

可申遣候、藤出立ニ而も八藏（伊集院兼徹、藤九郎父）江頼ミ、藤江文通いゐし遣候而もよろし久御座候、其節も

一左而し十月末、十一月末、兩月も遣ほましく、乍去事出産十二月初旬と存候間、不宜候事、無據義御座候ハヽ、右兩月も雪庵（仁禮、奥茶道）江向ケ可遣候、同人を名しあこ而宜敷御座候、先も要用迄申入候、雪庵江遣候ハヽ、宿許狀之内江頼ミ可遣候、先左要用申入候、

書狀ヲ仁禮雪庵ニ托サシム

一高輪（江戸藩邸）大普請、芝（同上）普請之内引移り之様子、御著も事ニ寄候へも、櫻田（江戸藩邸）あとそんし申候、猶後便可申遣候、先も早々申入候之、

藩邸ノ普請ト齊興（齊興）ノ參府

七月廿九日

三五　七月二十九日　伊集院兼直への書翰

（奥封宛書）
「用　事　　藤九郎（小納戸見習）江」

一極内々申入候、愈無事珍重ニ存候、扨而左是迄内々聞合等ニ付、山田（莊右衞門、爲正、小納戸兼抱守）方山不及（山口不阿彌、定敎、數寄屋頭）江密書遣し候處、薄々承り候へ左、笑（調所笑左衞門、廣鄕、家老）等其儀承り付候様ニ御座候間、山田等方之便りも、此せ川取

山田爲正ノ密書取次ヲ止ム

山口定救ヘノ密書ヲ傳達セシム

相良素白ノ事

吉井泰諭ヘノ直書ヲ傳達セシム

琉球事情ヲ速報セシム

青山ノ門人成田ニ入門

止メ申候、右付不遣候て不相成義も御座候間、別紙(第三三號)之一封㳒少しも不目立様ニ山不及(山口定救)ゟ相渡し、返事請取遣候様可致候、必を人ニさとられ不申様ニ可致候、實々相知れ候て者不宜候間、よく心得可申、返事も差出候ハヽ、封込ミ可遣候、八月末之間ニ合不申候ハヽ、其方計り之返事遣し、不印(山口定救)返事も、九月末之便ニ遣候てよろしく御座候、不印ゟも必を福さき(七之丞)・山田ゟも、此便り之義者申遣はましくと、かたく口留メ可致候、

一立前申付候有馬(衛守、純昭、軍役方兵道役者)入門之儀、如何ニ御座候や、否承り度存申候、

一相良(素白、奥茶道)之事付、追々承り候事も御座候、中〱不容易世上ニ御座候、必を色々申ましく、おとなしくうはらぬ様子ニいたし居、人ニ氣どられ申ましく候、

一吉井七左衛門(七郎右衛門、泰諭、屋久島奉行)ゟも封しの遣候間、極内々可相渡、是まて同様、必を〱人ニしれぬ様ニ可致候、若又都合むつかしく御座候ハヽ、様子見合セ都合よき節ニ可相渡候、山不(山口定救)も同様之事ニ御座候、

一琉球異人(滞在英佛人)幷異國船之事、承り候ハヽ實否無差別、早々可申遣候、

一此書面遣候義、如何様ニ懇意之者たりとも申ましく候、

一青山門人等(愚痴、天山流炮術師範家)、其後如何ニ候や、成田(正右衛門、正之、御流儀炮術師範家)ゟ入門いたし候や、一體人氣如何ニや承り度候事、

嘉永元年七月

ノ動向ヲ問フ

調所廣郷ノ家作ヲ問フ

伊集院兼直ニ密事附托ノ意義ヲ諭ス

重久玄碩ニ對シ戒心セシム

をまノ出産ノ期ヲ告グ

一一體之人氣も如何ニや、笑・海（調所笑左衞門・海老原宗之丞、清熙、軍役方總頭取）等ハうらみ居申候や、

一笑家作等、立派ニ出來候や、委細承り度候、

一成田等、炮術等ハも必を立さゐり申ましく候、

一此書面遣候儀、極內々ニ御座候、其方ニ者中二（伊集院兼珍、大番頭兼側役側用人勤、兼直祖父）・をま（齊彬側室、兼直義叔母）等之義も有之候間、極內々內用申付候間、其段よく相心得、何そ笑等惡事聞出候ハヽ、早々可申遣候、猶後便可申遣候、

以上、

七月廿九日

猶々、山不等ハ文通之義、笑等かんどり候儀者、重玄（重久玄碩、茶道頭）申候よしニ聞得申候間、同人義、別ゐ心得可申候、其方承候義も御座候ハヽ、何も委敷極內可申遣候、又〻、

一九月末迄ニ者、兩人（山口定救・吉井泰諭）返事請取可遣、又其後書面相渡候ハヽ可遣候、十二月初旬、をま出產と存候間、其比ニ屆き候飛脚ニて見合セ可申候、

伊達宗城ノ斡旋ニヨリ阿部閣老ノ了解ヲ得タルヲ謝ス

筒井政憲ト密話センコトヲ請フ

調所廣郷ノ手段實事ナラバ不届

三六　八月二十七日　伊達宗城への書翰

齊　彬拜答」

（奥封宛書）
「龍（伊達宗城）士大君

先刻ハ貴答（所見ナシ）忝致拜見候、愈御清榮奉賀壽候、然者辰（阿部正弘、老中、福山藩主）之一條、今朝御密話有之候處、決して云々（表向ノ沙汰）とは出不申由ゆへ、書面差出候様ことの趣、且安心可致旨被仰下、誠ニ難有次第、御禮難盡筆紙奉存候、則事實之書面差上候間宜敷奉希候、與々も此義　御沙汰出不申様猶又奉希候、猶委敷ハ朔日ニ伺度奉存候、阿州（蜂須賀齊裕、德島藩主）之一條も御承知之由、昨日ハ未タ差出之有無ハ不申聞候間、其思召ニ而今日御申聞ニ而相濟候處ニ御咄奉希度、彼之老人（筒井政憲、西丸留守居、齊彬師老）ハ實ニ誠實之心底ニ御座候條、何事も打明ヶ申聞候間、其思召ニ而御密話奉希候、實ハ入道老公（伊達宗紀、前宇和島藩主）ゟ伺候而甚タ心痛之餘り申遣候事ニ御座候、大坂等之義ハ少しも不存事ニ而仰天仕候、全惡笑（調所笑左衛門、廣郷、家老）之手段と奉存候、彌實事ニ候へハ不屆至極之義と奉存候、自ら阿州可申上候間委細ハ不申上、餘り之事ニ而信用致兼候へ共、平日之所行之内、不思議之事と引競候へハ、有間敷とも不被申、實ニ汗顔之至ニ御座候、

南部信順ニ周旋ヲ依頼ス

來朔日、土州（山内豐惇、高知藩主）之一條月番計りと心得申候間、廻勤濟罷越可申と奉存候、先ゟ當座之御禮迄奉申上候、度々書狀差出候を如何ニ付、南部（信順、八戸藩主）ゟ賴申遣候、又申上候、阿州ゟ今日辰ゟ御示談相濟候儀、明日可申遣存候間申上置候、先ゟ艸々頓首、

八月廿七日

三七　九月十二日　徳川齊昭への書翰

薩摩産孟宗竹ヲ贈ル

（封紙宛書）「上　」

（裏封宛書）「上　御請　松平修理大夫」

先達者、尊書（所見ナシ）謹而拜讀仕候、先以益御機嫌能奉恐賀候、然者竹致進呈候處、種々御用とも相成由、難有次第奉存候、右ニ付御國産之御品頂戴被仰付、誠恐入難有奉存候、御禮迄奉申上度、如斯御座候、恐惶頓首、

九月十二日

琉球滯在佛人一名病死

松前昌廣病ム

琉球ヨリモ松前懸念

島津忠良ノいろは歌

猶々、時氣折角被遊御自愛候樣奉存候、以上、

(別紙)

(封紙宛書)「上　　御請」

(奥封ウハ書)「別紙御請」

(所見ナシ)御添書難有奉存候、被仰下候とおり、內實者種々譯合有之、嫌疑多奉恐入候、左而し度々ニさへ無之候得者、少しも差支候義者無御座候、中山も何も相替候儀無之、佛人之內壹人(六月朔日、佛宣教師アドネ Mat ieu Adnet 漢字名亞臬德那覇ニ歿ス)者病死仕候、迎船末タ參不申當年者是非參候趣ニ、國ゟ追々申遣候へ共、いまた渡來之沙汰者無御座候、たとへ渡來候而、別條なく罷歸候樣ニ相成候とも、是迄之義、無ニ者いたにましく、何而難題可申掛やと奉存候、尤佛人死去之御屆(齊興、九月十一日附ニテ稟申ス)もいまた不仕候、折角早くと私も存候へ共、中々行れ不申、其通故嫌疑之處も御推察奉願候、松前(昌廣、志摩守、松前藩主、明年致仕)不快其外云々、誠ニ一大事と奉存候、同席(大廣間席)中格別議論も承知不仕候得共、十分御手當無之候ハヽ、彼地者他之有ニも可相成や、中山より者別し而掛念而と奉存候、

一島津入道(忠良、日新齋)歌之事(いろは歌)云々、此間ゟ追々相糺候へ共、拾遺後葉集も所持不仕、其上龍伯(島津義久)之百首不相分候間、國元に申遣候條、相知れ候ハヽ早々可申上候、御著述之內に御加入被下候

西洋爭亂ノ風説

軍船能キ手段アレド行ハレズ

領國中ノ鑄炮十分ナラズ

名聞ノ處置聚斂ノ政事人心ノ不和ニ歎息

義、誠ニ難有奉存候間、少しニ而も相知候ハヽ可申上、此間ゟ餘程相尋候得共、當地ニ而者知を兼申候、外ニいろは哥と申候而、島津入道日新齋と申候もの龍伯祖父ニ御座候、此もの讀置候而、近衞殿下（稙家）御奥書御座候分者當地ニも御座候、乍然中々撰集等ニ入候事ニ者有ましく、専ら教之哥ニ御座候、似寄候間奉申上候、御用ニ候ハヽ可入御覽候、

一當年西洋風説も彼方少々爭亂有之哉ニ承り申候、先者よろしく、只今之内ニ萬事防禦御手當有之度事ニ候へ共、安ニ甘シ、又々心緩ミ可申哉と奉存候、

一軍船等之儀も、私方ニ而者よき手段も御座候へ共存候計りニ而中々行を不申、殘念ニ奉存候、領國中此節者少々者大炮等も鑄立仕候へ共、中々十分ニ行屆不申、恐入奉存候、兎角何方ニ而も名聞之處置、且聚斂之政事多く人心一和不仕、誠ニ歎息仕候事ニ御座候、か様之儀申上候儀恐入奉存候、種々　御懇書被成下候ニ付、乍恐奉申上候、早々御火中奉願候、以上、

九月十二日

三八　九月二十二日　徳川齊昭への書翰

(封紙宛書)「上　申上　修理大夫」

(奥封宛書)「上　申上　修理大夫」

(所見ナシ)尊書難有致拜見候、先以益御機嫌能、恐悦之至奉存候、然ハ日新(島津忠良、日新齋)之哥御用之由、難有奉存候、則寫申付奉差上候、外ニハ差當入御覽候樣成品も無御座候、國元ゟ返事遣し次第、猶又可申上候、扨又當秋初ゟ捉飼仕候間眞鴨進上仕候、先ハ右可申上、如斯御坐候、頓首謹言、

九月廿二日

猶々、冷氣折角被遊　御加養候樣奉存候、以上、

(別紙)

(奥封ウハ書)「別紙御請」

(所見ナシ)御別紙難有奉存候、琉國之儀、異人死去之事等、此間漸々と御届ニ相成申候、其後何も不

人ノ死去ヲ幕府ニ稟ス

綿火藥製法

扶桑拾葉集

藩地現在銃炮數西洋炮五十挺劍付二千餘

琉球滯留佛英人ノ情勢

申來候、種々被仰下候儀恐入奉存候、兎角安く甘し候世の中、扨々殘念ニ奉存候

一珍綿（綿火藥）之事、いまた製方相分兼候得共、近々ニは少し相知レ可申哉と存し相樂しミ罷在候間、知レ次第早々可申上候、

一扶桑拾葉集之事難有、國ニハ一部御坐候へ共、當地ニハ無御座、御序も御座候ハヽ、頂戴之儀奉願候、

一西方爭亂云々胡元之事、誠ニ御尤之思召恐入奉存候、國元大炮之事彌之數委敷不相分候得共、私存候分ハ、去々年より當春迄ニ三十挺餘、其外在合之分合而西洋炮五十挺程と奉存候、劍付ハ二千餘も張立仕候、

一加州（前田齊泰、加賀藩主・慶寧、同藩世子）父子餘程志も御座候樣子、色々毎度咄合も仕候、

一思召之御儀承知仕候、誠ニ御尤之御儀、既ニ滯留佛英共ニ、近比ハ地理人情言語文字等追々相分、差支無之程之よし、極内々承り申候而、甚タ可惡事と奉存候、此度（六月朔日）死去佛人事ハ、多年之病氣ニ而、當年唐國在留之佛人より書翰遣候内ニも、最早死去いたし候事と存候段、滯留佛英兩人（佛宣教師ル・チュルヂュ伯多祿、英宣教師ベッテルハイム伯德令）ニ申遣候よし故、別義も有間敷奉存候へ共、異船渡來之うへ如何可申哉も難計奉存候、又寺取立之事も有ましきとも難申上、いはきニも不容易儀ニ而、

利財聚斂名聞権勢ノ流行

薩摩産ノ狆

可恐事ニ御座候、且又人ニ寄臆病と申上候ものの御座候よし、いつ方ニても同様之事にて、利財のみ之志之もの兎角ニ種々申立、無據名聞之爲ニ武備取計候へ共、内心ニは左も不存罷在候様子、實ニ盲蛇之御たとへ恐入奉存候、東照宮(徳川家康)之亂ニ治を忘れさる様ことの金言、當時之病と奉存候、呉々も利財聚斂名聞權勢流行之義、扠々恐入奉存候、先老極御内々御請旁奉申上候、御火中奉願候、以上、

二白、先年之狎(狆)追々子生立候よし難有奉存候、只今も一疋所持仕候、同苗(齊興)著仕候ハヽ、外に可遣と奉存候、若御用ニ候ハヽ差上候ても宜敷御座候、以上、

三九　十月二十九日　伊集院兼直への書翰

igûû in
(伊　集　院)

tookoe loo
(藤　九　郎)
に

山口定救等ノ書ヲ落手ス

有馬純紹ニ兵道修法ヲ行ハシム

兼直出府後ニ於ケル山口定救吉井泰諭ノ書狀取次ニ萬全ヲ期セシム

琉球ノ佛英人ノ事

西洋炮術入門ノ件

兩度之書面(所見ナシ)相達、委細令披見候、愈無事珍重ニ存候、此方相替事も無之候、扨申越候條々、委細心得申候、山・吉等之書面も(山口不阿彌、定救、數寄屋頭・吉井七郎右衞門、泰諭、屋久島奉行)無相違落手いゐし候、山ゟ者此度者不遣、十二月末ニ書面可遣、吉ゟ者此節遣申候、返事旁左ニ申入候、

一有衞之義云々、(有馬衞守、純紹、軍事方兵道役者)致承知候、追々修行可致候、尤表向自分信仰之趣ニ可致候、又成丈ヶ不目立様ニ可致候、摩利支天之法、大威德等之法修行第一ニ御座候、者ゐしもしめゟ色々有衞ゟ申候ゐも、又目立もいゐし候間、其處も程能可致候、

一山・吉等書面之儀、其方江戸ゟ參候後も差支無之様ニ、大丈夫ニ申談置、少しも掛念無之様ニ致し可置候、其方ニは山壯・福七等之(山田壯右衞門、爲正、小納戸兼抱守・福崎七之丞、小納戸見習)とく平日用も少く、又年功も無之事故、人も氣扱付候處薄くとも存候へ共、せつゐ久念入候様ニ可致候、

一當地ゟ參候とも、表ニゐ書付等出候ゐも兎角ニ目立申候間、矢張奥ゟ遣し候方よろしく、只今ゟ心得之ゐめ申入置候、重玄(重久玄碩、茶道頭)別ゐ用心可致候、

一琉之事、佛人(七月二十八日ル・チュルヂュ Pierre Marie Le Turdu 宣教師、琉球ヲ去ル)歸り候よし、跡英人(ベッテルハイム Bettel eim 醫師、宣教師)如何ニ候や、委し久可承候、又佛人來三四月比可參やニ申候よし、夫らの都合程よく承り合セ可申候、

一成田之(正右衞門、正之、御流儀炮術師範家)入門之義云々、矢張入門いゐにべく、手つゝきちゐひ居候とも、何事も申間しく

村野實晨ヲ秘事ニ起用

調所邸增築ノ世評ヲ報ズベシ

田上則休下著

三原經禮表面ハ調所ニ隨從

西目邊ノ「キリシタン」信者ヲ探ラシム

風ニなむく柳のことき振合第一ニ御座候、左候ゐ彼方様子も見聞之趣可申遣候、

一山・吉等ハよく申合セ、必ゝ目立不申様可致、吉事來年下嶋(屋久島歸任)と存候、其跡も村野事(傳之丞、實晨、奥)彌丈夫(小姓、吉井泰諭弟)ニゐ御座候ハヽ、夫ハ取次候ゐもよろしく、吉とよく可申談候、

一笑(調所笑左衛門、廣郷、家老)ゐしき取廣メ、旁よろしく出來候様子、其外世上之評判等可申遣候、

一御留守中ゟ格別何も有ましくと存候、此中ニ去年中之笑等之事、委しく評判承り可申候、尤目立不申様ニと折角心ゐけ可申候、

一折八(折田八郎兵衛、使番)其後面會いゐし候や、様子委しく承り度存候、

一田百二(田上百二、則休、納戸奉行兼使番)下著と存候、此人ゟゐしゐよ御座候、笑等ハ取入候や、又ゟ如何之様子ニ候や、承繕可申候、

一三原藤五郎(經禮、納戸奉行兼趣法掛)事、表向笑ハ隨從ニ候得共、内心ゟ左様ニも無之様ニ承候、是まゝ様子委しく可申遣候、

一體之人氣、少しはをり合ひ申候や、委しく様子可申遣候、

一西目邊ニキリシタン有之との事、薄々承申候其後評判無之よしよは候へ共、猶又承り合セ可申遣候、

すま出産ノ時期

一先〻返事旁申入候、此返事ハ直ニ霜月末便ゟ可遣候、十二月之便ハ先遣にましく、ゐん生之左右御座候うへニ可遣候、産ハ大ゐ﹅十二月初旬と存申候間、十二月末之便りニは先見合可申、霜月ハ便御座候ゐもかへつてよろしく御座候、先ハ早々申入候之、

十月廿九日

寒中見舞

四〇　十二月二十六日　徳川齊昭への書翰

（封紙宛書）
「上

（奥封宛書）
「上　　申上　　修理大夫」

一簡拝呈仕候、寒冷之節御坐候得共、益御機嫌克恐悦奉存候、然〻其後久々御ふ沙汰申上恐入奉存候、寒中御機嫌相伺度麁品呈上仕候、餘〻來春萬々可申上候、恐惶頓首、

十二月廿六日

猶々、時氣御自愛専一奉存候、以上、

齊興江戸ニ著ス
琉球ノ佛人退去ス
珍綿
和法一萬方剤
長崎ノ防備
愼獨ノ二字ノ額字揮毫ヲ請フ

（別紙）

（奥封ウハ書）
「別　啓」

別啓仕候、其後同苗（齊興）著後旁ニ而、色々取まきれ、久々不申上、恐入奉存候、中山（琉球）も佛人ハ（七月二十八日、ル・チュルヂュ Pierre Marie Ie Turdu 宣教師、琉球ヲ去ル）歸候へ共、英人ハ（ベッテルハイム Pettel eim 醫師、宣教師）未タ歸國不仕候、中々油斷不相成事ニ奉存候、其後何も沙汰承り不申候、

一珍綿（綿火藥）之儀、肥前守（鍋島齊正、佐賀藩主）ニ而ハ、少々工夫も附候やニ承り候、伊達（宗城、遠江守、宇和島藩主）ハ最早存知候様子ニ御座候、私ハいまた委敷事ハ承り不申候、

一何も此節ハ可申上程之儀承り不申候、

一和藥之法、色々糺候處、皆々法多く、和計り之法ハ至て少く御坐候、近日中ニ運阿彌（水戸藩同朋）迄差出候様可仕候、和法一萬方ハ御所持被遊候や、私も半分ハ所持仕罷在候、

一崎陽もいまた何之御差圖も無之、美濃守（黒田齊溥、福岡藩主）も別而心配罷在候、當年持渡蘭書いまた手ニ入不申候、蒸氣船之書も參候趣ニ承り申候、

一來春ニ相成候ハヽ、何卒愼獨二字之額字　御染筆奉願度、以使を委細來春可申上候、先ハ右可申上、如斯御坐候、以上、

十二月廿六日

年始ヲ賀ス

額字ヲ揮毫シテ贈ル

〔参考〕嘉永二年正月十八日　徳川齊昭より齊彬への書翰（控）

扣

太平之朝儀、萬里一和、如春薫、愛度申納候、御起居愈勇猛被致加年、令抃賀候、隱棲依然、御放意可給候、右春詞如此候也、

孟春十又八　齊昭

修理大夫殿

参

二白、舊臘者寒中御尋問（第四〇號）入御念候、兎角不時之暖氣、御厭可被成候、御屬託之額字、致一揮候處、于今腕痛不致全快甚醜候、他へ御申付可被成候、不一、

「愼　獨」〇二字篆書

其身より

國民迄をし　誠を物の

乃ひなむ　むしめと

いして

嘉永二年己酉（西暦一八四九年）

四一　正月二十九日　伊集院兼直への書翰

度々ハ書面（所見ナシ）相達、令致披見候、愈無事加年之由、珍重ニ存候、此方相替儀も無之候、申遣候條々、委細心得申候、要用ハみ返事旁申入候、

一まま（側室）も、安産男子（四男篤之助）出生、大慶いたし申候、此度ハ山口・吉井（不阿彌、定救・七郎右衛門、泰諭）江遣候、吉井江も箱物、山口ハ封ものニ御座候、

一笑死去（調所廣郷、家老、昨年十二月十八日歿）、左門（調所廣時、小納戸頭取、廣郷男）御供御免、二印（二階堂志津馬、行健、大目付兼側用人側役）出立等之之義（マヽ、行カ）ニ付、其地之様子委しく可申遣候、二等破（行健ノ罷免）を候とて、必も油断いたすましく候、猶更此便り等ても内密ニ可致候、

一其方出立後ハ如何様ニ取計らひ申候や、右之處も委しく可申遣、又いつ比其地（鹿児島）出立ニ相成候や之旨細々可申遣候、

一十二月二日之飛脚云々、其せつハ何も遣し不申候、まま引入中ニ御座候、

四男篤之助生ル

調所廣郷死去二階堂行健罷免

すま引入

調所死去等ニ對スル世評ヲ報ゼシム

爾今封物隨時ニ遣スモ可ナリ

高輪引移ノ中止等情勢變化スベシ

一（秦諭）吉井之書面請取申候、
一笑之屋敷家内仰天、且（二階堂行健）二印様子、世間風説等委しく可申遣候、（重久玄碩）重玄も仰天と存候、是まゝ可申遣候、何事も委しく可申遣候、
一町方幷百姓諸士難義之事、第一何事ニ御座候や、是まゝ委しく可申聞候、此度ゟ者以後ニ而も、便次第封をの遣ゐも宜敷御座候、
一高輪引移も、先ツ止メと存候、追々様子も替り可申候、先者用事取込申入候之、
正月廿九日

四二　正月二十九日　山口定救への書翰

「（封紙宛書）〆

（山口不阿彌、定救、數寄屋頭）山口」

度々の（所見ナシ）書面相達致披見候、愈無事珍重ニ存候、此方相替事も無之候、
一委細申遣候趣致承知候、一々返事可申遣筈ニ御座候へ共、相濟候義者不申遣候、要用已

調所廣郷死去二階堂行健罷免

二階堂行健等處分ニ對スル世評ヲ報ゼシム

黒田齊溥阿部正弘ノ盡力ニヨリ事情好轉

二階堂行健内用金三千

ミ申入候、

一笑(調所廣鄕、家老)事もとふ／＼死去(昨年十二月十八日)ニ御座候、今少し存命ニ而、二印(二階堂行健、大目付兼側用人側役)同様ニ相成(罷免)候ハヽ、猶更之事ニ候處、運のつよき人ニ而御座候、其地之評判委しく承り度そんし申候、

一此度二印(二階堂行健)之事も色々評判も可有之、存外ニ都合よく相すみ申候、二印之義も承り次第、萬々可申遣候、

一此度二印之事、其地ニ而相知を候ハヽ、色々評判も可申、又左門(調所廣時、小納戸頭取、廣鄕男)御供御免之筈ニ御座候、旁色々可申と存申候、是迄御内用方勢ひ之向き、仰天之様子委しく承り度存候、重玄(重久玄碩、茶道頭)等ニも大仰天と存候、是まて様子委しく可申遣候、

一琉球之義も、是迄恐を申間しく候へ共、色々人々も可申存候間、承り次第可申遣候、

一重佐次(重久佐次右衛門、篤極、町人出ノ士)其外町人共之様子も委しく可申遣候、

一此節之義實ニ時節到來之事ニ而、都合よく參り申候、色々と此せつ承り候へ共、種々の事も御座候、美濃(黒田齊溥、美濃守、福岡藩主)大骨折ニ御座候、阿部(正弘、老中)もよく心得申候、此節よりも先々よろしくと存申候、笑不快、其うへ公邊之様子薄々知を候と、伊平(伊集院平、小納戸頭取兼用取次)とも忍チ様子抜而へ、笑・二之事色々と申候事、餘程我意甚しき事ニ御座候、此せつも二印出立被仰出、御内用方御金等

兩ヲ不正使用ス
行健ノ妾投身自殺ス
海老原清熙歸國
齊興陞叙請願ノ困難ナル事情
爾後伊集院兼直ヲ經ルノ文通ハ隨時タルベシ

も、(吉利久包、當番頭兼側用人側役)仲請取申候處、三千兩程も張面之仕様無之、新らしく張面取仕立呉候様ニと頼ミ候よし、其外色々承り申候、目黒もしハやそはも、(二階堂行建妾)廿一日夜、井戸ニ身を投け死去いたし申候、吟味させてはたまらぬと存候事と見得申候、

一海老(海老原宗之丞、清熙、軍役方總頭取)此節下り後、定メて様子違ひ可申候、委しく可申遣候、

一御心願(齊興陞叙)も御ためも、中々むつかしく、此後十分によく御取計有之、人氣立直り、英人(ベッテルハイム)歸り候ハヽよろしく、左様ニ無之候ては、中々むつかしく、此節も先漸々と何事なく相濟、笑と二印やらせ申候、

一普請(江戸藩邸)等もいまた不相分、是また御延引と相成可申と存申候、

一此後藤九(伊集院藤九郎、兼直、小納戸見習)ゟ之便をいつ遣候ても宜敷御座候間、用事之節いつまても可遣候、山印(山崎拾、抱守兼伽役)之方をまつ書面等差出申ましく候、

一御國中此後之様子委しく可申聞候、必ス極内々ニ可致候、先日ゟ書通も可致處、此二印一條發候ハヽ可遣と、夫故延引ニ相成申候、

一此後も其地之様子委しく可申遣候、追々御役替等可有、これ又委しく可申遣候、

一去年も遣候間、目ろく相なハらは遣申候、

一其外ニも後便可申遣候、先ニも用事申入候之、

正月廿九日

四三　正月二十九日　吉井泰諭への書翰

度々之書(所見ナシ)面相達令大慶候、愈無事珍重ニ存候、申遣之條々委細心得申候、要用れみ返事申入候、

一笑(調所笑左衛門、廣郷、家老)吐血之事、大圓寺(江戸芝、島津家菩提寺)まてモ無之候、宿(江戸藩邸長屋カ)ニゐ之事ニ御座候、全く胃血之よしニ御座候、寂早死去(嘉永元年十二月十八日死)之事も相知を可申と存候、

一笑之扈從之をのさそ〳〵仰天いゑし候事と存申候、委細可申遣候、

一二印(二階堂志津馬、行健、大目付兼側用人側役)事、急ニ出立被仰付候、寂早相知を候事と存申候、追々と樣子も相變り可申候、此義兼ゐ霞(黑田齊溥、美濃守、福岡藩主、齊彬大叔父)申合セ、漸々と內沙汰出候事ニて御座候、

一ioe ra(ゆら、齊興側室)云々、又井上(出雲守、正德、薩摩鹿兒島郡坂本村福ケ迫諏訪明神祠官)云々、是又致承知候、此度三人(齊彬・三男盛之進・四男篤之助)之切地さや形ちりめん六尺遣申候

調所廣郷吐血シテ死ス

二階堂行健ヲ急遽歸國セシム

井上正德ニ祈禱ノ形代ヲ下附ス

齊彬モ元旦ヨリ禮拜

二階堂行健ノ處分及ビ齊興隱居一條ノ推移

隱居ノ時期

陞敘心願ノ實現ハ困難

間、一二三と印附ヶ可遣候、折角内密之取計專一ニ存申候、

一先比遣候作法（禮拜）者、當正月元日ゟハしめ申候、不動尊も大慶ニ存候、兩尊共ニ作法いたし申候、

一mi（黒田齊溥）nono守追々相談もいたし、此度二（二階堂行健）幷ニ笑之事も、出候事ニ御座候、御隱居（齊興）一條ハ、既ニ阿部（正弘、老中、福山藩主）も同人にハなしも御座候へ共、此義者此度者發し不申候、其譯者内々うかり富、右様成立候而者、此所者譯もなく候へ共、永々とかく御機嫌も不宜候而、旁不都合ニも御座候間、相成事ニ候ハヽ、御自身ゟ思召立ニ相成候様ニ御座候得者、後々の爲もよろしく、來年琉人（琉球謝恩使）參府、英人（ベッテルハイム）も歸候ハヽ御やめも可在、其處抜取、大而ム思召ゟ起り可申、若々思召無之節ハ、此節而よき時節と内々うかりも可申との事ニ相成候て、此節ハ笑と二之事出申候、左候得者、先ツ御國中も立直り可申との相談ニ而、取計候事ニ御座候、御隱之方者阿（阿部正弘）も出し安く、此度之様ニ出候事（行健處分）者、倍臣ゆへ甚タいたしよくき處抜出候事ニ御座候、西筑（西筑右衛門、江戸留守居）何事も不承候、笑死、二此節之如きゆへふ見合セ候事而と存申候、内實者御心願（齊興陞叙）もとてもむつかしく、最早御隱（退隱）ニ而も可然事と、阿も美（黒田齊溥）に申候事度々御座候へ共、前文之趣相談ニ而、美ゟ申候而成程尤との事ニ而、笑と二の事出申候、極内此段申

黒田齊溥齊彬ノ爲ニ祈禱

一向宗

勸農一條

吉利久包等ノ齊興退隱ノ見解

島津久寶等ノ庶政改進

二階堂行健嚴シク處置セラルベシ

入候、

一mi no（黒田齊溥） 宰府（筑前大宰府天滿宮、箱崎八幡宮）箱崎祈禱之義云々、其通りの事ニ御座候、

一ni i lo（新納彌太右衛門、時升、甑島地頭） 之吏云々、大慶ニ存申候、必す此度之義御座候而も、猶更極密ニ可致候、

一一向（一向宗）之義云々、委敷申遣すへく候、此後ハ少々ハ存寄も豐後等（島津久寶、家老）ニも申候事も出來申候、
豐後も追々自分存寄伺度、兩三日跡尓申候事ニ御座候、

一勸農之一條も、何ハよろしく、何ハ百性〔姓〕難義と申義、承り度事ニ御座候、

一吉利（仲、久包、大番頭兼側用人側役）も、來年相濟（琉球謝恩使ノ參府）候ハヽ、何卒思召ゟ御隱之事出候様致度をのと考居候様子、萬事此節ハ吉（吉利仲）と六（本田六左衛門、貞前、勘定奉行・島津久寶）・豐と相談ニ而取計候事ニ御座候、

一武士小路之義云々、か様の義も此度ハ追々不目立様尓改り可申候、吉利も豐も急ニ改候と御不明之處出候間、追々と惡事改正可致と相談專ら尓御座候、

一mi na iosi（皆吉金六カ） 易之義云々、別啓（所見ナシ）披見いたし申候、易之表よく當り候哉と存申候、此度突・二退散ニ相當而と存申候、

一二下著之後之様子委しく可申遣候、相應ニきむしを被仰渡候様子ニ而御座候、調左（調所左門、廣時、後稻留數馬、廣鄕嫡子）ニも御供御免ニ相成申候、此人も下著之うへ、御沙汰も可出様子ニ御座候、其地（鹿兒島）評判等委し

江戸藩邸普請中止
海老原清熙ノ下著
行健妾自殺ト不正暴露
齊興退隱ノ時期
ゆらノ退散ヲ案ズベシ
篤之助ハ健在

久可申遣候、
一有衛（有馬衛守、純昭、軍役方兵道役者）事近々御いとまニも可相成、實者御普請（江戸藩邸）も阿（河部閣老）ゟ響有之止〆ニ相成候間、御立後御止〆被仰出、大破之分御取つくろひ之筈ニ治定ニ相成候、
一海（海老原宗之丞、清熙、軍役方總頭取）も下著後様子委し久可申遣候、此人も追々者追下ケられ可申、何を申も急ニ手扱附候而者御不徳ニ相成、其處甚タ六ヶし久御座候、
一目黒そは（橋和屋女、二階堂行健妾）も廿一日夜井戸江入死申候、二（二階堂行健）も去冬ゟ今迄ニ金子等も餘程つ而ひこみ、張面〔帳〕扱仲（吉利久包）江次渡候事出來兼候よし、御内用旁三千と申金之口、行先不知金過半ニ御座候、其外追々筆紙ニ難述様子、仲ゟ一々申上候處、餘程御仰天之様子ニ承り申候、吉・豊等も御意不申候得共、來年御參府迄ニ御すゝめ申上、御參府後御隱之様可致心得而とを存申候、右通りゆへ歟、先此度之様子見合セ、とても直り而參候ハゝ、又如何様ニを致様も可有、西筑（西筑右衛門）等思ひ立も可然存候、去而し表者先つよろしく相成候へ共、奥之處甚タ心せハニ而御座候間、姦女（ゆら）退散之義、折角工夫專一ニ賴ミ入申候、
一其外申入度事も御座候へ共、後便可申遣候、此節ゟも何時ニ便遣候而もよろしく御座候、
一篤之助（四男）も彌丈夫之様子ニ御座候、

表ニテハ大悦奥ニテハ不機嫌

調所等ノ齊興父子離間

西筑右衛門ノ事黒田齊溥ニ委托ス

一此度表ニ而ハ皆々大悦之様子、奥ニ而ハ ioera（ゆら） sima iama（しま・やま、奥女中） 其外も只驚き、機嫌不宜様ニ存し申候、尤阿ゟ申候事ハ美と吉利・豐後之外、六（本田六左衛門、貞前、勘定奉行）を伊平（伊集院平、小納戸頭取兼用取次）も誰もしらぬ、全く思召ニ而出候處ときびしく御沙汰も御座候へ共、内々ハ皆々氣も附き居候様子ニ相見得申候、

一去年著後ゟ追々伊平・吉利等より承り候ニ、外ニこハきものハなく、只我らと美濃こハき計り、外ハ何もかまひなくと、老人（調所廣郷）も二（二階堂行健）も存居候而、去々年ゟ別而我らの事色々申上候様子ニ聞得申候、委細ハ不申遣候、段々思ひ當り候事も御座候、伊平も利口ゆへす、著いたし隠密入込ミ候様子等承り候と、直ニ様子替へ候而、何事も不殘豐・六等に打明けハなし申候様子ニ御座候、猶後便委しく可申遣候、其地之事も委敷可申遣候、

一西筑の事もよろしく御座候へ共、美濃三月ハ下著ゆへ、國に委細申出候ハヽ、同人事取計らひ候考も可有之と存申候、急々事ニハ無之候間必ハせき不申、か様〳〵可致と申事、此方に申遣候後ニ、彌丈夫之手段ニ而取計可申、必ハ麁忽之振舞有ましく候、先々要用申入候、後便萬々可申入候之、

正月廿九日

〔參考一〕 二月下旬 吉井泰諭より齊彬への書翰（控）

齊彬ノ書伊集院兼直ヨリ渡サル

調所廣鄉病死

二階堂行健等失脚

廣鄉餘黨ノ狼狽

野元源五左衛門ノ醜態

海老原清熙ノ權柄衰フ

正月廿九日御日附之尊書(第四三號)、去ル廿二日伊藤(伊集院藤九郎、兼直、小納戸見習)ゟ相渡誠ニ以難有仕合、謹而奉拜見候、先以　上々様方益御機嫌能被爲遊御座、恐悦御儀難有奉存上候、

一笑(調所廣鄉、家老)胃血被吐て死亡、無程志(二階堂行健、大目付兼側用人側役)目黑(橋和屋)ゟ事破を、調左(調所左門、廣時、廣鄉嫡子)御供被差免、且其ゟ(行健妾)溺死、何を爲天罰被蒙り、右往左往致散亂、扨々氣味能キ事ニ而、御細々と被成下、別而難有奉存上候、則ゟ爰元取々様々之評判、當分何をも唯此噂而已ニ御座候、一統踊上ッて歡喜之思ひ被成し、忽チ人氣勇ミ立申候體ニ御座候、乍併如　台命、右之兩佞臣ニ兼而諂ひ申候扈從之者共、餘程當テ違ひと相成、十方ニ暮罷在候者不少と相察申候、就中見苦敷振舞之者も、志(二階堂行建)が腰付ケ之御軍賦野元源五左衛門(物奉行見習軍役方掛兼)ニ而御座候由、詰所ニ罷出居候處ニ、志云々之一條ニ而罷下ル段相知を申候處、忽チ腰拔ケと相成、面色青ざめ口被きく事爲、暫くハ出來不申由ニ而、無程退出仕候との噂、比興(卑怯)未練之振舞、人々爪彈キして謗り申候、格別成御軍賦役之心中、此位之事かと嘆息罷在申候、

一海(海老原清熙、軍役方總頭取)著後權柄殊之外衰へ、進物抔餘程減少仕、諸御役人出入爲礑と相少く、其身爲不審をなし、兼而出入之者共ニ折々承れとも、我勤向之儀ニ付、何とう風說共承候儀も無之哉抔と聞繕ひ申候由、餘程我身が恐ろしく相成候風情相見得候との噂、追々及承申

〔四本休左衛門ノ佞奸聚斂〕

候、如　台命、此者共是非御取禿〔剝〕しなくてハ、矢張人氣ハ彌相直り候とハ難奉申上、田舍ニおひてハ不及申上、我宿ニ居候而共、人之妻抔犯侵し、人面獸心之振舞、言語同〔道、以下同ジ〕斷ニ御座候、又此海（海老原淸熙）ヨ無類之隨心、諸人惡ミ立申候 io tio mo to ki oe za e mo n（四本休左衛門、目付）事、極佞奸ニして、利欲甚しく、上下町人朝夕入來り、金銀又ハ大小等を無故貰ひ受、諸人見咎居り申候、此者共是非御都合次第ニ而、　御手を被爲　附候樣乍恐奉存上候、海ニ差次候聚斂ニ御座候、

〔齊興退隱一條〕

一御隱（齊興ノ退隱）之御一條、御細々敷被　成下、逐一奉承知、誠ニ以御尤千萬成ル御取計、別而奉感伏候、如　台命　公邊ゟ御內達ハ、事共なき御事候半なきと、無理ニ　仰出相成候而ハ、往々　御父子樣之御中も乍恐被爲違、何歟ニ付ケ　御自身樣ノ御配慮不被爲絕御事誠ニ以奉恐入候、琉人（琉球謝恩使參府）迄との御決定、實ニ御平穩之御取計、哭々奉感伏候、右等之御取捌、全く mi no no ka mi sa ma（黑田齊溥、福岡藩主）偏ニ御懇意、目黑火事ゟ志（二階堂行建）抔が奸惡相顯き候儀、阿公（阿部正弘、老中）之御捌奉恐入儀、別而忝御事共奉絕言語候、

〔齊彬ノ祈念〕

一兩尊之御祈念も、正月元日ゟ被爲　始候段、乍恐別而難有奉存候、

〔井上經德ニ〕

一井上（出雲守、正德、諏訪明神祠官）願之切地、さや形縮緬六尺　御下シニ相成、此內一尺二寸程御預申上、其餘ハ則奉

祈禱ノ形代トシテ齊彬等ノ襦袢ヲ下附センコトヲ請フ

高崎温恭不時ニ齊興旅次ニ向ケ出立

川邊ノ一向宗

返上候、抑井上願之、是迄　御三殿様（齊彬・三男盛之進・四男篤之助）御不斷被爲　召候御地牛（襦袢）様之御品を、　御下シ被遊被下候様之趣意ニ而御座候由、此上乍恐近便ゟ　御銘々様御肌ニ被爲　觸候御地牛（襦袢）様之御品歟、貳寸法位ニ而宜御座候間、　御下シ相成候様奉願上趣、則別紙（所見ナシ）奉差上候、此御切レ之kon doo lioe（近藤隆左衞門、物頭町奉行勤）方ニ　御下シ被遊被下度奉願上候、私義既ニ節句ニ者出帆之賦ニ御座候故、私方ニ　御下シ相成候而之、下島留守ニ相成、左候得者往返ニ而相拘り可申候ニ付、井（井上）ト近（近藤）ト去ル十六日之夜、私宅ニ打寄密談精微ニ申合置申候間、此段奉申上候、

一井（井上正德）ゟ別紙（所見ナシ）奉願趣、乍恐朝之　御念誦被遊被下候様奉存上候、

一去ル五日、御家老座書役ta ka sa ki go roo e mo n（高崎五郎右衞門、溫恭、船奉行、家老座書役勤奥掛）不事ニ出立被仰付、御道中ニ之御用筋と申事、内實之海が惡事歟廿五ケ條書附、吉利（仲、久包、當番頭兼側用人側役勤）等ニ向ケ御家老連名之御用封受取候との事、極内々承申候、彌其通之儀ニ御座候得之、御國家御爲と至極相樂、志ゟ一涯稠敷御取扱ニ而御座候得ばしと念願奉存候、乍併此一條無之迚ニ而、如　台命急ニ御取捌兼く、追々と御手ニ而附候ハヽ、誠ニ以難有奉存候、

一川邊（薩摩川邊郡）之一向（一向宗）之儀、先度荒增奉申上、其後彼地之神職高良長門守（飯倉明神祠官カ）、鹿兒島ニ罷出、正月

島津久寶ニ一向宗取締ヲ命ゼラレン事ヲ請フ

島津久德下國後ノ勢威

伊集院平ハ内股ノ奇藥

二階堂行健用金三千兩ヲ費消ス

晦日方ニ而御座候半、山田一郎左衛門（清安、町奉行格鐵砲奉行勤）宅江同人を召呼、宗旨發行之次第直咄承申候處、何から何迄殘念千萬成事共、此高良と申者ハ、先ツ當時之英雄歟と相察申候、則井上（正德）ゟ別紙（所見ナシ）書付相受取申候ニ付、奉入　御覽候、如　台命豐（島津豐後、久寶、家老）も追々　御趣意を奉窺度旨奉願次第奇特之心底、依て此宗亂是非御取靜メ相成候樣奉存、豐江被　仰付所奉願上候、追々承申候ニ、御領國東西南北過半ハ此宗ハびこり申候樣子ニ御座候、又世上之説を密々承申候ニ、第一笑が妻も此宗を尊ミ極内拜ミ申候抔と私語者御座候由、

一將（島津將曹、久德、家老）事又　御下國之上ハ、御用部屋江も相詰候樣被　仰渡、扨々有爲轉變之世之中、如是御用部屋江も相詰候樣被　仰渡候處、則ゟ諸人出入引も不切、進物等絶る間無御座と、人々見咎罷在候樣子等追々承申候、よし利（久包）ハ正しく御座候而、御爲ニも可相成、伊平（伊集院平、小納戸頭取兼用取次）ハ誠之表裏者、所謂内股ノ奇藥とか可申、

一其御地御普請（江戸藩邸）も、　御立（齊興）後ニ御取止被　仰渡筈之由、阿公（阿部正弘）より之御うつりと被爲　仰下、就而ハ a ri ma e zi（有馬衛守、純紹、軍役方兵道役者）近々御暇之由、此者ハ先安堵仕候、

一志三千兩と申御金之口行衞不相知、仕ひ捨候由、仲（吉利久包）江次渡出來兼候旨被爲　仰下、其外言語同斷之振舞御座候由、天罰早くも廻り來り恐ろ敷物御座候、是ニ付而も、笑と

西筑右衛ノ事慎重ニ對處

高木市助村野泰通ノ怨敵退散祈禱

吉井泰通ノ鳴弦修法

申者ハいか成神佛之加護ニゐ御座候哉、存命之内ニかゝる浮目を見き申さぬが、殘念至極此事ニ御座候、

一 ni si ti koe（西筑右衛門、江戸留守居）云々之事、御嚴密ニ被爲　仰下趣、細々奉畏候、猶更心を用ひ、麁骨之儀無之様勘辨可仕、若又以後是ぞと考付ゐ御座候節ハ、毫毛之儀たりとも奉窺上可申、（折角相愼可申候、此上ハ何を相考申儀無御座、來年流人參府迄と乍恐奉存上候、努々此以後麁骨之企起し申間敷候、）努々麁骨之儀無之様、別ゐ相愼可申候、漸く是程御都合被爲成立候御事を又何とか申御事被爲　在候ゐハ、誠ニ以奉恐入次第ニ付、來年琉人（琉球謝恩使ノ參府）迄ハ、何と可奉申上儀無御座候、

一如　台命表之人氣先々正道相立申候得共、奥ニゐハ姦婦等心よからぬ風情之由御尤ニ奉存候、就ゐハ彌以　御三方様（齊彬・三男盛之進・四男篤之助）御武運第一之御事、當時屆竟之御時節と奉存候ニ付、猶亦 ta ka iti・den no zioo（高木市助、製藥方掛兼庭方・村野傳之丞、實族、奥小姓）碎身粉骨を盡し御祈禱申上候處、姦婦（ゆら）服心ノ者五六人有之ゐ、　御三方様を奉調伏候様子ニ有之、其譯ハ壇前ニゐ心を靜メ怨敵退散を一心ニ祈申候處、女ノ面幾ツも相顯き、何となく心地恐ろ敷相成候由、然共此五六日前より氣味なしき心地毛頭無之との事御座候、又弟ハ舊獵（吉井七之丞、泰通、藏方目付）鳴弦を射申候處、番ひ之矢一本ハ巻藁ニ立不申、其儘落チ申候由、依て一涯抽精心、磐石モ通きと咒を唱怨敵之者退

兵道者國分猪十郎同志ニ加ハル

兵道者和田仁十郎ヲ味方ニ加入セシム

散候得と、押返し射申候處、其時ハ難なく番ひ共、躵ひ所ニ立申候由、右之通り射たる矢之卷藁ニ通らぬと申事無之筈ニ是ゟ姦婦ノ勢ひ盛んニして、第一ma ki(牧仲太郎、廣敷番之頭、兵道者)等が性魂强き故ならんと、身之毛もよだつ計りニ相考申候。右ニ付ゟも、　盛之進(齊彬三男)様・篤之助(同四男)様御生長始、御危く奉存上候間、御味方之者外ニ兩三人無之ゟも、　御三方様御身堅難相勤と、兩人して嘆息仕候ニ付、種々工夫致廻し、心痛仕居候處、件ノ神職井上事(正徳)山一(山田一郎左衛門、清安、町奉行格鐵砲奉行)ゟ承り、然處其後新納彌(彌太右衛門、時升、甑島地頭)幷近藤(隆左衛門)より、國分猪十郎(兵道者)と申者、兵道之事承り申候ニ付、新彌(新納時升)ゟ猶又國分が心中致得と探り申候處、邪道ニ趣く心底更ニ相見得不申、實ニ　御三方様ニも御危しと奉存居候風情ニ付、新彌ゟ打明し、怨敵を退散致候様ニ、取計候へと申候へハ、國分ゟ同様相考居候折柄故、おれつゝら其心得之段申候由ニ付、去ル廿二日之夜、密ニ近隆・新彌私宅に參り、國分を召呼得と打合申候處、此上ニも猶一身を抛、　御三殿様御武運致奉守護、其上ニゟ ioe ra(ゆら)致調伏仕筈ニ御座候、且宇宿(彥右衛門、行誼、製藥方)と高木(市助)申合、和田二(仁)十郎(兵道者)と申者兵道至極心得候者故、此者致御味方ニ抱込、一向ニ御祈禱爲致度と相考候得共、極貧者ニゟ當時ニも加治木(大隅始羅郡)に中宿仕居候ニ付、先達ゟゟ手紙を以致歸府候様申遣置候得共、風邪ニゟ出府(脫アルカ)、然處去ル廿三日ニ不得止宇宿彥(行誼)態々迎ニ差

牧仲太郎ゆらノ為修法

高岡郷士田原十右衛門父子ヲ招キ修法ニ協力セシム

越云々之事故、早々罷帰候様彦(宇宿)ゟ申候而其日列帰り、翌廿四日私宅江列立参り申候故、
得と心底を試ミ申候處、此者ハ全體牧(仲太郎)と懇意之由御座候處、八九年以來牧か心中無覺
束、何か不正之術修行致ス哉ニ見受、[申候故]其上△夫ゟ何となく牧ニ遠さかり罷在候、尤牧申ニハ〇申たる和田(仁十郎)江
ち△ ioe la(ゆら) より無據秘事相頼まれ甚た致心配、是ニも夜ルモ寐らきれ江抔と〇
相咄為申儀も御座候由(事御座候故)、是等を思ひ合セ申候ニ、　麗光院(齊彬二男寛之助ノ夭折)様御一條も全く姦婦之仕業
と、兼而憾慨罷在候得共、證據ノなき事御座候故、麁骨ニ咒咀モ難仕、折なられと相
含居候處、折柄宇彦(宇宿行誼)迎ニ參り、段々と承ル趣、且ハ驚き、且も恨ミ、殘念千萬成御事
と是も無他念、　御三方様のミを御危しと奉存上候旨、正實面皮ニ顯き申候ニ付、忠
を盡もハ此時ニ而候、是非 ioe la を打禿(剝)し呉候様談合仕候處、及落涙受合ひ、卽日又
々加治木(大隅始羅郡)之様、夜通しニ差越申候、右調伏ニ付而者、兎角　御三殿様御身堅不申上候
而も別而御危く候間、先ツ御身堅奉申上候而、彼一婦滅亡之業ニ取付キ申ストノ事御
座候、將又高岡郷士田原十右衛門父子、兵道者ニ而田舍者なから、此父子も又人物別
而宜敷、大丈夫ニ御座候由、是も先達而ゟ宇・高(宇宿行誼・高木市助)手紙を以用向有之ニ付、早々出府い
さし呉候様申遣置申候得共、未罷出不申、近々出府ノ上も、兩人ゟ得と申諭候賦ニ御

ゆらノ居室床下ニ物ヲ埋ム

調所廣郷等齊彬及ビ黑田齊溥ヲ畏憚ス

座候、ioe la が念力甚ダ强く御座候故、人數を以テ奉守護、且調伏等不仕候而ハ、容易く成就無覺束と皆々申居候、怨敵之强弱ハ法者ノ身ニ於、直ニ相知れ申スをれ〻由ニ御座候、右通り五人一味ニ相成、其上高岡鄉士父子も相掛り、いつれも一味同心增申候故、此上ハ　御三方様ニ御差障ハ被爲　在間敷、尤當年一盃、來年琉人迄之内ニハ、事成就可相成と存申候、將又高市（高木市助）法を以 toe ta（蔦印、ゆら）印ろ御部屋に埋メ者仕、玉里（玉里邸）ノ部屋ノ下にも同様埋メ物仕、是ハ市（高木市助）ゟ直ニ埋メ申候而於、人目も如何敷御座候ニ付、宇彦ゟ埋メ方仕置申候、右之通り人數段（抱）込ミ候段、世ニ洩ん事乍恐甚　御懸念可被爲遊と奉存上得共、決而　御念省被爲　遊被下候様奉願上候、いつれも一身抆抛罷在候儀ニ御座候故、左様被爲　思召被下候様奉存上候、右之者共より何ろ心付之儀も御座候節ハ、近隆（近藤隆左衛門）ゟ可奉申上候、尤此等之儀ハ、近隆ゟも此度別段可奉申上と奉存候、

一去年　御著後、追々伊平・吉利ゟ奉申上ニハ、外ニこハき物ハなく候得共、御自身様と美濃様（黑田齊溥）ニ而候、其外ハ構ひなし抔と笑・志爲申由、去々年ゟ色々と悪さまニ申上成し候事共、今更被爲　思召寄候御事共被爲　在候段、御尤千萬誠ニ以奉恐入、何ろら何迄扠を悪（ニク）キ者共ニ御座候、

ゆらノ霧島宮参拝

霧島宮別當華林住持ノ不測ノ放言

牧仲太郎ノ参籠調伏

北郷松翁ノ孤忠

一先度粗々申上候、昨年春 ioe la 霧島温泉江差越候、霧島之神社江參詣仕り、其節遊(ゆら)ゟ霧島宮別當華林寺ノ和尚江極密之法相頼申候半、其譯去十月比、名ハ存シ不申由、四五人列温泉場ゟ霧嶋宮江參詣之者有之、華林寺江一宿いたし、彼住持も列座ニ而焼酎抔呑、何歟之咄ゟ　寛之助(齊彬二男)様御夭亡之御事、右之者共御噂奉申上候處、彼住持聞哉いなや、笑ミを含ミて申候ハ、此事ニ付而ハ遊ゟ秘密ニ相頼まれ候事有之、扨もと申たる由、不思も口バシリ、其一言を聞たる者共、目と目ヲ見合候處、住持おもはず云ひ出して餘程仰天之風情御座候由、然共夫之ニ矢張焼酎抔呑、皆々温泉場之様罷歸候、然處其翌朝、件之住持温泉場江參り、前日取會候者共之處江進物を爲持參り、住持申候ハ扨も昨日ハ不思麁骨之儀申たり、何卒彼一件ハ是非聞捨呉候様、頻ニ相頼爲申由、强而之斷ニ而御座候との噂、高市より先日承り驚入申候、左候得ハ、去年奉申上候遊參詣、牧(仲太郎)參籠彌調伏不可有疑、住持ハ右通り不圖口走り爲申儀、所謂天罰かと存申候、尚又市江右一件ヲ承候人ハ誰ニ而候哉、相糺呉候様頼置申候、住持が口バシリ候事、誠之天誅ノ驗と扨々恐ろ敷と存申候、

一私轉役之後(天保十二年屋久島奉行就任)、折々北郷松翁心安く相成、極老なから魂氣彌丈夫ニ而、初終　御噂ニ奉

松翁ニ賞詞セン事ヲ請フ

吉井泰諭屋久島歸任

申上居申候、種々之咄ニ而、松(北郷松翁)是迄致懐中居候得共、最早笑死(調所廣郷)失ニ相成候故、役ニ立不申迚、一封之書付ヲ爲見申候處、笑ゟ振舞抔慷慨仕、既ニ一昨年 御上り之節、向田江(薩摩薩摩郡隈之城郷)罷上り御目見被 仰付候ニ付、其節 御直ニ奉差上度と能々相考申候得共、其儀も不相調候とて、今迄矢張懐中仕候由、誠ニ殊勝之至と相察申候、然處右之書面ハ近隆江相渡置申候間、自然ハ此度可奉入御覧儀ニ而御座候半、就而ハ恐多奉存上候得共、御都合次第近(近藤隆左衛門)迄何とそ御一ト事、御誉之御事被成下候ハヽ、老ヒ之果此世之思ひ出共可奉存上、尤近ニ而松とハ至極懇意ニ仕、兩度列立咄ニ差越申候、

一私下島(屋久島渡海)來月節句出帆仕筈御座候ニ付、下島之上兼而奉承知候物産、折角心抔寄セ可罷在、且彼地ゟ奉差上候書狀、又伊藤(伊集院兼直)も出立候ハヽ、藤ノ父(八臧、兼敬)江之書狀ノ振舞を以差遣し候樣、御差圖之趣ニ取計可申旨、藤(伊集院兼直)ト熟談仕置申候、尚又人之目抔不付樣呉々心掛罷在申候、此事ハ藤ゟも別段奉申上候半と奉存候、

一勸農一件、百姓善惡ノ差別奉申上候樣奉畏候、是抔苦ミ是抔歡ふと申儀、格別心寄り之儀迚も無御座候得共、寒中ノ田地土返シ方三度ツヽノ由、(ママ)

二階堂行健下著

齊彬父子ノ形代下附サル

潔齋十日修法開始

○以下三行紙背記事

一勸農の事

一si zoe ma（二階堂志津馬、行健）著一件、

一二月四日、諏方社〔訪〕ノ楠落木之事、

〔參考二〕　五月十一日　井上正德より吉井泰諭（カ）への書翰

御一別後此方ゟ者誠ニ無申譯、三月廿九日之御細書も早速相屆忝拜誦、殊ニ御出帆（泰諭ノ屋久島赴任）前寸志（ヲ云フ）呈上候處、近頃痛布之御懇書ニ預り、赤面至極ニ御座候、扨此節も又別段之御細書、殊ニ念願之　御品（齊彬父子ノ形代ヲ云フ）御取揃御下しニ相成候由、早速御廻し被下、殊ニ御賢弟様（吉井泰通、藏方目付）御持參、誠ニ難有取手遲しと押戴キ拜受仕候、幸彼之一條（加持修法）ニ付、漸く當月朔日ゟ別火禁足仕候時宜ニ而、十日ゟ間も前齋、即今日ゟ之執行方ニ取掛候賦ニ而、折角と　御身堅ゟ申上居候折からニ而、別段奇妙ニ存し、即神前勸請祠之內、先君　光久公を勸請し奉候祠有之、右祠中ニ奉安置置候、御直身ニ奉加持候秘法ヲ盡し、彌的實ニ抽丹誠可申候、御安慮可被下候、扨此內ゟ相勤候　御身堅之御祈禱御守、兩度程近藤氏（隆左衞門、物頭町奉行勤）ゟ差出し差上置申候、又當末便ゟも別段重キ永久護身之御守、御銘々様ゟ差上申度と相含、當時折角其心組中、

祠官高良長門モ修法ニ従フ

式内社屋久神社

五男虎壽丸誕生

三男盛之進不例

嫡子健彦ヲ身替リニ祈念

朝之間ニハ護身之秘法、晝夕ハ調伏之大秘法、抽丹誠罷在申候、勿論高良(長門)ニも同日ゟ之修行ニ御座候、かく無二之精誠ヲ以、　皇神達ハ勿論、此節ハ　御家御代々様之尊靈を神位ニ奉崇、身命不顧祈誓仕候事、なハれ　尊神達も、只ニハ見過し給ふましくと、偏ニ凝一心罷在事ニ御座候、夫ニ付ヶ様之事私一人之精誠ニ而も無之、精忠ヲ存し候者ハ悉く凝丹誠、一同ニ祈誓仕譯ニ付、一昨九日ニハ近藤氏(淸安、町奉行格鐵砲奉行勤)山田氏ニも申進し、神前之莊嚴入一覽、且拜禮も相願置申候、貴兄ニも掛而之御事ニハ候得共、御祈誓一入被重被下候様相願候、殊ニ御地屋久(屋久島)神社と申ハ御存知之前と乍存、延喜式ニも被載置、無幷格別之神社、大隅國五座之内、其第一社ニ御座候間、御祈誓被下度、勿論私ニハ掛而御國中之神社ニハ惣而致祈誓、延喜式内之神社ニハ別段拜禮も仕事故、此段平ニ奉願候、扨去月二日ニハ　御三(五)男様御誕生ニ而、(五男、傳次郎、虎壽丸)勇次郎様と奉稱候よし、誠ニ以珍重とも珍重、恐悦之至御同慶至極、彌御繁昌無疑、誠ニ難有御事ニ御座候、然處盛(三男)之進様御事、少々御不例ニ被爲在候段被　仰越候由致承知、扨々殘念千萬之御事、ヶ程迄凝丹誠申事、詮立不申哉と存し候得ハ、實ニ寢食も忘れ、いまゝ精心之不足故ゟと牙もかミ、餘り之事ニハ神をも怨ミ、且ハ私嫡子健彦(タケ)と申ゟ、當三歳御同年ニも候得ハ、乍恐　御身替り抔迄相祈

調所ヲ稲留ト改稱セシメラル

西田彌右衛屋久島奉行任命ハ奇怪島津久德等ノ收賄

罷在事、世之中ニ禍神之荒ミ給ふ時ニて、ヶ様之もゐなき事も出來候ものならむ、慷慨至極ニ御座候、○扨彼之極惡不忠共御取扱有之、其段て追々諸所ゟ御通し申上た候筈、誠ニ御仁慈之至、如命再生心持、ゑろし愼中酒肴取てやし、様々集會等いたし候說も承り、誠ニ重罪之至、不屆至極ニ御座候、餘徒之ものニていまた御手も被附候儀無之、私類家之もの共も罷居申候ニ付、間ニて差越様々申試候ニ、ゐてり同穴之狐(海老原淸熙)横馬場幷平(伊集院、小納戸頭取兼用取次)ヶ様成立候を深く嘆息いたし、氣之毒とも殘念とも餘り成事と奉存候、新納四(四郎右衛門、常善、勘定奉行側用人勤)印抔、同列いろ成心得ニ候哉、一向合點參り兼申候、調(調所)印ニて稲留与苗字替被仰付、是迄之取込拜借等も被下切之由、是以海(海老原淸熙)印同前之事、枝葉迄御絶しニ而可相成哉と奉存、風說も其通御座候處、御叮嚀之御取扱与申事、誠ニ御仁慈至極ニ御座候、夫ニ付跡ニ出候錠〔碇〕山(島津將曹、久德、家老)家至極力ミ被居候様子、兼而承居申候ニ付、頼母敷奉存候處、是頃ニ者様々之評判、とても埒明キ候事ニ而て無之模様、先日西田彌右衛門屋久嶋奉行へ御役入被仰付、琉人立御供被仰付候由、一統奇怪ニ存し、誠之珍事と世評様々、段々承合候得て、千石馬場(島津將曹、久德、家老)へ貳百兩、末川家(近江、久平、家老)へ百兩、伊平(伊集院平、小納戸頭取兼用取次)へも員數て不承、其上千石馬場へて立派成刀大小相添候由、末川家わ之内用人ハ伊藤仙殿之よし、是ハ〳〵と嘆息仕候次第、頓与一言半句も無之、前車之くつかへるハ後車之いましめ、目之なさり大破も爲有之事ニ候得とも、よもやと評判も候處、誠ニ殘念千萬ニ御座候、其上千石馬場之家内、先達て溫泉ニ被參、其土產として加藤(町人出ノ士)平八へ木之子樣之品々取揃被送候處、誠ニ有かさかり、卽琉紬之寂上五反ニ兩種、扨是ニ而者不相濟、何を黃金進上不仕而も不叶とさわき居候由、是ハ士持岱助(兵具方目付)妻之咄之、士持養子ハ平八三男故、居合段々見聞いたし候咄故、相違者有之間敷被存候、餘り者ら々しき事ニ而も無之哉、誠ニ嘆息慷慨も有限事ニ御座候、今之模樣ニ而もいつ迄時勢ヲ伺候而も、何も賴母敷も無之、ヶ樣申內年重り時移り候ハヽ、奸賊共いろ成大事をろ引出し候半と俄ニ嘆感甚しく相成、手足地ニ浩き不申、思付候一條別紙(次ニ收ム)ニ申上候、御勘考被成下度、身命ヲ奉候爲時後レたらハ何ょろせん、能々御思慮相願候、夫ニ付御賢計之筋も候ハヽ、一日も早く被仰越被下度相願候、

五月十一日　　井上出雲守(正德、諏訪明神祠官)

○以下切斷

（別紙）

別啓

伊集院平等ノ言動

速ニ處置スルニアラザレバ臍ヲ噬ムモ及バザルベシ

川邊ノ門徒蜂起

島津久武二階堂行經モ

(伊集院平)伊平印等之咄段々承候得者、誠ニ大事企候胸中無相違、夫と推察之糸口ゟ先何か打解たる折之咄ニも、段々　上様之思召様之事か何か之咄ニ付て、(齊興)當君も勿論、(久光)周防殿抔之御事も誠ニ無上感稱いたし、(齊彬)儲君之事ニ至りて者口ヲ閉チ、たる〳〵此方申出ル事も外様ニ申成し、頓と打合も不致との事、何心なき人さへ不思議ニ存し候位之由承り、彼是枕ヲわり得と勘考いたし候ニ、何分今形ニて時節を相待抔申すべきたる事ニても相済申間敷、又物事も静かゟ差急キても十分之勝ニも難成と千辛萬苦して思ヲ碎キ、身ヲ粉ことも合點之前ニ候得共、ケ様之時節安閑と罷在内、年月移り奸倭共ハ彌權柄ヲ執惡業彌増し、廣キ様て狹キ御城下、我々ケ様申事抔、壁ニ耳空ニ口、いか成ぬしか洩レ候も難計、斯て奸賊共か身構ニいか成事か謀計いたしも難計、扨ハ御互ニ今迄辛苦いたし候臣等か微忠も大之不忠ニ相成、頓と臍ヲ喰とも無益之事、殊ニ　儲君も是迄千緒萬端御心勞被遊候御事も、無ニ相成ル様之奸計いたしも難計、右貳條も誠ニ申も忌々しき御事、次ニ者外寇暇ヲうかこふ抔、何分穩かならさる時節、且ハ先度之川邊門徒既ニ發起之様子等、彼是深く勘考ニわたり候へバ、いかにも安閑之折ニも無之、されハ是ヲ打破り、是非とも淸廉之御世ヲ仰かむと思慮分別ニ枕ヲ割り候ても、頼母敷壹岐殿・主計殿もを(島津久武、家老・二階堂行經、大目

處置ニ窮ス

黒田齊溥ニ頼リ閣老阿部正弘ニ哀訴スルノ外ナシ

て(付)あくミ被居候様子故、胸ニ短刀押當直諫もとても被出來間敷被存候、左かし只くしバり被居候様子ニ候得共、何ヲ當ニ默然ニ被暮候哉分り兼、只時節を待抔之考ニ而も、些合點參り兼、ヶ様之時節ゟ外ニ手むなヲ被出候時又可有も被存不申、清潔ニ成立候上、〔肩〕片ヲいからし候ハ誰ニ而も出來可申、何れニしても合點之行かぬ事ニ御座候、依而當分潔齋中神ニも祈誓一盃之愚案も廻し候ニ、兎角御國ニ而打破候十計も盡果候事ニ付而左、何れ美濃守様(黒田齊溥、福岡藩主)へ嘆願ニ出申之外も有之間敷、さらハ所詮餘所ニ御見成し被下儀ニも無之故、何とか御賢慮ヲ御加へ運ひヲ御附可被下、夫ヲ力ニ阿部侯(正弘、伊勢守、老中、福山藩主)へ出嘆願申之外も有間敷、是も誠ニ不得止事之計策ニ候得共、當時之御都合伺候ニ、いつヲ限と申事も分り兼、奸賊ハ左右ニ有りて　君徳ヲ暗し、不達下情賢計ヲ不用、あまつさへ黒田侯(齊溥)よ里　當君(齊興)ハ御書被捧候御様子ニ候得共、是以　御覧ニも不入とか、例之奸賊等か取扱可成、ヶ様ニ候へも、頓と致方も無御座、人力も及ふ丈けあれ、何れ此之時節ヲ過し候儀ニ而も有之間敷、事切ニ被成候而千悔萬死ヲ奉候而何之役ニも立申間敷、彼是考候へも、一日も早く手ヲ附不申候而も相濟申間敷抔と寸蟲之微忠御憐察被下、得と御勘考被下度、右愚存之趣左即近藤氏(隆左衛門、物頭町奉行勤)へ談合云々と申談、來ル十四日壹岐殿へ出張之賦、其節之口氣存慮次第ニ吟味

嘆願ノ為脱走ヲ決意ス

京都吉田家へ法用ト稱シテ脱出セン

近藤隆左衛門等ト合議シテ決行

を遂候筋ニ御座候、尤さらハ嘆願ニ出候時宜ニ成立候ニ付而者、頓と可任人無之、智勇兼備之人柄ハ多々可有之候得共出候都合無之、眼病御暇等も御役人以上ニ而ハ些六ヶ敷、其以下之人ニハ他國之模様ニ而も相分り候人無之、全く出水口（薩摩出水郡）ゟ先ハ暗キと言様ナ人ニ而者、言行正しく而も些無覺束心持ニ而、是ニ行詰り候得共、ヶ様之時節人ニゆつり可申事ニも無之、即私之愚身不具ニ候得共、身命ヲ投チ國忠之一筋ヲ基本ニ培へ、衆評ヲ盡し出掛候ハヽ、皇神達ヲ始　御代々様之尊靈神も御力ヲ御加へ可被下と思付、其場ニ至り候ハヽ私馳出申格護ニ御座候、夫ニして勘考候へハ、私なれハ幸之事ニハ先京都吉田家へ法用有之、且當年ハ幸加級年ニも相當り候故、夫ヲ申立上京相願候へハ、即御免ニ相成事勿論當然之事ニ候得ハ、誰も可疑事ニ而も無之、夫丈ハ至極之都合ニ而ハ有之間敷哉と談合も仕候、何よしても御國家之御為ニ計策仕候事故、所詮為損しハ致し間敷と存詰め罷在事ニ御座候、何き之筋ニも來ル十四日、近藤氏・壹岐殿首尾次第ニ治定可仕、扨此一條ハ近藤氏・山田氏（一郎左衛門、清安、町奉行格鐵砲奉行勤）・御賢弟様（吉井七之丞、泰通、藏方目付）外へハいまた口外も不仕、自から治定之上ハ衆評ニ從ひ可申奉存候、偏ニ御勘考相願候、

〔参考三〕　五月十二日　山田清安より吉井泰諭への書翰

宮原通徹ノ登庸

調所廣郷ニ關スル江戸ノ評判

草雙子三國兼ト調所笑草

瘴癘ノ地屋久島

尙々、祇園之濱(鹿兒島城下)築出出物藏脇同斷等ハ現今折角ニ而候、〇御趣法方御用人御内用掛りニハ宮之原源之丞(通徹)を被仰付、京大阪等えも差越候樣被仰付、近々出立之模樣ニ御座候、〇本田羽州(親德、出羽守、諏訪大明神宮司)事も正四位下加級(閏四月九日昇敍)爲有之哉ニ相聞得申候、〇御軍役惣頭取ハ川上式部(久美)殿へ被仰付候、〇江戸ニ而彼之事芝居ニいたし候ハ別條無之、此節飛脚ニ而下著之池田仲之助と申人より直噺ニ候と申人より承申候、誠ニ江戸中諸方ニ而いたし、諸家樣御屋敷〳〵ニて之惡評判、實ニ顏出しハ不出來と申候由、誠ニ殘念至極之事ニ御座候、〇扇之繪ニも坊主之衣裳きたるもの有之、〇草雙子も三國兼と申ものと、調所笑草と申ものと出來居候を見候と申人御座候、〇吉利(仲、久包、當番頭兼側用人側役)も役ニ立候體ニ而ハ無之候、〇高崎(五郎右衞門、溫恭、船奉行、御家老座書役勤奥掛)も彼之御座なとニ而も唯々齒がみをする事計ちやと申居候、御察可被下候、

先達而ハ貴札被成下忝拜見仕候、先以御安泰御早著之由、珍重奉賀候、乍然のみ蚊蚫虫之類多、殊更蠅之事ハ兼而音ニも承居候所ニ候へハ、嘸々御困りニ候半、水ハ清潔之由、是一ニ而も先御仕合之御事ニ御座候、爰元ニ而御宿許皆樣無御別條御堅勝被爲入奉賀候、七之丞(吉井泰通、藏方目付)樣抔ハ毎々御賴申上候而、不相變御懇意被成下不淺忝御禮申上候、扨此内より貴札之御返事も不申上、背本意候儀ハ赤面至極ニ候へとも、何分ニも筆を取候へハ、申上

書信ヲ國分三之助ニ托サントシテ果サズ

二階堂行健罷免ノ外ハ握拳ノミ

海老原清熙愼中ノ酒宴

清熙ノ高一件ニ纏ハル不正

度ヶ條も却而世間ニ相洩候而不相成要條のみニ候へハ、うつかり問屋等ニ差出候儀ハ甚以心遣ニ相考、卽國分三之助殿下島便より可差上候も、彼れも相賴筋之約束迄仕置候へとも、愈々乘船之由ニ而跡ニ而承候位事ニ付、夫も打過餘り〳〵無申譯儀、定而口計之事と思召も有之候半と、且ハ御恥ヶ敷被存居候折柄、此度御下男御差返ニ而、又々無程被差越候趣ニ承申候ニ付啓上仕候、

一是迄世上之成行も七之丞樣より追々被仰進候半、成程坊主死去之上（調所笑左衛門、廣鄕、家老）、二印（二階堂志津馬、行健、大目付兼側用人側役勤）御役御免ニ而愼と申ヶ條ニハ成立候へとも、其餘之事ハ實ニ握拳之事のみニ而、更ニ思ハしき事ハ無之候、横馬場（海老原宗之丞、清熙、軍役方總頭取）も依願御役御免、隱居位之事ニ而是迄つかみ込候ものも、知行ニも全御手ハ付不申候、乍然先達而御役御免後愼と被仰出置候ニ、夜陰ニ及來客等相催、酒肴取ハやし候聞得有之趣ニ而、御叱りハ可有御座候、是ハ得能・野元・坂元なと申ものとも、夜陰ニ及候而集り候哉ニ相聞得申候、安田・税所なと申も、其内と相見得候、○極内承候へハ曾木本庄邊（薩摩薩摩郡菱刈鄕）ニ仕明け抱地を見立候而、先達而高一件之時分ニ海印（海老原清熙）申受置候地面有之、米壹石則貳百文位ニ當り候場所有之由之處、其處を御用人夫を以御用之筋ニ而、仕明ヶ方取計居候事なと有之、當分專右之聞合等有之趣ニ御座候ニ付、

調所屋敷ノ買上ゲ

島津久浮ヲ移居セシム

調所廣時ノ退職

西田彌右衛門ノ屋久島

今少々ハ押もかゝり可申哉之由、何分ニも大頭目ニ更ニ〳〵ひどく御取計等之思召ハ無之由、是も慥成筋より承申候、左候得ハ所詮目さましき事無之ハ今より相知居申候、

一平(調所左門、廣時、廣郷嫡子)之人物ハ名字を替させ、稲留數馬と名乗らせ候様、左候而屋敷も表向ハ御取揚之由ニ候へ共、内實ハ金子六百兩ニ直付ニ而、御買上けニ相成候由ニ御座候、左候而數馬事ハ原良(城下)之屋敷へ引移らせ、平(調所)之屋敷ハ島津石見(久浮、家老)殿を御移し被成候由ニ候へとも、是も代銀上納ニ而移候由、左候而初ハ家藏長屋廻り等之立物ハ、都而置付之儘と申所ニ而、六百兩と爲相定由候處、此節ニ至候而ハ、書院廻りと外廻り之長屋迄を殘し置、其外ハ都而解崩し持移り候由、夫を石見殿より居宅廻りと藏二戸前丈ハ殘し置給度と、相談有之候へとも聞入無之由、石見殿二男家士岐矢一郎直噺を承申候、實ニ言語同斷〔道、以下同ジ〕之次第ニ候、其上是迄之取込拜借ハ都而被下切、數馬ハ病氣ニ而御斷と申處ニ而御役も御免被成、上より出し御役御免ニ而ハ無御座候、右之外ニハ彼黨類之もの一人も御手付不申候而、于今大きなかほニ而ひぢを張居候もの計ニ候、夫と申もかの伊平(伊集院平、小納戸頭取兼用取次)又ハ碇(島津將曹、久徳、家老)等之仕打言語同斷之事のみニ而、頓と此以前ニ相替儀無御座候、

一西田矢〔彌〕右衛門事先日御用ニ而、屋久島奉行ニ御役入被仰付候、左候而來年琉人立御馬

奉行任命ハ不政事ノ第一

島津久德ノ收賄

末川久平ノ收賄

韃靼髮ニ於ル近藤隆左衛門等ノ謀議

黑田齊溥ニ訴ヘ處置ヲ請フ

立ニ被仰付候由、此儀實以不政事之第一と被存申候、御目付と申ものニ而謀書之罪ニおち入るものを、末一年も不立内ニ屋久島奉行ニ御役入と申儀、前代未聞之次第、是ハ全碇印(島津久德)之仕業之由、前以二百金ニ刀大小之進物爲有之由承申候、右之刀之事ハ彼邊ニ居候大工、西田(彌右衛門)へ被頼候而刀箱を作候由、右之大工、伊集院亘嫡子某へ相噺候を、井上(正德、出雲守、祠官)へ某より直噺有之、しかのみならす、森十左衛門此節中小姓勤被仰付候ニ付、拜借相頼御免有之候御禮として、碇印へ禮ニ參居候處へ、右之西田(彌右衛門)より之進物持込候を見屆申たる由承申候、末印(末川近江、久平、家老)へも伊集院參候而矢〔彌〕右衛門(西田)之内願を申込、是へも相應ニハづみ候哉之噺ニ御座候、

一江戸(齊彬)えも四月末便より、近藤(隆左衛門、物頭町奉行勤)・高崎申談、たんたとう(鹿兒島城下)名越屋敷(右膳、盛胤、大目付)へ極内出張候而、かしこニ而右三人幷ニ名越左源太(時敏、物頭)四人申談、彼黨類之ものともの是迄の惡事の數々書立候而申上越候、尤江戸著之上ハ、美濃守様(黑田齊溥、福岡藩主)へ被仰上被下候而、御同人様より御賢慮之御取計被爲在被下度、尤既ニ國中亂ニ而も發候場合ニ成立居候ニ付、是非ヶ様〳〵被成下、ヶ様ニと大卷紙壹本丈之書取ニ而差上申候、

一右之通ニいたし置候へとも、此節之模様中々埓明候體ニも無御座候ニ付、又々一計策

島津久武ノ出府ニ訴狀ヲ託ス

井上正德等齊彬父子ノ爲ノ祈禱ヲ開始ス

ゆら不興ヲ買フ

虎壽丸生誕ト盛之進ノ怪疾

新納久仰轉役

仕候ゐ壹岐殿（島津久武、家老）え來ル十四日申込候賦ニ御座候、是非とも此人之此節江戸出府ニハやり付給候樣致度、尤此御壹人ニゐハ中々參候丈ニ無御座候ニ付、そこニ付ゐも一手段有之、是非とも是ハやり付度と申居候、

一井上（正德）方之事去ル十日より相初め申候ゐ、當分修行最中ニ御座候、是もきつう遲き取掛りと思召も候半、なれとも丸田正房へあつらへ候品、何樣才足いたし候ゐも出來不申、則此節出來候ゐ取掛り申候、尤河邊（薩摩川邊郡）之高良（長門、祠官）も同斷取掛らせ申候、無相違印相みせ候と兩人とも申居候ニ付、色々たのみニ及候、然處今日も承候へハ、此頃つた（ゆら）印少々御前不宜候ゐ、今一人之御側ニ御目掛り候樣之調子ニ候由、是ハ皆々丹精を勵候故之事歟と被存申候、

一江戸表御三男樣（傳次郎、虎壽丸）〔五〕御誕生之御儀ハ、誠ニ難有候處、盛之進（三男）樣ニも又々おかしな御病症ニ被爲在候由、如何仕候ハヽ彼賊等を早誅討可致哉と、晝夜も安眠も出來かね候次第御察可被下候、

一一昨日新納內藏（久仰）殿大番頭ニゐ御勘定奉行勤ニ御役替、是ハ先不惡方と被存申候、大目付へ出掛之腰掛なるべしと皆々申居候、

宮之原道救ノ罷免逼塞

一宮之原甚吾兵衛(道救)と申もの勤方被差免、逼塞と昨日被仰渡候由、是ハ米蔵御蔵詰之節、痛み候米を取納爲致候事ニ付ゐ之事之由、御蔵役等ハ先達ゐ遠島ニゐ候と承申候、

新納常善ト絶ツ

一新納四郎右衛門(常善、勘定奉行、側用人勤)なとも頃日ニ至り段々試申候處、全彼黨類執心ニ別條無之、依ゐ拒絶申候、

一江戸(齊彬)より御きれ(布片)御下しニ相成候ゐ井印(井上正徳)へ被遣候由、大難有かりニ御座候、

右之外御直話も可申上候へ共、海岳無際限候得共先要條のみ申上候、其内慥成便も候ハヽ、又々申上候様可致、時分柄折角御大事御加養御勤ニゐ、早御歸宅奉待上候、恐惶謹言、

五月十二日　山田一郎左衛門(清安、町奉行格鐵砲奉行勤)

吉井七郎右衛門(泰通、屋久島奉行)様

追ゐ、此紙面別ゐ大事ニ付、屹と御火中可被下候、

〔参考四〕　五月(カ)　近藤隆左衛門より吉井泰諭への書翰

齊興及ビ侍臣等ノ行状

一大愚州(齊興)今以目ガ覺メ不申、猶以彌寝トボケ、馬鹿うぬぼれよ大馬鹿之數ヲ盡シ、夫ニ

島津久章小姓與番頭兼用人ヲ命ゼラル

山東京傳カ曲亭馬琴ノ作ニ似タリ

西田彌右衛門屋久島奉行ヲ命ゼラル

三原經禮側役格ニ昇進

ゟ右ヲ幸ニ、千石馬場之奸奴（島津將曹、久徳、家老）メ、彌肱ヲ張り肩ヲイカラシ、誠ニ殘念千萬之有様マ、且又千石馬場入口角ノシクハ（末川近江、久平、家老）面ラメガ、金ヨ目がくれ大よ汲つよ、此比高見馬場ゐ引越シ候ゲホウ天窓メガ（伊集院平、小納戸頭取兼用取次）、專ラ大愚ノ鼻さらしヲ勝手次第ヨ扱出シ、既ニ此節嶋兎毛（島津兎毛、久章、久徳嫡子）御小姓組番頭ニ而御用人勤ヲ肝煎り、且又親ノ奸奴（島津將曹、久徳、家老）ゟ故笑左衛門（調所廣鄕、家老、昨年十二月十八日歿）同様ニ御内用方掛り、且又何事も被任置候との趣、被仰出ニ相成申候故、調笑ノ跡ゟ稻留數馬（調所左門、廣時、廣鄕嫡子）と相改候様ニとの事ニ而、小膳を稻留轉と相改、山東京傳（岩瀬醒）歟馬琴（瀧澤解）ガ作之敵打なぞの赤本ト相見得、誠ニ大タワケノ取仕立方、見るヨも目れ穢れ、一旦大國ノ家老職ヲモ相勤候跡が、缺落ニ而も無く沒收ニ而も無く、公儀な段々とツナガレ被相尋候ハヽ、其節何と申答へニも可相成哉、目前之恥辱も氣ガ不附、人間ノ栖居候國トハ見得不申、只々猿ろ犬ノ取集リタル仕業、誠ニ〱アキレ果居り申候、

一右千石馬場之奸奴（島津久徳）、此比段々と例之我意が起り、彼ノ御近所之謀書家西田矢（彌右衛門、屋久島奉行）ヨリ、大小一腰ト貳百兩握り、ごゐりと御同席（屋久島奉行）之御役引出シ、誠ニ沙汰之限り、嘸々御聞及之上ゟ、御不快千萬之儀と奉拜察候、其上三原藤右（藤五郎、經禮、趣法掛）奸奴ヲ兩度程、吉野邊（薩摩鹿兒島郡）之別莊ゐ相招キ、直ニ御側役格ニ相成り、且又奸奴此比ニ而ゟ加藤平八（町人出身ノ士）ゐ使ヲ遣ハシ、追々莫太之

大野清右衛門納戸奉行ヲ命ゼラル

山田清安高崎温恭ト密議シ上訴書ヲ起草ス

巻紙二三巻ニ認ム

四月二十九日ヲ以テ發送

齊彬ヨリ直書ヲ受ク

金ヲ握り候事、是ハ此程慥ニ相知レ、既ニ書付ヲ以東天(齊彬)江も申上置申候、大野清右衛門慈眼流(示現流カ)ヲ打候功勞ヲ以、御納戸奉行江御役替、奥向之惣取締り方可致旨被仰付候、右清右衛門ヶ奥ニ入ラズハ、奥向て是迄取締りハ無之候哉、誠ニ大馬鹿之數々、右清事御内々ゟ貳百兩戴キ、直ニゑら〳〵と奸奴ノ尻舞イタシ、此節肱ガ張レ申候、一餘り之事故、最早難打捨置、山田一(一郎左衛門、清安、町奉行格鐵炮奉行・五郎右衛門、温恭、船奉行兼家老座書役勤奥掛)・高崎五ト申合、段々是迄之御國中之奸賊方之振合、幷大奥奸婢共之悪計之振合ヲモ、篤ト不差障様ニ文面ニ取仕立、今形りニ被召置候ゐて、御國中騒動之基ひ、往古加州様・越後様・仙臺様、近クハ織田出雲守様・仙石道之助様等、御家々之騒動も不餘所風情之譯ヲ以、巻紙貳三巻程ニ巨細ニ文面取仕立、右江有志忠臣之ものゝ譯ヲモ、數多陰ニて有之段相認、私ゟ　東天(齊彬)公江奉差上、右　東天公ゟ我様之御身ニ被爲掛候御事故、御自身ゟて何共難被仰述、右ニ付霞ヶ關(江戸福岡藩邸、黒田齊溥)美濃公江御内々被仰合、美濃公ゟ賢老阿部勢州(正弘、伊勢守、老中)公江、被入御内見被下候様ニ文面取仕立、四月廿九日ゟ之便ニ差上置申候處、尤千萬ニゐ國家社稷ニて難被替との書面至極尤ニ候間、則美濃公江御遣ハシ御相談之上、御取扱も可被遊との趣、此程之便ゟ御返事御座候、右書面山田一・高崎五・私打寄、肝膽ヲ碎キ相考、兎哉角ト面白ク無餘儀

島津久武齊彬ノ直書ニ落涙

二階堂行經感動

肥後平九郎ヨリ密事漏洩

島津久武海老原清熙ヲ説キ内濟ニ至ル

様ニ書ケ候様ニも被相考申候、尊公様ニも御打寄御相談申上度と、折角御噂申上暮らし候事共ニ御座候、先ツ是が一ツ之樂ミニ御座候、

一㝡早中々ノシ切り不申候處ゟ、五月十四日ニ私射場之坂島壹家（島津壹岐、久武、家老）江罷越シ、差向キノ面會ニ而御書をも篤と内見爲致、段々と詰メ掛ケ候處、誠ニ落涙ニ而拜見被致、始而是程之御樣子奉伺上候迚、感心之樣子ニ御座候而、色々打破り思ふ存分ヲ申置、夫ゟ又々千石馬場二階主（二階堂主計、行經、大目付）江も右同樣ニ罷越シ打破り、シタヽカニ述懷イタシ置候處、是も同斷落涙ニ而感心被致候事ニ而、急々ニハ役ニ立不申候得共、どふなり右之衆へ申破り置候得ハ、何ぞの節之役ニ立可申、尤此段も去月之便ゟ、右之趣ヲ　東天公江申上越シ置申候、右兩家共ニ至極之上都合ニ而、猶此後ハ追々内々ニ而可申承との事ニ御座候、

一既ニ能社右兩家江參り置申候事ニハ、肥後平九郎（目付）殿醉後、尊公樣ゟ兼而極内ニ承り居候私江御書戴キ候事共、其外之事ヲモ迫田甚藏江内々噺シ有之右甚藏ゟ有馬次郎右衞門へ相噺、有馬より千石馬場之奸奴江吹付ケ、高崎五と私ヲ引パギ可申旨、嶋壹家江奸奴ゟ相談有之候由之處、嶋壹家能々呑込被居候故ニ、正シキ返答いたし被呉、夫故先々取止メニ相成候由、二階主ゟ極々内密ニ私迄爲知給り、誠ニ運之强キ事ニ而、能

山田清安利慾名利ニ拘ル

井上正德高崎温恭ハ誠實

形代ノ布片下附セラル

飛脚濟後モ來訪者續ク

々右之兩家江參り置申候、

一扨々段々委細ニ申上度事共、誠ニ山ノ如クニ御座候、何卒〳〵御早く御歸府御座候樣ニと夫のミ存上居候、山田一どふもちと利慾と名利ヨ拘り候心底有之、君邊之御樣子ヲモ不被相辨、只々同士々々江之相對之積り之樣成考ヲ被出、折々被參又ハ文通ニ而下手企ヲ被催候ニハ誠ニ困り入申候、井上出(出雲守、正德、諏訪明神祠官)と高崎五ハ是ハ至極ニ誠實ニ而宜、高木市(市助、製薬掛兼庭方、兵道者)ニも誠ニ困り入申候、追々ニ內々之人數殖へ候ニ者誠ニ々々困り入申候、呉々も尊公樣一刻も御早く御歸府之上、御直談申上度とミ、私壹人ニ而實ニ心痛當惑いたし居申候、

一御切レ被相下候由、委細被仰下承知仕申候、井上出よりも委敷承り申候、是も度々被參候、

先々此節ハ右等之趣而已申上候、誠ニ日々ニ朝晝夜と始終客來絶間も無御座、實ニうるさく弱り入申候、此節ハ飛脚相濟候而ゟ後も、何とも知れぬ事ニ迄も諸所ゟ人々入來打續キ、只々夜分一刻ぬせり候迄ニ而、誠ニ草臥申候、御憐察可被成下候、

早々以上、

〔參考五〕十一月二十日　近藤隆左衛門より吉井泰諭への書翰

一條ニツキ毎月二十日過ギ認物ニ從事ス

齊彬ノ爲ニ吉井氏兄弟ノ援助ニ與ル

年老イテ氣根衰フ

倍御壯全被成御座、重疊奉恐欣候、節々私ニも罷出、不相替何歟ニ付御賢弟様(吉井七之丞、泰通)共外様ゟ、
旁々例之腰折をニ而も、案考奉申上儀与奉存居申候得共、實ニ彼ノ一條ニ付、毎月廿
御面倒筋之御世話向ニも成上候段、實以御厚禮紙筆ニ難申上盡次第奉存候、且又村野様(傳之丞、實
日ヲ過候与右認物ニ打立居り、其外江戸親類共ゟ之書狀も、實家之老母ヲ始實兄幷岩
晨、奥小姓)御方ニ而も、皆々様至極之御元氣ニ被成御座、是又節々罷出尊君様(屋久島在役)御留守中之儀ニ付、
元方之市太郎母ゟ之文通、幷實家私兄之妻方ゟ之文通、且又悴(欽吉、奥小姓)御殿之末女方等、其
何歟御相談をも申上、且又東天(齊彬)ゟ之御都合向ニ付、御賢慮をも借り上、且ハ私自分之用
外江戸是迄之懇志之向ゟも、書狀差遣し候事ニ而、最早一昨年未ノ七月末ゟ唯今迄、
事向ニ付而も、兩御賢弟様(實晨・泰通)誠ニ不一方彼是与御深切ニ御心添御介抱被成下、誠ニ以難有
凡三ヶ年之間、毎月々々右之通りニ而、其外ニハ日夜程ニ諸所ゟ被相招、夜分も深更
御厚禮筆紙ニ難申上盡次第奉存候、扨又私方何をも無異罷過申候、近比乍不成合御安意
迄及長座居遲方ニ罷歸、或ハ私方ゟも客來絶へ不申誠ニ草臥切り、追々年ヲからげ氣
被思召可被下候、江戸表悴(欽吉、奥小姓)幷末女迄も毎々御丁嚀ニ御尋被仰下難有、右兩人も無異相勤
根も薄く相成り、目ハ見へ不申、旁實ニをつさりいたし、何事も思ふ儘ニハ認出し兼

吉井泰諭ノ歸麑ヲ待ツ

同志ノ增加ヲ疑懼ス

居申候段申越、先々安心仕候、近比乍不成合是亦尊意易被思召可被下候、扨先當年も最中候、毎月一ヶ月之內ニ漸ク三日歟四日も閑暇御座候位之事ニ而、實ニ弱り入申候、早格別餘日も無御座、無程御歸府ニも被爲成候御事、何事も御文通ニ而ハ御互ニ存分難共上御存通之無筆同然之儀、別而心緒難申上盡、此段ハ御憐察可被成下候、扨又乍末行屆、何卒一剋も御早目ニ御歸家之上、萬端御直談ニ相謀可申ヒヒ、夫而已相樂ミ居申候、行尊君様方も別而御丁嚀ニ被仰越被下候御儀ヒヒ相見得、御留守中兩御賢弟様方段々御且又兼而之一件ニ付而も、段々ヒヒ山田氏（一郎左衛門、淸安、町奉行格鐵砲奉行勤）・高崎氏等（五郎右衛門、溫恭、船奉行兼家老座書役勤奥掛）、是限り々々ヒヒ追々ニ忠志之輩も相深切ニ御世話向被成下、實々御親類之儀ニ而も、右様ニ御懇切ニ被成下譯ニハ參り難殖へ、是が能キ様ニ而一番大切之儀ニ而、中ニハ唯々平ら押しニ、表向看板通り之義ヲき儀ニも御座候處、何共御厚禮之申上様も無御座次第、千々萬々難有、御存通り親類而已吹キ立テ候而、御都合向も御勝手ヲモ不相辨、自分之思ふ儘ヲのミ義張、後ニハ下緣者迚も無御座私、實ニ尊君様ヲ御始御賢弟様方ヲ御力ニ存上、何事も御懇命ニ甘へ手船頭多ク、どうそこふぞ船ヲ岡へ漕キ上ケ候様成ル事ニ而、右ヲ推シ留候得ハ、彼ノ上種々御面倒之御儀のミ奉願上候段、何共〳〵奉恐入海岳厚御禮奉謝上候、段々委敷

短氣ノ國風ニ昏惑

せんじノ贈與ヲ謝ス

丸ぼろ及ビ大根漬物ヲ贈ル

御國之風俗ニゐ人氣離れ、銘々腹ヲ立候事が先へ立、一大事も後ロニ廻いし候様成ル振合之儀も有之、誠ニ弱り入申候、右之間ニ立、能キ加減ニ揖ヲ取候様成ル次第、御推察可被成下候、段々一部始終之儀、委敷認分申上度儀ニ奉存候得共、事過候儀哉又者無詮事共申上、遠路掛ヶ隔徒らニ御懸念ヲ奉掛上候儀も恐入、何をニも最早三四ヶ月之内ニも御歸りも被爲成候御事故、萬々申上殘申候、先も乍大略兩度之御懇翰御禮酬旁、猶時候御安否奉伺度、早々如斯御座候、尚可奉期後慶候、恐惶謹言、

認分御禮旁申上度奉存居候得共、前文申上候通様々之雑事ニ取紛、乍存荒増之御禮迄早々申上候、扨又當十月廿五日被成下候尊翰をも逐一ニ奉拝誦段々難有、殊更私大好物之せんじ御一壺、被爲掛御心頭御恵憐被仰付被下、何寄以難有、日々夜々ニ何ヶ度ニも拝味仕居り、呉々も厚御禮奉謝上候、右御禮旁何ぞ進上仕度ニ奉存候處、此節もとんと見立も無御座、誠ニ如何敷奉恐入候得共、丸ぼろ幷大根漬物、乍些少奉入貴覧候、御一笑可被下候、其内何歟見立置御禮旁進上可仕候、呉々も差掛り右御禮酬相認、別ゐ荒毫亂文御仁免被下候上、御判閲奉願上候、早々以上、

酉

十一月廿日認　　　近藤隆左衛門（物頭町奉行勤）（印）

嘉永二年正月

嘉永二年正月

吉井七郎右衛門様（泰諭、屋久島奉行）

參人々御中

齊興二月田温泉ニ滯在

島津久德歸藩ト其ノ黨與

ゆらモ健在無異

高木市助和田仁十郎ノ變心

山田清安高崎温恭ノ慢心

村野實晨吉井泰通等ヲ侍トス

（別紙）

一鼻毛長之大愚州（齊興）不相替ウロツキノ體ニ而、此節指宿（薩摩揖宿郡）二月田ゟウロツキ被居、風一ツ爲被引體も無之、扨々困り入申候、

一石ヘン（島津將曹、久德、家老、舊姓碇山）ノ大奸曲、追々目立ぬ様ニカキ廻ハし、爪ヲ出シ不屈千萬之振舞ひ、伊平（伊集院、小納戸頭取兼用取次）モ同様ニ鼻ヲ揚ケ、男藝者ゟこは廻ハし體之有馬小僧（舍人、純厚、側役）メモ、此節ハ追々肩ヲイカラシ、大間抜ケノ吉利賊（仲、久包、當番頭兼側用人側役）も段々幅ヲ掛ケ候様子ニ而、苦々敷風情ニ御座候、

一遊印（ゆら）も一向ニ何之替りもなく、パン〳〵イタシ居り、井上氏（出雲守、正德、諏訪明神祠官）高良抔（長門）何ヲイタシ候も、譯も分らぬ、高木市・和田仁（市助、製藥掛兼庭方、兵道者・仁十郎、兵道者）大惡タレ物と變じ、是ニ而大心痛ニ御座候、村野様（傳之丞、實晨、奥小姓・吉井泰通、藏方目付）・七之丞様なとも追々被仰上候半歟と奉存候、御賢察可被下候、

一山田氏（一郎左衛門、淸安、町奉行格鐵砲奉行）宜キ内ニも少々ツ、名利ノ志シガ先キニ立、高崎氏（五郎左衛門、温恭、船奉行兼家老座書役勤奥掛）ニ而大うぬがれニ相成、自慢振り何事もたのれ壹人と覺へさる體ニ罷成り扨々困り入、村野様・七之丞様・宇宿彦（彦右衛門、行誼、製藥方）ノ御三人ヲ頼ニ色々と心配仕居申候、神道も天運も何之奇持も無之、却而妨ケヲい

四月末ヨリ屢齊彬ニ上書

島津久武ヲシテ阿部正弘ニ申立ツルガ妙計

島津久武ノ件ヲ齊彬ニ建言ス

さし候方ニのミ相見得困り入申候、

一被仰下候通、當四月末ゟ段々ト書面ニ認、東天（齊彬）ニ差上、右之上書ヲ筑前侯（黒田齊溥、福岡藩主）ニ被入御覽候上、賢老阿部侯（正弘、老中）ニ被入御内見候上、御隱居御家督ヲ程能ク御計被下度段ヲモ申上候處、是も色々御尤ら敷御譯も申來り、先々急ニハ參り兼申候、

一筑前侯御在國ニ而御考之事故、外ニ而被成樣も無之、何卒御參府之上ト被仰遣候處ハ、御尤ニも御座候得共、其外ニ手近キ能キ道も有之候ハ、彼ノ嶋壹殿（島津壹岐、久武、家老）始而江戸ニ被出候社、却而宜キ道筋ニ而、何も知らぬ顏ニ而御國元へハ極々不案内之筋ニ見せ掛ケ置、阿部侯ニ被罷出、差向キニ混ト御内意ヲ被申述、國家ノ爲メ早ク隱家ノ儀ヲ被仰出被下度との旨被申立候得ハ、是ニ越ス妙計ハ無御座、此段ハ私精々射場坂（島津久武）爰元出立前ニ口說キ置申候處、是も丈夫成る人物のミニ而、ビクシヤク用心深キ鹽梅ニ相見得申候、尤此儀ハ　東天公ニも精々申上越シ置、追々嶋壹殿ニ是非々々被氣張樣ニ、書狀ヲモ兩三度差出し置申候、夫もどふなら合點參り兼申候間、先便より極々無二之妙計ヲ取計置申候、是ニ而何歟動キモ不相見得候得ハ、最早私式力ニ而所詮參り不申儀、扨々殘念千萬成る世之有樣ニ奉存候、兎角ニ此上ハ天然之御時節ヲモ奉待候ゟ外ニ術計も

黒田齊溥ノ參府ニ期待ス

相良市左衛門ヲ愍ム

山田淸安高崎溫恭等ノ處刑ト近藤隆左衛門ノ臨終

無御座儀と奉存候、併筑前侯來年之御參府も、最早十ヶ月目位之事ニ而、申さば是ゟ丸壹ヶ年位之事ニ而、もはや大概尺合も知れ候丈ケニも御座候、尤何歟不遠內ニは少し動キモ見得可申哉とも奉存候、先々何事も心之儘ニ認分難申上盡、文體ニ而意味合御賢察可被下候、

一相良市（市郎左衛門、進達掛）江御逢も被爲在候由、是は先年ゟ之舊惡は兎も角も、此度之儀者誠ニ痛ハ敷事ニ御座候、有川幸も御逢被爲在候由、是はたのれが魂情ゟ之手恨ミ、是迄餘り延過候位ニ相考候事共ニ御座候、鼻毛長キ時節ニは奇特之取計ニ御座候、

一前文ニも申上候通、無程御歸府之上、何事も御直話ニ相謀可申とミ、夫のミ相樂ミ萬々申上略申候、以上、

〔參考六〕　嘉永三年正月二十日　吉井泰通より同泰諭への書翰

書添を以申上候外狀內ニハ微細ニ申上難盡御座候、

一別紙（所見ナシ）ニ申上候通、山田・高崎・近藤氏（一郎左衛門、淸安・五郎右衛門、溫泰・隆左衛門）之儀ニ付而者、何とも絕言語候次第難盡筆紙御座候、私ニは三日之夜、近藤氏ゟ使參り候ニ付、早速傳之丞（村野實晨、寺社方取次）樣と御同道差越申候處、最早當人ニも熨斗目上下著用被致居候、段々噺等承居候內、時刻も押移り、七ッ半時

清安温恭ノ最期

村田平内左衛門土持岱助國分猪十郎切腹

隆左衛門ノ辭世

温恭ノ辭世

分ニ而も御座候哉、臨終之期ニ相成、辭世之哥等も御座候而、各暇乞いたし、自身切腹ニ而脇ゟ手を添空敷被相果候、右之次第ニ而目も當られ不申候、其身ニも何も無調法之覺へ無之、いつれ評定所御用被仰渡候ニ付而者、是非罷出度と頻りニ被申候得共、郷田(物頭)中兵衛・本田(親雄)孫右衛門なと、左様ニ而ハ相成間敷、別段ニ御裁許掛来ゟ口達之趣も有之候間、今夜中切腹被致候儀、御國之御作法ニ而候間、切腹當然之事と諭示有之候故、其身ニも無是非體ニ相見得申候、山田・高崎迚も同様之由ニ而、何れも最後之期ニ相成候而七、頓与落著被致涼敷死涯ニ而御座候と承申候、村田(平内左衛門、道方目付・岱助、兵具方目付・猪十郎、兵道者)・土持・國分之三人も、同様之申振り爲有之由、扨此事ニ付而者、取々ニ世間評判仕り候得共、如何之譯合とも不相知、一統甚以疑惑仕候、前以テ七頓と評判不致候而、只礑々と爲被仰出事故、跡ニも段々御咎目被仰付之模様と申觸シ、不勘辨ニ評判仕候者ハ、同罪ニ御取扱被仰付哉之由なとゝ申事ニ而、只目と目を見合罷居候事ニ而御座候、

一近藤氏辭世之哥七へ

ならら雪と消行身ニもおもふ様よくもらぬ空の月ハ晴よと、又高崎ゟ近藤に暇乞之狀參申候、哥も有之候、

へおもふとま以及七ぬま消(ケ)ぬるとを心七ろり

ハ今朝乃しら雪

中村嘉右衛門赤山久晋吉井泰通山之内貞倚等愼ニ肱岡五郎太木村時澄閑居ニ川北孫左衛門差控ニ處セラル

村野實晨轉役尋デ罷免愼ニ處セラル

井上正徳高木市助ノ出奔

市助狗留孫嶽ニ捕ハル

和田仁十郎市助ノ踪跡

一同十四日、中村嘉右衛門（裁許掛）・高木市助兩人江愼被仰付候、同十七日赤山靱負（久晋、鑓奉行・廣敷横目）・野村喜八郎幷私三人江愼被仰付候、同十九日肱岡五郎太（宗門方書役）座敷内取拵召入置候樣被仰付候、同日山之内作次郎（貞倚、郡見廻）江愼被仰付候、松元一左衛門（長篤、地方檢見）も同樣被仰付候、木村仲之丞（時澄）儀世間徘徊被差留候、川北孫左衛門（裁許掛）勤方差扣居候樣被仰付候由、皆同し時分ニ而御座候、

一傳之丞樣（村野實晨）ニも舊臘廿八日寺社方取次江御役替被仰付、虎之卷（島津家傳來之祕法）修行方被仰付置候得共、被　聞召通趣有之、御取揚ニ而御座候處、岩崎居やしき之儀も御取揚被仰付候段被仰渡、翌々晦日愼被仰付候ニ付、其夜中ニ吉野（雀ケ宮）之抱地之樣御引移り、當分彼所江御引込りニ而候、

一井上出雲守（正徳、諏訪明神祠官）儀同ク四日之朝ゟ宿許出去り、行衛不相知、高木市助儀同十三日晝時分ゟ宿許出去り、行衛不相知由ニ而、兩人共御用有之者候處、右之次第ニ而缺落之通達ニ相成申候、高木儀ハ愼被仰付候前日之事ニ而候、何れも御尋物〔者〕ニ相成、御兵具所より五手六手御差出ニ相成候由承申候、高木市助儀ハ無程飯野（日向諸縣郡）之狗留孫ニ而足輕共相捕へ、卽チ列歸り牢屋内被召入候由、其身ニも缺落之心得全く無之、祈念之儀有之、狗留孫江參詣いたし居候事と、親類其外江も爲相噺由承申候、市助被召捕候儀ハ、和田仁十（兵道家）

ヲ密告

仁十郎ノ入牢

嘉右衛門等閉居ヲ命ゼラル

奉通座敷闔內ニ幽居後命ヲ待ツ

二階堂行經病ヲ以テ辭職

行經病死ス

郎口ゟ相顯レ、仁十郎江足輕共ゟ金子少々遣し候而、夫故仁十郎市助が飯野江參詣いたし候段を爲致由承申候、仁十郎不忠不義成者ニ而御座候、當分仁十郎も牢屋江被召入候由、風說承候へ共、實說之處ハ承不申候、

一中村嘉右衛門・松元一左衛門・山之內作次郎之三人、其後座敷內取拵召入置候樣被仰渡候由、私儀も舊臘廿二日、聞得之趣有之、座敷內取拵召入置候樣被仰出、卽闔相調于今闔內江罷在、此上ハ如何樣之御取扱被仰付候とも致方無御座、一命ハ捨候とも不忠不義成事仕候覺無之故、何も難儀ニハ存シ不申候、

一二階堂主計殿（行經、大目付）ニも去夏比ゟ大破之病氣被相煩候處、舊臘末方ニ而も御座候哉、御役御斷被申出候處、卽日（十二月二十六日）御役被成御免候由、此人ニも去夏時分、近藤氏と度々取會有之、段々打明し噺抔有之、且又肥後平（平九郎、目付）が口より相洩レ候一件、近藤江密々被相告候事ニとニ、此節餘程難儀ニ被存候半と相察申候、內實ハ御役御斷被申出候樣、極內二階堂氏親類江、

上ゟ御諭シ有之たる哉ニ承申候、然處主計殿ニも去ル十日方ニ而も御座候哉、終ニ養生不被相叶被致病死候、誠ニ〳〵殘念成次第、上下一統歎ヶぬ者ハ無御座候、何事も

正徳亡命ニ際シ清安温恭時澄ト密議ス

〳〵時節到來ハ詮方無之、只天ヲ恨ム之外無御座候、

一井上出雲(正徳)儀、三日之夜人々評定所御用之事聞傳、山田ト高崎江差越、密々談合いたし候趣有之候由ニ而、兼而入魂ニ相交申候木村仲之丞江、四日之朝參り候而、前夜之次第何も譯なしニ多人數切腹被仰付、此上も是迄誠忠之輩兼々入魂ニ相交り候者共、都而重く御取扱被仰付候儀ハ案中ニ而、其節ニ相成江戸表江密ニ踏出し候儀相叶申間敷、尤此節ヶ様ニ被仰付候者、　上様之御難題ニ成立様ことの企ハ案中、御國之一大事到來此時ニ候間、自分壹人振はまり、是ゟ直ニ筑前様(黒田齊溥、福岡藩主)江踏越、御國之形行是迄之事密々御取次を以言上いたし、時宜次第ハ江戸表江馳登り、御老中之内御壹人様江致告訴賦ニ候、何分一先ハ筑前様江踏越考ニ候故、跡達而缺落者之御觸ニ相成、臆病もの不忠ものなどゝ如何程後ロ指さゝれ候而も、毛頭苦敷無之と色々噺等いたし候而、夫ゟ直ニ打立候由、卽刻木村(時澄)ゟ密ニ告申候ニ付、扨々此事ハ大事之上之大事ニ候間、御互ニ一切口外致間敷と深く談置申候、木村ハ御存之通之人物ニ而、隨分慥成者と見受申候、

黒田齊溥ニ縋リ老中提訴ヲ企圖ス

正徳斷金ノ交友

井上・宇宿彦(彦右衛門、行誼、徒目付)抔とハ是迄斷金之交致し、井上も此一人江申殘シ候儀と相察申候、井上ハ中々丈夫慥成者故、よも仕損シハ仕間敷候へ共、一度　御國内を踏拔ヶ出去り候故、

京都所司代ニ提訴ノ風評

再度歸國ハ相叶間敷、甚タ惜しき人物ニ而、世上評判も其通ニ而御座候、于今井上が行衛不相知由、日々朝暮案し煩ひ申候、依而世間ニ而密々ニ私語候噺ハ、井上も京都所司代之方ニ取入、山田・高崎等非命を落シ候儀、申出デハ致間敷哉抔ト申由、ちら〳〵承り、流石志之在ル人々ハ常例之缺落とも見不申由、是も尤成事ニ而御座候、

斷獄成立ノ根元

一偖申上候右通大變ニ成立候根元、慥成所承不申候へ共、兼々近藤・山田・高崎等抔、島津將曹（將曹、久德、家老）殿伊平（伊集院、小納戸頭取兼用取次）等至極相ふらミ居、何そ糸口を引出し召はぶし度との存念之哉ニ承及候故、高木・和田甚タ念遣敷候處、是ハ扨置、國分伊十（猪十郎、兵道者）段々世間之人江譯もなき事を噺

猪十郎平内左衛門岱助世人ニ口外

ちらし候と、今以承り候儀も有之、依而此以前村田平内（平内左衛門、謙譽、目付・岱助、兵具方目付）・土持岱江も語るましき儀抔、口外いタし、此兩人之口ゟ相破を、夫々と響渡り、將・平之手先キ之もの共聞付、密々ニ　上ゟさぐり抔御入候處、其儘ニ難召置譯故、重き御取扱被仰付候半、土持・村田なとハ口輕き人と兼而承及居候ニ付、何も譯なき事抔山田・高崎等之名を立テ、世間之人江色々と語り散し候も、別條有御座ましく被存申候、私共是迄村田・土持なと之事ハ、如何樣之考之人とも、毛頭近藤・高崎抔ゟも承り不申、今更驚入申候、扨も近藤・山・高之三人ハ迷惑成事と相察申候、何分ニも國分存外成者ニ而御座候、

肥後平九郎ノ變心

平九郎迫田甚藏ノ親交

甚藏有馬次右衛門ノ密談糸口トナル

行經辭職ノ眞相

一扨肥後平（平九郎）之儀、此節ニ至り段々不審成事共有之候、此人ハ此以前ゟ近・山・高ハ勿論、御方様ニも別魂御心安御語らひ、私ニも同郷之内ニ而も、何篇此人江致相談、指南を受、兄弟同様相考、互ニ心緒を明し、打解相交り、尤新納彌（彌太右衛門、時升）・井上出（出雲守）ニも、至極別魂ニ相語られ候事ニ而御座候處、此節ニ至り稍逆心差起り、存外千萬成者と今初而驚入、今更如何程後悔仕候而も致方無御座候、此節御咎目被仰付候人ハ、糸口過半此者之口ゟ洩れ候半と被察申候、兼々嶋將殿ニハ殊之外能ク取入候者之由、今以承申候、又御家老座書役迫田甚（甚藏）江も、兄弟之様ニ相語候よし、旁以此節之事、右之口ゟ相洩れ候ハ顯然ニ御座候、尤去酉夏頃近藤ト高崎氏之事を、迫甚（迫田甚藏）江密談を以相噺候處、迫甚ゟ有（次右衛門、家老座書役）馬次江相語、夫より稍大破ニ成立、高・近・山大ニ心配被致候事も有之、此節事ハ其節ゟ之事、專ら糸口ニ相成候半と存申候、是等之事思ひ合セ申候へハ、彌以言語同斷ニ御座候、此節二階主殿（二階堂主計）御役御斷被申出儀も、決而去夏頃之一件ニ付、甚〻難儀ニ被存候事ニ而ハ有之間敷哉、此事ハ世ノ人露程も不存事ニ而、是も上江相知レ候ハ、肥平口ゟ洩れ候半、赤山靭負・中村嘉之事ハ、兼々肥惡キ様ニ申居候、此兩人愼被仰付候も、此者之口ゟ出候事と被察申候、殊ニ中村儀ハ去夏二階主殿ゟ、近藤江被遣候一

條ニ相拘り候事ニ而可有御座、此一件も外々の人ハ誰も存シ不申事故、肥甚タ不審ニ存申候、

一肱岡五郎太幷山之内作・松元一御咎目被仰付候ハ、此三人此前近藤江差越候事有之、其節三人之者共、若御國馳働〔騒動〕ニ及候節ハ弟（久光）・島將ヲ殺害いたし、伊平も同様ニ致度段、近藤江相噺候處、近藤申ニは左様御は沱付候ハヽ、高市（高木市助）江ボンベンを以テ焼打ニ爲致可申候と返答有之、夫ゟ段々互ニ過言被致候由故、跡達而井上ト私江近藤被相噺候故、是ハあしからぬ思召、左様之事過言御申候而ハ、宜しく有御座ましく、誠ニ大事成事ニ而有之候と、物笑ひニいたし差止メ候處、其後寺尾氏（庄兵衛、定計、用人）之別莊ニ而取會之節、木村・井上ト又々此事を止メ置申候、其後井上ゟ肥後平江物笑ひ噺ニ相語由、肥後又々私江細々右之事相尋候ニ付、ならまし相噺申候而、互ニ笑ひ流しニ致置候處、此節ケ様ニ崩立候處ニ、右過言等申候事、横目を以肱岡・山之内・松元ハ勿論、木村幷私江對談いたし、稠敷問ひ詰候、肱岡・山之内・松元・木村も形行申出候由、私ニも形行申出置候、此事も肥平口より相洩レ候事ハ別條有御座ましく候、尤高木市江も、牢屋ニ而横目ゟ、右之ボンベン之事を對談いたし、委敷問ひ掛候段承申候、右之企ハ近藤氏ゟ

久光並ニ久徳等殺害ノ謀議

「ボンベン」ニテ焼打

寺尾定計別莊ニテ取會

横目ノ嚴シキ詰問

雑談眞ヲ爲ス

泰通ト隆左衛門ノ交遊

裁許方ノ泰通糺問

平左衛門ノ内通密告

と只雑談噺ニ而、過言ニ被申候事を、此節ケ様横目糺ニ相成候上ハ致方無御座、誠ニ雑談噺が誠ニ相成候トハ此事ニ御座候、冣早死人證據なしニ而、近藤・山・高崎氏ハ無意成譯合ニ而名ヲ被落候、決而士持岱・村田平なとも、此様成事を近・山・高之人々の名ヲ立テ、馬鹿噺を致し候半と存申候、

一私儀是迄近藤氏江者別而心安申馴候故、毎度大切成書付ハ勿論、善悪之名書等、私江為相認候事有之候ニ付、此事肥後江斯迄近藤叮嚀ニ被申呉、何篇魂志ニ被申呉候と相噺候處、夫ハ如何様成物相認候哉と相尋候ニ付、三段ニ名前書分ケ、其人々ハ何某々々之名前ニ而有之候と、あらまし相語候事有之候處、此節愼被仰付候翌日ゟ、御裁許方ゟ、稠敷糺有之候ニ付、左様之物相認候儀ハ一切無之ト申出候而ハ、彌御不審可有之与存シ、成程此以前三段ニ名書いたし候事有之、名前ハ何某〱と相認候ト、當座見立を以名前差抜、右譯書取繕申出候、外ニも大切成もの認候儀為有之由、細々申出候様、三日打續キ御糺有之候へ共、外ニ近藤氏任頼相認候ものハ更ニ無之ト申募罷在申候、是も肥後平口より相洩シ候事ハ別條有御座ましく、就中此事ハ外ハ誰も存シ不申事ニ而御座候、肥平が自分ニ罪を逃きんと思ひ、此様之事迄も打明し内通いたし候

隆左衛門等ノ斷獄隱密ニ行ハル

川上久連三原喜之助四本喜十郎ノ斷罪ニ干與

川北孫左衛門差控ヲ命ゼラル

事と存申候、重き〳〵肥平天罪難逃者と存申候、何分ニも此事ハ私之口より起り候事ニ而、今更致方無御座、兼々肥平ハ近藤・山田・高崎等之事も能く存居、至極憎成人と見及申所より相嘶候事ニ而、私も肥平同様之罪難逃御座候、「（張紙）

一此節近藤ヲ初メ其外御咎目被仰付候次第ハ、上ニも餘程御陰〔隱〕密ニ御取扱有之由、御家老中ニ而も皆々ニハ深くハ御談合無之由、惣而奥之御吟味と承り申候、且大目附ニ而も、当分名越氏（右膳、盛胤）川上氏（但馬、矢五太夫、久連）兩人ニ而御座候へ共、是も名越氏ハ何も取扱不被仰付、川上矢五太夫殿一人江御召呼ニ而、被仰付候と相見得申候、御裁許掛迚も、外々ハ先ツ差置キ、三原喜之助（目付）一人江被仰付、横目之内ニ而も、四本喜十郎（横目）江何篇被仰付候と承申候、年内（嘉永二年十一月九日）矢五太夫（川上久連）殿喜之助御役替ニ而、此節之取扱之掛り可被仰付候御吟味之上、右通御役被仰付候由、世間評判取〳〵ニ承申候、此評判も尤成事と相察申候、

一川北孫左衛門（裁許掛）勤方差扣候様被仰付候譯合承及申候、初發近藤外之五人江、評定所御用ニ而切腹被仰付候段、大目附より御裁許掛り右孫左衛門御呼出シニ而御申渡之處、孫左衛門申ニハ、只譯なしニ評席御用ニ而切腹ト被仰出候而ハ取扱いさしかさく、何卒切腹被仰付之次第御達可被下段、大目附衆江被申候處、夫故勤方差扣候様被仰付候由、

世間より承り申候、誠僞之處も慥ニ承り不申候へ共、決ゐ此等之事ニゐ可有御座と相察申候、

隆左衛門祕書紛失ノ世評

一近藤氏之是迄江戸表取遣(ヤリ)り之書狀紛失いたし候事爲有之由、世上ニゐ專ら評判有之候、此事も慥ニ承及不申候へ共、決ゐ評判通之事も無覺束存申候、彌左樣之事ニゐ御座候ゐハ甚存外成事ニゐ候、

先々右之通申上候、出帆前ニゐ何もならまし申上候ニ付、追々細々可申上候、前文之內ニも間違之儀も可有御座候へ共、其所ハ左樣御推計被下度奉願候、以上、

戊正月廿日　七之丞（吉井泰通、藏方目付）

七郎右衛門樣（吉井泰諭、屋久島奉行、泰通兄）

切腹

追ゐ、前文中村嘉衛門之事、私聞違ニゐ座敷內ニゐハ無之由、矢張り愼ニゐ有之候由、此節御咎目之人數左之通申上候、

近藤隆左衛門　高崎五郎右衛門　山田一郎左衛門　土持岱助　村田平內左衛門

國分伊〔猪〕十郎

右六人切腹、

當分座敷閫内閉居

宿許出去

當分愼

揚り屋入り

外方徘徊差留

肱岡五郎太　松元一左衛門（長篤）　山之内作次郎　私
右四人當分座敷内取拵被召入置候、

井上出雲守
右壹人御用有之者候處、舊臘（嘉永二年）四日宿許出去り行衛不相知候御通達ニ相成候、

中村嘉右衛門　赤山靱負　野村喜八郎　村野傳之丞
右四人當分愼被仰付候、

高木市助　和田仁十郎
右兩人當分牢内揚屋ニ被召入置候、市助儀ハ初發缺落之御通達ニ相成候處、足輕共狗留孫（日向諸縣郡飯野鄕）之山中ニ而召捕、即ち揚屋へ被召入置候、仁十郎儀も市助同道ニ而、狗留孫ニ相籠り候由ニ付、夫故と承申候、市助儀ハ是迄狂氣物之御取扱有之候由、先寄候ハヽ決而遠島位之事ニ而可有御座候、缺落者之御取扱被仰付候ハヽ、切腹之儀當然之事ニ而御座候、

木村仲之丞
右壹人聞得之趣有之、外方徘徊被差留候、

先ッ今迄通ニ而ハ右通之人數ニ而御座候得共、此以後外々ニ如何樣可被仰出哉、

温恭ノ日帳没收セラル

一高崎氏(温恭)日帳御取揚ニ相成候由、横目對談之節、横目四本喜十郎其通私江申聞候、木村仲之丞本文申上候通、寺尾氏(庄兵衛)別莊ニ而高崎氏なとゝ取會申候ニ付、決而是等之事ニ而御不審掛り、木村(仲之丞)江も其節之譯合横目ゟ對談有之御糺候半と存申候、私ニも高崎と兩度面會いたし、此兩度之事委敷横目より糺有之候、返々高崎氏日帳御取揚ハ殘多次第ニ御座候、

臺子間ニテノ仰渡サレ

(以下張紙)本文舊臘十七日被　聞召通趣有之、何分申渡迄之間愼罷居候樣被仰付候處、翌十八日親類米良藤右衛門(則典、金山奉行兼代官寄)、北郷八右衛門(使番)江、御裁許方ゟ只今御用被仰渡被罷出候處、三原(裁許掛)喜之助殿ゟ臺子之間江被召呼左之通被仰渡候、

吉井七之丞事、亡近藤隆左衛門賴ニまかせ、誓詞樣之文言、幷三段ニ名前書分相認候由、右人數極密細々相糺、明日書付を以可申出候事、

右之書付之趣を以、兩人ゟ糺ニ逢ひ申候ニ付、成程此以前三段ニ名前書分相認候事有之候とて、名書幷右書相認候而差出候、誓詞樣之文言相認候事ハ全く無之と申出候處、

再度ノ糺問

又々十九日右兩人を以誓詞樣之文言相認候事、別條無之證據之有之事故、是非在形ニ

三度ノ糺問

申出候様被仰渡候へ共、前日之通左様之ものハ認候事ハ無之と申出置候處、又候二十日同人を以御糺有之、現在隆左衛門書狀之內ニ、此節誓詞樣之文言幷三段ニ名前書分候を、吉井七之丞ニ爲認差上申候と迄も有之、夫程慥成書面有之候ニ付、是非〳〵現在之處可申出、尤別條無之證據も外ニ段々有之候と、日數三日打續キ糺方有之候へ共、

横目對談

以前之通申募罷在候、然處翌廿一日ニハ大目附ゟ極密御糺被仰付譯有之候ニ付、横目對談可被仰付段被仰出、横目四本喜十郎和田八之進被參、矢張先日通之事ニ而、誓詞樣之前書物相認候儀ハ別條無之、其身被認候書面も御取揚相成居候間、是非共白狀可致段稠敷被相糺候得共、私ニハ左樣之物ハ認候儀ハ實々無之、三段ニ書分候名書ハ、先日申上候通ニ而、其外ニ隆左衛門賴之書物一切無之候と、彌申募罷居候處、無是非

再ビ横目對談

兩人被罷歸候、翌廿二日ニハ聞得之趣有之、座敷內取拵召入置候樣被仰出候ニ付奉畏候、然處ニ去ル十六日又々横目對談被仰付、横目四本喜十郎外ニ壹人直ニ座敷之前に參り、矢張り先日通之事を被相糺、此時ハ一通り之糺方ニ而、外ニ高崎五郎右衛門抔

奉通隆左衛門等謀議ノ

と取會候節之譯合を被相糺候ニ付、一通り不差障樣申出置候、

一揆右誓詞樣之文言相認候と申儀ハ、全く不相認儀ニ而無御座候、去三四月頃、近藤氏

密書ヲ認ム

同志ノ名書ヲ提出ス

名越盛胤咎ヲ免ル

肥後平九郎内通ノ顚末

ゟ高崎氏赤山氏山田氏名越氏四人と、得と吟味之上、此以前調所笑（笑左衛門、廣郷、家老）勤役中ニ、私儘之取捌ハ勿論、是迄御仕置不宜事惣ゐ相記、凡ソ書面七八間位も有之長キ書付ニゐ、外ニ　御隱居　御家督被遊候樣奉内願候添書此二通、外ニ善惡之名書相認、凡ソ此人數書も三四十人計之人數書ニゐ、文面之長サも五六間位も有之、右三通近藤と高崎氏と私三人ニゐ、兩人ゟ私ヘ爲相認候儀、現在有之候ヘ共、是レを其儘ありなりニ申出候ゐも大事成譯合故、右通取繕申出置候、

一右名書ヲ名前差拔キ、纔十一二人位之人數ヲ三段ニ見立を以申出置候處、名書ハ此通ニゐよろしく候と、御裁許掛も爲申由、證據も有之、私直ニ相認候書面も御取揚ニ相成居候ヘハ、其通ニゐハ相成間敷事候ヘ共、全く是ハ　上ノ御僞りニゐ候、尤赤山氏名越氏も御咎目一通りニゐ、殊ニ名越氏ハ于今毎日出勤も有之、御咎目も不被仰付候、

一偖右通御糺ニ相成候譯も、此以前肥後平（平九郎）ゟちらと此名前之事を相噺候事有之、近藤氏ハ私ゟ至極叮嚀ニ被申吳候ゐ、大切成書付も私ゟ爲相認、尤三段ニ書分候名前等、相認候事有之候と無何心、只あらまし相噺候處、其名書と申ハ誰ゐと之名前ニゐ候哉と被相尋候ニ付、何某〳〵之名前ニゐ候と一通り申置候處、大切成書文も其名書ニ列レ

吹毛ノ世ノ中ヲ恐ル

候書付ニ而為有之哉之旨被申掛故、其通ニ而候と申置候、其節肥後汲受申候も、誓詞之前書ニ而、一統連名之血判ニ而も為致もの之様ニ汲受有之候半、此節初發御糺之節も、右様之向の書付ニ而有之様ニ被相糺、是ハ誠ニ案外成次第ニ而御座候、返々肥平存外千萬成者ニ而、彌此人之口ゟ色々之事相洩レ候ハヽ、天罪難逃御座候、肥平儀ハ去夏時分、近藤ト高崎氏之事を、迫甚(迫田甚藏)江相噺候節より、高崎氏其外之衆ゟ見放され、此頃ニ至り氣向キも不宜處ゟ高崎氏其外を悪ミ、内通いたし候儀ハ別條有御座ましく存申候、

〔参考七〕 嘉永三年二月二十六日 吉井泰通より同泰諭への書翰

正月晦日御認之御詳書、去ル廿一日相届、難有拝見仕候、殊ニ數首之御詠、御尤之御趣向、拝吟仕候而袖も海と相成し申候、且又甑島(新納彌太右衛門、時升、甑島地頭)江二通、鼓(伊集院藤九郎、兼直、小納戸見習)江一通之御封翰も、慥ニ御受取申上候、

一舊臘差上候二通之書状、幷金太郎江相渡候書状一通、尤池江之名宛の御受取御披見被下候由安心仕候、吹毛之よの中、中途甚念遣ひたそかしく御座候、

一傳之丞(村野實晨、寺社方取次)様ニも、矢張先度申上候通、いまた何分之儀不被仰渡、吉野(薩摩鹿児島郡吉野村)御居住ニ而御座候、

國内ニテ決死再判ヲ待ツ

赤山久晋中村嘉右衛門罷免セラル

島津久浮俄ニ江戸へ出立島津久武ニ交代トノ噂

吉利久包長崎出向ト偽リ江戸ニ發ス

井上正德出奔

仙波小太郎

一私ニも于今國内ニ而、何分とも被仰渡無之、日々御再判相待申事ニ而、如何ニ相成ものニ而可有御座候哉、死ハおもひあきらめ罷居申候、臨終之期ニ望ミ申候而、決而未練之働仕考更ニ無御座候、何そ不忠義之覺へ無之、いさきよく自刄仕含ニ御座候間、御念遣ひ被下間敷候、乍併爰ニ相成候處、少シハ和らうよ相成候ニ而も無之哉と被察候儀も御座候得共、上之事故窺ひ知らき不申候、

一先度御咎目被仰付候中、赤山氏(靱負、久普、鐙奉行・嘉右衛門、裁許掛)中村氏兩人ハ去ル十三日御役被差免、共ニ愼被仰付候由承申候、赤山氏ハ早速實家(薩摩給黎郡日置郷)私領江被差越候よし、

一石見殿(島津久浮、家老)去ル十三日俄ニ江戸出府被仰付、爰許出立被致候よし、何之子細ハ相分り不申候得共壹岐殿(島津久武、家老)江交代ニ而ハ無之哉と世評も仕よし、是た決而左様之事ニ而可有御座候、然し　公邊江相掛候事ニ而ハ有御座ましく哉、私考ニハ先達而吉利氏(仲、久包、當番頭兼側用人側役勤)被罷登候得共、公邊等江之入組ハ、吉利氏之役場ニ而ハ首尾取き兼候處ゟ、石見殿被登候儀と相察申候、吉利氏ハ長崎江御用とハ全く御僞りニ而、直ニ江戸江被致出府候由、此人之出府ハ多分近藤氏(隆左衛門、物頭町奉行勤)なと之一件旁之儀を東天(齊興)江被申上れミニ拘り候儀と被察申候、井上出去(出雲守、正德、祠官)りニハ餘程奸賊心痛ニ而可有御座候、將又仙波小太郎(馬預)殿下人他國者之處、正月廿三日

下人ノ缺落ヲ追跡

田尻種常ノ屋久島赴任ト吉井泰諭

横目對談仰付ラレ糺問ヲ受ク

之夜中致缺落候由、卽御通達御尋者ニ相成、足輕幾手も尋方ニ御差出爲有之よし、頓と足張り相知レ不申、此者之名ハ宇八、年ハ三拾餘才之段被仰渡候、兼而 公儀ゟ隱密ニ被召入置候間者ニも無疑御座候、以前ゟ今度之一件ヲ、色々聞合セ居（チリ）さる由なとゝ承申候、右之者迯去り候跡ニハ何一品も失セ物無之、自物之品迄も大キ品ハ夫ゝニ捨置候由ニ御座候、此一條者金太郎ゟ御聞可被遊、年内ゟ他領者御糺方ニ相成居申候、

一田尻氏（小次郎、種常、屋久島奉行）當春下島、早船ゟ罷下り候樣被仰付候由ニ付而も、御方樣之御事色々世上ニ而評判仕よし、此事ハ先日東鄕藤左衞門殿下島ニ付、ちらと爲御心得申上候通ニ御座候、

一先日又々横目對談被仰付、譯合ハ此節近藤初山田・高崎（一郎左衞門、淸安、町奉行格鐵砲奉行勤・五郎右衞門、溫恭、船奉行）存命中心安く申馴、件之事も（兼家老座書役勤奧掛）能く案内之者いまゝ多人數有之段相聞得、右ニ付能々案内之人々ハ私よく存居候由ニ付、一々白狀可致段極内御糺有之、ふくさい成事ニハ至極横目も打と斗、御用談自分用事半分相交候而糺方有之、私ニハ兼而近藤ゟ心安く申入と存候ハ、高崎・山田・赤山なと位ニ而、外ニハ存シ不申、有川藤左衞門（裁許掛）・本田六左衞門（貞前、勘定奉行）親子なとも、近藤心安く申居候哉ニ承及候とれゝ申募罷居候、兼而近藤なと心安く申候而、内外打明し候人々御不審之名前承候へハ、太體心當テも可有之と申掛候處、左樣ならバとて入來院氏（拾、當番頭）、

島津久武ニ階堂行經ノ受刑

又加治木(大隅始羅郡)之旦那島津清太夫(久純)抔と、夫から新納彌太右衛門(時升)・有川十右衛門(右筆見習)・郡奉行迫田仲兵衛・何(ナニ)之源五右衛門と歟、外ニも段々有之と被申候ニ付、一々私ニハ初而名前承り毛頭氣寄無之、新納彌太右衛門ニハ山田一(清安)江同郷ニ而心安く申事ハ、存候と申置候、尤肥後・寺尾(平九郎、目付・庄兵衛、定計、用人)抔との事ハ何とも沙汰無之候、射場之坂壹岐殿(島津久武)之事ハ最早相知候姿と相見得、二階堂主殿(主計、行經、大目付)之事も同樣ニ而、是ハ早死後ニ相成、射場(久武)ニハ笑止成事と存申候、右通ニ毛を被吹、段々御不審ニ相成候由候へ共、其後ハ御咎目之人數無座候故、是ニ而燒留り候ニ而者無之哉とも存申候、乍併程合何とも相分り不申候、

伊集院兼直ニ密狀ヲ託ス

一伊藤(伊集院藤九郎、兼直)江之御狀、早速與市(下僕)江爲持差遣申候處、慥ニ受取之返答ニ而候、就而者藤殿(兼直)ニも當月廿八日出立之由御座候ニ付、先達而御遣し被成候御密狀壹通、此節差遣し可申候、自分出立ニ付中途之念遣ひも有御座ましくと存申候、

秦通手筆密書ノ露見

一先日申上候通、私相認候書付等之一件相顯ハれ候ハ、ひたすら肥後(平九郎)口ゟ洩れ候とのミ存居申候處、夫計ニ而も無之、既ニ近藤氏ゟ山田氏江被遣候右之一件之委敷手紙御取揚相成候由、先日横目參り候節、右之手紙寫一見仕候、何れ之手筋ゟ、右之手紙上江出て候哉、頓と窺ひ知られ不申候、中途ニ而盜取候物とも見得不申、今更致し方無御

甲突川尻ニ於ケル士踊

奥女中ノ士踊見物ヲ慷慨

井上正德筑前ニ亡命

黑田齊溥ノ參府ヲ待望

飢饉ニ不拘定代上納ニ勞ルル百姓

座候、

一去ル廿二日、上士(上方限)踊甲突川尻(薩摩鹿児島郡)鹽濱ニ而御覗有之、皆陣羽織ニ而凡人數千貳三百人有之候由、如例女中御召列ニ而、大奥之棧敷も打テ申候而、障子立ニ而覗申候よし、誠ニ歎ケ敷事ニ而ハ無御座候哉、下之踊(下方限)ハ來廿七日之賦ニ而、是も女中拜見決而可有之、士之皮かぶりさるもの共、如何樣之面(ツラ)ニ而踊いたし候哉と、慷慨千萬此事ニ御座候、何分ニも家老之役在テなきものと存申候、

一井上氏之足張り頓与相知を不申、如何之事歟と日々是れミ案し煩ひ居申候、私察申候處ニ決而筑州江深く御留メ被置候ニ而も無御座哉と存申候、(黑田齊溥、美濃守、福岡藩主)上樣御參府當冬と申而も、中々久しき事ニ而、御國中ケ樣ニ入亂を候而者れし不申、其内何と歟　公邊抔ゟ被仰出ハ無之もの哉とれミ相考申候、(齊彬)江戸之御機嫌如何ニ被爲入候哉、ちらと奉伺上候得共、及是非不申候、

一御聞及之通、去秋近年珍敷飢饉ニ而御座候處、矢張り定代上納被仰渡、先年ゟ之百姓痛ミ居候上、去年之事ニ至り候而、頓与諸鄕百姓相勞を、立も起も不相成候場所も有之、當時ハ如何(イカ)ニもしても下拔御救ひ之廉一ツ無之、誠ニ〱口惜しきものニ御座候、

此節ノ事ニ對スル諸人ノ評判

民ハ國君之子之、國君ハ民ノ父之と、諺ニも承候ものニ而、ヶ様之御取扱ひ一兩年も打續キ候ハヽ、一日も御制度行はれ申間敷、君上只御獨り御安樂ニ而、士民ハ飢渇ニ及候ハ歎ヶしきものニ而、既ニ聖語之教ニモ相戻り、ヶ様之處ゟ士民上ニ背き擾亂ニも及ひ、破國ニも相成候ためし古今不少、實ニ以テ悲歎仕候外無御座候、如何様之思召ニ而深き譯合も可有御座候へ共、是等之事ハ現在之目前ニ御座候へハ、よき方ニ見ても共通ニハ見られ不申候、卽チ人道天地ニ背キ候世の中、とふそ早く聖賢之世ニ戻り、士民歡躍之世ニ成したき事とくれ〳〵奉存、此事ヲ思ひ出し候へハ、外々ハ何も手ニ付キ不申事ニ御座候、至然と人氣も上ニ背キ候程ニ成立、他邸〔邦〕ゐ對し御恥ヶしき事ニ而御座候、此節嚴ニ制度御行ひ、御咎目被仰付候一件、何も色地相分り不申候故、人氣いよ〳〵疑惑いたし、ヶ様之事ハ御制度之破れ候端ニ而、聖語ニも衆人殺レ之而後殺レ之、衆人賞レ之而賞レ之と迄承り及、卽チ疑惑いたし、此節之事ニ而現在此事思ひゐたり申候、諸人も私共なとの御咎目ハ、無意成事ニ而可有之、譯合ハ大事ニ拘り候事之由とれミ評判仕よし、取々承申候、人間ハ萬物之靈ニ而、自然と意通いたし候半、たそろしきものニ而御座候、此一條ハ申迄もなき事ニハ御座候へ共、存付候ニ付

處刑ニ先立一期ノ面談ヲ望ム

近藤隆左衛門ノ切腹

申上候、

一御方様御上國迄、私今通ニ而罷在候而、一夜之御閑談相遂ヶ申事御座候ハヽ、海岳相積候存慮御噺申上度奉存候へ共、其内私死命下り候歟、又ハ遠島なと被仰付候而者其儀相叶不申、尤御方様ニも如何様之譯合ニ依り候所も難計御座候、とふそこふそして御目ニ懸り上さへ相叶申候へハ、私之望ミも夫限りニ而、其上ハ死ても思ひのこす事更ニ無御座候、若兄弟之内壹人生殘り申候ハヽ、母上様之御見かし次第一之事ニ而申迄もなき事ニ御座候へ共、是も丁度申上候、

一毎朝御精進ニ而御祈念之事、御尤之御事と奉存候、いつも運ハ天ニ任せ申之外無御座候、

一舊臘三日之夜、近藤氏（隆左衛門）ゟ傳之丞様（村野實晨、寺社方取次）御同道ニ而差越候ニ付、傳之丞様ニハ御物いミ中ニ而、扨差越候上、隆左衛門殿（近藤）より兄弟幷山下市左衛門三人ヲ、竊ニ奥之一間ニ參りくれ候様被申事ニ而、扨今晩中切腹ニ付而者、無是非仕合、ヶ様被仰付候一件ハ、偏ニ石篇（島津將曹、久徳、家老、舊姓碇山）之仕業ニ而、自分死候而も彼故うらミ申外無之、幷遊（ゆら、齊興側室）も其通之事ニ而候、跡々之所ハ御兄弟御三人様頼上候外無之、御方様ニも何卒〳〵よろしく申上呉候様との事ニ

泰通ノ切腹ニ臨ム心境

山田清安ニ残心

村野實晨ト近藤隆左衛トノ金談

ゐ、何ニも外ニハ遺言等も無御座候、任御尋此旨申上候、私共ニも若切腹仕候ハヽ、全心ハ死候含無之、是非此世ニ魂魄留り、奸婦奸賊之者共、一々雷と成ゐつゝミ殺ス之含御座候、古今右之仕業さゝゥに見及不申もの故、此度之事即證據ニ相成事ニ御座候間、一倍ニはまり候ゐ、生命之心中死ゐも失ハせ働き申考之外無御座候、山田大人(清安)ニも逢ひ出し不申、殘多キ事ニゐ候、寺尾氏其夜竊ニ山田㠯被參、何歟噺爲有之よし承申候、譯合ハ知レ不申候へ共、是も決ゐ自分之心中ゟ被明事と察申候、一傳之丞様ニも對談兩三度有之ゝるよし、其内ニ三日之夜、竊ニ近藤氏奥の座敷㠯入候末、何之譯合ニゐ爲有之哉と、繰返し被相糺候段、傳之丞様よりちらと被仰越候、然共兼々其節之事ハ丁シ合セ置候事ニゐ、金談一件之事ハミ御申募と奉推察候、山下(市左衛門)㠯も右之段ハ前以テ申聞置候處、其身も成程と納得仕居候、

先ス右等之趣、別紙ニゐ申上候、外々ニも入御聞度譯合ハ澤山ニ御座候得とも、いつを追々と奉存、如斯御座候、恐惶謹言、

七之丞(吉井泰通、蔵方目付)

戊二月廿六日認

七郎右衛門様(吉井泰謙、屋久島奉行、泰通兄)

天災ノ賦ハ遁レ難シ

今晩切腹スベシ

追而、折角御退屈なく、此上ハ御身御保養第一と奉存候、私ニも御丁寧之御沙汰承知仕、折角息才仕候間、左様思召可被下候、天災之賦ハ難遁御座候へ共、自身ゟ之養生ハ人倫之道ニ御座候故、御掛念思召被下ましく候、

一私幼ゟ父上様ニハ御離を申上候而、傳之丞様ニハ幼少之時ゟ他家之人と御成被成、御方様ニハ實ニ親之様ニ存上、此節一災到來、遠海打隔たて、殊更御なつかしく、明暮只御事れミ案し上申事ニ御座候、又是迄母上様なとへ、色々ニ付ぬて言なと申上候事、爰ニ相成候處、實ニ殘多甚た後悔仕候、ヶ様究屈之身と相成候而、萬おゝろニ不叶事有之候へハ、直ニ心せき立、言葉ヲ過し、跡ニ相成候而、又々後悔いたし、乍併この比ニハ可成丈堪忍仕候而、其心も少シハ薄く相成申候、生なる身ニ御座候へと、腹虫のなき業ニ而不思儀成ものニ御座候、私共死後ニ是れミ御いたわり候半と存上候へ共、胸もせき割様ニ御座候、姉上様何くを御丁寧成御事ニて三人圓居して色々と物語仕事ニ御座候、不差入事なから有の儘申上候、

〔參考八〕嘉永三年三月四日　吉井泰通より村野實晨への書翰

御機嫌能被遊御座恐悅御儀奉存候、扠私ニも既ニ明五日評定所御用被仰渡、今晩中切腹

仕考ニ御座候、此上ハ

母上様御事申迄も無之事ニ御座候得共、往々折角御厭ひ第一と奉存候、武士道之嗜おの

つからの事ニ而潔く自刄仕可申候、御方様ニも御愼中ニ而迚も御面會相叶申間敷、返々

御心痛不被爲在候處専一奉存候、且私死後ニ相成申候而、名跡被立置事ニ御座候ハヽ、

助次郎殿喜平次殿之中、名跡相續爲致申度御座候間、何卒左様御納得可被下候、先々今

世之御暇乞として如斯御座候、恐惶謹言、

戊三月四日　　　　　　　　　　　　七之丞（吉井泰通、藏方目付）

傳之丞様（村野實晨、寺社方取次、泰通兄）

追而、私同様之向有之よし承申候、

（封紙宛書）

「上

」

武士ノ嗜

名跡相續ニ就キ依頼

四四　二月九日　徳川齊昭への書翰

額ノ文字ヲ揮毫シテ贈ラレタルヲ謝ス

雁及ビ掛床ヲ贈ル

額字ノ裝潢ヲ申付

齊興幕府ノ嫌疑ヲ免ル

(奥封宛書)「上　　御請　　修理大夫」

(第四〇號參考)尊書難有拜見仕候、先以新春之御慶目出度奉存候、益御機嫌克被遊御超歳恐悦奉存候、扨年首之御書、幷相願置候　御書、早速頂戴被仰付、千萬難有拜領仕候、且御詠哥も難有萬々御禮奉申上候、甚タ乍延引右御請御禮迄奉申上候、恐惶頓首、

二月九日

猶々、御端書難有奉存候、春寒折角　御厭被遊候樣奉存候、一昨日捉飼仕候雁一羽、幷掛床一面、　御書拜領之御禮ニ進上仕候、敬白、

(別紙)

(奥封ウハ書)「別紙御請　」

(所見ナシ)御別紙拜見、額字之御儀萬々難有、兩樣とも早速ニ仕立申付、朝夕拜見仕り、愼謹之心掛可仕、重疊難有奉存候、

一(齊興)大隅江御書被下候義云々、厚思召之段難有奉存候、(齊興)同苗も難有奉存候へ共、內實者近年手痛ニ而、執筆甚タ難義仕り、近親ニも文通不仕、此度之御請も實者乍恐側向ニ而代筆仕候樣之事故、甚タ恐入奉存候へ共、右之義打明奉申上候、且嫌疑之儀も此節者先安心

琉球ノ眞相追々判明ニ至ルベシ

綿藥ノ事

伊達宗城ヨリ對外處置ノ困難及ビ共和政治ノコトヲ聞ク

重臣兩三人退役セシムルヲ告ゲ了解ヲ求ム

之姿ニ可相成申候、序故御内々奉申上候、國元人氣も立直可申哉と先々安心仕候、種々之義申上恐入候へ共、極内々奉申上候、不惡御覽奉願候、

一佛退散共外英人之義云々、（ル・チュルヂュ、佛宣教師、嘉永元年七月二十八日琉球退去）（ベッテルハイム、英醫、宣敎師）思召之處至極御尤奉存候、只今何とも難申上御座候へ共、前文之通り、此節少々樣子も替り候間、現事之光景も委敷可相分、御屆之書面もてハ無之樣可相成候間、委細追々と樣子も可相分奉存候、思召之處至極當然之事と、私共も此迄之御屆等實ハ疑ひ罷在候事ニ御座候、

一綿藥（綿火藥）之義、彌之事承候ハヽ早速可申上候、

一當年中山（琉球）大ニ而英船可參やと奉存候、北地等之儀委敷承知も不仕候へとも、伊達（宗城、宇和島藩主）之口振り等承候へハ、不容易御時節と奉存候、共和政事之儀も薄々承候、以ハ近年中事起り可申やと奉存候、

一前文樣子相替り候との儀ハ、是迄萬事取計候家來兩三人（海老原清熙、二階堂行健等ノ罷免）種々譯合有之、退役等申付候而、不目立樣ニ萬事改正之筈ニ御座候、誠ニ恐入候へ共、外より達御聽候も難計、極内々奉申上候、先ハ御請奉申上候、以上、

二月九日

扶桑拾葉集ヲ贈ル

〔参考〕　二月二十七日　徳川齊昭より齊彬への書翰（控）

扣

雖寒暄不定之候、御起居佳勝令雀躍候、抑任御所望、額字認候ニ付、玉掛床并鷹雁御投恵、赤面之至ニ候、右御挨拶迄若此候也、

二月念七

二白、先日御申越之扶桑拾葉集、其砌國許へ申遣候て漸出來、爲指登候間、麁畫相添、進申候也、

修理大夫殿　　　　　　　　　　　　　　　　　　齊昭

参

四五　三月二十九日　伊集院兼直への書翰

（奥封ウハ書）
「〆

」

吉井泰諭へノ復書ヲ傳達セシム

書面相達候、廿八日夕見候間、差掛り吉井（七郎右衛門、泰諭）江之用計返事申入候、後便可申入候之、

三月廿九日

四六　四月三日　徳川齊昭への書翰

琉球諸島繪圖

薩摩製「ゲベール」ヲ贈ル

齊昭ノ藩政參預ノ幕命ヲ賀ス

（封紙宛書）「上　　　　御請　　　　修理大夫」

（所見ナシ）御別紙拜見仕候、琉球并ニ島々画圖之儀、奉畏候へ共、當地江ハ一切昔ゟ取寄置不申極りゆへ無之候、若彌御用ニも御座候ハヽ、運阿彌（水戸藩同朋）ゟ御口上ニ而被仰下候ハヽ、國元江申遣候うへ否可申上候、甚恐入候へ共此段奉申上候、

一此度之ゲベールハ、品柄ゆへ封箱ニ而奉差上候、國元ニ而追々出來仕候間、御笑草ニ奉入御覽候、

一伊達（宗城、遠江守、宇和島藩主）ゟ内々承知仕候、御家政向も御相談被爲在候樣被仰出候由（三月十三日、幕府水戸藩三連枝ノ宗藩政事後見ヲ解ク）、恐悦之至奉存候、何卒追々ハ天下之御政事も御口入相成候樣奉祈候、

和方一萬方ヲ贈ル

齊昭ニ面謁ヲ請フ

通詞持越蘭書ノ入手

幕府ノ長崎浦賀防備嚴修ヲ望ム

「ベッテルハイム」依然滯留ス

一此度ハ御請別而延引恐入奉存候、和方一萬方も差上候間、寛々御留置ニ而御覧奉願候、
一最早御屋形ニ而拜顔等相願候御都合も御座候や、何卒御目見も仕度、其内御都合も宜敷候ハヽ願上候樣仕度、極内々奉申上候、
一此節通詞持越候蘭書、御手ニ入候事と奉存候、私ニも四五部手ニ入候へ共、格別珍敷書も無御座候、
一崎陽御手當等之事も筑・肥（黒田齊溥、福岡藩主・鍋島齊正、佐賀藩主）中立通ニも參兼、とかく御勘定邊（幕府勘定奉行）むつかしく候由、今少し崎陽浦賀御手當無之候而ハ、國持初メ私領猶以行屆キ兼候事と奉存候、雲上（朝廷）へ貫き候被遊方も無之候や、恐入候へ共御内々奉申上候、
一琉之事、當年ハ未タ便りも無之候、英人（ベッテルハイム、醫師、宣教師）相變候事も無御座よし、當年ハ迎船も可參やと、日々存候事ニ御座候、
先ハ先日之御請旁奉申上候、以上、

四月三日

有馬純紹ノ兵道修法ニ指示ス

齊興ノ動靜等ヲ報ゼシム

四七　閏四月三日　伊集院兼直への書翰

（奥封宛書）「〆　伊藤九江」（伊集院藤九郎、兼直、小納戸見習）

（所見ナシ）書面相達令承知候、衞守（有馬純紹、軍役方兵道役者）而者行（修法）之事云々、掛念も尤ニ存候、世間江響き而も如何ニ候間、其内時節見合可仕旨申置候而、此節之處追々居り合候而、宜敷時節ニ致候而者可然、夫よりも外江響き合候樣子無之候ハヽ、ともかくもニ御座候、伊平（伊集院平、小納戸頭取兼用取次）等不聞付樣ニ可致候、青山（針科侍醫）道策ニも用心可致候、山口（不阿彌、定救、數寄屋頭）返事遣候、（第四八號）（鹿兒島）其地之樣子、其後委敷可申遣、又御出、又者奥向評判承り次第可申遣候、先早々申入候之、

閏四月三日

四八　閏四月三日　山口定救への書翰

（封紙宛書）
「（花押）　山口」
（山口不阿彌、定救、數寄屋頭）

（奥封宛書）
「（花押）　山　不　口」

調所廣郷等ノ餘黨ヲ警戒セシム

二月末便之書面（所見ナシ）等相達申候、愈無事珍重ニ存候、二・笑（二階堂志津馬、行健、大目付兼側用人側役勤・調所笑左衛門、廣郷、家老）等之事、申遣シ致承知候、年來之惡事及露顯候義ハ其通り之事ニ候得共、いまた中々餘黨多く候條油斷不相成候間、其方ニも深く相つゝしみ可申候、

海老原清熙ノ處分伊集院平等阻止ス

一海老（海老原宗之丞、清熙、軍役方總頭取）印之儀も、中々申出通り御取計も無之、申上候御都合無之よし、全く伊平（伊集院平）等かゝへ居候やと存申候、仲（吉利久包、當番頭兼側用人側役）も大心配之樣子、中々内向之處色々むつかしき趣ニ申遣候間、能々心得可申候、とか久笑之跡と海等（海老原清熙）を、御いとひ有之樣子ニ聞得申候、

一御内用方ハ勢ひ無之、無縁之ものゝ勢ひ付候由尤之事なから、必また油斷致すましく候、

伊集院平ノ改心

一此節、伊平ハ利口ゆへ、早々風なかへ申候か宜敷、内心ハ何とも難申、平・岩等（平田善太夫、正中、近習番奥小姓・岩山壯八郎、奥小姓）も餘程閉口之樣子ニ聞得申候、

島津久德ノ勤向ニ就キ報ゼシム

一將（島津將曹、久德、家老）も御用部やに罷出候得共、御前御用向ハ無之よし、夫ニてハ如何可有や、中々いまた油斷不相成候、先當時仲（吉利）上々御都合と存候、其地評判可申遣候、伊平心中誠ニ以て恐ろしく、難計ものニ御座候、

人形一條ノ風聞

一四月二日之書面（所見ナシ）も相達候、申遣候條々心得申候、人形一條、又々風聞有之よし、必す油斷いたしまじく候、

琉球ノ届書到ル

一琉球之事致承知候、此節御届等も參り申候、先月十日比ゟ、當地ニて者専ら風聞いたし申候、

一嶋登（島津登、久包、小姓與番頭兼用人）り之事も致承知候、

薩摩焼ノ註文ヲ止ム

一焼ものゝ一條委細心得申候、けして此後註文いたしまじくと存申候、

重久玄碩ノ轉役ヲ延期ス

一重玄（重久玄碩、茶道頭）之儀委細心得申候、内實ハ轉役之事、仲と申合セ置候處、御道中ニて相良（素白、奥茶道）ゟ御直ニ江戸詰申付可然と、仲ゟ可申被仰付候よしゆへ、其處ゟ色々申上ニても不宜候間、無據此度迄者江戸ニ相成候旨、内々申越候、何も委細心得居候間、此度ハ中々用心堅固ニいたし居候、

種子島時昉病ム

一六郎（種子島、時昉、當番頭兼側用人側役勤）も少々不快之よし、初て承り申候、様子追々委敷可申越候、

一將も此前通ニハ無之よし、重富（島津周防、光久）毎勤之よし如何ニや、様子委敷可申遣候、

郡奉行等ノ不正暴露ス

一郡奉行・山奉行等不宜筋顯れ候よし、是又委敷可申遣候、此義ハ初て承り申候、様子委敷可申遣候、

海老原清熙等ノ處分齊興ノ不興ヲ買ヒ遷延ス

人心一和ヲ諭スベシ

坂元休左衛門等ヲ罷免スベシ

牧仲太郎「キリシタン」信者ト屢出會ノ説アリ

齊興西洋劍付ヲ検分ス

一海之義云々、實ハいまゝ悪事之事、さまて御存ハ無之と存候、其うへ事の外笑・二・海等之事抔申上候と、御機嫌不宜候よしゆへ、伺之事甚タ六ケしきよし、是迄三人ニ御たまされ被遊候義抔、御きらひ被遊候様子ニ承り申候、皆々辰ノ口(阿部正弘、老中)より響き候義、不存候思召被為入候間、成丈ケ人ニしれぬ様ニとの思召と存申候、中々技葉迄御手の付候義、思ひもよらは、其内よき都合も可有と存申候、

一たとへ如何程大目付ゟ雑説申ましく達候而も、人氣一和いたし候様成事、被仰出無之候而も相直り申ましく、又坂元休(休左衛門、物頭琉球産物掛)等も御取除不相成候而も、相濟申ましくと存候、當地ニ而平・岩・橋口等早く取除け度、又牧仲(仲太郎、廣敷番之頭)も少しも早く追下シ度ものニ御座候、

一先日も龜澤不慮之義有之罷下り申候、又色々評判と存申候、牧仲先年キリシタン修業いたし候ものゝ門人管井順助と申ものと、度々出會之よし、旁江戸詰等爲致候ものニ而ハ無之と存申候、

一左門(調所、廣時、小納戸頭取)様子委敷可申遣候、とかく御いとひ被遊候由、吉利(仲)も困り候趣ニ聞得申候、

一加藤平八(町人出ノ士)道具もらひ之一條、其外吉利ゟ進物等之事、是又承り次第可申遣候、

一西洋劍付等、御見分有之よし、猶委敷可申遣候、とても海之掛りニ而十分行届候譯ハ無

齊興磯邸ニ滯在ス

有馬純厚側役ヲ命ゼラル

徳川慶臧逝去

黑田齊溥出立

之と存申候、
一磯（磯邸）御滯在之由、此後御出等も有之、相替候儀も可申遣候、
一有馬權藏（純厚）御側役被仰付候よし、如何之風聞ニ候や、此をの笑ニ取入ニ而、餘り宜敷をのとは不承候處、如何ニ候や承り度候、
一伊平之様子、評判可申越候、相良坊主（素白）も、様子委敷可申遣候、
一先も返事旁申入候、當地先相替事も無之候、尾州殿（徳川慶臧、尾張藩主、四月七日逝去）又々死去、跡目いまた不相分、美濃守（黑田齊溥、福岡藩主）も四月十二日出立いたし申候、猶後便可申遣候之、

閏
四月三日

四九　閏四月二十九日　伊集院兼直への書翰

（奥封ウハ書）
「　〆　」

（所見ナシ）
書面相達候、申遣候條々心得申候、此度ゟ山口（定救）ニ計り遣し申候、（第五〇號）此節も奥向炮術稽古等如

吉井泰通及ビ村野實晨ヨリノ書狀ヲ取次ガシム

奥向及ビ齊興等ノ動靜ヲ報ゼシム

久光ノ行動ヲ報ゼシム

何ニ候や、承り度そんし候、有馬(衛守純紹、軍役方兵道役者)も見合セ居候よし、宜敷様ニ取計可申候、吉井弟(七郎右衛門、泰諏弟、七之丞、泰通、藏方目付)も何ニ而も書付出候ハヽ請取可遣候、事ニ寄候へも、吉弟村野(吉井泰諏弟、傳之丞、實晨、寺社方取次)も書付可遣と存候間、是又差出候ハヽ可遣候、

一將曹(島津久德、家老)も御前ニ出候事御座候や、一體奥向之様子等、其方見聞之儀、可申遣候、早川務(兼照、奥小姓)も出勤いたし候や、御出并ニ何そ一かど御座候義も、見聞次第ニ可申遣候、

一重富(島津周防、久光)御前ニ出候事も御座候ハヽ承り度、大奥登城も御座候ハヽ承り次第可申遣候、先ゟ早々返事旁申入候之、

閏四月廿九日

五〇　閏四月二十九日　山口定救への書翰

(封紙宛書)「[illegible]

山口(不阿彌、定救、數寄屋頭)へ」

四月廿九日之書面(所見ナシ)、十九日ニ相達申候、愈無事珍重存候、此方相替事も無之候、扨花尾山(薩摩日置郡

海老原清煕ノ處分輕キニ過ギ人心不服調所廣時モ罷免ニ處セザレバ不可

唐物一條モ承リタシ

人形ニ關スル種子島邸ニ於ケル浮說ニツキ詳報セシム

吉利仲ノ人

御守（東俣村、花尾大權現社）、大悦ニ存候、申遣候條々、委細ニ心得申候、海老印（海老原宗之丞、清煕、軍役方總頭取）御取あつかひも輕く候よしニ而、人々不伏之よし、尤と存申候、とかくいまた毒氣失セ不申と見得申候、左門（調所廣時、納戸奉行）も最早退役ニ相成候事と被存候、樣子可申遣候、此人退役ニ不相成、轉役ニ而相濟候へとも、又々大變之事ニ御座候、宮之原源之丞（通徹、側用人）と申人とも、如何樣成人ニ御座候や、川上式部（久美、小姓與番頭兼軍役方掛）も如何ニ候や、樣子委敷可申遣候、

一町家其外田舍御借付之儀、委敷承申度候、且長さき（長崎武八郎、町人）之方も如何之樣子ニ候や、唐物一條も承度存候、御借付ケ且御取揚高之儀も、如何候や承り度存候事、

一將（島津將曹、久德、家老）も先可也之よし、去而し兩三度ニ御前江も出候よしニ聞得申候、猶委敷可申遣候、

一御內用方船、大坂江改メなしニ參り候船之事、猶又委敷承り度候事、

一人形者種子やしき（種子島邸）ニ而申候義、夫とも蔦（ゆら）ニ相違無之、一體田之浦隱居（種子島伊勢久道室、松壽院、於隣、齊宣女）、甚タ不宜心底之人ニ御座候間、十分ニ蔦江取込ミ候つもりニ而、右樣の義申ふらし候とそんし申候、猶又委敷可申遣候、伊平（伊集院平、小納戸頭取兼用取次）も勢ひ之よし、此人往々者油斷不相成人ニ御座候、先年ゟ將も平事者中々油斷不相成と申居候、

一吉仲（吉利仲、久包、當番頭兼側用人側役・二階堂主計、行經、大目付）事者二主と兄弟ニ御座候而、一體中もよろしく候や、如何ニ候や、是又心得ニ承り

物ヲ問フ

炮術ノ不振

調所姓ヲ稲留ニ改メシム

一向宗瀰漫ノ狀ヲ報ゼシム

重久玄碩著仁禮雪庵ヲ歸國セシムベシ

英艦ノ來航

盛之進快復篤之助虎壽丸健在

置度存候、二主申遣候趣ニ而者、餘り宜敷樣ニも無之やと、被存候事も御座候、內々之
樣子承度そんし申候、
一炮術、出家拜見是まて不入事ニ御座候、以後ハ當分之通りニ而ハ、炮術ハ中々行き申ま
しくと存申候、
一笑平（調所笑左衛門平馬場邸）之やしき云々、最早市成（島津石見、久浮、家老）ゟ引移り候や承り度、且又笑名字（調所ヲ稲留ニ改ム）取替之儀、被仰付候筈之
よし、愈左樣被仰出候や承り度候、
一一向宗之儀云々、其後如何ニ候や承度候、川なべ（薩摩川邊郡）等色々ひろまり候よし、評判承り度候
事、
一重玄（重久玄碩、茶道頭）も近々著と存申候、表向ハ此迄通り之心得ニ御座候、以後ハ此度ハ雪庵（仁禮、奥茶道）抔下シ可申
やとそんし申候、しかし未タ治定ハ不致候、先ハ用事迄答旁申入候、後便萬々可申遣
候、當地ハ此間浦賀江異船（英艦マリナー Mariner、閏四月八日來航、十七日退去ス）參り、無程出帆ニ御座候、盛之進（三男）少々不快ニ候處、追々快よ
く相成申候、外兩人（四男篤之助五男虎壽丸）ハ丈夫ニ御座候、先此節ハ當地靜謐、御普請（江戸藩邸）餘程取かゝり申候、岩
本（[元]清藏、唐船改、家老座書役）も矢張勢ひ、しかし平・岩（平田善太夫、正中、近習番奥小姓・岩山壯八郎、奥小姓）共ハ、餘程內心ハ弱り候而、おとなしきよし、豐後（島津久寶、家老）もこら
ひ居申候、先ハ早々申入候也、

閏四月廿九日

五一　五月二十二日　徳川齊昭への書翰

藥劑一萬方
五千方多紀元堅所持ス
松平慶永ト營中ニテ屢面語ス

（封紙ウハ書）「別紙申上候　　　修理大夫」

（奥封宛書）「上　　御側中　　　修理大夫」

薄暑之節御座候處、御機嫌克被爲入、恐悦奉存候、然者一萬方御寫被仰付候由、寛々御留置ニ而宜敷御座候、跡五千方も多紀樂眞院（元堅、幕府奥醫師、法眼）江御座候由ニ、近比承り候間奉申上候、此品甚タ麁末ニ御座候得共、國元ニ而製候通ニ申付候鮓ニ御座候間、御側迄差上候、松平越前守（慶永、福井藩主）事、毎々於殿中咄合も仕候、餘程志も御座候様ニ奉存候、先者御内々御機嫌伺奉申上度如斯御座候、恐惶頓首、

五月廿二日

猶々、時氣折角被遊御厭候様奉存候、以上、

一萬方借覽及ビ薩摩鮓ノ贈與ヲ謝ス

〔参考〕　六月三日　德川齊昭より齊彬への書翰（控）

返書扣

如諭不時之氣候候處、入土旺俄ニ炎暑ニ相成候、先々無御障令抃躍候、一萬方云々御教示忝存候、且佳製之鮓預附贈令賞味候處、殊之外醇美ニて不圖致滿腹候、毎度品々御投惠御厚志之段、紙上ニ難述盡、草々申進候也、

嘉永酉之、
六月三日　　　　水戸隱士（德川齊昭、前水戸藩主）

修理大夫殿

布復

二白、爲

天下隨時御加養專一ニ存候、此品如何敷候ヘ共、爲御一笑進申也、

五二　五月　德川齊昭への書翰

（奥封ウハ書）
「別紙奉申上候」

嘉永二年五月

英艦浦賀ニ渡來ス

幕府ノ外船打拂令復古可否諸問ニ對スル齊昭ノ所見ヲ問フ

蘭書目ヲ贈リ其ノ高直ニ過グルヲ難ズ

熕鐵書全備ニ至ラズ端本ニテ貸與スベシ

燧石ノ道具用法ヲ會得シテ報ゼン

印影鏡附属品整備ヲ俟チ入覽スベシ

別紙御請奉申上候、琉國之儀、其後何事も不申參候、(所見ナシ)別紙御届書之後、又々渡來仕候事と存候得共、何事も不申參候、追々異船渡來甚夕心配之義ニ御座候、(閏四月八日英艦マリナー渡來)浦賀に渡來之異船様子も内々承知仕候、誠可惡事と奉存候、此度ゟ何卒御處置被仰出度事と奉存候、種々申上度儀も御座候へ共、其内可申上候、(五月五日發令)此度諸役人にも存寄書之事被仰出候よし、御前ニも思召書被仰上候や、御内々伺度奉存候、

一蘭書目之儀、別紙奉差上候、外ニも宜敷書物御座候へ共、高直ニゐ餘り無益ニ御座候間、乍殘念買入不仕候、此義先日井戸對馬(覺弘、對馬守、長崎奉行)にも申談候處、來春ゟ者相當之處ニ相成候様折角骨折可申との事ニ御座候、御笑草ニ申上候、

一熕鐵書未タ全備不仕候、肥前家來玄朴(伊東、佐賀藩醫、後幕府奥醫師)方に度々申遣候へ共、いまゝ不殘遣し不申候、一二冊ニゐ宜敷御座候ハヽ、追々差上候様ニ可仕候、

一燧石之道具、被仰下候通分り兼申候、則道具入御覽申候、御工夫奉願候、此義も承りニ遣置候間、當秋ゟ可相分と奉存候間、知き候ハヽ早々可申上候、

一印影鏡之儀、少々道具もいきみ、其うへ仕ゐけ様不宜候や、十分ニ相成不申、其内十分ニ出來候ハヽ可奉入御覽候、

松平義恕尾張德川家ヲ相續ス

義恕ヲ訪ヒ西洋諸國ノ情勢幷ニ海防ノ事ヲ入說ス

齊昭及ビ慶恕ノ對外借置善處ヲ要望

花火術

礮砲

一市ケ谷（尾張德川家）も此度ゟ四ツ谷（高須藩主松平義建長男義恕、後慶恕、慶勝）御相續被仰出、重疊之儀奉存候、小子ニも兼ゐ懇意ニも仕候事故、暇乞旁先日罷越候間、誠ニ不入事ニ若御座候得共、若や國家御一助ニも可相成やと、西洋諸國之光景、幷ニ海岸防禦一條、細々申上置候、御引移後も追々可申上候間、御都合宜敷節、追々被仰立候ゐ、寬猛之內御治定ニ相成、如當時其節計り御手當等無之、大丈夫ニ御處置有之候樣ニとの事、何卒被仰立候樣申上置、又攝津守（松平義建）ニも細々申聞候處、同人ニも厚引請候樣子ニ御座候間、御前ゟも市ケ谷（德川慶恕、尾張藩主）ヘ勿論、攝津守ニも被仰下候ハヽ別ゐ可然、　御前幷ニ市ケ谷兩公、厚御沙汰御座候ハヽ、閣老初メ張込も可宜哉と、乍恐此段奉申上候、甚タ延引恐入候へ共、先日之御請旁奉申上候、以上、

追ゐ、最早度々尊書被成下候ゐも、掛念之儀も薄く御座候間、恐入候得共此段奉申上候、以上、

（別紙）

蘭書目錄

ヒユウールウエルケン　一册

ベキサンスボンベカノヲン　一册

嘉永二年五月

海岸防禦之書

エンゲルベルト、ベヘスチングス、キユンスト　築城術書　一冊

ヒユキエニンリコセツテール、スコテン

擢射法

ヲンドルリフト、ウエーゲンスヘツト、シキート　一冊

エンセード、ゲヴエール熕礮手銃之訓練　一冊

メルキユス强國新書　當時伊達遠江守(宗城、宇和島藩主)に遣置候　一冊

ケルケウエーキ
フエルステルキングス、キユンスト　火薬書　一冊

ビユスコロイド　一冊

ホウキユンジヘレールキ、ユルシエステテン

ゲブロイケデル、コーニングレーキ、ミルタイレ、アカデミー　王國兵學校　二冊

〔参考〕五月　徳川齊昭より齊彬への書翰

令披閱候、琉國屆書落手模様も粗相分忝存候、此上共申來候ハヽ致一覧度候、浦賀之事

家督以來異船ノ事ヲ幕府ニ建議スル數十度遂ニ禍憂ト嘲ラル

有司ヘノ諮問良策ヲ得ベキカ

述懷

ニ付、諸役人へ存寄書差出候樣被仰付候由、右ニ付下官も致建白候やとの御申聞、何も承り申候、下官儀ハ幼年より異船之事憂居候故、必也使無訟乎之意味ニて、家督以來十ヶ年前ゟ上書建議數十度ニ及候、其頃ハ有志之大小名等も、於營中咄申候へハ下官致過憂候を笑ひ候程ニて、下官のミ區々之心底已むニやまれぞ、數十度之建白ニ及候、實ニ天下之御爲を存候餘りせめてもの義、國中之武備整候ハヽ、非常之節一方之 御爲ニも可相成と、種々心配致候耳ニて、蒙 御勘氣候處、其年ゟ追々異船渡來、先年ゟ建白之通りニ相成り、一人之先見此ニ至て驗ある樣ニて甚恐多存候、乍然只今ニてハ有志之人々ハ勿論、其外ニも目を覺候者不少、於幕府も本文之通り、夫々之存寄被遊 御聞候程ニ相成候上ハ、諸有司も手揃之事と存候へハ、定て良策も有之、 御決斷ニ相成候半と存候、敗軍之將同樣之下官、何事も不及申候、

思ふ事いはでるゝにや止ぬへきといふ古哥抔思ひ出て、

今更ニ何をかいはんむさし野の蓬か中のなさましの身を

とのミ存候、御一笑〳〵呵々、乍略義貴書へ認加申候、御海恕可給候之、

嘉永二年五月

嘉永二年五月　　　　　　　　　　　二二〇

修理殿（修理大夫、齊彬）　　　　　水戸隠士（徳川齊昭）

再答

（別紙）

別紙蘭書目忝存候、右之内

ペキサンスホンベカノヲン新製大筒之書

右ハ下官方ニ有之候、藤堂ゟ和解書來、

ヒユールウエルケン（後日ノ記入）「酉六月七日和解書薩州ゟ來ル」

花火書

右原本ハ下官方ニ御座候へ共、和解書ハ未所持不致候、

右之外ハ、原本幷和解共未所持不致候故、

借覧希望ノ和解書

ヒユールウエルケンを初、和解書御所持ニ候ハヽ、追々借覧致度御賴申候、可相成ハ、ヒユキエニン云々○ビユスコロイド○ヲンドルリフト云々ヒール・ウエルケン等の中を先ニ借覧致度候、下官方ニても、一二取入候へ共、御申聞之通り、存外高直候故、乍殘念見合申候、尤未和解ハ不仕候、御用ニ候ハヽ、いつニても入御覧樣可致候、右之外和

和漢書貸與スベシ

漢書ニても、手元所藏ニ御座候分ハ、御好之分入貴覽可申上故、無御遠慮被仰越候樣ニと存候、

五三　六月七日　德川齊昭への書翰

（封紙宛書）
「上　　　　　　修理大夫」

（封紙宛書）
「上　　　　　　修理大夫」

（奥封宛書）
「上　　　申上　修理大夫」

一筆呈上仕候、甚暑之節御座候得とも、益御機嫌能御座被遊恐悦奉存候、此品麁末之至ニ御座候得とも、御側迄進上仕候、暑中ニ付、御機嫌伺可申上如斯ニ御座候、恐惶謹言、

六月七日

尚々、暑氣折角被遊御厭候樣奉存候、以上、

（別紙）

（奥封ウハ書）
「別紙申上候」

「ヒュールウェルケン」和解書ヲ貸與ス

山ケ野金山産ノ燧石

對外處置等松平慶永ト申合セ德川慶恕ニ進言スベシ

津田縫殿ハ海防ニツキ志アリ

製造燧石

印影鏡ハ翫物

和解書之儀奉畏候、

ヒュールウェルケン奉差上候、

其外ハ未タ和解皆成就不仕候、追々出來次第差上候樣可仕候、和漢書之儀、難有奉存候、

追々相願候樣可仕候、

一御重之內、難有奉存候、珍敷御品ニ而暑氣之時分別而難有奉存候、

一燧石之儀承知仕候、(大隅横川村山ケ野金鑛產)山出之石ニ而も、中々十分ニ細工出來兼申候、當年蘭人ゟ承候樣申遣置候間、相知レ候ハヽ可申上候、

一(德川慶恕、尾張藩主)市ケ谷之儀云々、追々ニ(松平慶永)松越等申合セ、御進メ可申上と奉存候、乍然此間も、(正肥、隼人正、犬山藩主、尾張藩附家老)成瀨事大キニ閉口仕候やニ薄々承申候、以はレ追々樣子可申上候、夫ニ(尾張藩用人)津田縫殿等隨分海岸等志も御座候やニ御座候、

一燧石國ゟハ宜敷品出不申、餘り堅過候間、細工六ケしく、玉も宜敷品出來兼申候、此間外ゟ承候ニ者、製造燧石之法御座候よし、蘭品も夫ニ而ハ無之やと申事ニ御座候、

一印影鏡ハ先翫物と奉存候、乍然彼方ニ而ハ画像取而れし申候風儀と承候間、夫らの爲ニハ宜敷品と奉存候、十分出來候ハヽ入貴覽候樣可仕候、

外船打拂令復古ニ關スル諸役人ノ答申書出揃フ

一中山其後何も不申參候、去ル閏朔日、佐多（大隅肝屬郡）之沖合異船東之方ゟ參り、屋久島（大隅熊毛郡）之方ゟ通り候よし、多分中山ゟ參候やと奉存候、且又此度ハ別段何も不被仰上段承知仕候、此度㝡早諸役人書面（打拂令復古可否諸問ニ對スル諸有司ノ答申）出揃之様子ニ聞得申候、近日ニ閣老中評議有之よし承申候、乍恐思召も被仰上候ハヽ、猶更閣老氣分も引立可申やと奉存候、御詠哥も御尤之御儀ニハ御座候得共、

返歌

武藏野にしきる蓬の白露を

君ならはして誰かはらはむ

恐入候得共御笑草ニ申上候、

幕府下曾根信敦ヲ浦賀ニ派遣ス

一下曾根（金三郎、信敦、幕府小姓組、炮術家）も一昨夕辰ノ口（阿部正弘、老中）ゟ、浦賀ゟ罷越與力等ゟ師範仕、且自分試も仕候様、年々夏秋ハ相詰候様、又異船渡來之節ハ、罷越候様被仰付候段承り申候、先々少しハ開け候小口かと奉存候、猶承候儀も御座候ハヽ、追々申上候様可仕候、

先ハ御請旁奉申上候、頓首百拜、

六月七日

借覽ノ書籍ヲ返還ス

〔參考〕六月二十六日　徳川齊昭より齊彬への書翰（控）

殘暑之節、甚冷氣、作毛如何と令苦心候、御起居萬福、大悅之至ニ存候、扨借覽之書幷

器、致返璧候、御落手可給候也、

六月念六嘉永酉之、

二白、不順之候、折角御厭可被成候也、

修理大夫殿　参　　水戸(徳川齊昭)隠士

島津久徳等ノ行動ヲ報ズベシ

炮術稽古出精スベシ

五四　六月二十七日　伊集院兼直への書翰

(奥封ウハ書)「[illegible]」

兩度之書面(所見ナシ)、其外封その相違候、愈無事珍重ニ候、申遣候條々、委細心得申候、猶又當番之節ニ見分之趣委敷可申遣候、將(島津將曹、久徳、家老)も度々御前江出候や、又平・仲(伊集院、小納戸頭取兼用取次・吉利久包、當番頭兼側用人側役)等様子も可申遣候、内々承り申候ニ者、相良素白(奥茶道)事、此前之様御用も無之、白石専(如瓢、奥茶道)ら相つとめ候よし、彌左様ニ候や承り度、色々御用談等いたし候人者誰々多く御座候や、是又承り度候、奥向炮術稽古、

篤之助夭ス

大中廟ニ代參セシム

山田爲正吉井泰諭等ヘノ封物ヲ傳達セシム

傳次郎病ム

其方も折角精出シ可申、致し様違候而も達者ニ附候ゆへ、子細無之候、

一篤之助(四男)誠ニ(二十二日夭)残念申計も無之候、致而ハもなき事ニ而ら、如何ニも残念、又例之障りあと被存候、何ニいたせ不思議も有之候條、大中様(島津貴久廟)御くじいさゝき見セ可申候、此後心得ニも相成候間、毎月御くじ申請、我ら名代いたし、此方ニ善悪無遠慮可申遣候、又篤一條(篤之助ノ死去)も、如何之障りと申義も、御くじ伺見可申候、且又篤之代りも、是非〳〵すま(すま)ニ出生御座候様、旁毎月我ら代參ニ廿三日ニ參詣可致候、我らも來月ゟ廿三日毎す、別段ニ備物又も花等、江戸ニ而可差上候、此義頼ミ入申候、

一山(山田壯右衞門、爲正、小納戸兼抱守・吉井七郎右衞門、泰諭、屋久島奉行)・吉七ニ封をの宜敷可取計、且外ニ差掛之用御座候間、吉七弟(吉井七之丞、泰通、藏方目付)ニ遣候間、同人事開封可致旨申て可相渡候、

一其外申遣度候へ共、傳次郎(五男虎壽丸)事又々昨夜ゟ熱氣、今日も熱つよく何も氣遣も有ましきなれら、篤之跡(篤之助)故、何而心落付不申、夫故早々荒増申入候、以上、

六月廿七日夜認置候、

伊集院兼直近々出立

慈救ノ咒唱ノ事

有馬純昭ノ稽古不調ハ出府ノ上ニテ申ベシ

出府ノ上圍

五五　六月二十九日　伊集院兼直への書翰

（奥封ウハ書）「[illegible]　」

書面（所見ナシ）相達シ申候、申越之條承知、其外之品々致落手候、南林之義（南林寺ノ法事）も大慶ニ存候、其外救仁之事も大慶ニ存候、近々出立と存候間、後便ニ而書面遣はましく候、八月末ハ遣候、七月ゟ遣し不申候、其儀寸万（すま）申遣候様申付候得共、不申遣とそんし申候、來十月ゟ出立後とそんし候間不遣候、夫とも八月末之返事ニ、出立跡之義を申遣し、書面遣候而もよろしき都合ニ御座候ハヽ可遣候得共、まづ十月末ハ不遣、霜月ニ可遣候、

一折角用心可致旨云々、大慶存候、折角念入可申候、日々慈救之咒唱之事ニ御座候、

一有馬（衛守、純昭、軍役方兵道役）方稽古ゟ調兼候ハヽ、又出府候うへニ而萬々可申候、著之うへも表而ニハ色ニも出し申ましく、何事も封をのゟ奥ニ遣候様ニ可致候、奥ニ直ニ遣候事掛念ニ候ハヽ、赤羽（別邸）ニ遣候而もよろしく御座候、

一其地（鹿児島）之様子も折角心かけ可申遣候、且又著之うへ將棊ニ而も、碁ニ而も覺可申候、左候

棊ニ託シテ密談セン

山口定救村野實晨二人ニ封物遣スベシ

得共相手申付候ゟ、其節指れゟら何事もとかし出來候間、此段も心得迄ニ申遣候、

一此度ゟ山(山口不阿彌、定救、數寄屋頭)と村(村野傳之丞、實晨、奥小姓)ゟ遣候間、左様心得可申候、先と早々申入候〱、不備、

六月廿九日

五六　六月二十九日　山口定救への書翰

篤之助ノ夭折ヲ悼ム

（封紙宛書）
「〆
山(山口不阿彌、定救、數寄屋頭)へ
」

兩度之書面相達、委細心得申候、愈無事珍重ニ候、扨篤之助(四男、六月二十二日夭)儀承りと存候、甚残念致ゟはかなき事、餘りの事ニ例之譯(兕明ノ說)ゟと存申候、其地(鹿兒島)色々と取沙汰御座候と存申候、委敷承り度、例(ゆら)之人を闇打ニ成とそ致候ハヽ可宜と存候程之事ニ御座候、皆々此節ゟ仰天之様子ニ御座候、色々又取沙汰御座候と存申候、

挽歌

去とても頼ミしその撫子の
はかなき露と消るはかなしさ

嘉永二年六月

小踊

宮之原通徹江戸ニテ糺スベシ

人心不和獨斷專行ニ基因ス

西田彌右衞門ノ屋久島奉行就任ハ早キニ過グ

高崎温恭ト島津久德不和一條

久德ノ調所

ねふ迄も夢み夢見る心地ふて
　　ひそる丶間なき撫子の花

一小踊之義云々、不承知尤ニ御座候、

一川式部（川上式部、久美、小姓與番頭兼軍役方掛）義云々、追々承り可申遣候、

一宮之原（源之丞、通徹、側用人）之義、致承知候、猶追々可申遣候、當地（江戸）ニも參候よし、以はを追々此方ニ而糺可申候、

一伊平（伊集院平、小納戸頭取兼用取次）之義云々、以の外之義、吉仲（吉利仲、久包、當番頭兼側用人側役）ニ候へ者よろしく候處、誠ニ人心一和不致基ひ者、一人ニ御まかせ候故ニ御座候、

一西彌（西田彌右衞門、屋久島奉行）之義も云々、此義進物無之候とも、少し早過き申候譯も御座候由ニ候へ共、我ら者不承知ニ御座候、

一野元一郎（右筆、家老座書役勤）儀云々、猶又承り合セ委しく可申遣候、とても英人（ベッテルハイム、醫師、宣教師）歸國者無之と存候、

一高五（高崎五郎右衞門、温恭、船奉行兼家老座書役勤奥掛）と將（島津將曹、久德、家老）不和一條云々、不可然義、猶又様子承り出し可申候、櫻しゟ歸り後之様子も可申遣候、

一將曹ゟ笑（調所笑左衞門、廣郷、家老）同様被仰付候義、先我ら者好不申候、外ニよろしき人物可有事と存申候、

廣鄕跡役ハ不可

川邊一向宗

島津久武ノ出府ヲ歡ブ

相良素白不印ニテ白石如瓢代ル

ハチヤ米

一笑草牟田（薩摩鹿兒島郡）普請云々、委敷可申遣候、誠ニ輕き御取扱ニ御座候、愼可申處、普請之儀、不得其意存候事、

一梶淸（梶原淸右衛門）之義云々、追々糺可申と存申候、

一一向（一向宗）之義云々、委敷承り可申遣候、川の邊（薩摩川邊郡）之邊猶更之樣ニ承り申候、

一壹岐（島津久武、家老）出府ゟ誠ニよろしく、內外共相談之心得ニ御座候、

一高之義云々、其後樣子委しく可申遣候、實事ニ候へも將（島津久德）不屆至極ニ御座候、

一重玄（重久玄碩、茶道頭）義云々、致承知候、委細心得申候、其方申遣候通、註文不苦と申事、兩三度御座候、

雪庵（仁嶋、奥茶道）と存候處、御國ゟ宗榮（押川、奥茶道）と差ゐ申參り候間、宗榮ニいゐし申候、

一相良不印（素白、奥茶道）之よし、猶譯合委しく可承候、白石（如瓢、奥茶道）跡御用被仰付候よし、此人ゟ人物よろしく

と被存申候、猶委敷可申遣候、

一種六郎（種子島六郎、時防、當番頭兼側役）自分もさゐでの事と存不申候、猶樣子可申候、先便ハチヤ米大悦存申候、

一先も返事荒々申入候、後便委敷可申入候、以上、

六月廿九日

五七　八月二十四日　伊達宗城への書翰

心事ヲ和歌ヲ託ス

（封紙宛書）
「藍山公（伊達宗城、遠江守、宇和島藩主）　齊彬拜」

（奥封宛書）
「遠州大君　齊彬拜」

拜見、御安康奉賀候、然者被仰下候條々（所見ナシ）、何も存寄無之候、

さまく〵す亂るゝ糸の
くるしさを君ならにして
誰にとくべき

貴答迄、艸々頓首、

八月廿四日

五八　八月二十九日　伊集院兼直への書翰

齊興玉里邸ニ滞在
士持肇ノ人物ヲ問フ
齊彬ト山口定救村野實晨トノ密書受授

（奥封）
「〆　」

七月廿九日之書面（所見ナシ）相達令披見候、愈無事珍重ニ存候、當地（江戸）相替儀も無之候、以一書返事申入候、

一大中様（島津貴久廟）御くじも請取申候、其外申遣候儀承知いゐし候、御札等も落手いゐし候、

一玉里御滞在之よし承知候、

一相良素白（奥茶道）事、少し不印之よし、如瓢（白石、奥茶道）之ゐゝ御都合よろしくとや、様子可申遣候、

士持肇人物如何ニや、餘り不宜と存し申候、様子可申遣候、

一山口（不阿彌、定救、數寄屋頭）請取申候、村野（傳之丞、實晨、奥小姓）も請取申候、此節も兩人に遣し、村（實晨）之方にハ清き品（祈禱用ノ形代ノ切地カ）も入候間、左様心候可申候、

一霧しま（霧島宮）之義云々、心得ニ相成、大慶そんし申候、猶又はげ（神託）追々承り度候、

一石塚（兵道者）之義云々、彌之事候や、篤と承り合セ可申遣候、

ゆらノ霧島参詣説ヲ糺サシム

伊集院兼直ヲ出府セシム

狐附一條ノ書附

一霧しま別當事、(華林寺)蔦(ゆら)か何かたのまれ候よし、寛之時分ニ承り申候、(二男寛之助ノ死去)彌左樣之事御座候や、御はゞよてはされ間敷や承り度候、此義はゑしっこ承り申候、(神託)

一其方事、務(早川兼照、奥小姓兼抱守)とても出立むつかしく候ハヽ、其方出府いたし候樣、此度申遣候間、何とか可申渡、左候得は此便之義よく〳〵念入ニて、留守も手抜無き樣ニ可致候、又著之うへも申候事、表ニて申候ては不宜候、書附ニて萬事可申候、

一品川(武藏荏原郡)ニ、御國之狐附之一條書附遣候、不思議之事ゆへ、如何ニ候や、只今手ニ入候間、村野(實彧)(下郎)ニ遣候義間ニ合不申候間、其方ニ遣候間、村野存寄も可在候間、心得ニ書附見セ候樣可致候、何て不思議之事と存申候、村野ニも見セ候て、同人ニも心寄之方ニも相談候て、考申遣候樣可申聞候、只今手ニ入、間ニ合兼候間、其方ニ遣候、此段も申聞べく候、尤寫申付候間、此文ニ封し込ミ候ては、おそく相成候間、(すま)はか文ニ封し候て遣候樣ニ申付候間、左樣心得可申候、

一何事ニよらにも細々心附ケ可申遣候、吉井(七郎右衛門、泰諭、屋久島奉行)ニは此度は別段不遣候、以上、

八月廿九日

五九　八月二十九日　山口定救への書翰

田之浦種子島津邸ニ於ケル浮説

野元一郎琉球渡海

（封紙宛書）
「　　　　山（山口定救、數寄屋頭）」

七月末之書面（所見ナシ）、其前遣候書面（同上）も、相達し令承知候、七月末之川支ニ而、飛脚著不致、其うへ取込ミ候間、書面不遣、此度遣申候、追々秋冷ニ相成候へ共、愈無事珍重存候、此方相替儀も無之候、申遣候條々、以一書申入候、尤不用之分ハ返事不申入候、

一例（ゆら）之人之儀、猶又承り候儀可申遣、田の浦ニ而（種子島家別邸）申候義も尤ニ存候、折角用心可致候、而し先比之時、田の浦ニ而申候者を（すま）（種子島伊勢久道室、松壽院、於隣、齊宣女）印ニおすり付ケ可申工ミと存候、此度ハ申様も有ましく存申候、實否ハともかくも、人口ニ申ぬらし候儀、不可然義、折角と様子等承り出シ可申候、

一伊平（伊集院平、小納戸頭取兼用取次）云々、其通りと存申候、ましめ之うちハ格別之大事ハ無之、追々ハ申遣之通とそんし申候、

一野元（一郎、右筆家老座書役勤）も又々琉（琉球）ニ參候よし、此用向ハ矢張異人之事ニ御座候、高五（高崎五郎右衛門、温恭）之儀云々、此義委敷存

種子島時昉病ム

村田甫阿彌跡役ハ重久玄碩

窮士救恤

押川宗英下著

唐物ノ事井戸覺弘ヨリ傳聞

士踊ハ時機ニ外ル

申候、（有馬次郎右衛門、船奉行兼家老座書役勤）有次と別ゐ不和之よしも承り申候、（島津將曹、久德、家老）將も一意地有之ゆへ、中々むつゐしくと存申候、

一（種子島時昉、當番頭兼側用人側役）六郎之儀云々當人も此節もよろしき樣可申遣候へ共、（吉利久包、當番頭兼側用人側役）仲等ゟ細々申遣候、來春出府可然と申來候間、不快次第と申遣候、

一（相良素白、奥茶道）素印不都合ゐ外ニも無、伊平之所爲ニ相違無之候、（重久玄碩、茶道頭）玄之儀云々、委細心得申候、此以前とは少し樣子も違ひ申候、（調所笑左衛門、廣鄕、家老）笑不居譯ゐとそんし申候、

一（村田甫阿彌、同朋頭、苗代川燒物所奉行勤）甫阿之儀云々、跡之儀玄と存候よし、以之外左樣ゐとそんし申候、いまゝ甫之不快委しく不申來よし、少しの不快之よしニ申來との事、玄申居候、

一（窮士救恤ノ資）三千石之儀も隨分よろしき事、此節之御處置ニは極上の事とそんし申候、

一（宗英、奥茶道）押川之儀、到著之よし、下著後之樣子口振り等、委敷可申遣候、

一唐物之儀云々、當地ニゐも色々承り込ミ、既ニ長さき奉行井戸對馬（對馬守、覺弘）ゟも、細々承り候義有之、御國ゟ申遣候事も有之候、何事も（島津久武、家老）壹岐著待入申候、

一（調所ノ遺族）草牟田之儀云々、誠ニ不可然義、以之外（島津久武）壹ゟ篤と承り可申候、

一士踊之儀、尤ニ存候、當時も時分もつきゐとそんし申候、去ゐし武具御見分もよろしく

給地高制ノ更改眞ノ救済トナラザルベシ

國分郷士石塚某出府ノ説アリ

西洋炮術不振

と存申候、

一給地高御取揚之義、申受ニ相成候よし、其外申遣候義云々、矢張眞實之御すくひとは不存、外ニハいくらも公邊之御取計可有事ニ御座候、乍恐　思召付之處もむつかしく、將等よく申上候得共、出來候事ニ候得共、扠／＼つまらぬ事とそんし候、

一谷山邊抱地之儀云々、致承知候、此義承候儀御座候ハヽ、早々可申遣候、

一國分郷士石塚(兵道者)何某、御内用ニて江戸ニ參候由、内々其地評判有之よし聞得申候、如何之事哉、風說可申遣候、

一西洋炮術(御流儀砲術)進ミ立不申よし、此義一難事ニて、中々當事之様子ニてもむつかしく存申候、

先ツ返事旁申入候、當時普請(江戸藩邸)最中御座候、誠ニ大造成事ニ御座候、此金ニて窮士御すくひ當然てと存申候、先ツ早々、以上、

八月廿九日

眞鴨ヲ贈ル

松前ニ異人漂流

六〇　九月五日　徳川齊昭への書翰

(封紙宛書)「上　　中上　　修理大夫」

(奥封宛書)「上　　中上　　修理大夫」

一筆啓上仕候、冷氣相增候處、益御機嫌克被遊御座恐悦奉存候、然者其後久々御機嫌不相伺恐入奉存候、昨日始ゐ大井(武藏荏原郡)下屋敷ニゐ捉飼仕候ニ付、眞鴨一羽致進上候、先者御機嫌伺旁可申上如斯御座候、恐惶謹言、

九月五日

猶々、不順之時候、折角被遊御厭候樣奉存候、

(別紙)

(奥封ウハ書)「書添　　修理大夫」

別紙申上候、松前又々異人漂流之由承り申候、(六月朔日、米人三人北蝦夷地「ヲロタヘ」ニ漂到ノ件カ)誠ニ以て可惡事と奉存候、一日も早く海岸御手當被仰出候樣仕度、此間中內々承合候へ共いまゐ急ニ者被仰出ニも成ましき樣子ニ傳

五島松前ノ築城ハ外聞ノミ

小笠島ノ處置重大

下曾根信敦ヨリ浦賀ノ防備ヲ聞ク

營中ニテ徳川慶恕ニ進言

津田縫殿ト五家ノ事等談合

承仕候、

一（七月十日、幕府、福江藩主五島盛成、左衛門尉・松前藩主松前崇廣、後伊豆守ニ築城ヲ許シ城主トナス件）五島・松前城主之儀、如尊命現事之爲ニ者、格別御益ニも相成ましく、外聞計之様奉存候、松前ニ者十分御手當有之、千島不殘御徳化ニ服從いたし候様有之度事と奉存候、其外東海百里程之處ニ、佐渡位之無人島（小笠原島）有之、獸類多き處有之、材木澤山成由ニ内々傳承仕候、是等も御處置無之、異人入手ニ相成候ハヽ、別而度々浦賀渡來無疑事ニ而と奉存候、且又浦賀之儀、内々下曾根（信敦）より申遣候、承及候より御手薄之由、とても防禦思ひもよらぬ事と申遣候、當時右上書可仕心得之由、内分申越候、

一琉（琉球）其後何事も無之候、中々當年英人（ベッテルハイム、醫師、宣教師）歸國可仕様子ニハ無之候、相知候ハヽ早々可申上候、

一市ケ谷（徳川慶恕、尾張藩主）江も、於營中種々申上候、近々如何ニ被仰出候やと、直ニ阿閣（阿部正弘）江御尋被遊候様ニ願置申候、猶又先日ゟ御用人津田縫殿江も委敷申談候處、同人之兼而大炮之儀之所存も御座候そのよて、同意ニて、よき折成瀬（正肥、尾張藩附家老）初メ江も談合いたし、工夫も可致旨申聞候、其節此度四ツ谷（松平義建、高須藩主）ゟ餘り色々申出ニ相成困り候旨も申聞候間、五家之事等も何とかく申出候處、四ツ谷趣意尤之儀も御座候へ共時節早く何卒一度御下國ニ而、其うへ萬事被仰出度、五家之儀ハ

松平義建病ム

燧石ノ試驗行フ

事林廣記

燧石ノ製法

熕鐵書三冊貸與

徳川家慶小石川水戸邸ニ到ルヲ伊東宗益ヨリ聞ク

二代様（徳川家光）ゟ御直ニ上意之旨も、御直筆ニ而御留メニ相成候御書付も有之候間、夫ら抔も御覧被遊候うへす、萬事被仰出候様ニ相成候へ者よろしく、序之節も御座候ハヽ、四ツ谷幷ニ　宰相様（徳川慶恕）江も、先々御扣目之方可然と申上呉候様ニ、極内々申聞候事ニ而御座候、津の守（松平義建）末タ不快ゆへ不申聞候得共、五家之儀被仰下候儀も御座候間、御内々奉申上候、

一燧石拝見難有奉存候、餘程よろしく、早速試も仕候處、火の出もよろしく、御沙汰之通り、山出シ之石ニ而御座候ハヽ、可然奉存候、私ニも種々試候へ共、十分ニ難出來候處、此間事林廣記之中ふ、石抔軟ニ仕候法見出シ候間試候處、少し者切安く相成申候間、右之石入御覧候、御試奉願候、

一製造燧石之儀者、尋常之青硝子を蒸焼ニ仕候よし傳承仕候へ共、委細者承り不申候、

一熕鐵之書、誠ニ恐入奉存候、度々催促申遣候へ共、取揃不遣候間、先ツ三冊差上申候、全部出來之様子ニ御座候得共、校合出來兼候よし承り申候、

一（來ル九月二十一日、將軍徳川家慶小石川水戸藩邸ニ藩主慶篤ノ祖母美子ヲ訪フヲ云フ）小石川御立寄之節、彌御對顔も被爲在候や、極内相伺度奉存候、是迄之御都合之儀も、極内宗益（伊東、幕府奥醫師、法眼）より拝承仕候、何卒中途邪物（結城寅壽等カ）早く退散ニ相成候様仕度ものと奉存候、宗益者毎度出會仕り候、至極頼母しき人と奉存候、先者極内此段奉申上候、御火中奉願候、以上、

無名ノ上書ヲ入手ス

煩鐵書ノ貸與及ビ鷹ノ雁贈與ヲ謝ス

九月五日

追ゐ、奉申上候、無名之上書如きその、内々二通手ニ入申候、御内々入貴覽候様可仕哉、先此段奉伺候、以上、

〔参考〕　九月十七日　徳川齊昭より齊彬への書翰（控）

返翰扣

如諭冷氣之處、萬福令抃賀候、兼約之書冊、幷鷹之雁投恵忝存候、國産之鰤、聊令表謝意候也、

九月初七日嘉永酉之、

二白、御端書之趣忝存候、其許ニも爲天下折角加養可被致候、不一、

修理大夫殿　　水戸（徳川齊昭）隱士

御報

六一　九月二十九日　山口定救への書翰

（封紙宛書）
「（花押）　（不阿彌、定救、數寄屋頭）山口へ」

（奥封ウハ書）
「（花押）　」

（所見ナシ）
書面相達候、無異珍重ニ候、此方相替儀無之候、申遣之條心得申候、用事之分以一書申入候、

一（仲太郎、廣敷番之頭、兵道者）牧仲之儀云々尤ニ存候、（吉利仲、久包、當番頭兼側用人側役）仲迄申遣候趣も御座候得共、いまた轉役ニも不相成候、其地之様子追々承り候ハヽ可申遣候、此地ニゐも追々祈禱等之儀、能々承り合セ候様可致候内、（薩摩鹿兒島郡小野寺村不動院カ）小野寺之儀云々、是者先達ゟ極内々（種子島時昉、當番頭兼側用人側役）六郎ゟ祈禱申付候、其儀色々申候やとも存申候、猶又承り可申遣候、

一（兵道者）石塚義、琉ゟ渡海之儀も色々雜說申候よし、志ゐし全く虛說、琉ゟ渡海ニ相違無之候、左様之儀も御座候間、よく／＼不承候ゐも不知物ゆへ折角念入可申、人ニより候ゐも（島津將曹、久徳、家老）將之事も、（調所笑左衞門、廣鄕、家老）笑同様ニ申人も御座候様子、雜說とも信用難致候事も御座候、よく心得可申候、

牧仲太郎ノ轉役行ハレズ

石塚某琉球渡海ノ雜說

家督ヲ急グニ非ズゆらノ存在ヲ厭フ

島津久浮吉利仲ノ勢威

稻留廣時ノ處遇ゆらノ推擧ニ由ル

大迫先容著府屆書立案中ナリ

霧島宮祈禱

御前（齊興）向之御都合不存人ハ餘計ニ存過候事も可有之、其方ニハ存し居候事、よく心得候而承り合セ可申候、蔦（ゆら）之儀ハ相違も有ましく、此人さへ居不申候へハ、萬事ニよろしくと存し申候、家督之事ハ格別急きも不致事ニ候へ共、蔦之處甚タ心配ニ存候事、我ら所存ハ其通りニ御座候、去而し致様も無之事ニ候へ共、種々厚情ニ申遣候間、心中申遣候事ニ御座候、

一笑跡石見（島津久浮、家老）之儀云々、仲（吉利）之事尤ニ存申候、とかく少し勢ひ付候と直ニ家作等及ひ候間、甚不宜候事ニ御座候、少し考候へハよろしくと存申候、

一稻左（稻留左門、廣時、納戸奉行、廣鄕嫡子）之義云々、内々外ゟも申遣候、以の外之儀、左様ニ御座候へハ、忽チ公邊ゟ破を可申候事、是も蔦（ゆら）之吹擧ニ相違無之とそんし申候、來年迄ニ左様之義御座候ハヽ、忽チ破を可申とそんし申候、

一大迫（源七、先容、長崎附人、使番）之儀云々、著いたし只今折角文言等取立候儀、英人（ベッテルハイム、醫師、宣教師）歸國之義ハ不申候、程よく申出ニ相成候筈御座候、

一伊藤（伊集院藤九郎、兼直、小納戸見習）ゟ之霧しま之義云々致承知候、心得申候事ニ御座候、去而し天命之事、追々様子も可分とそんし申候、

薩摩焼ノ事

谷山抱地

鬮狩及ビ小踊ノ事

伊集院兼通ニ代リ田上則休出府

一上山寺（薩摩鹿児島郡新照院）之義云々、猶又承り糺可申、神社御信仰者よろしく候へ共、近年之如くおて者後年之入用如何と存候事御座候、

一相坊主不印（相良素白、奥茶道）之よし、重坊（重久玄碩、茶道頭）之義、燒物註文之義云々、相（素白）之様子猶又可申遣候、重（玄碩）之儀、雪（仁禮雪庵、奥茶道）事長々引入、壹人ニ而居申候、相替儀無之、笑之居候節ゟ少しも萬事ぉ而へめ之様ニ見得申候、去而し卯（伊集院卯十郎、兼通、奥小姓）も居不申候間、猪衛（藥丸猪右衛門、側目付兼小納戸）も先も玄（玄碩）江も程よく申談し之様子ニ御座候、先當時之口振ニ而者相坊抔第一頼ミニ存し居候やと被存申候、伊平（伊集院平、小納戸頭取兼用取次）等者格別重者好ミ不申様ニ被存候、此間も苗代（苗代川燒物所）江何も御註文無之ゆへ才甫阿（村田甫阿彌、同朋頭、苗代川燒物所奉行勤）等よき物不出來困り候と申聞候間、以後を下物よく手ニ入候うへニ、上物拵候而さよろしくと取合不申候、

一谷山抱地等之義、相知を次第可申遣候、

一御鬮狩等之義も、様子委しく可申遣候、小踊之事も何而御不都合ニ御座候ハヽ、吉仲（吉利仲）申遣し、上下（城下、上方限下方限）ニ可被仰付なそと御沙汰御座候様ニ承り申候、其後之様子委しく可申遣候、

一將（島津將曹、久徳、家老）之様子評判其後如何ニ御座候や、委しく可申遣候、

一伊卯（伊集院卯十郎、兼通、小納戸）代り此節田百（田上百二、則休、納戸奉行兼使番）申付候、此をの随分よろしくと存申候、不遠出府と存し候、福七（福崎助七、表小姓）随分よろしく御座候、去而し兎角ニ外出ニ而いまゝ度數多き様ニきんし申候、早務（早川務、兼照、奥小姓）如何ニ候

福崎助七歸國出發

島津久武ト面語ス

改無シノ船京ニ黄白登セノ事

書狀ハ伊集院兼直ヘ向ケ遣スベシ

江戸邸普請

稻留廣時ノ再勤ハ心外

密ニゆらノ處置ヲ考慮

兼抱守）や、評判可申遣候、山壯（山田壯右衛門、爲正、小納戸兼抱守）かよ添しくやと兼ゐそんし申候、其外格別見留メ之小姓少く御座候、福七も出立いゐし申候、其地ゐ近々著とそんし申候、

一何事ニよらは評判可申遣候、嶋壹（島津壹岐、久武、家老）ニも逢申候、追々咄合之様ニ可致とそんし申候、一度ゆるりと逢申候、又近々逢可申とそんし申候、

一改無シ之船之儀、専ら京ゐ紅白〔黃〕登セ之事と聞得申候、猶又承り候ハヽ可申遣候、唐物此せつゐ其地澤山有之よしニ存候、様子委しを可申遣候、

一伊藤（伊集院兼直）出立ニゐを、矢張伊藤之ゐさよろしく候間、伊藤ゐ向ケ可遣候、左候へ者、奥ニて請取候へとも甚タよろしく御座候、

一此節普請（江戸藩邸）最中ニ御座候、來春迄もかゝり可申と存候、先新規同様之事ニ御座候、

一返〳〵は稻左再勤、全く蔦（ゆら）之所爲と存申候、此義發し候ハヽ御城下又々人氣動き可申と存申候、伊平等も只々御機嫌とり候事計りゆへ甚タ心外ニ存候、二志（二階堂志津馬、行健、大目付兼側用人側役）之事ゐなしく申上候義も出來候様子、笑之儀とも將も居候間、矢張よき方ニ申上候やと被存申候、去ゐし蔦をへ居不申候へ者、以後大きニよろしくと存候、よき工夫折角考居申候申遣候方も段々御座候へ共、麁忽之義有之候ゐとも以の外之事、誰ゐも難申遣事ニ御座候へ共、極内々其

方ニ計り申遣候、先ゟ用事迄早々申遣候、以上、

九月廿九日

六二　九月二十九日　村野實晨への書翰

（包紙ウハ書）「嘉永二年九月廿九日之
御書十月廿五日拜戴」　○村野實晨筆

（封紙宛書）「〆　高市ニ之書面之儀
近ニも内分可致候、
（近藤隆左衛門）　　村　野ニ（儀之丞、實晨、奥小姓）」

（奥封ウハ書）「〆　近ニ者別口より遣申候本文と違候故、
此段申遣候、以上、」

（所見ナシ）書面致披見候、愈無事珍重存候、申遣候條々致承知候、以一書申入候、

一高市（高木市助、製薬掛兼庭方、兵道者）書面請取申候、

一近藤（隆左衛門、物頭町奉行勤）書面之義云々致承知候、此方都合ニ者其方取次遣候へ者、極上之都合ニ御座候、猶又今度も申遣候、近義（近藤）一向之氣質ゆへ、とかく跡先之考薄く御座候間、其處よく〳〵心

近藤隆左衛門ノ書ヲ取次ガシメ輕擧ヲ戒メ黑

得、麁忽之振舞無之樣ニ賴ミ入申候、極內々なから來年美濃（黑田齊溥、美濃守、福岡藩主）出府迄之處、必ミ事立不申樣ニ致度御座候間、其心得第一ニ可致候、

田齊溥ノ參府ヲ待タシム

一高木（市助）之儀、以來ゟ其方取次候樣、尤高木ニも申遣候間、近（近藤隆左衞門）之心ニ障り不申樣ニ、其方取次可致候、呉々も餘り手廣く不相成樣ニ心かけ賴ミ入申候、

高木市助ノ書ヲ取次ガシム

一國分石つか（石塚某、大隅囎唹郡國分鄕々士）之儀云々、大かた左樣と存申候、何事も其通り雜說申ぬらし候間、必ミ麁忽之儀いたしましく候、くれ〳〵も賴ミ入申候、近義餘り思込ミ強く候間、其處甚タ案んし申候間、只々何事も致候ニ不及、其地之樣子申遣しさへ致し候へハ、此方ニて其心得ニて、萬事所置いたし候間、色々手段いたし候儀ハ、成丈ケ差留メ候樣そんし申候、

石塚某ノ雜說

近藤隆左衞門ノ粗忽ヲ案ズ

一遊良之金子之儀云々、此儀ハよく承り居、伊平（伊集院平）ゟも內々承り候事ニて、伊織（伊集院織衞、役行、側役）跡ハ伊平と三藤（三原藤五郎、經禮、側役）取ハからひ候事ニ御座候、

ゆらノ金子ノ事

一給地高之儀云々、實ニ窮士御すくひ之爲ニも相成候やらむ、樣子委しく可申遣候、

給地高ノ事

一將（島津將曹、久德、家老）ニハ調（調所笑左衞門、廣鄉、家老）ゟ勘辨之よし尤ニ候、將ゟ隨分と心得も有之ものにて御座候て、近等惡ミ候程之ものニてハ無之樣ニ被存候、御前（齊興）之御都合ハ言ニ言ハれぬ事も有之、將之評判無據請け候儀も有之候、近等之如く惡ミ候てハ不宜、此處ゟよく心得可申候、近ニも其處申遣

島津久德ハ調所廣鄉ヨリ勘辨アリ隆左衞門等久德ヲ惡クムハ不可

幾那樹

牧仲太郎伊集院仲ニ取入ル

高木市助ニ封物下附

同志増加ヲ戒ム

祈禱ノ外閑ヲ案ズ

度候へ共、一圖之心底ゆへ、中々承知不致と存申候間、何とかく其方ニもよく得心いゐし、來年迄之處こらへ候樣ニ、夫とかく可申候、

一キナ(幾那樹)之儀云々、彌ニ候得ハ極々珍らしき品ニ御座候、

一國分猪(猪十郎、小姓與、無役)之事其後如何ニ御座候や承り度、伊平之樣子も可申遣候、牧仲(仲太郎、廣敷番之頭、兵道者)も彌伊平ゟ取入候と被存候、夫ら之儀如何承度そんし申候、此書面書く迄ハいまゝ近之書面見不申候、後刻ゟ參り可申と存候、若又相替候儀御座候ハヽ書添可申遣候、

一高市ゟも封物遣し候、其方ゟ可遣候、尤其方迄遣候書面ハ、高ゟ申聞候表向ニ無之候而ハ不宜候、其心得ニ可致候、

一重富(島津周防、忠教、後久光)ゟ其方稽古(虎巻)ニハ、此比ゟ出不申候哉承り度存申候、先日之行法も委敷承り度そんし申候、此度も別段屋久嶋(吉井七郎右衛門、泰諭、屋久島奉行、實晨實兄)ゟハ不遣候間左樣心得可申候、何卒〳〵壹人ニ而も申合セ之ものの少き樣ニ可致候、とかく人多く御座候へハもれ安きものニ御座候、

一高市・國分・和二(猪十郎・和田仁十郎、共ニ兵道者)等之儀、何而評判も御座候や、餘り祈禱等大造成事ニ而ハ無之哉、其處も心配と存申候、宜敷心得可申、何そ承候義ハ早々可申遣候、先ゟ返事早々申入候、

猶後便可申入候也、

九月廿九日

六三　十月九日　松平慶永への書翰

（奥封宛書）
「越前守様（松平慶永、福井藩主）　貴答　修理大夫」

無名氏上書ヲ呈示ス

過日ハ尊書忝致拝見候、愈御清福恐壽之至奉存候、扨々相願置候雲丹、澤山ニ御恵投被下、千萬忝奉存候、早速貴答可仕處、種々繁用ニ而延引恐入奉存候、且無名氏（所見ナシ）上書歸り候間差上候、此鴨乍輕少致進上候、先ハ先日之貴答旁如此御座候、頓首、

十月九日

海防ニ關スル發令ノ後ルヽヲ怪ム

尚々、時候御加養専一奉存候、海岸之儀（防備ノ件）、少しも沙汰無之候、如何之事ニ候や、誠ニ不思儀（議）千萬、辰ノ口（阿部正弘、老中、福山藩主）ニ而も如何存候や、

貴所様ニ何とか御尋可然奉存候、

水戸藩ノ内訌ヲ憂フ

小石川御立寄（将軍徳川家慶ノ水戸邸ニ臨ムヲ云フ）も相濟、御都合よろしきよしニ聞得申候、兎角ニ奸末（水戸藩内訌）々消え不申、時々雪

徳川慶恕ト清風軒ニテ會談ス

致催候よし、早く春暖ニ相成候ハヽ、老公(徳川齊昭、前水戸藩主)御大慶ニも可有之奉存候、市ヶ谷(徳川慶恕、尾張藩主)も先々可也之様子、去而し追々ニ無之候而ハ、とても十分ニ御所置むつかしくと存申候、四日ニ者寛々御逢申上候、清風軒ニ而七ツ比ゟ暮迄御はなし等有之候へ共、内密之儀者何も無之候、以後を拝眉萬々可申上候、以上、

六四　十一月十五日　徳川齊昭への書翰

刀及ビ石摺ヲ贈ラレタルヲ謝ス

(封紙宛書)
「上　　修理大夫」

(奥封宛書)
「上　　申上　　修理大夫」

寒冷之節御座候得共、益御機嫌能被遊御座恐悦御儀奉存候、然ハ先日者御國製御脇指(水戸刀工助共作)幷ニ石摺品々拝領被仰付、誠ニ以て恐入難有奉存候、御禮早速可申上處、先月中久々風邪ニ而引入罷有り大延引ニ相成、何共恐入奉存候、先ハ右御禮申上度、御側迄奉申上度、如斯

豚肉ヲ贈ル

石摺ヲ額ニ装潢シテ掲グ

小梅水戸藩別邸ニテノ會見ヲ約ス

牛痘ヲ小児ニ植種ス

ニ御座候、恐惶頓首、

十一月十五日

尚以、寒氣折角被遊御厭候様奉存候、豚肉兩種進上仕候、以上、

(別紙)

(奥封ウハ書)「別啓」

別紙申上候、御立寄(將軍家慶ノ水戸邸ニ臨ムヲ云フ)之御都合等申上候ニ付、不存寄拜領もの、誠ニ恐入奉存候、宗(伊東宗益、幕府奥醫師、法眼)へも早速頂戴爲仕候處、御禮申上度、やしき迄參り申候、一枚ハ國元醫學館(醫學院神農堂)へ遣し、額ニ仕り候筈ニ御座候、茶之御説も茶道之心得ニも相成候間、茶道(數寄屋)詰所へ額ニ取仕立候事ニ御座候、

一枚ハ私居間之小座へ掛候義ニ御座候、

一小梅(武藏葛飾郡小梅村水戸藩別邸)之義誠ニ難有奉存候、以使ニ而も罷出候様可仕、御沙汰次第、略供ニ而罷出候而もよろしく御座候、何卒御都合よろしき節罷出、御目通りニ而萬々申上度奉存候、

一牛痘之義、最早御聞ニ入候や、此節内々肥前守(鍋島齊正、佐賀藩主)持越シ、小児へ十人程も植付申候、近々私方小児へも植付候筈ニ御座候、蘭説通り少シ之掛念も無之よし、當地蘭醫之者共も感服之よしニ承り申候、序ゆへ奉申上候、

下曾根信敦歸府
將軍家慶ノ賢慮顯ル
海防發令ノ遲引
大井鴨池圖ヲ淸書
鍋島齊正ニ面會
綿火藥製法
小梅邸會見延期ヲ請フ

一下曾根も（信敦、幕府小姓組、砲術家）、十一日ニ歸著仕候、（浦賀ヨリ歸府）竹橋御筒も（江戶城竹橋門內銃砲庫）廻り之處、是迄役ニ立不申との事ニ而、御仕舞ニ相成居候處ニ、少しも申分無之、打試出來候よし、誠ニ以　德廟之（將軍德川家慶）御賢慮之程顯を候而、難有事ニ奉存候、井上・田付（左太夫、正路・四郎兵衛、幕府砲術師範、鐵砲方）不用之筒と申上居候處ニ、申分無之義、西洋之鐵筒、誠ニ感心仕候、

一海岸之儀（防備ノ件）、被仰出無之、如何之儀ニ御座候や、又々其內渡來候ハヽ、如何御處置ニ相成候や、閣中も異論有之哉ニ內々承り申候、恐入候儀ニ奉存候、

一大井溜之義（武藏荏原郡大井村薩藩下邸鴨池）、画圖近日中差上可申、只今淸書爲致居候へ共、餘り長引候間、先此段奉申上候、

一肥前（鍋島齊正）も著仕り兩三度面會仕候、不相替壯健ニ罷在候、蘭書等も格別珍書も不參よしニ御座候、

一先日申上候綿之義、申上樣不宜、御分り兼被遊候と恐入奉存候、先比入御覽候ヲルシキート之製法申上候事ニ御座候、猶々近々肥前江も承候ハヽ可申上候、

一小梅之義（小梅水戶藩別邸會合ノ件）、恐入候得共、當月者（將軍世子德川家祥ノ婚儀）御祝義等ニ而登城多御座候間、來月ニ御座候得者別而難有奉存候、先者右可申上、如斯ニ御座候、頓首敬白、

霜月十五日

六五　十一月二十九日　伊集院兼直への書翰

(封紙ウハ書)
「〆」

(奥封ウハ書)
「〆」

兩度之書面(所見ナシ)村(村野傳之丞、實晨、奥小姓・山口不阿彌、定救、數寄屋頭)・山兩通心得申候、愈無事珍重ニ存候、此方無事ニ候、さて申遣候趣心得申候、大中公(島津貴久廟)之品(護符)も請取申候、其外之品も落手いたし候、此方ゟ申付ニてもなく、其方之存寄ニ而祈念申付候義ニて、何も差支も無之候、此方ニ差上候と申義ニて、夢々申ましく候、國分(猪十郎、小姓與、兵道者)之事全く虚説ニ御座候、是も少々の間違ゟ左様の事申候と存し申候、委敷追而可申遣候、押川(宗英、奥茶道)便之儀心得申候、盛之進(三男)とかく不快勝ニ而込(困)り申候、儔之(五男儔次郎、虎壽丸)儀先何事も無之、彌よろしき様子ニ御座候、委しく申遣度候へ共、廿一日後日々上使登城等ニ而、廿二日廿六日二日程ハま其うへ寒中書状有之、早々申入候間、此度ハ細事不申遣候、吉井(七郎右衛門、泰諭、屋久島奉行)も請取申候、此度(第六六號)山ニ(山口定

大中廟祈念

國分猪十郎ノ事ハ虚説

吉井泰諭ノ書ヲ請取

伊集院兼直ヲ出府セシム

（敷）計遣候、外ニも先ツ不遣候、まつ其内都合次第可申遣旨村（村野實晨）江可申候、先ハそらく而外ニも不遣つもり、（山口定敷）山其方計り可遣候、其地之義委しく可申遣候、實否而かまひなく候、來二月出（兼直）府之義、此度申遣候間、來月便、正月便而先ツ遣ニましく、若差あいりニ候ハヽ、（伊集院兼徹、兼直父）八藏方迄山（山口定敷）江之品可遣候、先ハ遣ニましく候、取込早々申入候也、以上、

十一月廿九日

六六　十一月二十九日　山口定救への書翰

（封紙宛書）

「（花押）　山（山口定救、數寄屋頭）」

（奥封宛書）

「（花押）　山」

（所見ナシ）

徳川家祥ノ婚儀

國分猪十郎ノ事ハ虚説

書面兩度相達候、愈無事珍重ニ存候、此方相替候事も無之候、さてて而申遣候條々心得申候、一々返事も可申遣處、（將軍世子徳川家祥）右大將様御婚禮相濟、御祝義等ニ而登城多く、廿日後而上使幷ニ雁上使、旁ひまもなく、廿七日而御能有之、夫故大略請取のミ申入候、（伊集院藤九郎、兼直、小納戸見習）伊藤江申聞候國分猪（猪十郎、小

島津久武ト事ヲ議ス

南部信順同道增上寺參詣

之事も承知、此義全く虚説御座候、其外承り候趣も御座候へ共、虚説多く實事十分一も無之事ニ御座候、島壹（島津壹岐、久武、家老）ゟも委しく承り、追々申談候事ニ御座候、二主（二階堂主計、行經、大目付）も不快之よし、萬事壹（宗姓與、兵道者）岐）出府ゆへ相談いゐし候間、以後上都合ニ御座候、押川（宗榮、奥茶道）便之義も承知ニ御座候、とかくニ蔦（ゆら）之處配心も御座候へ共、是まゝ壹（島津久武）と申談候事も御座候、只々其地之様子實否無構申遣候様ニそんし申候、當月廿日後、何もなき日、廿二日廿六日のミ、廿三日登城、廿五日上使、廿七日御能、廿八日御禮登城と雁ノ上使御座候、廿四日ゟ南部（信順、八戸藩主）同道ニゐ增上寺（江戸芝）參詣いゐし申候、其うへ寒中ニゐ文通多く候間、大略申入候、盛之進（三男）とかく進ミなしく、又此せつも少々不快ニ御座候、餘ゝ後日可申遣、格別用事無之候ハヽ、來月末ニも歳暮旁取込申候間、便此方ゟ遣し不申候間、左様心得可申、若何そ用御座候ハヽ可申遣候、雪庵（仁禮、奥茶道）とかく同篇ニ御座候、先ゝ早々申入候之、

十一月廿九日

大井別邸鴨池圖ヲ贈ル

小梅水戸藩別邸會見ニ就キ照會

六七　十二月五日　徳川齊昭への書翰

（封紙宛書）
「上　」

（奥封宛書）
「上　　　中上　　　修理大夫」

寒氣之節御座候處、益御機嫌よく被遊御座恐悦奉存候、然ハ先比拝借被仰付候御画圖（イギリス圖）返上仕候、大井画圖（大井村薩藩下邸鴨池）出來仕候間奉差上候、先者可申上如斯ニ御座候、恐惶敬白、

十二月五日

猶々、寒氣折角被遊御厭候様奉存候、以上、

（別紙）

（封紙ウハ書）
「別　紙」

（奥封宛書）
「上　　　書添」

奉別啓候、小梅（水戸藩別邸）江罷出候儀ニ付、委敷（所見ナシ）被仰下難有奉存候、當月ニても、來春ニても、御都合よろしき節奉願度、當月ニ御座候へハ、十三日十七日廿日ハ無據事ニて罷出兼候、其餘

牛痘ヲ愛兒等ニ植種ス

「イギリス」圖ヲ寫ス

ニ而幾日ニ而も罷出候而よろしく御座候、彌罷出候儀ニ御座候ハヽ、運阿彌（水戸藩同朋）方被仰下候や、

又ハ此方より相願候事ニ御座候や、乍恐御都合奉伺候、

一牛痘近々ニ種差上候樣可仕、私方ニ而も追々植付ニ而、二十人餘ニ相成、乍恐私子供ニ

も壹人（五男備次郎、虎壽丸）種痘仕候、廿日比ニ者種差上候樣可相成と奉存候、

一大井ゐしき之溜り雁場之圖差上申候、御留置ニ而宜敷御座候、

一イギリス圖難有奉存候、寫相濟申候間、奉差上候、

一肥前（鍋島齊正、肥前守、佐賀藩主）ニも御意申傳候處、御禮申出候、先ハ右可申上、如斯御座候、恐惶頓首、

十二月五日

六八　十二月二十七日　德川齊昭への書翰

（封紙宛書）
「上」

（奧封ウハ書）
「書添奉申上候」

嘉永二年十二月

牛痘苗ヲ贈リ牛痘新書和解ヲ添フ

虎壽丸種痘

一牛痘之苗奉差上候、廿日比落痂仕候種不宜夫故延引ニ相成申候、幷ニ牛痘新書和解相添入御覽申候、私子供之儀、御尋難有奉存候、當時男子兩人、三才（三男盛之進）當才（五男儔二郎、虎壽丸）罷在候、三才之方兎角病身ニ而、當時も不快中ニ御座候間、植付出來兼候故、當才儔二郎と申ものニ植付申候、兩方江八ヶ所付候處、不殘出痘仕候、

進金ノ事

一極秘被仰付之義、承り合候處ニ、御金被進候義不存よし、御守殿（齊昭養母美子、峰壽院）女中向前以ての御手當之御反物御目錄等者、不殘御本丸御取仕立ニ而、御内々相廻申候よし、其外何も不存よしニ御座候、

一小梅（小梅村水戸藩別邸會合ノ件）之義、來年ニ相成候而申上候樣可仕候、

齊彬返歌ノ世評

鍋島齊正伊達宗城及ビ齊彬ニ對スル批判

一甚タ恐入候得共、先達御哥（第五二號參考）被下候ニ付、腰折を（第五三號）之御請申上候義、如何之義ニ御座候哉、世上ニ而少々存知之もの御座候よし、肥前（鍋島齊正、肥前守、佐賀藩主）ゟ心得ニも可相成知らせ申候間、以後之爲ニも可被爲成と、御内々奉申上置候、當時之有樣、乍恐御評判申上勝チニ而、夫ニ付而ハ肥前守・伊達（宗城、宇和島藩主）幷ニ私等之評判、善惡ニ付申候もの多く甚タ配心仕候、肥前ニ者別而色々評判有之よし、當人も承知ニ而外々江參候而も、餘程例ゟ愼罷在申候、か樣之義申上候を恐入候得共、御心得被爲入候ハヽ、何その御都合ニも可相成と奉申上候、先者書添此

段奉申上候、恐々頓首、

廿七日

猶々、牛痘二十日位之苗も取用ニ相成候よしニ御座候、人痘之痂植付と同様ニ而宜敷御座候よし、

痘苗ノ有効期間

一(奸黨)かん氣もほとよく御こなり被遊候由、以ほとにも追々不被遊候而ハ、ゆるみ申ましく、以ほ方ニ而も、かんも増長致しゐまく、中ニ者不所存之時候相發シ、氣候之和らき候爲之邪魔ニ相成、甚タ痛心仕候義ニ御座候、中々恐ろしく奉存候、以上、

水戸藩ノ内訌

(別紙)

又添而奉申上候、牛痘植付様之事、只今醫師申出候ニ者、落痂植付ランセッタ宜敷、乍然工者ニ無之候而者、人痘程付き兼候由御座候間、大槻俊齋(肇、蘭齋、後幕醫)江御尋被遊方可然申候條、此段奉申上候、以上、

牛痘植種ノ方法

嘉永三年庚戌（西暦一八五〇年）

六九　正月十八日　黒田齊溥への書翰

（端書）「正月十八日出之御書」○黒田齊溥筆

證據モ無ク切腹ノ人々ヲ忠臣ト主張スルハ不可

井上正徳ノ隠匿ヲ請フ

島津久武ヘノ書狀ハ速ニ遣ハサレタシ

一井出（井上正徳、出雲守、諏訪明神祠官、後藤井良節）之儀、書面相違無之候、書物も尤ニ存申候、何そ彌無相違咒咀、又ハ何ニても證據之品、同人持居候得ハ宜敷候へ共、只今ニ相成候而切腹之面々忠心と申張り候ても、中々事極々むつヽしく、評定所物故、夫ニ而も又大變故、此度之處ハ何卒此儘無事ニ相濟候方よろしくと存候間、先日申上候振合、且今日申上候方ニ、得と同人江被仰聞被下候得ハ、至極可然、萬一之時、御出シ可被下、成丈ケハ御隠し置之方と奉存候、左候而、壹岐（島津久武、家老）江書狀之儀尤ニ存候間、早く可被遣候、此間之書面未渡し不申、其譯ハ先便も申上候通り、壹岐も懸り合之様子故、たとへ見せ候而も、詮立不申と存候間、奥平（昌高、前中津藩主、齊彬大叔父）申談し控置申候へ共、此度申上候振合心得候上、其心得之文通と、別之本意之文と、兩通ニ御認

正德ノ近藤隆左衛門等諫諍

隆左衛門等ノ謀書

隆左衛門等謀書ノ眞意

五大堂ノ事證據慥ナラズ

島津久武ニ差出シタル

させ被下候ハヽ、都合次第ニ相渡候様可仕候、其外ハ此間申上候通り之儀ニ御座候、

一近藤(隆左衛門、物頭町奉行勤)・高崎(五郎右衛門、溫恭、船奉行兼家老座書役勤奥掛、正風父)等之事、井上も初メハ誠忠と存候處ニ、此比將(島津將曹、久德、家老)等殺害ニ可及との事等申出、以後指留メ、壹岐ニも指留メ之手紙等遣候後、承り候得ハ、外々ニ御書被下、祈禱被仰付候なそ申事有之、何歟うんかもしく、跡先分らぬ事も有之候而、追々相考候處、忠志計ニも無之、全く其身之爲ニ致候處も考付、又謀書等取立候儀も承り出候故、追々考候あちくり候處、近藤等御書之謀書取立、色々相工ミ候由ニ被存、いよ／＼不審故、近ニ極内承り候處、謀書取立候ニ相違無之旨も承り候而、あやまり申候間、以來之處愼候様申候處、近藤ニも後悔ニも御座候哉、同類之者ニも申聞ましく、高木(市助、製薬掛兼庭方)ニも謀書遣し置候由、尤之事故、高崎等程よく申こて取返し可申と申候而、扨只今此儀同志之内存候而ハ、人ニ寄如何存候而崩立候而ハ不宜、大變引出し、夫こそ關東(齊彬)御存も無之事ニ御迷惑懸ケ候而も不宜、實ハ近藤ハあしき事ハ存候得共、只々早く御家督願度故、謀書も致候由ニ而、あやまり申候間、志ハ宜候へ共、左様之儀ハ有ましく申聞候、又先比五大堂(花倉別邸内)之事、將等惡事御心得迄ニ、忰(近藤欽吉、奥小姓)ニ向ケ申上候處、證據たしゕ不成ヒ被　仰下候間、是非證據承り出度、色々氣ヮ付候旨も申聞候間、旁壹(島津久武)ニも右之段申遣し、指出し候書面も燒捨候様、

書ノ處分

齊彬ノ關係セザル事ヲ申開キノ爲ニ亡命

正徳ニ諭シ書上ヲ徴セラレタシ

隆左衞門ノ同志ハ六七人

先々御控被成候様可申遣、尤壹岐事指出候考ニも無之事ハ存候得共、謀書等之儀も有之、たしかなる便被頼可申遣と存候處ニ、此度之儀到來、誠ニ仰天致し候而近江參り候處、兼而存之通り之儀、關東御迷惑ニ不相成様、謀書等之事申開候様ニと申候事故、迚も只今混雜中申候而も、御取揚ケも有ましく、又謀書致候ニ相違も無之候間、關東御迷惑ニも相成ましく存候得共、萬々一事むつかしく相成候節、御國ニて申出候而も、奥向幷將等も如何取計候も難計候間、關東御存知之事ニハ無之と申證據、申開度所存ニ而罷越候旨ニ、心得候ハ誠ニよろしくと存申候、近も西（西筑右衞門、江戸留守居）江遣候書面等ニも虚事ニ相違無之、又内實ハ近ゟ萬一文通等洩れ候節之ためニ、虚事も致候旨申出有之様ニも覺申候、左候得ハ、近之本意も叶、又井上忠志も顯れ可申、又小子方も何も明白ニ相成よろしくと奉存候間、此所之分、井上江得と被仰聞候様此段申上候、右之通りニ心得候て、貴所江書付ニて出候得ハ、萬一之時之爲極上、

一近等惡意之向ニも六七人と被存候旨も可申、又外ニも傳書之謀書、且一體之人氣も相立候間引入られ、井（井上）も同様、兼而遊（ゆら）印等之事人々申候間、只夫ヲ一日も早く取除度存候事ニて、惡意不存誠忠と計存、如斯大變引出候事、誠ニ恐入候旨も、書候而可然奉存候、壹岐之

正徳書上寫ヲ奥平昌高南部信順兩人宛ニ贈ラレタシ

隆左衛門ノ書ハ取捨セラレタシ

隆左衛門齊彬ノ書ニ擬シ書加筆ス

指出候心得ニ無之事、幷殺害之事指留メ候事、及小子之不存御書等も、近藤之悪意ニて相工ミ候旨、追々聞出し心痛致し、此儀可申出哉と存候得共夫ニてハ大變、以來ハ急度愼候間決して口外不致樣申聞候間、最早格別工ミも及ましく、追々となゞめ候樣不致候てハ、人々大變ニも相成候と深く勘居候處大變到來、早く不申出大不念之旨、先日申上候文と、今日之と御引合セニて、御取立させ被下候樣奉存候、井上直書ニて御あゝセ被成候て、其寫奥平・南部兩人(昌高・信順、八戸藩主、齊彬大叔父)當テニ被成候て、當地(江戸)に早く御指廻置被下候樣、尤事むつかしく候ハヽ可指出、左も無之候ハヽ不指出控置候樣ニと、被仰遣被下候得ハ上々ニ御座候、左候ハヽ、井上ハ先々御留メ置可被下候、

一先比指上置候近等之書面ハ御取捨ニ奉願度、夫とも井上取次指出候處ニ候得ハ、表向一通ハ可然、添書御取捨可被下、全く小子同意ニて無之、只打明入貴覧候へとも、小子同意之樣ニ相見に候ても以之外ニも御座候間、旁此段申上候、近に書面ハ遣候事御座候へとも、夫ニ又色々書加に、小子ノ字不存者にハ實ニ小子書面と申候て、見セ候儀相違無之と存候間、其處井上含ニて宜勘考可致と被仰付候樣、此度指出候書面ニてハ、いまゝ貴所樣家來にも少し押隱し、小子書面等之事不申積と存候得共、全小子不明ニて、近等之如き

齊彬ノ和歌ヲ僞作ス

吉井泰通血判ノ書ノ有無ヲ質サレタシ

吉井泰諭ノ罪ノ有無ヲ問合セラレタシ

同志ノ密告ニテ直チニ處刑スルヲ詰問セラレ

者ゟ遣候儀、甚赤面ニ御座候得とも、夫を隠し候てハ國家之大事ニも相成候間申上候、井上ゟ得と被仰含源八（吉永源八郎・安永、共ニ福岡藩側役）・延助計りゟハ不殘申出候樣奉願候、誠ニ麁忽之儀工ミ出し大難儀仕候、小子書面等僞書致候者、二階堂主計（行經、大目付）ゟ申ニハ、小子被仰下候御哥とて申聞候由、主計ゟ申遣候、此哥全く僞作ニ御座候、是ハ慥ニ僞作ニ相違無之、餘程いろ〳〵工ミ候ニハ相違無之候、

一近ゟ色々僞も交セ置候と申事申遣候去、去々年比と存申候、今日考出申候、左候へハ全く惡意ニも無之、どうか致し早くと存候處よりとも被存申候、其書面見出、以後可指上候、

一吉井七之丞（泰通、職方目付）と申者、何歟血判ニて認候もの有之由、若哉六郎（種子島時昉、番頭兼側用人側役）ゟ午ノ年（弘化三年）比指出候書面御座候哉と存候、夫ニてハ無之哉承り度存申候、尤午年ゟ未年（弘化四年）比かと存候、井ゟ御聞可被下、小子ハ覺不申候、又ハ指出候積ニて不遣仕廻候や承り度候事、

一屋久しゐ奉行吉井七郎右衛門（泰諭）ハ如何ニ御座候哉、咎有無御聞合セ被下度、又外ニ誰と申者咎ニ相成候哉、此分聞合セ可被下候、

一又申上候、たとへ同類申出候も、當人不糺、死人口無シ致候處も、御咎メ之廉歟と存申候、又土持（岱助、兵具方目付）と村田（平内左衛門、目付）も何之證據有之哉と御尋可然、又國分（猪十郎、兵道者）も御尋可然、去かし是ハ謀書可

タシ

井上正徳筑藩ニ潛入留置セラル

正徳歎願書

近藤隆左衛門等ノ謀計ト齊彬

致、但馬市助（廣敷番之頭）へ申候由故ニ其事可申候、猶更不容易事ニ不召捕吟味無之處、不審御咎も可然、彼方落度澤山御座候、

〔參考〕自嘉永二年十二月四日 至同 三年四月廿八日 黑田齊溥手留

一嘉永二年酉十二月四日、

井上出雲守（當戌三十四歳 薩州鹿兒嶋諏訪大明神神主職小番家格地行高百五拾石職分地貳拾石切米拾八石）薩州發足、

同九日夕方、吉永源八郎（福岡藩側役）方へ參候ニ付、直ニ同方へ留置、

一翌十日、薩州表一件同人罷越候次第、封書ニ而指出、

右書面之寫

恐惶頓首嘆願之事

去ル三日、別紙六人之者共、評定所御用御座候處皆々切腹、御斷申出申候、右ニ付私兼而存知之趣ヲ以段々勘考仕候處、全く近藤（隆左衛門）等無謂謀事ゟ起り申候儀ニ相違無御座候、右ニ付而も入組候譯ニ而御座候得ハ、萬々一關東修理大夫（齊彬）様之御迷惑ニ相成候様ニ共聞得申候而も以之外之事、少モ關東（齊彬）ニも御存知ニ而無之候事ヲ御爲抔ト謀計仕、全く近藤等悪謀

齊彬ノ爲ニ善後策ヲ講ゼンコトヲ請フ

島津久德ノ謀殺ヲ企圖シ高崎溫恭山田清安等ヲ語ラフ

正德等諫止ニ努ム

取企候故之事ニ付、精々申開キ仕度ト奉存候得共、是迄折角ト穩便ニいたし度モ有之、成丈取鎭メ置申候ゟ末之事ニ御座候得共、今更國元而已ニて申開キ仕候も、全く聞取ニ相成候所些無覺束相考、不得止事難默止譯合ニて奉嘆願候間、何卒深キ御仁恩ヲ以、關東之迷惑等ニ不罷成樣、御聖策奉仰候、兼て御近親樣ハ勿論、御賢明之御德奉闕候ニ付、不奉恐顧愁訴仕候、近藤等謀計之形行左ニ申上候、先全體近藤事性質甚强偏之者ニて御座候得共、隨分忠直之ものト存し罷在申候所、既ニ當秋之頃、修理大夫樣御爲ト申立、全く私之宿意偏執取交へ、家老嶋津將曹(久德)ヲ殺害いたし度儀ヲ樣々工夫いたし、咒咀いたす抔ト、誠ニ有ましき事共色々申立、便口ヲ以高崎五郎右衛門(溫恭)・山田一郎左衛門(清安)等へ談合いたし、既ニ同心之人數も誰々抔と、心賦迄いたし候事共有之、誠ニ驚天致、兼て心安く仕候上、不被差置譯モ有之、尤無是上國家之大變ニ御座候得共、是非差留メ申度、一兩人篤与申談、樣々工夫いたし、愚存之趣細々申入、屹度止候樣ニと熟談仕候處、漸く得心仕候得共、兎角急速之性質、殊ニ利口之者故、又樣々ト謀計謀書等いたし、私式愚鈍之舌口ヲ以申宥候も言葉不及心意、然共力之限りハ申爭ても不事立樣取鎭メ申度、人しれす心配仕候得共、又々右等之事有之、既絶交可仕とも爲申事も御座候得共、夫ニて

齊彬ノ爲ヲ唱ヘ其ノ眞意ニ違フ

島津久武ニ通ジテ江戸波及ヲ計ル

正徳久武ニ謀計阻止ヲ内談ス

齊彬ニ災厄ノ及バン事ヲ顧慮ス

ハ却而騷しく可相成ト存、尤關東御爲トハ申候得共、一向裏表之譯ニ而、惣而關東之眞意ニハ大キニ相違いたし、旁不快ニ存、斯ト關東江も申上、重役共江も申出度存候得共、是以楚忽ニ難仕、何れニも可成丈理ヲ盡申宥候外術計盡果、然處島津壹岐(久武、家老)江通し、江戸表ニ而云々之謀計謀書いたし度ト申事有之、是以甚不埒之事故、差留申度談合仕候得共、是迄委く近藤之心意取ひしき申候得ハ、例之性質ニ候而せ、是上も不及力ト存、何事も私共へも押隱し、外々ニ而又いか成謀計いたし候も難計、夫ニ而も難補大變故、先何事ヲ思立候而も不果樣ニ計ひ置、折ニ觸レ事ニ付而篤与輕薄之所行心意ヲ止メさせ候樣計ひ候方平和ト申談、幸壹岐事私由緣之者故、深く内談仕、何分近藤謀書詮立候ト落著いたす樣ニこしらへ置候ハヽ、夫を頼ミニ安堵いたし、別ニ謀事も仕ましくと程能談置申候處、其後ハ實ニ安堵之模樣ゆへ先平和悦ひ罷在候處、いか成事仕出し申候哉、終ニ此節之都合罷成、今更何とも無申譯驚天之仕合、右次第ニ候得も、いか成惡計取企置たる も難計、左されハ關東之身之上ニ無實之災難共到來仕事共ニ成立もいたし間敷哉ト存し申候得ハ、只々片時も安キ心無御座、又乍恐近藤・山田・高崎等之心意、私程爲存知もの無之与相考候廉不少候得ハ、何れニも申開キ仕度、去ル三日之夜中工夫仕候得共、前

近親ノ援助ニヨリ平和裡ニ家督行ハレンコトヲ訴フ

幕府ヘノ影響ヲ畏懼ス

近藤隆左衞門等ノ切腹

文之通今更重役共迄ニ申出ゟりとて、些汲取も無覺束頓与前後困窮仕、心苦之餘り御賢明之御仁恵ヲ以、微臣之寸忠御汲取被下、關東ゟ災難無之様、御賢策ヲ奉嘆願度一筋ヲ以、不屆之御咎メモ不奉顧、御近親様ゟ勿論、御賢明奉仰、天拜地伏奉嘆願候、實ニ關東ニハ全く存知も無之謀計之事而已ニゐ、己レ等時ヲ得ん爲之所行なる事明白いゟし、何事も無事平和ニ無事故追々目出度相續爲有之候様、二世迄之嘆願偏ニ〳〵御憐愍被召加被下度、再拜頓首奉愁訴嘆願候、恐懼誠惶謹言、

十二月十日

町奉行ニゐ物頭兼勤　近藤隆左衞門

右同　山田一郎左衞門

追啓、江戸表西筑（江戸留守居）右衞門ト申ものへ謀書遣し置候哉ニも承り、右ニ付ゐゟ若公邊御役々様抔ゟ相響き申様之事も誰計、夫ニ付ゐゟ國許之手數迄ニゐゟとても間ニ逢兼候半与奉存、かゟ〳〵不勘辨ニ出國仕候次第ニ御座候間、何事も無事平和之御聖策幾重ニも奉嘆願候、

別紙之寫

船奉行　高崎五郎右衛門
兵具方目付　土持岱助
道方目付　村田平内左衛門（諱磨）
無役　國分猪十郎

右之者共致切腹候事

阿部閣老及ビ近親ニ通報ス

一右ニ付、今十日、江戸表ニ急便指立、辰ノ口（阿部正弘、老中）ニ封書指出候事、幷奥平左衛門尉（昌高、前中津藩主・信順、八戸藩主）・南部遠江守ニも申遣候事、

正德ノ居ヲ移シ改名セシム

一同十五日、出雲守（井上正德、後藤井良節）事、志摩郡（筑前）櫻井村（福岡）城下ゟ五里、神社大宮司浦下總守国中神職ノ頭、目見以上ノ者、方ニ預置、

但、同方ニ而出雲守事、村上源之進と改名、

嘉永三年戌

薩藩捕吏ノ博多來宿

一正月四日、薩州役方盗賊召捕方足輕之由、幷目明江戸表ニ而をかつひきと申様なる者之由、共九人、博多川端町（筑前筑紫郡）止宿、高木市助（製薬方掛兼庭方）・井上出雲守詮議筋、不表立爰元目明共迄及示談候由、

五日之朝、目明共五人、京都ニ罷越、残四人薩州ニ帰、

但、委細ハ此方詮議方頭役(馬廻組百石以上之者、)ゟ申出ノ趣、(所見ナシ)別帳有之候間、致省略、以下同斷、

一同六日、薩州役方

野添仲左衛門
向口助左衛門
山口嘉助
森山仲次郎

捕吏久留米領探索

右四人、(筑後三井郡)久留米領ニ而出雲守事聞付候次第有之、再博多江止宿、右足曳之次第を以不表立目明共へ相頼、翌七日出立、

一同十四日、薩州役方四人、

野添仲左衛門
小川鐵藏
吉田直之進
内藤善次

高木市助就縛

博多江致止宿、翌十五日詮議方手先之者江出會、出雲守人相書等相渡及噂候ニ付、高木

柳川問屋帳ニテ正德ノ足曳分明ス

齊溥家臣ニ密命シテ正德ヲ隱匿セシム

市助儀ハ國境ニ而被召捕、出雲守儀ハ柳川（筑後山門郡）問屋帳ニ而足曳相分、福岡（筑前筑紫郡）江罷越、安永源八郎（吉永ニ候ヘ共、先方申分通記置、）と歟、何之九郎右衛門と歟申仁之屋敷ヲ相尋候處、右之屋敷ハ黑門ヲ越し相尋可申と敎候由、右之末何方江罷越候哉不案内之儀ニ付、詮議筋相賴候由

但、是迄此方詮議方之者江も深秘置候處、右吉永源八郎名元尋候處之足配有之ニ付、此方詮議方手先之者とも源八郎方江參候處、同人留守ニ而不相分、右之趣詮議方頭役天野右中江申出候處、其方共同方江參り直ニ對談等ハ卒忽之至りニも候間、拙者罷越問合可申と、右中源八郎方江參り候處、在宿ニ付致對面、出雲守一條及內談候ニ付、早速源八郎ゟ小子（黑田齊溥）江申出候間、右詮議方頭右中幷同役兩人江ハ極密含置、以來薩州役方之者參り致詮議候とも、程よく申談指返候樣取計可申旨、手先之者とも江も見込を以申談置候樣申付候事、

右ニ付、所々致詮議候得共、足曳不相分趣相答候處、猶よろしく相賴候旨申談、同十九日博多致出立候事、

十二月廿八日　　薩州番頭

吉利仲（久包、當番頭兼側用人側役）

齊溥城内ニ吉利久包ヲ引見ス

博多止宿、翌廿九日城内（福岡）ニ而對面、
但、同人歸國之儀承知、兼而小倉（豊前企救郡）町人薩州用達し迄、小子側向ゟ仲江之懸合狀指廻、
福岡立寄之儀申遣置候事、

二月二十九日黒田齊溥吉利久包對談ノ覺

吉利仲江對談之覺

仲ゟ
一此度之儀、誠ニ恐入候御事、然し最早御静謐相成難有奉存候、
小子（黒田齊溥）ゟ
一夫ハ何ゟ目出度御儀存候、然し萬一大隅（大隅守、齊興）存念いまた不解事も可有之哉如何、
仲ゟ
一大隅何も存念最早有之ましく、私事著之上事々申上候ハヽ、彌以御安心可有之奉存候、
小子ゟ

花倉五大堂ノ事ヲ問フ

一薩州表ニ而花倉五大堂（調伏修法ノ事ヲ云フ）之事、修理（修理大夫、齊彬）ゟも荒々申來、且又近隆（近藤隆左衛門）初之事も申越候、右修理ゟ之書狀如此、其方一覽可致候、右五大堂之事如何之都合候哉、

子細ナキ旨ヲ答フ

正徳ノ來藩ヲ告グ

山田清安手留ニヨリ正徳ヲ京都ニ探索ス

出國侵犯ノ故ヲ以テ交付ヲ請フ

仲か

一右ハさ候て御秘と申譯ニも無之處、惡人共色々申觸シ候事、實ニ子細も無之候

小子か

一右ハ其方申分ニ而ハ子細も無之事存候、扨又其方江極秘可咄事有之、小子氣分ハ其方もよく存居候通り、何事も隱し候事少も出來不申候ニ付、一事も不殘打明申聞候、井上出雲事、昨十二月九日、源八郎方江參り大變之事申出、猶又書付ニ而委しく承り、小子も仰天不容易事、又井上之誠忠ヲ感、深くかくし置候。其方共今日迄も不存事や、

仲か

一扨ハ左樣候哉、既國元ニて出奔之事早速ニ相分候處、山田(清安)之手留メニ、京都懇意之者所江遣候書狀ニ、殊ニか候ハヽ出雲可參と書付有之候間、京都江五組程迄捕手も出居、猶又仲そ此節段々詮議致候得共一向不相分、何方江參候哉と存候處、小子かくし置候事夢ニも不存申候、井上事惡事も無之、近藤初惡意之企再三差留候處も志れ居候ニ付、格別之事ハ無之候得共、出國仕候ニ付きひしく詮議有之候、同しくハ引渡被下候ハヽ、御都合も可然奉存候、

齊彬ノ爲ノ證據人トシテ留置スルヲ告グ

引渡ヲ峻拒ス

國法ニハ國法ヲ以テ返報

小子ゟ

一其方申候處ハ御國法相背出國之者ニ付、尤ニハ候得とも、井上申分理當り、當人身命ヲたしミ候て出國ニ無之、全此度之事修理少も存無之儀ヲ、萬一存居候樣ニ相成行候てハ以之外ニ付、薩州重役ゟ申出候ゐ宜敷候得共、萬一取持無之候節ハ不容易事ニ付小子ゟ申出候上、井上身分如何樣共申付次第と申候ニ付、小子も不容易事萬一修理存無之事ヲ、是非存候樣ニ相成候ハヽ、其時證據人ニ小子ゟ出候心得ニ付隱置申候、右今日其方ゟも不申して宜候得共、薩州家老ともヽいつ方ゟ參居候哉心配も可致存候ニ付、外ならぬ小子之事ニ付、極内々小子預り置候間家老共安心可致、表向ハ詮議當時可致候得共、内々右之通ニ付、筑前ゟ詮議方之人も不遣樣可致存候、且又か樣打明申候ハ別ニも子細有之、薩州人氣ニ付、若小子方ゟかくれ居候事あれ候ハヽ、表向懸合等も可參、左樣之節ハ此方ニハ居り不申旨何返ニても可申、其内不意ニ召捕方大勢參り召捕可申致候ハヽ、小子中々以相渡事無之、此方ニも相當之人數備置可申、萬一手荒之事候ハヽ、此方も手ならく可致、且又萬一ふミ込召捕候ゟ、一刀ニきつて捨候ハヽ、たとひ薩州國法ハ可有之候得共、此方ニも國法有之きつと返報可致、左樣相成候てハ

輕罪處置ヲ約シ引渡ヲ請フ

一兩年ハ武力ニ訴ヘテモ隱匿スベシ

元ハ御平和ヲ存候ゟ事起、返ゐ大變ヲ引出候間、事やもらゐふ仲事取計可申存候、

仲ゟ

一右ハ井上身ニ取誠以難有思召御尤奉存候、小子申聞候通、薩州人氣故、井上事居り候事ゑれ候ハヽ如何樣之事ゟ出來可仕哉も難計、仲事ハ只今咄ニゐよく相分候得とも、罷歸家老共江申聞評議ニも相成候ハヽ、大勢之中ニハ又手ならく取計可申存候者も難計、此事むしと仲も當惑至極ニゐ大こまり大心配之樣子ニ有之候、又申候ニハ、小子兼ゐ承知之通りまけ候事きらひの國風ニ付何分共六ヶ敷、右厚心配いたし候事ヲ委しく申聞候ハヽ、引渡相成候とも極々輕く咎申付遠島位ニも可仕、決て命ニ別條ハ無之旨請合候間何分引渡候樣奉願候、

小子ゟ

一薩州國風まける事きらひとハ尤存候、小子も薩州出之人ニ付猶又まける事大きらひ、中々以仲之申分位ニゐ可相渡哉、是非共小子存念通取計、一兩年ハ隱し置可申候、外之人ニも無之、小子屹度預ルと申事ヲ家老共異儀ニ及事不可有、小子ヲ疑候事ハ有之ましく、左樣申候ゐも不承知ニ候ハヽ小子も不承知、然ハ力つくニゐも勝手次第弓鐵

砲も可備存候間、是非とも工風可致候、

仲か

一左様ニ存候てハ以之外之事恐入候、何分國元ニゐ如何申合セニ可相成哉、誠ニ以心配仕候、吳々も御咎ハ如何樣とも輕く可仕候間平和ニ御渡奉願候、

（薩ノ國情ヲ察シ平和ニ引渡サン事ヲ請フ）

但、仲事申分極むつゐしく、承知可致模樣更ニ無之候間、無據辰ノ口ゟ內々申上置候事相咄候事、尤可相成丈ケ不申心得ニ候處、前文之都合ニ付相もらし申候、

小子か

一吳々共方も國方法ヲ守申候事尤ニハ候得共、然らハ可申次第有之、仰天いたし間敷候、實ハ井上事十二月九日ニ來、委しく封物ニて申出候ニ付、萬一大隅火急之取計可有之も難計、一トｈ通りハ小子ゟ相談も可有之候得共、相談無之節後悔致ともに不及事可有之存候間、薩州こんさつ之趣、井上參候間後日之證據ニ小子隱し置、且又修理事抔ニ付御內慮伺等出候共得と御考可被成、私事ニゐ申上候儀無之、天下之御爲筋ニ候間ふゐく御工風可被下旨、一々殘る所なく辰ノ口ゟ內々封之物ニゐ申上、御落手ニ相成申候、乍內々老中も承知之人物、大事之證據人、中々以實ニ相渡事ハ不相成、是非と申事ニ

（正德亡命ノ事情ハ已ニ阿部閣老ニ內申濟ナリ）

阿部閣老ノ内諾ヲ得ルニアラザレバ引渡ニ應ジ難シ

齊彬ノ家督ニ就キテモ閣老ニ内申セリ

歸藩シテ島津久徳ト密議スベシ

候ハヽ又々右之子細辰ノ口ニ内々伺可申候、且又大隅最早うたかいも無之、仲（吉利久包）歸り申述候得ハ夫ニ而相濟とハ申候得共、神ならぬ身として大隅心中打分可申越、旁以小子井上ヲ置候事萬人力と存候、此上ニも何ぞ申分有之候哉、其上小子江戸出立前、辰ノ口ニ薩州一件何分不安心ニ付、以來事替候儀候ハヽ早々内々封物ニ而可申上旨、約束致居候間申上候事ニ候、且又修理事小子別而懇意ニ付、左様取計候事ニ無之、乍不肖御近親ニ小子（齊溥、重豪男、齊彬大叔父）居りなから、御混雜有之事第一對公儀奉恐入候次第ニ有之、其上琉球ニ異人も有之　日本之御爲不可然、御爲筋ニ付其内修理ニ、家督被　仰付候方可然奉存候旨、私ヲ捨申上候旨辰ノ口ニ申上置候事、

仲ゟ

一夫ハ誠奉恐入候、其御事候ハヽとても井上御渡ハ不相成御事奉存候、國元家老中も辰ノ口ニ被仰上置候人物と申聞候ハヽ、迚も手指し請合不仕候事奉存候、右井上儀ハ家老ニ申置候方宜敷哉、又ハ不申方宜敷哉、何分只今か様と難申、歸り之上將曹（島津久徳、家老）ニハ極秘咄合、隱シ置候而少も薩州之人不存方宜敷哉、又ハ家老中計承知之方宜敷哉、當月半比迄ニ仲ゟ封之物ニ而内々可申越候由、

正徳ノ歎願書ヲ示ス

歎願書借覧ヲ請フ

正徳ノ居所ヲ問フ

應ヘズ齊溥自案ヲ以テ隱匿スト諭ス

小子ゟ

一右ハ其方存寄次第、將曹ニ而も豐後（島津久寶、城代家老）ニ而も誰ニ而も勝手次第、小子ハ居〔坐〕り有之ニ付、如何様ニ而も宜敷、山ヶ崩かゝる共不相渡、何分共當秋參府之上、辰ノ口ニ咄之上ならてハ不相成事ニ存候、扨まゝ井上參候節封之物出候、書面如此、前ニ記十二月十日之書面也、

仲ゟ

一得と見候處、是ニ而ハ嶋津壹岐（久武、家老）ニ江戸ニ而承候處も其外とも寸分違不申候、何之子細も無之眞直之事ニ候得共、爲念書面少々拜借仕度候、

小子ゟ

一何之子細も無之ニゟかし可申候、

仲ゟ

一井上ハ何方ニかくし置候哉、嶋ニても候哉尋候ニ付、

小子ゟ

一笑て申候ニハ、右其方不存候而宜敷事ニ候、小子工風ヲ以かくし置候故、度々薩州より捕方參り、此方捕方ニ厚く頼、此方捕方も小子隱シ置候事夢ニも不知ニ付、草ヲ分

一々詮議きひしく候得とも一向不相分、小子工風ヲかり知るへあらは、乍然城下（福岡）唐人町と申候所迄井上參候事ハ、薩州捕方之者聞出し居、右ハ井上事柳川（筑後山門郡）ゟ人足雇同所迄參り、夫ゟ吉永源八郎方ニ參と申事ハ聞候而柳川ニ歸り候由、右人足ニ薩州捕方之者尋候而、夫迄ハ足付候得共、其先一向不相分、然共右ニ付、最早筑前國中ニ居り候事と家老も可存候、此方ニ參候捕方、長崎（肥前彼杵郡）ニ參候旨申候て出立ハ致候得共、出京之都合はやしくとても六ヶ敷存、歸國ニ而申出候事と存候、定而其内家老ゟ家老ニ懸合可參候、參候而も一向居り不申、此後參候ハヽ爲知可申旨返答ハ可致候、仲もきつと左様之事ゟと存候由、且又小子方家老共も、内々井上事ハ申聞置、何之違存も無之、小子同意ニ而致安心候、乍然表向ハとこ迄も重役ハ不存振合ニ致候間、仲含迄ニ此事も打明申聞候、

仲ゟ

一此節之一件ニ付、證據之書類澤山ニ有之、一々見候も面倒とハ存候得共、爲念大方持參仕候、餘程澤山服紗包懐中ゟ出し爲見申候、仲申候ニハ不殘見候も中々急ニハ相濟間敷、其うちふも露顯之初り但馬市助（廣敷番之頭）と申者申出候書付見候様、

薩家老ヨリノ掛合ニ對スル應答

事件關係書類ノ呈示

事件摘發ノ但馬市助ノ

書

正德ノ隆左衛門等諫止ノ書

書類ノ點檢ヲ中止ス

齊興ヘノ復命

小子ゟ

一右書付直ニ致披見候、至而薄墨大字ニ認極愚筆ニ有之候、伊集院平(小納戸頭取兼用取次)親類之者江、但馬市助儀將曹(島津久德、家老)杯打取候企けしからぬ事と存咄候處、夫ヲ平聞以之外ニ存、平事市助江面談ニ而、事之譯爲認候樣ニ相見ヘ申候、井上宿元ゟ出候書面も見申候、是ハ井上事右之企ヲ再三留候書面ニテ返而宜敷候得共、近藤初懇意ニ付一味之處ニ相成居申候其上近藤ヲ壹岐(島津久武)江引合候事、井上之取計と仲申候、

右彼是之內、日も下り七時も過申候、仲事五日ニ薩州著可致、小倉(豐前企救郡)ゟ申述居候間、今日も退出より直ニ夜白急、是非五日ニ著之心得ニ候得共、用濟迄ハ何時迄ニ而も宜旨申候得共、暮比迄見候而も書面數通ニ付とても見通し出來不申、其上小子事殊外疑候樣可存候間、殘る書面得と披見不致差返し申候、扨又今日小子其方江逢候事、如何大隅江申候哉、

仲ゟ

一其事ニ御座候、彼是小子心配いたし候而逢候事、又萬事含之趣申上候得ハ別而宜候得共、是以罷歸り候上、得と工風之上ニ而申候方ニ可致哉、都合次第可仕、是等之成行

齊彬家督ニ對スル齊興ノ態度ト齊溥

齊溥ノ齊興ニ對スル隱退勸告中止ト齊彬

早々可申越由、別之子細ニも無之、來春ハ御家督ニ相成候樣內實ハ奉存候、然ニ大隅ヵ申出候得ハ上々ニ候へ共、若不申出節ハ小子ヵ申候外無之、其節ハ多分仲事度々小子談合も可致、餘り懇意過候而ハ、其節如何と疑有之而ハ以之外之事ニ付、得と相考可申由、

小子ヵ

一夫ハ尤至極存候、小子ハい而樣ニ而も宜敷候、平和無事ニ目出度家督有之候ハヽ、別ニ子細も無之、萬事出精可致候、一體昨春ニも大隅隱居可然、小子ヵ可申存候所、修理ヵ度々差留候ニ付、無據控居申候、萬一此節大隅事修理家督ヲ望候哉抔疑念生し候ハヽ、右之趣眞直ニ可申候、又五大堂幷近藤事、修理ヵ小子ゟ申越候書狀も、大隅ゟ爲見候而も可然、其上ニも彌大隅不分り之取計於有之ハ、小子屹度所存有之旨、嚴重大隅ゟ可申達候事、

仲ヵ

一夫ハ段々難有仕合、偏御平和奉願候、決而左樣之御事ニハ有之ましく候得共、右之御都合伺居候得ハ、萬一之時節をしとまり可申上候、

小子ゟ

齊溥久包ヘノ警告

一先刻ゟ申候通、我等實家之儀ニ付ゐ之事ニ無之、將軍家御爲筋ニ付、小子事一寸も引不申、依時宜老中ゟ表向可申達筋も可有之候間、能々右之處呑込居可申候、此上ハ其方共家老共取計次第、小子ニも極々居り有之候間別ニ心配ハ不致候、

仲ゟ

一重疊含之趣奉畏候、

一右ニゐ大方相濟、側ニゐ吸物等遣罷歸り申候、

久包博多ニ出立ス

但、仲事城内引取、同日晩景博多致出立候事、

一三月十三日、伊集院平平飛脚ヲ以、吉永源八郎ゟ同月四日付之書狀二通指越、

但、三月四日ゟ同月十三日福岡到著迄日數十日、

三月四日伊集院平ヨリ吉永源八郎ヘノ掛合書翰

書狀寫

一筆致啓上候、春暖之砌彌以御堅勝被成御勤仕珍重御儀奉存候、然ハ御當地神主井上出雲守と申者、舊臘四日ゟ致缺落、捕方之者共指出候處、坂元源七と名前を僞、其御城下

正徳欠落變名シテ福岡城下ニ潜入

正徳ヲ留置シ通知センコトヲ請フ

邊之足配ハ相知れ申候得とも、夫ゟ先足配等も不相知、無致方罷歸候段申出、右之趣大隅守樣被聞召、其御許樣ニハ不外御間柄之御事ニも御座候間、若哉右之者相見得申候ハヽ、御留置爲御知被下候樣、御內々貴所樣迄御願御懸合可申越旨被仰付候間、宜御含置被下度、此段爲可得貴意如斯御座候、恐惶謹言、

三月四日

（島津齊興）
松平大隅守樣內

伊集院平

在判

（黑田齊溥）
松平美濃守樣御內

吉永源八郎樣

別紙掛合ノ件ハ齊溥ニ秘セン事ヲ請フ

追啓、別紙之通御賴御懸合申越候得共、美濃守樣被達御聽候御儀者御指扣被下、貴所樣御手前限被御含置可被下候、尤吉利仲下著之上ハ猶又御願申越儀も可有御座候間、其段も宜御含置可被下、前廣御願申上置候、左候ゐ、別紙本文之御返答ハ右ニ應し被成下、此御返答ハ必別段ニ被下候樣御內分奉願候、以上、

三月四日　伊集院平

吉永源八郎様

返札寫

一右返札、同日直ニ飛脚之者江相渡、

三月十四日吉永源八郎ヨリ伊集院平ヘノ書翰

該當人物聞知ニ至ラズナホ詮議スベシ

御狀致拜見候、春暖之節、愈御安靜被成御勤欣幸奉存候、然ハ其御許神主井上出雲守と申仁、舊臘四日ゟ致缺落、捕方之者被指越候處、坂元源七と名前を僞、此元御城下邊迄足配相知申候得とも、夫ゟ先全足配等も相知す、無致方罷歸候段申出、右之趣大隅守樣被聞召、此御方江不外御間柄之御事ニも御座候間、若哉右之仁相見得申候ハヽ、留置爲御知仕候樣、御內々私迄御懸合可被成置旨被仰付候間、含置候樣被仰下、御紙面之趣委細承知仕候、此御元役方詮議仕候處、是迄右樣之人物承り付不申由申出候、此後入込相知れ候ハヽ、留置早速爲御知可仕候、此段爲御答如此御座候、恐惶謹言、

松平美濃守內

三月十四日　吉永源八郎　在判

掛合事項ヲ了諾ス

松平大隅守様御内
伊集院平様

御別紙致拝見候、御別紙之通御懸合被仰下候得共、美濃守様達御聴候儀ハ指扣、私限り含置候様、尤吉利仲殿御下著之上ハ猶又被仰下候儀も可有御座候間、其段も含置候様、右前廣被仰越置候旨、御懸合御紙表之趣、具ニ承知仕候、任仰美濃守様にハ達御聴不申、全私限り相含罷在候、此段御答申述候、以上、

三月十四日　吉永源八郎

伊集院平様

四日附書翰延著ノ事情

一三月十七日、吉利仲・伊集院平ゟ飛脚を以、吉永源八郎一名之懸合狀一通、幷小子に書取一通指越、

但、三月十二日、薩州指立ゟ同月十七日福岡著迄日數六日、右之通ニ承知致候處、先便平一名ニて源八郎迄指越候飛脚、日數十日振り致到著、延著之次第甚疑しく、察所吉利仲歸著之上、將曹・平に小子ゟ含之趣申談候處、出雲守受取方手段ニ盡果、

三月十二日吉利久包等ヨリ吉永源八郎等ヘノ書翰
齊溥ヘノ封物傳達ヲ依頼ス

源八郎不在ノ場合ハ封ノマヽ傳達セン事ヲ依頼ス

仲著不致以前之振合ニゐ四日附之致書狀、源八郎迄一應懸合置、引續此節之書面指越候儀ニ相違有之間敷存候、

書狀寫

一筆致啓上候、彌御賢勝被成御勤珍重奉存候、然ハ此內美濃守樣仲江御直被仰付候御用向之儀ニ付、乍恐封物一通指上申度奉存候間、急御前江御指上被下候儀共何分宜奉願候、右爲可得御意如此御座候、恐惶謹言、

三月十二日　伊集院平 在判

吉利仲 在判

吉永源八郎樣

安永延助樣

以別紙致啓上候、此內美濃守樣ゟ仲江御直ニ被仰付御用向之儀有之、別紙一通吉永樣江指上申候、然處吉永樣御儀、近々御出府之樣ニも承り居申候間、若哉御出立後ニ相成候ハヽ、封之儘御前江御指上被遊、御開封被下候樣御都合被成下度奉願候、以上、

三月十二日吉利久包等ヨリ吉永源八郎ヘノ掛合書翰

齊溥吉利久包ヲ召致ス

齊興正德捕縛ヲ嚴命ス

三月十二日　　伊集院平

吉利仲

安永延助様

源八郎一名之懸合狀寫

但、此本紙披見之上、直ニ指返候樣申來居候ニ付、寫留指返、

此御方様御家中之内、近藤隆左衛門幷山田一郎左衛門・高崎五郎右衛門外三人頭立ニ而、惡意を相企候段致露顯、被及御取扱候處、右黨類ノ内井上出雲守儀、其時分致出奔、其御領内に罷越候一條、此節吉利仲江戸表ゟ罷下候節、御城内に被召寄、修理大夫様御爲筋、御厚く御世話、美濃守様被成進、極御内々御取計之趣、委細御直ニ承知仕候、右出雲守事、惡意之與黨無紛者ニ付、被及御取扱候者ニ候處、致出奔候段相聞得、早速ゟ稠敷被及御詮議、方々に捕方之人數餘多被指出置候處、　御領内に罷越、盜賊頭之者兩人に極内相頼、且又於茶屋髮月代等致し、御手前様御名前、又ハ當分何と申御役場ニ而御座候哉、旁相尋候段承り付、段々及手配相尋候得共、其後之行得全不相知、別而疑念之譯も有之、無致方捕方之者とも一先爰元に立歸、右之趣御役筋に申出、早速大隅守様達

齊興幕府ニ訴ヘテモ逮捕スベシト命ズ

正德ヲ捕ヘザレバ齊興父子ノ間ニ難題生ズベシ

御聽候處、出雲守儀逆意之一味無相違、其上數代恩顧之主人江後を向ケ不忠不義之逆賊、夫形難被召置者ニ候間、譬五年十年を經候而も、草を分地をすき、是非尋出候樣ニ、屹度御沙汰も被爲在候ニ付、萬一其御領內江忍居候ハヽ、御引渡被下候樣ニ、先日伊集院平ゟ御手前樣迄御願申上越置候、然處其後仲歸著仕候上、猶又美濃守樣思召樣之程委細承知仕、何とも難有奉恐入候、先極密ニ而私共兩人內々申談候處、成程無據御趣意ニて深重難有奉汲受候、乍然最早其節ハ跡越ニ而、前文之形行ニ相運ヒ居、誠ニ以當惑仕居候、仲承知之趣も未表向御家老方江も不申出候得共、いつれ之筋夫形被召置相濟申儀ニても無御座候、右通其御領內江罷越、御手前樣御名前幷御役名等相尋候所迄も慥ニ捕方之者共承り付、且出雲守儀神職方之儀ニ付筑前表江罷越段、同類ノ內村野傳之丞(實晨、奥小姓)と申者江爲申述由相聞得居候、付而ハ其御領內江忍居候儀無相違向ニ、大隅守樣ニも被恩召上、萬々一涯々不尋出候ハヽ、長崎御奉行方江懸合、捕方之儀御賴可申込、乍其上不相分儀も有之候ハヽ、公義筋々之御役方江訴出、是非尋出候樣分而御沙汰も被爲在候程之儀ニ御座候間、何卒右之譯筋被爲聞召分、是非御引渡被下候樣奉願上候、出雲守行衞不相分候てハ、猶更大隅守樣御疑念も不被爲解、此後御父子樣御間如何樣之御難題御到來之御

シ

齊彬ノ爲ニ正德交付ヲ請フ

阿部閣老ニ交付ノ事ヲ申請セン

程合も難計、勿論出雲守儀最初逆意之者共江致一味、其後本心江立直り忠節等敷爲申上由候得共、誠實忠義を存候ハヽ、此御方様御役筋へ社形行申出、如何様共穩便之計可仕儀、當然之儀御座候へ共、其身之災害を爲可遁、他國江走り御介抱を奉願候儀、臆病未練之至、誠忠之順路共難申上奉存候、尤大隅守様ニも御存知之上之事ニ御座候へハ、此上今形御抱置被下候へハ、猶々種々御疑念之御譯も可被爲在哉、左様御座候へハ御父子様御爲筋不宜、殊ニ格別成御親戚様之御情合ニ而別而重く、當時少々本心立直り微忠を存候共、元來不忠之逆賊之一人ニ而輕く、重を被爲指置、輕を御取用被下候而ハ、乍恐後來御親ミニも相拘可申哉と奉存候、呉々も修理大夫様御爲筋宜様ニ、美濃守様被思召上御事御座候ハヽ、何卒親疎輕重之譯深く御取捨被成下、是非御引渡被下候而、大隅守様御安慮、修理大夫様御無難之處、伏而奉願候、乍此上御引渡被下候儀相濟不申候ハヽ、いつれ成大隅守様形行細々不申上候而ハ不相叶、左様ニとも成立候得ハ、御家老之内ニ而も一人早々出府仕候而、阿部様(正弘、老中)江御願申上、是非御請取申上候様可仕外ハ無御座候、將又御引渡被下候上ハ、修理大夫様御爲筋、美濃守様深思召様之程奉汲受候間、私共奉受合、決而重御取扱ニハ不及様、別段之譯筋相立、程能輕罪ニ取計可仕、此儀ニ而私共兩人

出奔者何レモ處分濟ミ正徳ノミ殘ル

交付方執成ヲ請フ

交付方領諾ノ場合ハ其ノ日時場所等ヲ指示セラレタシ

御請合申上候、左様御座候得ハ、外ニ奔走之者共ハ最早都而被召捕、枝葉相當之御取扱も相濟、出雲守迄相殘居、夫故大隅守様ニも別而御配慮被為在候間、御引渡被下候得ハ、夫限ニ而御安慮ニ相成儀御座候間、何卒此等之譯筋美濃守様被為聞召届、御引渡被下候様ニ分テ奉歎願候間、御都合を以いつれも御許容被為在被下候様ニ、御賢慮を以御取計被成下候様、偏ニ御願申上候、以上、

但、御家老嶋津將曹儀、奥兼帯之儀ニ御座候間、將曹限り極密相洩申候處、いつれニも前文通、一先貴様迄願上越候様申付候、萬々一此上御許容不被為在候儀ニ御座候ハヽ、御家老一統ゟ猶又奉願候様共成立候而ハ、御内分ニも不相成、實ニ彼是心配仕居候、且又御引渡被下候儀ニ御座候ハヽ、其御領内ニ而御受取申上候而ハ、其御方様御迷惑筋之程も難計奉存候間、何方なり共御都合宜場所ニ而、何月何日比御引渡可被下段、乍御面倒為御知被下候ハヽ、猶又捕方之者共へ、右之趣委しく申含指上候様ニ致度奉存候、

三月十二日

伊集院平

吉利仲

掛合書ノ疑義

久包等ノ作意

幕府ニ訴ヘテマデ捕ヘントスルハ不審

吉永源八郎様

一右書面之内、小子（齊溥）不審之廉々多く有之候、

第一

一出雲守（井上正德）儀、此元城下（福岡）迄足付キ、其後之行得全不相分趣、捕方之者歸國之上役筋ゟ申出、早速大隅守（齊興）ゟ申達候處、出雲守儀不忠不義之逆賊ニ付、五年十年ヲ經候而も、是非尋出候様ニ申付候由、

右等之儀ハ、將曹・平（島津久徳・伊集院平）ヵ外ニ大隅守ゟ申達候者壹人も無之事ハ、小子も兼而存居候事ヲ、平杯も心付キ居候間、仲（吉利）ゟ小子ヵ含候趣、將曹・平致承知ノ上ニてハ、井上引戻之手段無之ニ付、未井上事爰元ニ居り候事、大隅守ゟ不申達儀なから申達候振合ニて、小子ヵ仲ゟ含候へ共、跡越候と申處ニ取扱候ニ相違有之間しく候、

第二

一出雲守儀、神職方之儀ニ付、筑前表ゟ罷越段、同類之内村野傳之丞（實晨）と申者、爲申述由相聞得候ニ付てハ、領內ゟ忍居候儀無相違向ニ、大隅守ゟも存込、萬々一不尋出候ハヽ、長崎奉行ゟ懸合、捕方之儀賴爲申、其上不相分儀も有之候ハヽ、

島津久徳等ノ謀計

齊興父子ノ間ニ難題生ズベシトハ不可解

公義筋々之御役方ゟ訴出、是非尋出候様分ゐ申付候由、筑前表ゟ出雲守忍居候事、無相違も大隅守存候ハヽ、近親之儀こも有之候間、直書を以相談再應も可致儀、當然こ候處其儀無之、直樣長崎奉行又ハ　公義御役方ゟ訴出、是非尋出候様との儀、甚以不審之至こ候、全將曹・平申合、大隅守申付候振合こ執成、公義御役方ゟ訴書之趣申越候ハヽ、無據速こ井上指返可申哉との工こ相違無之候、

第三

一出雲守行衞不相分候ゐハ、猶更大隅守疑念も不相解、此後父子ノ間如何樣之難題到來之程合も難計由、

難題到來之次第不相分、如何之疑念こ候哉、小子こたゐてハ大隅守ゟ萬一修理大夫ゟ難題指起候節、爲證據井上留置候趣ハ、仲ゟも重疊右之趣意直こ申含置候處、右之文面全井上一日も早く引戻シ候工夫と存候、

第四

一出雲守儀寂［初］所逆意之者共ゟ致一味、其後本心こ立直り忠節等敷爲申出由候得共、誠實忠義ヲ存候ハヽ、此元役筋社形行申出、如何樣共穩便之取計可仕儀、當然之儀御座候

正德ノ心事ハ忠誠

出國ニ似テ出國ニアラズ

得共、其身之災害を爲可遁他國に走り臆病未練之至、誠忠之順路共難申由、右三ヶ條、一ト通り致一覽候得ハ、尤之樣ニも相聞得候得共、井上事去冬罷越候節、得と遂吟味候處、國元ニ而役筋に可申出儀ハ當然ニ候得共、其比混雜ニ而役筋に申出候共明白不致、返而非命ニ死、萬一修理大夫に難題等出候節、申開キ候者壹人も不殘相果居候節ハ不容易儀と存、混雜之次第小子に申出置候ハヽ、後日明白可致、實ニ國家之安危此時と存、覺悟ヲ極罷越、小子右申出之次第承届候上ニ而も、井上身分之處ハ如何樣共相成不苦、小子存念通と相心得居候由、右之通ニ付、其身ノ災害ヲ爲可遁他國に走り、臆病未練之至、誠忠之順路とも難申と有之候得共、此儀表裏之違ニて、小子にハ誠忠之順路と存候、其子細も近年薩州表重役初賢否得失、後來之儀ヲふかく考、不外小子方に參り申出候事、出國ニ似出國ニならぬ、主人に後ヲ向ケ候儀ニハ無之、忠義之志明白仕居候事、

第五

一大隅守ニも存知之上之事ニ候へハ、此上今形抱置候而ハ猶々種々疑念之譯も可有之、左樣候而ハ父子爲筋不宜、殊ニ格別成親戚之情合ハ別而重く、當時少々本心ニ立直り

正徳ヲ留置スルハ後證ノ爲ナリ

阿部閣老ニ申請セント強フルハ淺慮

微忠ヲ存候共、元來不忠之逆賊之一人ハ輕く、重ヲ指置輕ヲ取用候而ハ、後來親ミニも相拘り可申哉と存候由、呉々も修理大夫爲筋宜樣ニ小子存候ハヽ、何卒親疎輕重之譯深取捨致し、是非引渡大隅守安慮、修理大夫無難之處伏而願候由、

今形抱置候而ハ、猶々往々疑念之譯も可有之、父子之爲不宜との文面、小子ニおゐて一向不相分、前ニも記置候通之儀ニ有之候、親疎輕重之儀色々書つヽり有之候得共、是又表裏之文面と存候、小子存念ニてハ親戚ヲ重ンシ萬端無事平和ニ取計度候間、井上爲後證留置候事も必竟大隅守爲ヲ存而之儀ニ候得ハ、何ぞ輕ヲ重ンシ重キを輕シ候道理ニハ不相當、後來大隅守安心、修理大夫無難之儀存候、

第六

一家老之内ニても壹人早々出府致候て、阿部樣(正弘、老中)ニ御願申上、是非受取之樣可致外ハ無之由、

右之趣前條ニ親疎輕重之儀ヲ認なから、近親之小子深く薩州爲筋ヲ存留置候儀ヲ、家老出府辰ノ口(阿部正弘)ニ奉願、是非井上事受取候外無之旨、實ハ右樣相成候得ハ理非明白無疑事ニ候得共、夫ニ而ハ大隅守政事向不行屆、且重役共不埒之取計致露顯不相濟事と存

正徳ノミ處分ニ殘ルトハ虚文

家老一統ヨリノ掛合ハ望ム所ナリ

三月十二日吉利久包等ヨリ黒田齊溥ヘノ書翰

候、右等之處も深く勘辨も無之、頻ニ御老中江相願候抔と、小子ヲ押付候心得ニも可有之候得共、誠以淺はかなる儀ニ存候、

第七

一外ニ奔走之者共ハ最早都而被召捕、枝葉相當之取扱も相濟、出雲守迄相殘居、夫故大隅守別而配慮有之、引渡候得ハ夫限ニ而安慮ニ相成由、

此ヶ條全虚文ニ有之候、子細ハ先ニ記有之、木村仲之丞(時澄)書面ニ而相分候事、

第八、但書之内、

一萬々一此上許容不致節ハ、家老一統ゟ猶又可申越由、

右家老一統ゟ申越候儀ハ小子望所ニ候、左様相成候得ハ、家老嶋津豊後(久寶)呼寄得と異見可致存候得共、當時之都合ニてハ申遣候ても迚も、罷越候儀無之候、一體種々文面工夫ヲこらし、是非此書面ニ而井上受取可申存念と推察いたし候事、

小子ゟ直ニ指出候書取之寫

乍恐奉啓上候、

一井上出雲守儀、極無御據御譯合ニ奉承知候間、折角思召様相立候様精々勘考仕、尚又

井上ノ件齊興ヘ内密ニ取計フ事不可能トナル

齊興父子ノ間ニ係ル一大事

齊興意圖スル所アルベキヲ察シ心痛

子細ナク交付セン事ヲ請フ

極密嶋津將曹(久德)・伊集院平へも細々内評仕候處、同人儀其御領内に罷越、夫限り足はへ毛頭相分不申、右ニ付ゐて捕方之者共不思議千萬ニ存付、一先引取申候ゐ其段筋々へ申出、疾ニ大隅守(齊興)様御聽ニも相達、何分御跡越ニ御座候得て最早極内々取計様も無御座、此上ても兎角在様之御運ニ無御座候ゐハ、いつれ之筋相濟申丈ケ合ニ無御座、別ゐ心配仕罷在申候、仲(吉利)御直ニも奉申上置候通、御父子様御間ニ相掛御一大事ても勿論、御國中御騷亂之基ニ御座候得ハ、實以是迄之所不外成御譯合ニ付、此事のミ御重役ハ勿論、私共迄も晝夜佛神ニ相祈、別ゐ骨折仕、御双方様無御疑念様、是迄取計仕置、其御都合のミニ社、此度態々仲出府も仕、修理大夫様大ニ被遊御安堵、次ニハ御役々中ニも奉鶴龜砌ニも罷成居申候所、出雲守探索之一筋か、大隅守様品々被爲附御工夫、何ら歟思召被爲起御儀も難計奉恐察、其後ても又此等ニ別ゐ心配仕罷在申儀ニ御座候間、乍恐爰之御事情ヲ深く篤と被爲思召譯被成下候ゐ、御難題不被爲及様幾重ニも奉歎願候間、何卒出雲守事共御方様御都合被成下、無子細御引渡被成下候様奉願上候、

一伊勢守(阿部正弘、老中)様御内聽ニも相達居申候御事ニ御座候ハヽ、我々共ケ様〱ニ無據奉願上候御譯合を以、御引渡被成下候との御旨を以、乍恐御跡越ニも御斷被仰進候様被成下度、

齊彬ノ安危ニ拘ルベキニヨリ速ニ解決セシヲ請フン事

幾重ニも奉伏願候、萬々一此己後修理大夫樣御難題筋ニも相成程之儀共、御到來ニも被爲成候ハヽ、其節ハ乍恐此書擧[上]を以、御證據ニ被成下候樣奉願上候、出雲守故若や御もつき立、修理大夫樣御安危ニも不相拘御儀とも不被申上御都合ニ御座候間、何卒此等之御譯合向被爲聞召分被成下候而、片時も御早ク御無難ニ被爲濟候樣、幾重ニも奉仰願候、出雲守御取扱向ニ付而も、仲ヶ申上置候通究而輕罪ニ道ヲ付申候間、早々御平治之首尾申上候樣仕度奉存候、

一前文ニ奉申上候通之御都合ニ付、私儀此節被召寄候儀共ハ、全大隅守樣御聞ニ達不申候樣取計仕置候間、此段も左樣ニ被思召上被成下候樣仕度奉願候、

一尚、御細々形行も吉永源八郎を以奉願上候間、幾重ニも被遊御許容被成下候樣奉願上候、何方樣之御都合も不奉顧御譯ニ御座候得ハ、私共間御領内江罷上り、乍恐御直ニ此等之趣奉願上度も奉存候得共、何分萬事御丸ク御都合第一ニ奉存、甚以奉恐入仕合ニ奉存候得共、いつきニもいたし樣無御座候間、乍恐書擧[上]ヲ以此段奉申上候、已上、

三月十二日

伊集院平

吉利仲

嘉永三年正月

上

島津久徳等及ビ奥女中一人ノ合意ハ明白

一右書面も前段同様之儀ニ有之、兎ニ角一日も速ニ引戻候存念ニ相見候、然ニ辰ノ口之儀も有之候間、小子ゟ返答之都合も宜敷有之候、且又此書擧〔上〕を以證據ニ致候樣ニとヽ有之候得共、此先之文面ニ、前文ニ申候通之都合ニ付、仲事此節呼寄之儀共ハ、全大隅守聞ニ達不申取計置候間、此段も左樣存候樣との由、右之次第も有之處、後日大隅守ゟ此書面見せ候ハヽ、彌以疑念も可生、其當り仲・平氣寄も無之哉、於小子ハ後證ニ相成書面ニハ更無之事と存候、且又右樣仲事城下ゟ呼寄候ニ付ゐハ書役等も付添居、其外家頼末々召つれ居候間、歸國之上仲事ハ城下ゟ參候儀、秘し可申候得共、末々之處ゟ是非洩聞候ニハ必定、至ゐむつと致候事だにも、將曹・平・仲三人呑込居候得ハ、決ゐ大隅守不存との事、右ニゐ萬事三人幷大奥女中壹人(ゆら)、申合セ取計候事彌以致明白候、

三月十七日黒田齊溥ヨリ吉利久包等ヘノ書翰

小子ゟ之返事卽日ニ遣

去十二日之書狀、今日相達致披見候、何も無事相勤珍重存候、仲事歸國之上、極密將曹・平ゟも委細内談之上、井上成行段々委しく申越、且又源八郎(吉永)迄書面指越一々致承知候、

正德留置ノ事由

先以彌御無事相成候趣千萬目出度御儀存候、右ニ付井上事引渡候樣致承知候、仲ゟも過

阿部閣老ノ了解ヲ得テ交付スベシ

日申候通り、御父子様（齊興、齊彬）御都合宜敷様ニと小子も存居候事ニて別ニ子細も無之、井上引渡候得ハ、別而御都合も可然旨ニ候得ハ、今日ニ而も井上事可相渡、決而無理ニ留置候存念ニハ無之候、其段ハ安心可致候、然處無據事有之、只今相渡事不相成、其譯合ハ仲江致内話候通り、昨冬何分小子不安心ニ付、乍内々阿部（正弘、老中）江封書ニ而、井上事爲後證留置、薩州ゟ捕方之者參候共、不相渡段申遣置候ニ付、今一往阿部江封書ニ而申達、阿部ゟ相渡可然旨申來候上、早々引渡可申候、其方共申候處ハ尤至極ニ候得共、不容易儀ヲ小子ゟ老中江申達居候末、一往之相談も無之引渡候而も、第一小子等閑之取計致候様、老中存候而ハ以之外之儀ニ付、一往阿部江申達候上ニ致度、第一御平和ニ相成事ニ付、決而不相渡と申儀ニも毛頭無之候間、此處ヲよく〱心得候而、右返事參候迄、何分共將曹江も内話仕置、是迄之形ニ仕置候様取計可申候、少々延引と申計之事ニ付、厚相含御不都合無之様存候、右之趣申度如此候、不備、

三月十七日　　美濃守（黒田齊溥、福岡藩主）

吉利仲との

伊集院平との

追捕ヲ停メシム

尙以、右阿部返事參候迄ハ、慥ニ小子預置候間、安心可致候、右ニ付最早召捕方等ハ不參事と存候、萬一其召捕方等指越、手荒之取計等爲致候ハヽ、決而相渡申間敷、とかく丸く治り候事第一候、安心ニハ候得とも、爲念申入候、呉々も御無事ニ相成候得ハ別て望も無之事、又井上江も御無事ニ相濟候事申達候ハヽ、無此上難有かり歸國可致候、決而にけ走り候様なる心底之者ニハ無之候間、是又安心可致候、以上、

三月十七日吉永源八郎等ヨリ吉利久包等ヘノ書翰

吉永源八郎・安永延助ゟ之返事左之通

去十二日附之御狀、今十七日相達致拜見候、愈御安康被成御勤欣幸奉存候、然ハ先般美濃守様ゟ仲様江御直ニ被仰付候御用向之儀ニ付、御封物一通御指し上被成、早速指上候處、御落手被遊候、右ニ付御封物一通御渡ニ相成候ニ付指廻申候、御落掌可被下候、將又吉永源八郎江別紙御指越、同人御書面之趣致承知、右御書面美濃守様江入御覽候處、事々御承知被遊、右御答ハ御封物中ニ御認被遊候趣ニ付、私共ゟハ別段不及御答旨被仰付候、御別紙直樣御返却仕候、此段爲御答如此御座候、恐惶謹言、

安永延助

源八郎江戸へ出發

木村時澄入筑

三月十七日　　在判

吉永源八郎　在判

吉利仲様

伊集院平様

猶以、源八郎にも來廿日前後江戸表出立仕候ニ付、以來御内用狀延助一名ニて被仰下候様、御懸合可仕置旨被仰付候、以上、

但、前文吉永源八郎江之懸合色々事むつかしく申遣候ニ付、一々不審之廉々可申遣之處ら態指控、本書ハ直ニ指返候、其子細ハ前文愚存之趣認候通之儀ニ付、返事を申遣させ度候得共、夫ニてハ事荒立彌以平和之道も如何と存先此度迄ハ見合申候、此先時宜ニ寄てハ屹度申達候所存ニ有之候、

一三月十四日夜半、木村仲之丞（時澄、後村山松根）小姓與、知行高四拾石、無役當戌二十九歳、薩州發足、同廿二日夕方、吉永源八郎方江參候ニ付、同所江直ニ留置、

三月二十三日木村時澄書上

藩中齊彬ノ家督ヲ要望

調所廣鄉ノ擅斷自恣

島津久德獨善私曲ヲ營ム

伊集院平吉

一同廿三日、木村仲之丞罷越候次第書面ニて指出候様申聞置候處、左之通申出、

書面兩通之寫

當主(齊興)人事既老體ニも被相及、修理大夫(齊彬)事も相應之年齡ニ被罷成ニ付ゐハ、隱居家督相當之事と奉存候、尤修理大夫何も失德之譯も無之、國中一統頻ニ相賴居候事御座候、當主人事も是迄格別評議可仕廉も無御座候處、亡調所(廣鄉、家老)笑左衛門加〔判〕藩役相勤候時分より、大小之政事一人之存慮ヲ以取計、所帶方趣法と相唱へ、私慾を恣ニいたし、役々之進退も、都ゐ黨與之者共を引揚ケ、百姓之年貢等ニおいても苛政多く有之、正道之筋難相立候所ゟ、領內中樣々誹謗仕候得共、何分ニも主人之手前都合能いたし、折能致死去候、乍然其後唐物拔荷一件ニ付ゐ、

公邊ゟ被仰出候譯も有之候哉、遺跡(稻留數馬)一旦改名いたし退役仕居候處、此節又々用人職被申付、二度權威相振申候、引續嶋津將曹事、右笑左衛門目鏡を以致吹擧候者故、當時一人之政事ニゐ、外同席中も役場ニ列り候迄ニ御座候、私曲之儀も少も相變不申、既ニ知行高改正ニ付ゐも、勝手次第賣買いたし候儀も差留置候所、直ニ相破り夥敷買入、內證之賄賂過分ニ受容仕候由御座候、左候ゐ奧向一切之用向も伊集院平・吉利仲兩人之取扱ニゐ

利久包ノ姦曲ト朋黨事件ノ釀成

齊彬ノ待遇ハ輕ク諸用乏シ

齊興好事ノ寺社造營

齊彬兒子ノ夭亡ト調伏ノ說

齊彬ノ側近ヲ黜陟

御座候得共、第一機密之事ハ右平一人ニ而取扱候筋相見え申候、平事無比類姦曲者ニ而、修理大夫方ニハ至極忠節ニ申取置、內實ハ主人妾たゆらの方へ頻ニ追從いたし、此節國元騷動ニ及候儀、第一ハ此者之所爲ニ而、將曹と申談候事と愚察仕候、是迄政事沙汰候ニ付而ハ得失も有之事ニ而、議論も有之事御座候得共、此儀ハ修理賢慮も有之事と奉存候間、家督之上何樣とも立直可申候得共、一體士民不滿足ニ存居、其外諸事萬端修理大夫一條ニ付而ハ、會釋甚以手薄在之、年分諸用之取續さへ至而輕目ニ而存分屆兼候由御座候、當時國元之儀ハ所帶方も立直り、隨分豐饒ニ有之、士民之儀ハ別段之事御座候得共、主人用向ハ手元金如何程も用意有之、諸寺院神社道橋築地等造營莫大之物數寄も有之候得共、修理大夫儀ニ付而ハ右樣疎薄之取扱ニ而、去年既ニ厄年之祈願等ニ付而ハ、是迄先規も有之事ニ候處、是又何之沙汰も無御座、纔計諸人志ヲ以願文等差出候位之事ニ御座候、且幼君相續夭亡ニ付而ハ、上下一統愁歎仕、銘々祈願等仕候者も有之、其上調伏いたし候者在之哉ニも專評判仕候付、近藤隆左衛門（物頭町奉行勤・泰諭、屋久島奉行）・吉井七郞右衛門なと申談、極內祈禱方爲仕候事御座候、右近藤・吉井なと、先年來修理大夫手許ニ被召仕候者共ニ而、隨分用立候者之由御座候所、國元勤ニ爲致轉役、其外折田八郞兵衛（使番）出仕不及杯、盡外勤

六人ノ切腹申渡ヲ始メ不當ノ斷罪行ハル

室内押込ヲ脱シテ亡命

江轉役仕候而、不用立年少又ハ柔弱之者計召付、夫故修理大夫國元之用向埒明不申、無據右之者共表方勤ニ而ハ御座候得共、内々國内之虚實、政事之得失、且琉球表異賊防禦之一件、乃至一切之事實申越候樣被申付、近藤・吉井なとゟ細々申越し御座候、乍然家督之上ニ而無之候而ハ、右私曲之者共相除候事も出來不申、其内姦惡之嬖妾ゟと如何樣之毒計相企、不慮之變事も到來仕候も難計心痛仕候故、不事立樣目出度隱居相續ニも相成候樣ニと、折角申談候折柄、右姦邪之者共不斷心掛、右等之事聞繕候と相見え、近藤ゟ差登候書狀を中途ニ而奪取候由御座候、其外品々手ヲ廻し、去冬不意ニ六人之者共切腹申渡、其後引續咎メ申付候人數別帋（次ニ收ム）之通御座候、右之内ニ而御祈禱一遍ニ相掛り候者も有之候得共、都而大目付吟味之外押付之申渡ニ而、裁許掛之者共ニも不得心之者共も有之候而、何樣之譯承知仕度申出候處、外役場江轉役被申付、又ハ勤方引入被申付候者も御座候、右樣連々取扱ニ罷成、私ニも去冬以來引入罷在候所、如何樣出奔いたし候半と懸念ニ而も御座候哉、又ハ何樣之譯ニ御座候哉、當月始方ゟ一室之内ニ押込置候樣被申渡候、右ニ付而ハ前文之譯合ニ而私罪科相犯候覺毛頭無御座、姦曲之者共之爲、非命ニ死候而ハ、㝡初ゟ之寸志も相違不申、國元之譯合も何方へも相通不申、甚以殘心ニ奉存

候所ゟ、去十四日夜半時分宿元立出、御國許迄推參仕、右旁御願申上度、乍恐ヶ様之次第御座候、外にも申上儀ハ過分御座候得共、先一通言上仕候間、偏御國家御平安之儀御賢慮奉願候、且又私身分之儀ハ被仰付次第に相心得罷在候、以上、

三月廿三日

木村仲之丞

物頭
赤山靫負（久晋）

裁許掛
中村嘉右衛門

廣敷横目
野村喜八郎

藏方目付
吉井七之丞（泰通）

製藥掛庭方兼務
高木市助

無役（兵道者）
和田仁十郎

伏罪者名前書

愼切腹

右四人舊冬より愼被仰付、當三月四日切腹仕候、

籠入

右舊冬ゟ籠入相成居候、

嘉永三年正月

慎

慎座敷入

座敷入

右弐人當三月ゟ慎被仰付候、

右舊冬ゟ慎被仰付、當三月ゟ座敷入、

右三人舊冬ゟ座敷入、

嘉永三年正月

宗門方書記役
肱岡五郎太

郡見廻
山内作次郎(貞倚)

地方検見
松元市左衛門(長篤)

奥小姓
村野傳之允(實晨)〔丞〕

廣敷番之頭
八田喜左衛門(知紀)

物頭
名越左源太(時敏)

裁許掛見習
近藤七郎右衛門

馬預
仙波小太郎

差控

右兩人勤方差扣罷在候様被仰渡、

故大目付
二階堂主計跡(行經、吉利久包兄)

世代並ニ墳墓取除

右死去後、世代相除、墳墓取除候様被仰付候、

大目付
名越右膳(盛胤)

罷免

右勤方被差免候、

三月廿三日　　木村仲之丞(時澄、後村山松根)

吉利久包等ノ書面ニ於ケル虛構

右兩通書面之趣、實ニ無相違儀と存候、然ニ前段仲・平方源八郎(吉永)一名ニゐ指越候懸合書面ニ、外ニ奔走之者共ハ最早都ゐ相捕、技葉相當之取扱も相濟、出雲守(井上正德)迄相殘居、夫故大隅守にも別ゐ心配有之候間、引渡候得ハ夫限ニゐ安心ニ相成儀と有之候得共、仲之允[丞]右書面ニ相見へ候通、赤山(靭負)初四人之者共迄ハ取扱相濟候得とも、高木(市助)初數人未如何可申付哉不相分、中ニも肱岡・山之內・松元等(五郎太・作次郎・市左衛門)ハ何分存命無覺束、夫々取扱相濟不申處、前段枝葉相當取扱も相濟居候趣、全虛文申越、小子ヲ僞候段、彌以致露顯候、

嘉永三年正月

木村時澄ヲ移居變名セシム

時澄ニ薩藩情ヲ錄上セシム

時澄ニ伏罪者ノ交友關係等ヲ錄上セシム

三月二十六日木村時澄書上

高崎温恭ト親交

一同廿三日夜、源八郎同役佐藤勘太夫方ニ密ニ預ケ置、
但、源八郎江戸旅行前繁雑ニて出入も多く、勘太夫方ハ邊鄙ニて場所宜候間、當時同方ニ潜居申付候事、同方ニて木村仲之丞事、谷右門と改名、

一薩州表之模様委しく申出候様申付置候處、同廿六日、左之通書取出ス、

書取寫

○「木村時澄書上」二通ハ、便宜之ヲ第七八號「木村時澄書上への批答」ノ條ニ、參考トシテ收錄セリ、

右書取兩通之趣、相違も無之儀多く、言語道斷之次第御坐候、何分入貴覽兼候得共、相撰候てハ實情も不相分儀ニ付、申出儘認申候事、

一咎メ申付ニ相成候者共書付、去廿三日指出候得共猶又兼て懇意之向其外共、委細申出候様申付置候處、左之通申出、

書面之寫

赤山靱負

右ハ高崎五郎右衛門入魂ニ申居候、且近藤・山田同役ニて、二階堂主計養子ハ右靱負弟ニて御坐候、

二階堂行經ニ出入温恭ト交ル

温恭ト入魂カ

木村時澄ト深交近藤隆左衛門等ト交ル

市助蘭學ノ心得アリ齊彬ニ見

仁十郎市助ト極テ入魂

中村嘉右衛門

右ハ大目付支配之役場ニ而御坐候故、二階堂氏（行經）江出入仕候者御坐候、且高崎（温恭）とも入魂ニ御坐候、

野村喜八郎

右何等之譯私ニハ存知不申候、高崎氏と入魂之由申人も御坐候、如何可有御坐哉、慥ニ難申上御坐候、

吉井七之丞

右ハ私ニも至極入魂ニ申居候者ニ而、吉井七郎右衛門幷村野傳之丞弟ニ而御坐候、近藤・山田いつれも入魂之者ニ御坐候、

高木市助

和田仁十郎

右高木市助事ハ、蘭學ニ少々相達候者ニ御坐候、修理大夫（齊彬）在國之砌、目通江罷出候事も御坐候、右兩人共修法之事ニ相係り候者共ニ而、近藤方江も稀ニハ出入いたし候、吉井七郎右衛門方へも、出入いたし候者ニ御坐候、和田ハ高木与別而入魂之者

嘉永三年正月

温恭隆左衛門等ト會談

隆左衛門等ト稀ニ會談

山田清安井上正德ト親密

ニ御座候、

肱岡五郎太
松元市左衛門
山之内作次郎

右三人ハ至ゐ懇意之者と承申候、左候ゐ三人共、高崎と折々談話等仕候者之由、近藤氏ニも一兩度位ハ取會申候由御坐候、

村野傳之丞
八田喜左衛門

右ハ吉井七郎右衛門二弟ニゐ御坐候得共、近藤なと稀ニハ取會申候、

右ハ是迄京都詰ニゐ、數ヶ年彼方ニ罷越居候者ニ御坐候、依ゐ山田一郎左衛門・井上出雲守なとハ至ゐ懇意ニ御坐候、私も先年暫時下國之折、取會候事御坐候、此者山田なと丶密書ち取ゐ共し候事ハ一向存知不申、何樣之譯ニゐ此節之次第ニ共相及候哉と奉存候、

名越左源太（時敏）

隆左衛門清安等ト同役

井上正徳ニモ録上セシム

三月二十六日井上正徳書上

身分ト爲人

高崎温恭ト親交二階堂行經ノ姻戚

右ハ近藤・山田・赤山と同役(物頭)ニ而御坐候、
右大概手續如此御坐候、外々之儀ハ私能承得不申候、
三月廿六日

一前段之次第、井上出雲守江も申付候處、書面指出、

書面之寫

物頭

赤山靱負

二十八九才

右ハ先家老嶋津和泉(久風、日置家)二男ニ而御坐候、二男ハ嶋津を名乗不申故、和泉家ニ而往古ゟ
二男以下赤山と名乗申事ニ御坐候、此者ハ至極一體おとなしきものニ而、勿論學才
も有之、善惡邪正之決斷も宜敷、急速楚忽之事抔ハ無之ものと、屹ト見込罷在申候、
尤いまゝ面會對談等ハ不仕ものニ御坐候得共、彼之高五(高崎温恭)至極心安く、幼少之時ゟ之
事もよく存知候故、旁高五ゟ承り候其行を以見込居申候事ニ御坐候、二階堂主計(行經)養
子ハ、此靱負之次ノ弟ニ而、いまゝ十四五歳ニ而も御坐候半、右之由縁も御坐候故、

學アリ世才ニ長ジ行經ニ出入温恭ト交ル

温恭ノ學友京都ニ於テ人形註文ノ事ヲ探索ス

二階堂へも根元心安き者勿論之儀ニ御坐候、

裁許掛　中村嘉右衛門　三十八九才

右嘉右衛門儀者、大目付之下役相勤候故、二階堂(行經)江内外出入いたし、勿論學文世才も有之もの故、主計(二階堂)江も外裁許掛抔ゟ、別段議論評議も仕申候半、尤高五も學文朋友ニ而御坐候、高五与二階堂江も素ゟ心安く出入仕申候故、二階堂所ニ出會之節抔ハ、尤御國政等之内評議爲仕申筈と奉存候、

廣敷横目　野村喜八郎　四拾才位

右之者ハ根元高崎(温恭)心安く、是も同しく學文友達ニ御坐候、至極素直之性質ニ御坐候、五六年前、京都詰ニ罷越居申候、其時節國方奥ゟはやしき赤子人形調文之事有之、夫も喜八郎承り出、甚心苦仕候譯ニ而密ニ手を附、右人形拵候職屋江參り、人形之繪圖等寫し置、旁後々萬々一之證據といたし候心持候、聞糺し置爲申段も承置申候、定而中嘉(中村嘉右衛門)抔江も、心安く附會申候半と奉存候、

吉井泰諭ノ實弟正直人ニ越ユ

市助蘭學ノ心得アリ二人シテ齊彬兒子ノ爲ニ祈禱ヲ行フ

島津久德暗殺企圖ノ張本

藏方目付

二十七八才　吉井七之丞

右者吉井七郎右衞門之弟ニ而、至而正直成者ニ而、學才と申程之事も無御坐候得共、隨分十人并之才ハ御坐候ものニ而御坐候、正直成事ハ人ニ越へ候程ニ御坐候、

二十才位　高木市助

右同　和田仁十郎

右兩人者壹度も面會不仕、一體之事ハ木村仲之丞よく存知申候、兩人共ニ兵道と申行法執行いたし居候ものニ而、尤蘭學等少々心得居申候由承申候、和田儀者全く存知不申、しかし誠之普通之ものニ而御坐候段ハ仲之丞抔ゟ承り居申候、右兩人ハ吉井七郎右衞門ゟ、御子樣方無事御成長を祈らせ爲申者ニ御坐候、

三十才位　肱岡五郎太

四十五六才位　山之内作次郎

存シ不申　松元市左衞門

右ハ少々學才も有之よし傳聞仕候、尤去夏嶋津將曹を打捨度と評儀仕候張本ニ御坐

嘉永三年正月

候、

村野傳之丞

齊彬ヨリ内問ノ事アリ

右者吉井七郎右衛門次弟分ニ而、他家養子ニ御坐候、奥小姓ニ而兼勤之家業兵道同様之事御坐候、尤關東(齊彬)より兼而御内々御尋事等も御坐候者ニ御坐候、

物頭　名越左源太

三十才

近藤隆左衛門等ト親交

右者大目付名越右膳嫡子ニテ、赤山(久晋)抔同役ニ御坐候、亡近藤(隆左衛門)モ同席ニテ心安ク、山(清安)田ニモ同然、高崎(温恭)モ心安ク仕居申候、

近藤七郎右衛門

二十六七才

學才アリ高崎温恭等ト交ル

右ハ學才も有之ものニ而、高崎隣家心安く、尤中村嘉右衛門抔同役故、心安く申候半と奉存候、

仙波小太郎

赤山久晋ト交リアリ

右ハ壹度も面會不仕故、一向存知不申候へとも、赤山心安く、始終咄會等も仕候段

八田知紀断罪ハ不可解

山田清安トノ深交因ヲ為スカ

嫡子時敏ノ伏罪ニ依リ罷免カ

ハ、高崎ゟ傳聞仕居申候、

五十一二才位　　八田喜左衛門

右此比迄京都江罷越居、尤數年詰居申候、私ニも至極心安く不絶書通も仕候ものニ而御坐候得共、此節咎之譯ハ一向氣當り無御坐候、併以前調笑（調所廣郷）等增長之時分ゟ、彼等而所行ハ甚惡ミ居申候得共、表向ハ一向背き候儀も無御坐候、私書通之端抔ニ、嶋將（島津久德）勢ひ之事抔、間々何彼と形行も互ニ申候へとも、何事も普通之事柄のミニ而、人并變り候儀も申通しさる事ハ無御坐候、尤關東之事抔、何夫と申さる事も無御坐候故、何か譯可有奉存候、相考申候へハ山田ニハ根元心安く御坐候故、萬一ハ京都町人江山田ゟ書通之譯御坐候故、右手續き之中人ゟも致し居申候哉、又ハ彼之人形一件抔も存知申候故、右等之事ゟも可有御坐哉ニ奉存候、

大目付

六十餘才　　名越右膳

右ハ別ニ譯ハ存知不申候得共、悴左源太（時敏）近藤隆（隆左衛門）抔心安く申候故、自然何彼ニ親子咄も仕候哉、尤此節役儀差免之儀ハ、悴江對し且役柄等之譯も有之、かゝ／＼ニ依而

嘉永三年正月

薩藩捕吏博多ニ來リ木村時澄ノ出奔ヲ告ゲ詮議ヲ依頼ス

之事かと愚察罷在申候、

右之外委細之儀ハ存知不申、傳聞且愚察之及丈如斯御坐候、以上、

三月廿六日

井上出雲守

一三月廿七日

薩州役方

鮫嶋市左衛門

岩下宗次郎

安藤猪右衛門

福島軍太郎

肥後目明

南關

角屋

甚兵衛

右之者共博多（筑前筑紫郡）止宿、同廿八日目明出會之處、薩州ニ而木村仲之丞坐敷牢を破り、三月十九日出奔いたし候趣、人相等相含メ詮議相願、尤井上儀も猶又取調呉候様相願候由、

薩藩捕吏調査場所附等ヲ交付センコトヲ請フ

一同晦日

薩州役方
坂口新左衛門
恒吉喜作
藤崎半左衛門
永井源六

右之者共博多止宿、然處福岡（筑前筑紫郡）・博多詮議致候得共、居所不相分趣、目明共ゟ右役方江相答候由之處、今明日之間、山々・寺社委しく取調ケ所付等も、相渡呉候様相願候由、

薩州役方
野添仲左衛門
内藤善次
山口嘉助
非川鐵藏

一四月朔日

博多止宿ノ捕吏人數

坂口源七兵衛
坂口用右衛門
黒川十次郎
牧野林次郎
山内郷太郎
篠崎宗次郎
田中喜藏
吉川良右衛門

右之者共三月廿七日ゟ今朔日迄、都合貳拾人博多止宿、

一同二日

竹内彦右衛門
中村後藤太
田尻直次
坂元傳兵衛

右之者博多止宿、都合貳拾四人ニ相成、

博多止宿ノ捕吏人數

一同日吉永源八郎・安永延助櫻井(筑前志摩郡)江遣、同夜出雲守致同道、櫻井ゟ夜中間道ゟ船ニ乘セ、福岡江連越、詮議頭役天野右中江預ケ替、同方ニ而村上源之進事、永野次平と改名、

正德ノ預ケ替及ビ改名

右預ケ替之子細ハ、木村仲之丞出奔後、嚴敷致詮議候哉、薩州召捕方之者共、城下江三月下旬ゟ多人數入込、木村仲之丞幷兼而賴置候井上事も、猶又詮議致呉候様との趣、右ニ付而ハ薩州役方之者共、萬一櫻井江罷越、手荒之儀等有之候哉も難計、尤兼々櫻井江ハ此方役方功者之者遣置、如何様之儀有之候とも、不相渡様申付置候得共、自然混雜有之候而ハ、他方江之聞江も如何ニ付、城下江當時引付置候方可然旨、天野右中抔ゟ申出候、然處指當り何分宜場所有兼候間、役儀柄如何ニハ候得共、決テ人ニ氣寄無之場所故、別儀ヲ以天野右中江當時預ケ置候事、

正德預ケ替ノ事由

一領内所々致詮議候得共、猶又居所不相分旨、ケ所付を以、目明共より薩州役方江申通候處、ケ所付受取、同四日ゟ同五日迄ニ、貳拾四人之者共追々ニ引拂候事、

薩藩捕吏ノ引上

一四月三日、安永延助江吉利仲・伊集院平ゟ飛脚を以懸合狀、幷小子江書取二通指越、

三月二十六日吉利久包等ヨリ安永延助ヘノ掛合書翰

嘉永三年正月

懸合狀寫

一筆致啓上候、彌御賢勝被成御勤珍重奉存候、然ハ此内美濃守様仲ゟ御直被仰付候井上出雲守儀ニ付、乍恐封物を以奉歎願、且別段吉永源八郞殿迄、御賴申上越趣有之候處、都而被爲聞召屆御引渡可被下段御許容被成下、誠ニ以難有仕合奉存候、乍然江戸表御懸引之儀も被爲在候間、御往復之上追而御渡可被下段承知仕候、右一條ニ付、猶又此節乍恐封物指上申度奉存候間、御都合ヲ以御指上被下儀共、何分ニも宜御賴申上候、然處出雲守儀、一日ニ而も早目御請取不申上候而ハ、此御方様ニ而御都合向ニ相懸、無御據御指急之譯も御座候間、江戸御往復之上、又々爰元迄御引渡日限等之儀被仰下候而より、請取人等指出候而ハ、猶更延々罷成、爰元御都合向如何成立候半哉と別而心痛仕罷居申候、依之其御方様御都合宜場所柄等、爲御知被下候ハヽ、近々之内右所迄受取方之者內々指出置、御往復次第直ニ御受取申上候様ニ都合仕置度奉存候間、何卒彼是之譯筋深く御憐察被下候而、右之通之手續相運ひ候様、御前御都合宜敷御執成被下候様、偏ニ御賴申上候間、否御報ニ被仰聞被下候様ニ仕度奉存候、右旁爲可得御意如此御座候、恐惶謹言、

正德ノ受取場所指示ヲ請フ

三月廿六日　伊集院平　在判

吉利仲　在判

安永延助様

三月二十六日吉利久包等ヨリ黒田齊溥ヘノ書翰

小子(齊溥)ゟ遣書取寫

御内書頂戴被仰付誠ニ以難有仕合奉存候、又々乍恐書付を以申上候、
此内御城(福岡)内ゟ御内々ニゐ、仲被爲召寄被仰付置候井上出雲守一條ニ付、乍恐書付を以奉願、且吉永源八郎迄別段一封差出奉申上趣御坐候處、委細被聞召被下、御返書ニ被仰下候趣、難有拜見仕候、此内も細々奉申上候通、仲歸著之時分、㝡早井上事御領内ゟ罷越候段も、大隅守様御聞通ニ相成り候上之儀ニ御坐候得ハ、此上萬一も御疑念御譯共被爲在候事ハ、修理大夫様御身之上如何と奉案候處より、種々奉歎願趣御坐候所、一々被爲聞召屆御許容被遊被下候ゐ、御引渡可被下段承知仕、誠以難有次第奉存、深重御禮奉申上候、乍然阿部様(阿部正弘、老中)御方ゟ一往御掛合被爲在候上、御引渡可被下段承知仕畏奉存候、前書ニも奉申上候通、㝡早御領内ゟ罷越候儀迄も、捕方之者共慥ニ承屆候得ハ、其後之足を

正徳ノ筑前亡命薩藩内風聞行ハル

齊興父子間ノ平和危シ

正徳ノ早急引渡ヲ請フ

授受ノ場所指示ヲ求ム

へ全相知不申候ニ付而ハ、大隅守様ニも別而御疑念之譯も被爲在候御様子奉伺、其上出雲守一條ニ付而ハ、嶋津將曹幷私共兩人外ニハ形行委敷爲存者無之、極内密ニ仕置候得共、隱さるるハ顯るゝと申様ニ而、最早此御領内ニ而も、出雲守儀ハ筑前表大事之御場所へ忍居候様子抔と、取々之風聞も仕由御坐候得ハ、若哉此段又々大隅守様御聞通ニ相成、御疑念之廉被爲在候様ニ共成立候而ハ、第一修理大夫様御爲筋不宜、且ハ是迄御手厚御世話被成進被下候思召様之御詮も無之、別而奉恐入候、去冬以來日夜朝暮寢喰を不安心痛仕、乍漸御父子様御間御都合宜様運ヒ立居候處、此末水之泡と相成候様ニ罷成候而ハ、誠ニ以御大變ハ勿論、次ニハ私共迄も實ニ殘念至極奉存候、此上之御恩様ニハ、何卒阿部様御方御往復被爲濟候上ハ、一日ニ而も早目御引渡被成下候様ニ猶亦奉願上候、左様ニ御坐候得者、大隅守様御疑念も被爲解、修理大夫様御安穩無相違奉存候、實以御父子様御間御無異、御平和之處、頻ニ奉祈候處ニ、不奉顧恐再重奉願上候、左様御坐候而御引渡被成下候節ハ、何方ニ而も其御方様御都合宜場所江此方よりも迎之者差出置候様仕度奉存候、將曹江も内話仕置、御許容之御請御禮奉申上候序、乍恐此等之趣又候奉願上候事、

三月廿六日

吉利仲

伊集院平

上

右書面之内、最早領内ゟ罷越候儀迄も捕方之者共慥ニ承届候得ハ、其後之足さへ全相知不申候ニ付てハ、大隅守ニも別ゐ懸念之譯も有之候模様之由、其上出雲守一條ニ付ゐハ、嶋津將曹幷仲・平(吉利・伊集院)外ニハ形行委敷存候者無之、極内密ニ致置候得ハ隱したるゟ顯ると申樣ニて、最早薩州ニゐも、出雲守儀ハ筑前表大事之場所ゟ忍居候樣子抔と、取々之風聞も有之、若哉此段又々大隅守聞通ニ相成、疑念之廉有之候樣成立候ゐハ、第一修理大夫爲筋不宜、且ハ是迄手厚世話之詮も無之、乍漸父子之間つゐふ宜運ひ立居候處、此末水の泡と相成候樣ニとも罷成候てハ大變之由、

隱れさるゟ顯るゝと申候條抔、是又甚不審ニ存候、其子細ハ仲城下ゟ罷越候儀、薩州表風聞も可有之、且又將曹・平私曲等之儀、國中専風聞有之候得共、夫等之儀ハ大隅守夢ニも存不申、井上儀のミ速ニ風聞大隅守存候譯合、更ニ無之儀ニ候處、如此之文面ニゐ

久包等ノ不埒ヲ咎ム

三月二十六日吉利久包等ヨリ黒田齊溥ヘノ書翰別啓

木村時澄筑前潜入ノ説

小子無據井上指返し可申哉と相工ミ候事と存候、且又辰ノ口（阿部正弘、老中）往復濟之上ニ而ハ、一日も早メ引渡遣候様、左様ふ候得ハ、大隅守疑念も解、修理大夫安穏無相違、實以父子間無異平和之由、右ニ付安永延助迄之書狀ニも、江戸往復之上、又々薩州迄引渡日限等之儀申遣候而ゟ請取人指越候而ハ、猶更延々ニ罷成候ニ付、近々之内、請取方之者此方宜場所迄内々指出置度旨、此儀薩州表つ而ふ宜とハ乍申、小子ゟも乍内々辰ノ口ゟ申上置、否も不相分内ニ請取人等指遣置可申と之儀、甚以自由至極、先ヲ計り江戸表ゟも不恐致方不埒ニ付、小子ゟ仲・平ゟ遣候返事ニ、此儀ハ屹度指留メ候事、

小子ゟ遣別紙書取寫

乍恐別啓を以奉願上候、

亡近藤隆左衞門從類之内、木村仲之丞（時澄）枝葉之者ニ而、輕罪之御取扱被成置、座圍へ被召入置候所、去ル十四日圍を破逃去、當分嚴敷御尋者ニ相成居申候、然處ニ仲之丞儀も筑前表ゟ奔走いゝし忍居候抔と、只何となく世上風聞仕儀ニ付、捕手之者共も、四組程其御領内ゟ差向遣置候而、取扱候御役々ゟ、表向御届申出ニ相成居申候、右式不分明之儀迄も申觸程之事ニ御座候ハ、誠ニ以一統心配仕罷在申候、萬々一其通之儀共ニ而、御留置

留置シテ速ニ通報センヿヲ請フ

來ラザル旨ニ返答ス

被下儀共御坐候得ハ、益大隅守様大御疑念之發端ニも御坐候間、何卒御留置被成下候而、早々御下知被成下候様奉願上置候、小事ゟ大事ニ押移り候得ハ、つまりハ事之破をニ成立、御難題御到來ハ案中ニ奉存候、夫のミならす、其御許様迄も御難題共奉掛上儀共、罷成申候而も、誠ニ以奉恐入仕合ニ御坐候、幾重ニも此等之儀、不奉顧恐御心添様迄ニ奉祈上置候、大隅守様良御安慮之期ニも至り可申哉と奉存居候處、又々再事を引起し何分時宜ニ罷成、實以御役々心配仕罷在申候も、幾重ニも御勘辨様被成下候而、此旨爲被遊御聽通被成下候様奉願上候、

右之通ハ態々飛脚差立奉願上筈ニ吟味も仕候得共、何分繁々其御許様ゟ御便り申上候而ハ、尚々世上之響合も御坐候ニ付、其段ハ態と差扣申候而、奥四郎（國容、町奉行格長崎附役）ゟ差向願上越候、已上、奥四郎薩州長崎留居役、

右書面最初ニハ筑前表ゟ忍居候抔世上風聞之旨認メ、終りニハ此旨も聞通候様ニと有之、指極メ候文面ニ而、小子心中さくり候と被察候、此度仲之丞儀も途中功者ニ罷越、聊足付キ候模様先ツハ無之候ニ付、不參旨返答致候事、

但、仲之丞參り居候儀、此旨役方幷目明共、只今迄ハ夢ニも存不申、詮議方頭役迄

嘉永三年正月

四月四日黒田齊溥ヨリ吉利久包等ヘノ書翰

正德ハ阿部閣老返答次第引渡スベシ

受取人ハ報ヲ待チ差出スベシ

時澄ノ來否調査ヲ命ジタリ

ハ内々相含メ置候事、

小子ゟ之返事二通翌四日ニ遣

先月廿六日之書狀、昨日相達致披見候、彌以無事相勤珍重存候、然ば先達申遣候事致承知候旨、委曲申越致承知候、其方共心配尤存候得共、阿部返答次第早々引渡可申候、且又右ニ付、此方宜場所ゟ井上迎之者差遣置可申旨致承知候、何之差支も無之、迎之者參居候而も宜敷候得共、いまた阿部ゟ返事も不參内ニ、迎之者參居候而ハ、阿部ゟ追而相知れ候節不宜候間、此儀ハ見合可申候、尤返事參候ハヽ、早々可申遣候間、其節迎之者參候樣存候、右返事申入度如此候、何事も御無事ニ相濟候事第一存申候、不備、

四月四日　　美濃

吉利仲との

伊集院平との

別紙致披見候、亡近藤從類内木村仲之丞圍を破逃去候由、然處筑前ゟ奔走忍居候抔と世上風聞之由、捕手之者とも四組程領内ゟ遣候由、其元役筋ゟ表向申出候由、萬々一爰元ゟ參り候ハヽ、留置候而早々爲知候樣委細致承知候、早速其筋役人ゟ重疊致吟味候樣申

付置候、疑敷申出候ハヽ早々爲知可申候、以上、

四月四日

尚以、度々便り有之候而ハ世上響合如何ニ付、奥四郎ゟ差廻し候旨致承知候、以上、

四月四日安永延助ヨリ吉利久包等ヘノ書翰

安永延助ゟ返事左之通申遣

去月廿六日附之御狀相達致拜見候、各樣愈御安康被成御勤珍重奉存候、然ㇾ先般美濃守樣ゟ仲樣江御直ニ被仰付候井上出雲守儀ニ付、御封物を以御願筋、且別段吉永源八郎迄御頼越し趣、都而御承知ニ相成、御渡方之儀ハ江戸御往復之上、追而御渡ニ可相成、右一條ニ付、猶又此節御封物御指出被成、直樣指上候處、御落手被遊候、右ニ付美濃守樣又々御封物御渡ニ相成候間指廻し申候、將又出雲守儀、一日ニ而も早メ御受取ニ不相成而ハ、其御方樣御都合向ニ懸、無御據御指急之譯も御坐候間、江戸御往復之上、御引渡日限等之儀、御問合彼是ニ而ハ延々ニ相成、御都合向如何成立候哉と御心痛之由、依而此御方樣御都合宜御場所柄江、近々内請取方之役御指越被置、御往復相濟次第直ニ御受取被成度段、被仰下承知仕候、右御紙面之趣相伺候處、御渡ニ相成候御封物中ニ、右之

齊溥ノ直書ヲ送致スルヲ報ズ

御都合被仰下候間、私ゟ委細御答不及旨被仰付候、左様御承知可被下候、此段爲御答如此御座候、恐惶謹言、

安永延助　在判

吉利仲様

伊集院平様

四月二十八日黑田齊溥ヨリ伊達宗城ヘノ書翰

右、去酉十二月ゟ四月迄之形行、右之通有之候、

愚意之趣左ニ認申候、

一仲・平ゟ申越候書面類、大體虛文多く御坐候得共、彼方ニゐも餘程吟味いたし候文面と相見へ、理も非も申なし候儀不少、其上前後不拘り之事も有之候間、得と御熟覽可被下候、隨分宜敷書綴居候得共、根元僞之儀ハ自然ニ相分居候哉奉存候、

正德脫走ノ主意

一井上出雲守儀ハ、右一件初發ニ、後來儀ヲ深く致心配、萬一修理事（齊彬）此節之一件ニ拘合居候抔と、大隅（齊興）存込候ゐハ、家督も如何可有之哉と存候ニ付、一日も速ニ小子ゟ申達度、其上ニ井上身分ハ夫限りと覺悟ヲ極罷越候ニ付、出國ゟ途中も格別秘し不申、尤

正德ノ足取分ル

時澄入筑ノ主意並ニ決意

時澄ノ足取不分明

正德ヨリ重罪

追手ハ用心仕候得共、一日も早く參、小子ゟ可申、駕籠抔ニも乘、坂口源七と申事も有之由ニ付、直ニ足さへ相分候由、一體ハ極秘し置、小子參府之上、大隅模樣次第ニ而、井上事可申と含居候處、足さへ相分候ニ無相違旨承候ニ付、とてもかくし詰候事ハ不宜存候間、仲（吉利久包）ゟ逢候節、前文之次第ニ申述候事御坐候、

一木村仲之丞事ハ、右井上兼々懇意之者之由御坐候、是又前文之通之次第御坐候、井上事筑前ゟ參候哉、模樣一向不相分、其上將曹（島津久徳・伊集院平）・平抔殺し盡之意有之候間、此行末見屆候者無之、其上佞臣之爲ニ死候事殘念至極ニ付、小子ゟ申達形行も見屆申度、尤小子指圖次第、一命ハ捨居候事ニ付、如何樣共不苦旨、乍然右之心得ニ而、途中極秘し候て參候ニ付、一向足さへ不相分候間、薩州捕方數十人來候得共、手ヲ空して歸り申候、右兩人忠義之志ハ同樣ニ御座候間、何卒薩州表理非明白之上、追而指返し申度、仲之丞事ハ一ト通致勘辨候處ニ而も、坐敷牢を破候ニ付而も、別而井上ゟ重罪ニ有之候ニ付相分候得ハ、是ハ嚴敷薩州ゟ申來候事ハ必定ニ有之候、指返し候得ハ死罪ニ相違無之候、井上とても平抔ゟ輕罪ニ取計可申旨ニハ候得共、是又死罪ニ相違無之候、右之通忠義之者ヲ小子ゟ指返し、死罪ニ爲行候事、何分忍不申次第御坐候、尤右兩人指返

齊興宛内用書ノ到達ヲ危ム

阿部閣老ヘ内申セン事ヲ請フ

し候ニ付而ハ、薩州ニ而も將曹・平事切腹等申付候儀ニ候ハヽ、指返し候事も相當之事ニ存候得共、時勢とても左樣ニハ參間敷候、如何取計可申哉極六ヶ敷事御坐候間、何分御賢慮御敎示可被下候、一體此節之儀、大隅守ゟ異見仕度候得共、小子ゟ之内用書狀さり共、自身開封不仕、將曹・平兩人間ゟ申付候ニ無相違由ニ付、兩人事も難申達、何之益ニも不相成候間、此儀も出來不仕候、實家内亂之次第申上候事、何分不信實之樣ニも相聞候得共、右之次第ニ付、小子心中ニ含居候計ニ而ハ、後日變事も難計、打明申上候方、實家之爲筋ニも候間、如此御座候、尤小子兄弟共ゟも、(兄奥平昌高、前中津藩主・弟南部信順、八戸藩主、共ニ齊彬大叔父)追々相談申越居候、井上・木村も主人之不明申出候事、何分當惑仕候得共、不外小子之事ニ付、無據申出候旨とも、重疊申出尤之事存候、一體此書面淸書仕候而可差出之處、何分入組取しらへも隙取、餘程延引ニも相成居候ニ付、下書之儘ニ而御坐候、尤家來ゟも難爲認事多く候間、小子自身ニ認、如例愚筆愚文書損も多御坐候間、宜敷御含、御内分辰(阿部正弘)ノ口ゟ被仰上可被下候、猶又存出候事ハ別ニ可申上候、以上、

四月廿八日

七〇　正月二十四日　徳川齊昭への書翰

（封紙宛書）「上　御請　修理大夫」

（奥封宛書）「上　御請　修理大夫」

（所見ナシ）尊書被下難有拜見仕候、餘寒之節ニ候處、益御機嫌能被遊御座恐悦奉存候、然ハ先比差上候書物、御用濟御返被下奉請取候、且御國産之鯛頂戴仕難有奉存候、右御請迄乍恐奉申上候、恐惶頓首、

正月廿四日

猶々、時候折角被遊御厭候様奉存候、以上、

水戸産鯛ヲ贈ラレタルヲ謝ス

七一　正月二十六日　井上正德への書翰

島津久武ノ書状ニ擬ス

正徳ノ筑前亡命ヲ慶ブ

島津久徳等殺害陰謀者

（包紙ウハ書）
「修理大夫ゟ　井上江被下候封物」○黒田齊溥筆

（用紙薄葉表紙共二十四枚）

印

（原寸縦一七・一糎、横一二・二糎）

極内一筆申入候、筑前（福岡）江罷越無事之由珍重ニ候、無據様子大凡可申入置爲、壹岐（島津久武、家老）書面之姿ニいたし申入候、

一身命を捨候而、筑前迄罷越候義、可申謝事ニ無之、大慶至極ニ存候、

一先月六日立之飛脚、廿四ニ相達申候處、只何事も不申來、御政事向不宜趣申立、其上五大堂（花倉別邸所在）之儀、如何之義ニ心得違いたし、將（島津將曹、久徳、家老・伊集院平、小納戸頭取兼用取次）・平等奸計有之趣申立、可及殺害企候段、同類之

處斷ノ報到ル
黒田齊溥ノ書到來
吉利久包來著面談
近藤隆左衛門齊彬ノ書燒却
高崎温恭手留ヨリ諸事發覺
吉井泰通誓文ノ書筆
隆左衛門ヘノ齊彬直書
閣老ニ上訴ノ聞エアリ
久包出府
島津久武處分ハ依願退役

内より申出るもの有之候而、一世遠島被仰付候處、御斷申出候趣計り申來ニ而、最早跡掛念無之との事ニ候得共、何而不相分候而、内々心をいも致候處ニ、筑前ゟ(黒田齊溥、美濃守、福岡藩主)之書面到來、跡掛念ニ存し、以後如何と案んし候處、當月九日夜、仲著(吉利久包、當番頭兼側用人側役)いたし候間、實ニ仰天もいたし候而、十日ニ面會いたし候處、色々承り候ニ、工ミも有之候趣ニ而、我ら書面遣候儀者、少しも不申上候よし、まゝ近藤(隆左衛門、物頭町奉行勤)之方者不殘當人燒捨、書面無之由申聞、高五(高崎五郎右衛門、温恭、船奉行兼家老座書役奥掛)之手留メニ種々の義有之、夫より壹岐(島津久武、家老)ゟ書面差出候事等も書留有之、又大坂ゟ書面請取候趣之返事も、高五方ニ有之、又主計(二階堂行經、大目付)ニも加り候而、夜會之事も相知を、村野傳(傳之丞、實晨、寺社方取次・小太郎馬預・覩負、久晋、物頭・嘉右衛門、裁許掛・廣敷横目・作次郎、貞奇、郡見廻・法元六左衛門、元凱、軍賦役・十右衛門、右筆見習)・仙波小・赤山・中村・野村喜八郎・山之内・法賀[九]・有川等之義も、同意之よし聞得、吉井七之丞(泰通、藏方目付)ニ者何而誓文ニ而したゝめそのいたし候趣も、書通之内ニ有之、又毎月御書(齊彬直書)も近藤ゟ頂戴候様ニ書付有之、此義ハ不申上よし、尤毎月之處虚事ニ有之、我らゟ實ニ遣候事者當年ニ相成四五度ニ有之、これ者近之工ミニ而、高五迄もあまし候と被存候、又西筑右衛門(江戸留守居)ゟ十月末ゟ書付遣し、阿部(正弘、伊勢守、老中、福山藩主)ゟ差出候様申遣候趣も有之候ニ付、旁罷出候趣、いはゞ我ら書通之事抔者少しも不申上、罪人之書留メ故、寫ニ而知人讒之旨ニ而、寫取差出候間、其處必を掛念いたしはましく、又壹岐之事者どふも致而ゝ無之候間、いはゞ何とゟ可被仰出候得共、きひしく被仰出之思召ニも無之、當年御國ゟ下り後、御免ニ而退役願候事ニも可

西筑右衛門ノ事程能ク申置

隆左衛門等ノ輕擧ヲ戒メ置タリ

久包ノ申口ヲ了解

久包平和ノ處置ヲ望ム

相成や、以後ハ此度書面之形行可承と存候、又西事(筑右衛門)もとても出候儀とハ不存候へ共、承り可申趣申聞候間程能申おき、我ら書面之儀、毎月遣候義實ニ覺無之、當春一度、海老原之節(宗之丞、清熙、軍役方總頭取)遣し(清熙罷免ヲ云フ)、其後ハ不遣候處、篤之助(齊彬四男)夭亡後ニ彼方ゟ封書差出候間致披見候處、五大堂之儀申遣し、且將等惡意有之候間、用心可致申遣候得共、何も證據無之候間、返事ニ證據も不見得不容易儀申遣候、證據ニ而も御座候ハヽ可申遣、か様の一大事輕々しく申遣にましく申遣し、其後何も不申參候間、其後ハ不存候とろ、此節之事申參り、甚タふしんニぞんし申候處、此度仲(吉利)申口ニ而相分り申、仝く近等惡意ニ而謀書取建候と存候旨申聞候處、尤之旨、左候ハヽ五大堂之事申上計りよ宜、其外ハ無之筋ニ可心得、少しも御存し無之より、其方かへつて、御都合も可相成候、何分僞事申上候得共、何事も平和ニ致し宜く御座候間、其通りニ可致、尤其書面抔、其節直記・彦太夫(山口利紀、側役兼側用人・名越盛光、側役兼側用人)ニも拜見被仰付候處ニ可致、又何も此程ハ惡意も有ましく、只我ら抔案んしニ而申上候と、格別ニも不思召、兩人も其通り存候ニ而、只御叱被遊、以來書面差出間敷被抑下可然、私共ゟ申遣候ニ而ハ表立當人ニも身分如何と存候旨、申上候事ニ而、此度之とき惡意とハ不存、仝く我らを御大切ニ存候事と、皆々心得候處、此節之樣子ニ而ハ、仝我らを取入候爲之手始メニ致候處、

隆左衛門ト久武トノ關係

隆左衛門ノ西筑右衛門ニ與ヘタル書面ノ内容

無證據之御とかめまて、致かたなく殺害之義を企候事と、我ら幷ニ直・彦（山口利紀・名越盛光）も存し候處ニ而申上候方可然申候間、如何様とそ宜敷様申置候、

一壹の事（島津久武）、仲役場（吉利）をもなき書付之事承候處、請取候ニ相違無之、去年六月比、近藤參り度趣ニ候間、一往斷ニ及候へ共、是非との事故、面會いたし候處、種々申聞候得共、不容易事故、請合も不致差置候處を、追々申立書付も出候ゆへ、相考候處、此事表立候而も大變到來、又叱置不請取候ハゝ、外々江如何様之手段可致も難計存候間、拙者請取仕舞置候へ者、夫ニ而不事立相濟候事と、壹人ニ而仕舞置、同役（家老）江も不申處、不念至極ニ候段申聞け、同役江申候處も勘考もいたし候へ共、色々勘候趣も有之、深く勘考中、御とかめ被仰出、誠ニ恐入候段、夫故右書付者不殘燒捨候と答候よし、西之義、仲兼而存候そのゆへ、喚寄承り候處、去々年參候よしニ而、其手紙も見セ候處、誠ニ大變成書様ニ而、毎月我ら書面も頂き候事も有之、其内ニ我らの被仰下候ニも、美の・隱岐（黑田齊溥、美濃守・本多康融、隱岐守、膳所藩主）其外中々何も相談とゝのひ候人物ニ無之候旨も伺候間、御家とくの事等御相談も被遊兼候と存申候、又御沙汰伺候者、江戸ニ而定府之内外ニ人者無之、西筑右衛門ゟ外者無之との事も伺居候、旁阿部江書面差出候手段頼度、又御國元人物壹人もなく、近事存候ニ者犬猫同様ニ

ゟ、壹人も賴母しき人も無之候間、以德迄西江申分外無之と書付有之、誠言語同〔道〕斷之書面、全く色々取企候ニ相違無之處、顯然ニ御座候、又去年十月之書面者、書付差出候事もなく、只外ニ奇計いたし候段書付有之、是も御國元ニ而高五（高崎溫恭）江之書面と、西江之書面相違有之候間、これも仲申候ニ者去々年ニ而候、又色々事六ケしく相成候間、書面者無之、口達ニ而承り候趣ニいたし、且當年秋遣候書面之趣ニ申上べく、全く當年夏比ゟ之事之

久包藩地ヘノ報告

起り之様ニ申上有之候間、其通り可致趣ニ而、前三ヶ條書面取仕立、十四日ニ御國江申上ニ相成申候、最早是ニて我らの處掛念有ましくと申居候、壹をも今少つくろひ申上度候へ共、夫ニ而も萬一御疑念御座候而も、事六ケしく候間、壹の事者有の儘可申上と申居候、

赤山晉久等ノ處分

一十二月末申遣ニも、吉井七（七之丞、泰通）誓文相糺候得共、少しも不存段申張候旨申來候、又赤山・中村・野村・山之內・木村新〔仲〕（仲之丞、時澄、小姓與・兵道者）・和田二〔仁〕十郎・松元一左衛門（長篤、地方檢者）、何分申渡迄愼申渡ニ相成候よし、又吉井七者閨入、村野（實晨、寺社方取次）寺社方ニ相成候うへ閨入ニ相成、

高木市助出奔飯野ニ捕ハル

高市（高木市助、製藥掛兼庭方）出奔之處、飯野（日向諸縣郡）ニ而とらへ揚屋入ニ相成趣申來候、又仙波小太郎御馬預見習（馬預ニ昇格ノ誤）ニ相成候段申來候、

同志ノ密告

一同類申出候をの者、但馬市助（猪十郎、小姓與、兵道者）ゟ國分之謀書可致事賴まれ候事申出、肥後平九郎（目付）ニ者むし

隆左衛門悪意ノ謀書ト申立ツベシ

久包井上正徳ノ出奔ヲ訝ル

泰通ノ書ハ焼却シタリト認ムベシ

めハ同意ニ候得共、殺害之義等、又壹江書面出候事承り、これハ不容易事ニ存し付ニ而申出候よしニ仲申候へ共、これハ高市(高木市助)御書とて色々申ふらし候より破候やと存申候、此義ニ付御書ニ而ハ無之、近藤悪意ニ而御書之謀書取建候趣ニ其方承り居候旨、申立候様致度、跡ニ委しく申遣候事、

一正月三日便ゟ其方も彌出奔之由申來り、其方ゟ壹岐江殺害之儀申遣候節之下タ書有之よしニ而、仲(吉利)迄豊後(島津久寶、家老)より申來り書面も寫參候由ニ御座候而、仲ニも至極なし而成人と見得、

一々尤之事と申居、夫ニ何とて走り候やと疑ひ候様ニ申居候、

一將(島津久德)ゟ直記・彦太夫迄申遣ニ者、最早少しハ火の手も靜まり候よし申來候よし、先此迄之成行、右之通りニ御座候、

一吉七(吉井泰通)之書候書面之儀、少し不覺ニ候得共、若や先比近ゟ此方江遣し、美の(黒田齊溥)江遣ニて留置不返書面而と存申候、吉七も不申趣ゆへよろしくとハ存候へ共、美のゟ書面見セ可申、彌吉七之書面ニ候ハヽ、其方其比ニ右之義承り候而、極密夜分近江參候而、夫ハ不宜意見を加へ焼捨させ候趣ニ書付可致、且又其方壹人ニ而高五・山一(山田一郎衛門、清安、町奉行格鐵砲奉行勤)等も焼捨候儀者不存處ニ可致、夫とそ外ニ所存有之候ハヽ、如何様とそ此方江不遣、高五ハしめ江ハ、近いつ

隆左衛門謀書ノ事等正德ノ諫言ニヨリ悔悟謝罪シタリト認ムベシ

久武等ヲ欺瞞シタリト認ムベシ

せり候處ニいたし候方よろしく候事、

一高市江之書面、其外我ら書面を人々江見セ候事も、近之人々同意爲致候手段ニ而、表方のその我ら書面不存を幸ひ、色々謀書取拵候段も書載候樣、又右之儀、其方ニ者初メ者不存候得共、殺害之事等意見いたし、壹方も申遣候後、夜陰壹人參り必至短慮いたしほましく申聞、高市書面等之風聞も有之と申處より色々内話之節ニ、近ニも後悔之樣子ニ而、實者御書等も謀書之儀も有之、高市之處も一段せけみ候手段ニ、種々作意もいたし候事之よし、眞實打明申聞候付、以の外之義、以來急度可愼意見ニ及候處、あやまり入候旨も申聞、只々早く願望叶候樣致度ゆへ、前後不勘辨いたし、今更致而ともなく、以來者急度壹岐殿之御計らひを謹而まち可申旨も申、さて今更此義高五せしめ存ニ而者、如何心變し大變ニも可相成候間、以來者愼候間、是迄之處者口外呉ましくと、赤面ニ而相賴ミ候間、急度愼候樣申談候事之よしも、程克前後見計らひ候而、書面ニ致し候樣存申候、

一壹岐之書面、殺害之事者勿論、我ら不存事ニ候得共、是又江戸（齊彬）江せ少しも御存しも無之事ニ而、壹岐・主計（二階堂行經）を後ロ盾てす、いたしまして取込ミ、種々工ミ候事之よしを、餘委しくニ無之、大意之處ニて書面取立候樣、又村野（傳之丞、實晨）江書面遣候事者先ニ發し申ましく存候へ共、

久武ノ心事善意ニ記スベシ

隆左衛門等悪意ヲ企ミタリト認ムベシ

隆左衛門等久包ヲ見損ズ

村野可申も難計、此義如何ニ候や、我らにハ此事ハ、手廣ニ相知れましくと存申候、其方考承り度候、此義ハ不書載方よろしくと存申候、

一壹岐事も中々出候心ニハ無之、自分ニさへ取置、請受之姿ニいたし置、追々なさめ候手段可致含ニ相違無之内意承り居候處、程よく可書記候事、

一表向書面ハ一通書候而、全近之悪意ニ而種々後策を計り候手段ニ而、壹・二（二階堂行経）等取込ミ候儀、此比ニ相成委細存知付候事も有之、我ら等少しも不存義ニ而、萬々一我らめ以己く等ニ相成候而ハ恐入候間、其節ハ以後方へ罷出候ても、委細申開候心得ニ而走り候よし、文體程よく書付可申、左候而前文之儀ハ、猶又別紙書付出候方よろしく御座候、

一仲之様子等見申候處、實ニ悪意有之様子ハ無之、我ら都合もよくいたし候事と被存候、全近等見きんじ而と存候、仲等も遊印（ゆら）ミ而さハ彌御請合ハ難申、此節も表之方ハ近へ之御書等之事一切不申上、其處ハよろしく候得共、か様成節、遊印何様可申上や、去而し老女ハしめ下々迄も、けして遊印へ色々申ましく、其處ハ先々掛念ニも及ましく候得共、何とかく

思召之なしき様可申上やと、夫ハ心ハ以ニ存候得共、其處ハ將・豊もよく心得候間、中

嘉永三年正月

々油断不仕と、色々申聞け候處も、實ニ眞實之樣ニそんし申候、遊印之義ハ仲ニも取計之存寄有之やニ申居候、何とそ委細ハ不申聞、なのその取除け樣も可有やとそんし候旨申居候、

久包ゆら取除ヲ考慮ス

一右通りゆへ、これまて無事ニ相濟候へハ、其方共成丈ケ不爲知置候ゐ、後年程能取計遣候心得ニゐ、其段も美のに申遣候、萬々一吉七之書面・高市之事等ニゐ、致ゐ☆無之候ハヽ、書面を證據ニいゐし候ゐ、我ら本心之明り立候樣致度事ニ御座候、

正德隱匿ハ萬一ノ際ノ證人

一近も眞實ニ我らを少しも早く安心いゐし候樣ことの事ニ相違もなく候得共、如何ニも致し樣不宜、西筑等之書面も不宜、定て高五其外にも、右樣之手段も可有之、旁引ゐおし之とき事ニ相成、誠困り入候、此うへ先日之其方書面之とく申出候ゐも、とても不被行候間、何事も近と高五・山田も種々工ミ、外ハ夫ニ引込ミ候處ニ仕舞不申候ゐハ治り附兼候間、夫々の處よく心得可申候、何事も國家之爲ニ候條、宜敷勘考可致候、

隆左衞門等ノ眞意ハ是トス

一彌其方申如く、將等惡意相違無之、此後も前文之處ニゐ不相濟節ハ、美のゟ其方を差出し、公義ニ其方十分申候ゐ、明白ニ萬事取計候事ニ候得共、中々左樣ハ相成申ましく、彌とハ申難候へ共、將・豐・平・仲共ニ成丈ケ穩便ニ致候心得と被存候間、先々安心可

穩便處置ノ方針ナリ

齊彬ノ無關與ヲ證スベキ旨隆左衛門ヨリ遺言ニテ依頼サレタリト認ムベシ

齊彬ノ意ヲ汲ザル取計ハ心外

隆左衛門ハ藩政ノ缺陥ヲ利シテ私意ヲ企テタリト記スベシ

致候、

一其方二日夜、（昨年十二月、隆左衛門等自殺ノ前夜）誰之處江參候や承度候、近江も參候ハヽ、其節も是迄謀書等取立候儀、後悔至極其方存之通りゆへ、何事も關東（齊彬）御存し無之段、明白ニ分り候様致しくれ候様ニと、申置候趣も書載セ可致候、直ニ將等江可申出やとぞ存候得共、何分心底も無覺束候間、夫よりハ筑前（黒田齊溥）江と、後日證人之爲ニ參候旨、書載候方可然、

一其方も兼而存知之とく、御心（齊興退隠ノ發心）より出候處を我らハまち居、只々人氣を心せいニ存候處も御座候ニ、大相違成取計らひ、實ニ心外千萬ニ存候、

一右表立書面之内ニ、是迄之御政事ニ而ハ下々難義いたし、奥向意味も有之、人々内心せいニ色々と存し、代替をもまち、又夭亡等打つゝき候ゆへ、疑念有之處を幸ニ近之惡意企之趣も書載セ候様、誠ニ色々大義ニハ御座候へ共、國家の爲とぞんし、よろしく取計らひ可申候、尤書面ハ筑前家來迄差出ニ而よろしく、美の江も申遣置候間、定メて彼方ゟも何と而可申候間、其處と此書面よく照し合セ、前後符合いたし候様ニ書面拵可申、其書面、美の（奥平昌高、左衛門尉、前中津藩主・信順、八戸藩主）ゟ左衛門・南部江向け、萬々一の爲ニ遣候様ニ申遣候間、此段も申入候、

一國元現事之儀も、其方存候分ハ書面いたし、此返事ニ可遣候、

正徳ノ亡命必ズ平和ヲ齎スベシ

久武トノ面會ヲ避ク

此ノ書表向ハ久武ノ書ト心得ベシ

當用ニ五兩ヲ與フ

一此後色々是迄申來居候聞合之うち、可然分書取可遣候間、萬一之時之爲ニ、心得居可申候、其方筑ゟ參候間、誠ニよろしく、むつかしく可成も、此事相知れ候へハ夫ニてむつかしくて相成申ましく、遊(ゆら)之事等も、是非申立ニ相成候事故、とてもむつかしくて不相成、平和ニ可相成て必定ニ御座候、呉々大悦至極ニ存候、壹岐ゟ書面遣度よし、尤と存申候、遣候てもよろしく、美のゟ申遣候、乍然前文通り之都合ゆへ、壹岐取計らひて何事もむつかしくと存候、又其方筑ゟ居候事もいまだ不申聞候、萬一それ候樣ニてハ不宜候間不申聞候、其うへ逢候事も、人々疑ひ候てハあしくと逢不申、乍然今少し平和ニ相成候ハヽ内々可申聞、又其方の書面も遣候ハヽ、其節ニても内々申聞候樣ニ致候、成丈ケて先不申方、壹岐心配も有ましくと存申候、乍然壹岐壹人ゟハよき折ニ申候考ニ御座候、其外ハ存しのと計り惡意無之ても勢ひニ附候人物ゆへ、中々油だん不相成候、

一此書面壹岐遣候筋ニ表向申遣候、内分て我ら書面之段も美のゟハ申遣候、家來ゟハ壹岐ゟ之書面と可申と申遣候間、左樣心得可申候、

一其方急々出候事ゆへ、萬事不自由も可有之、食用等て筑ゟ被下候事と存候へ共、夫ニても長きうちニて困り可申存候間、誠ニ少なから五兩遣申候、又追々て美の申談し、宜敷

取計可申候、

一誠ニ此度之儀驚入申候、高市書面之事も、其方壹江申越後者不遣、三度遣候事ニ御座候、全くよろしきそのとそんし候處、工ミ候事いたし候よし、近ゟ申遣候書面者不殘取返候而、此方江參り申候間夫者よ敷しく、又近書面者燒捨候よしゆへ、夫もよろしく、又疑ひ候人者我ら書面等有之ゆへ燒捨候處ニ將等取計、其段申上候とそ存候へ共、燒捨との事ゆへ先よろしく、其方若存知候や承り度ぞんし申候、

隆左衛門書面ノ處分

一實ニ僞りも近申候ニ相違無之者西江之文言、又二主（二階堂行經）ゟ遣候書面之内ニ、我ら哥伺候とて書付遣候、此哥我らよみ候哥ニ者無之、此二ツ者全く僞ニ御座候ゆへ、外ニも實ニ僞書以たし候も難計御座候、

隆左衛門ノ僞書

一此節ニ相成承り候へ者、江戸ニ而も種々惡事有之、たまし或者婦人等之事不行跡有之候よし、追々承り候へ者中々惡人物ニ相違なく候へ共、押出候處よろしく、辯舌讀書き出來候間、人々たまされ候ニ相違無之、其方ニも夫ニたまされ候事も可有存申候、不仁至極之事も承り候事ニ御座候、只今存當り候事も可有之と存候、兼て種六郎（種子島六郎、時昉、當番頭兼側用人）・福助七（福崎助七、表小姓）等もよき人物と申候ゆへ、我らも安心ニ而聞合之事申付候處ニ、五大堂之事等申遣し、又願（新

隆左衛門ノ江戸ニ於ケル不仁

心事ヲ告ゲ善處ヲ諭ス

（願）書遣候比ゟ、餘りと存候事も有之候得共、よもや此節之とき不勘辨可致と不存候處ニ、其方壹岐江申遣候節ゟ、甚掛念候間きひしく申遣し、麁忽いたすましく申遣、後書面一度も不遣候、誠ニ我らも人物ニだまされ、殘念至極ニ御座候、此書面前後不順、其うへ亂筆、よろしく披見可致候、跡ハ早く火中可致候、其方ゟも如此張〔帳〕面ニ而可遣候、

一此外其方存付、書れきよろしくと存候義ハ、よろしく書れき可申候、

一西筑ハよき證據人いたし置候間、何も落度も無之候、實ニ色々書ちらし遣候よし御座候、

一我ら所存ハ何事も平和ニ而人氣も治り候様いたし、いつま而も思召ゟ出候而家とく不致候而ハ、以後色々差支も有之趣、近江も申遣し候事も御座候、定メて承知と存申候、又去年聞合等之事も、公邊ゟ御質之事出候節（琉球事情嫌疑ノ件）、笑（調所笑左衛門、廣鄉、家老）ニかぶセ可申爲ニ致候事ニ御座候、此段も其方よく心得居候様頼ミ入申候、事むつかしく明白ニ可致節ハ、か様の事第一入用ニ候間申入置候、表方之もの江遣ニハ有ましき事なから、笑等之節、側役等江承り候而も、恐き候而眞實ハ不爲知、ゆへニ内々聞合候事ニ而、海老原（清熙ノ罷免ヲ指ス）後ハ左様ニ御聞合等被仰付候儀ハ無之處ニ考可申、實ニ近ゟ色々申候へ共、程よくなだめ申遣候計りニ而、此方ゟ起り申遣候事ハ無之候、夫らの事ハ兼而心得居候様頼ミ入申候、

寺尾定計及ビ新納時升ノ犯狀ヲ問フ

松元長篤ノ再企ノ事ヲ問フ

村田謙磨及ビ土持岱助ノ犯罪事實ヲ問フ

久包ノ出府事情

書上二通仕立齊溥ニ出スベシ

一前文通りゆへ可大かた事濟とそんし申候、此後猶又可申遣候、返事委細可申遣候、

一寺庄・新彌太(寺尾庄兵衛、定計、用人・新納彌太右衛門、時升、使番格高奉行)等之事者不知様子、又寺庄者用人勝手掛ニ相成申候、殺害幷ニ壹江出候書面等之事ニ不掛ものニ候や承り度候、夫とも寺庄等進物ニ而右様ニ相成候や考可申遣候、

一川なべ之長門守(高良、祠官)事者何も沙汰無之よし御座候、

一杢元一左衛門(長篤、地方検者)と申もの者如何ニ候や、又此もの近等切腹後、又々鐵砲之事企候やニも承り申候、

一切腹之內、村田・土持(平內左衛門、謙磨、目付・岱助、兵具方目付)者實ニ何事もしらぬものニ候や、仲申處ニ而者、皆ボンベン可打もの、又將・平(伊集院、小納戸頭取兼用取次)殺害可致手當之人々と申居候、如何承り度候、

一國分(猪十郎、小姓與、兵道者)事但馬(市助、廣敷番之頭、兵道者)江、古き紙ニ調伏之法書候様頼ミ、夫ニ而平江取込、調伏之實意可承手段致候由仲申候、此事存候や承り度候事、

一仲口ニて不申候得共、直・彦(山口直記、利紀、側役兼側用人・名越彦太夫、盛光、側役兼側用人)等申候ニて、てしめ者六人ニ而何事なく仕舞候考候處、色々やかましく御沙汰有之、無據壹・二(島津久武・二階堂行經)之事等出候様子と申候、左様かとも存申候、夫故仲も出府ニ而候と被存候、是ニ而最早事濟可申と存候段も、直・彦申候事ニ御座候、

一其方折角加養可致候、此返事早々可遣、又書面も美の方江兩通ニ仕立候而、美の差圖次

久包ノ江戸出立

齊彬直書ト金五兩及ビ日用品ヲ手交ス

久包ニ正徳隱匿ヲ告グベシ

第ニ可致候、猶以後用向御座候ハヽ可申候、以上、

正月廿六日夜

猶、仲ニも廿八日當地(江戸)出立之筈ニ御座候、

〔參考一〕 二月二十五日 黑田齊溥より井上正德への書翰

(封紙宛書)「井上出雲(出雲守、正德)へ　　內用平安　　福岡(黑田齊溥)」

(奧封宛書)「井上出雲へ　　福岡」

一筆申入候、彌無事致大慶候、然も此節修理(修理大夫、齊彬)ゟ其方へ、書付幷金子五兩、內々相渡候樣賴來候間、則相渡申候、其方儀萬事不自由案入申候、右ニ付、硯箱壹、文庫壹、內ニ麁品入組置申候、日用ニ可致候、扨又此節之一條、先々靜ニ有之候得共、安心之場ニハ不到候、委しく申遣度候得共、日々多用、無據萬々源八郞・延助(吉永・安永、共ニ福岡藩側役)へ相含候ニ付、致省略候、相替事も候ハヽ、又々申候、不備、

二月廿五日

尙以、時候厭候樣存候、近々吉利仲(久包、當番頭兼側用人側役)へ逢候而、萬事程よく可申談候、其方事我等留置候事も、申候心得ニ候、乍然我等所存有之、容易ニ薩州へハ不相渡、追而平和ニ相成

井上正德上書

候上、我等所存次第ニ歸國可申付、夫迄ハ蔭〔隱〕置、如何樣申來候共不相渡、其段ハ安心可致候、此節之誠忠感心之事共候、以上、

〔參考二〕 四月十七日 井上正德より齊彬への上書

「六月二日（齊彬）麟洲方到來」○伊達宗城筆

「（正德、出雲守）井上申出」○齊彬筆

極内上書

左ニ奉申上試候義者、推察智謀而已之工夫ニ而、此儘奉申上候而ハ、誠ニ恐懼之至極奉存候得共、其事之善惡理之當否也、乍恐御賢明ヲ以御明決被遊被下候御事ニ付、私之偏性ニ而思付候義ハ、善惡共分チ兼候而之其儘思捨兼候愚質、何事も其通之事多く、重疊乍恐大海之御仁惠ヲ以、一向ニ御取捨被遊被下候樣奉願候、

神職ハ世外ノ者

勿論神職ゟ申せハ、世俗へ家之ものゟ被捨置候程之ものニ而候へハ、出家同樣之外ものニ被思召、何事も多罪之義ハ、以 御仁德蒙 御免候樣奉天拜候、頓首謹言、

島津久德殺害一條ヲ諫止ス

一去秋（島津久德、家老）嶋將殺害一條指留メ候後、（木村仲之丞、時澄）木仲ゟ極内談仕候譯也、其時分之模樣ニ而ハ、何分近〔隆〕（左衞門）藤抔之所甚危く被存、いろニもして當秋迄之所ハ、無事平和ニ無之候而ハ、不相濟事

肥後平九郎ノ言行ヲ警戒ス

舊冬變事前ハ至極平和

と評議仕候も、彼之肥平(肥後平九郎)口走り候ト爲申事とら、何やれく肥平之近・高・山(近藤隆左衛門・高崎五郎右衛門・山田一郎左衛門)等之氣請惡しく相成居ょ付ゐハ、千丈之堤以螻蟻之穴而潰之諺ょゐ、萬一肥平お將(島津久德)ゟ泄候ハヽ、夫限之事ト評議ルゐし候趣、細々申上こゐ、將本心ハやもあれ、權道ヲ以暫時ょ迄ものこ被思召候すゐゝの不差障御内書ょゐも被遣置候樣や、心事申上奉試度、尤和漢昔古お奸曲者ヲ何やおく味方こ取込置、上手こ仕い廻し終こ奸謀おく濟ゝれ例しも御坐候得と、至極之權道こゐハ御坐有るしく哉や内密評議仕申候へ共、又繰返勘考仕候得と、自然楚忽こ奉申上、萬一こ只近(近藤隆左衛門)抔之事ヲ惡しさるこ申上、嶋將(久德)ゟ荷擔之樣ょやも、乍恐ち風被　思召候ゐハ、是又大事お御坐候得と、ルゐヽ計ゐ可然哉抔工夫仕候内、近頃之所ハ一向何事も平和之樣故、少し安心之心持、其上殺害一條申上候後、御戒も被仰下、實こ舊冬變事前之所ハ極々平和之模樣ょゐ、今通れれハ至極之事ト内話も仕位ょゐ、誠こ安居而忘危ゝれょゐ、臍ゐ喰やも無益次第ょ罷成、夫故ょ過し事ヲ今更申上候ゐも、却ゐ御疑惑も起り、且ハ夫計りの工夫迄ルゐしゝる事ヲ、善惡無差別申上試も不仕ヲ殘念ょも存し、猶又申上度も無御坐故、打捨罷在候所、壹岐(島津久武)事も深く　御配慮被遊候段も追々奉伺、是節も　此御方樣(黑田齊溥)(是以後ハ上印樣ト申上候樣可仕候、)ゟ　被仰進候事も、御内沙汰奉伺、乍恐私

島津久武ハ久徳ノ職敵

久武ハ不得止近藤隆左衛門等ニ合流

ニも種々樣々与工夫仕、　御配慮之九牛ゟ一毛之御工夫之端ニ相成事哉やと存し候所か、右之諸事も申上置候ハヽ、萬一も以後之所ニも詮立申譯も、　思召次第ニ而可有御座与奉申上試置候、

一壹事（島津久武）　思召ニ叶ヒ候半与申事ハ、無拔目將も推察仕居候事ハ必定ニ御坐候得ハ、職かたきニ存し候も案中、左をれハ　御國元ニ而ハ、既ニ壹著後御咎之品ハ是〳〵与、內評議ハ仕居申候半歟、然ルニたとへハ、御內分壹与良策御合ニ相成候而も詮立可申候所、些無覺束義ニ而ハ有御坐ましく哉与奉存候、何れニも將ゟ內心か、（齊興）御前之御都合奉執成樣之譯ニ相成不申候而ハ、却而邪魔ヲ仕り可申歟与奉存候、左樣成立申候而ハ、　又跡ニ何彼与御難事起り可申も難計、勿論右等ニ付而ハ、（黑田齊溥）上印樣深く　思召ハ被爲在候御趣モ奉伺候ニ付、細々被　仰進ニ相成可申与乍恐奉存上候、壹事近等ハ不得止ト丿事ハ、仲（吉利）か返答之趣ニ而も相分り、其上私表通の書面ニも、　內實ハ不得止之譯相分る樣ニ認置申候へハ、仲之返答之所ハ、私之書面も府〔符〕合仕候故、先其分ニ而も表向之罪ハ、格別成義ニ而ハ御坐有ましく奉存候得共、何分將等か內心か難物ニ御坐候与奉存候、

久徳等處置ノ對策

一將等其外之所、只今急ニ　御取除被遊候御良策無御坐候而ハ、乍殘念御家督迄之所、今通ニ被召置候無御據譯ニ御坐候ハヽ、夫迄之所彼か奸智增長不仕樣ニ御工夫被遊候御事かと乍恐奉案候、右之佞奸邪曲之根元段々御見通さへ被遊置候へハ、少も　御德損之義ニハ全く無御坐候故、御家督迄之內ハ以か樣御叮嚀ニ被成置候而も少しも無指支、以よ〳〵　御仁德ヲ奉仰事ニ而、君仁莫不仁、君義莫不義ニ而、却而ハ佞智茂ひるかへして正智ニ成り、不臣却而忠臣ニ可罷成も被計不申、尤其道理ニ而御坐候半歟と奉存候、以かにしても大罪ハのかれ兼可申、

久徳ノ庶政處理ト調所廣郷ノ流弊

一將等之心中ヲ、例之察ヲ以計り申候ニ、根元か何方樣よりも御氣色ヲ蒙ん樣ニと存し、双方兆から宜敷樣ニも存し、何事も扣へ勝手にて、始終伺　御模樣候而取計ひ候心底ニハ相違有御坐間敷、夫か卽(調所廣郷)調笑流弊ニ而御坐候半歟、其證據ニと先去春　御著城(齊興就封)前か、彼之海老原(宗之丞、清熙)等御取扱之一條等ニ付而ハ、極々差とまり候而、取調かさ〳〵爲有之よし、是抔ハ至極力ヲ出し、近兆とよりも良く言ハれ度內心ニ候半歟、高五(高崎温恭)抔茂一向ニ用ひ、極精勤之由ニ御坐候所、無程　御著

廣鄕モ久德モ同日ノ人柄

久德ノ任所

家老坐書役ノ私語立

世上ノ私語立

城、扨　御目見等も不被　仰付、尤此節ハ常と替り、江戸表ニ而調笑・二志（二階堂行健）等之御都合も有之、彼是　御機嫌も違候半と、あやぶミ居候所ニ、如案　御目見等も不被　仰付、就而ハ又第一ニ御都合ヲ見合居候內ニ、御內用首尾承り候樣、且御庭方・御製藥方、其外樣々調笑之諸役同前ニ被　仰出候所ニ而、只今迄之あやぶミ又晴れ、夫ゟ先何事も御都合か第一、　御機嫌ヲ失ひ候而ハ、何も御取扱出來兼ルと思込申候半、是ハ又實ニ無理モ無き事ニて、御都合惡しく成り候而ハ、とても中／＼一通り二通りニ而ハ六ケ敷、　御都合之よしと申事、乍恐奉伺候得も、成程左も可有之、尤笑も將も同日之人柄ニ候へハ、無理も無御坐、ソコデ外々之御家老中ゟ見る所ハ、脇目八目ニ而、色々と疑念も起り、海老原抔も其儘ニ而相濟事而ハ有間しくや抔トの內評も御坐候半、尤御用部屋江罷出、調笑同樣一人ニ而伺事等仕候樣ニと被　仰付、今迄之御家老席とハ全く壁ごしニ相成、いよ／＼樣々と疑念出來、夫ゟ段／＼御家老坐書役共も私語立、尤海（海老原淸熙）等か事抔ハいか樣之被　仰出かと、今日ハ今日ハと相待居候所、　御前之御都合ハ不存知ニ、將之ゑぼざのミニ目ヲ附、後ニも世上一同ニ私語立、尤高五等も、是比こき　御前之御氣質之六ケ敷事ハ伺得申候半、夫故海等之時分も、彼是相惑

高崎温恭等ノ私語久徳ノ耳ニ入ル

海老原清熙等ノ處置ト世評

隆左衛門等處分ノ發端

迫田甚藏有馬次郎右衛門ノ密告

久武等ノ隆左衛門等處分ト阻止ト久徳ノ私怨

ひ居申され筈故ニ、將之事ハ様々と、近（近藤隆左衛門）抔ト私語居申義ニ御坐候、一犬吠形千犬吠聲、一人傳虚萬人傳實と、相成りされ譯も有之候半与奉存候、夫故ニ高五や近隆（近藤隆左衛門）抔か色々と申との事も、ちらちら將の耳ニも入、西田（彌右衛門、屋久島奉行）矢〔彌〕か右ら（二階堂行健、右八郎、志津馬）へ進物等之事や、何や彼と告候ものモ、彼之迫田甚藏如キその外ニも可有之筈、夫而將之胸中おもゐゐられ申候、其時分之將之胸中心察申、折角と　御前之御都合ヲ計ひ、海老原其外之事も、夫々御取扱相成、よく成り候様ニ極々心配いたしと知らは、　御前宜御都合知らぬもの故ニ、様々と虚名ヲ唱エ、其上近隆抔いろいろ申かられ、定而關東（齊彬）御疑ニも相成候半、是笑變ト心苦仕候半、ソコテ近・高等之ふくさか十陪ニ成ル譯故ニ、何事ゾなれ憂目ヲ見せんと、耳ヲきまし候時分、彼の肥平か迫田（甚藏）へ之咄ニ、海老原一件ニ而、大坂迄高五ヲ、將抔より差立候と申事ヲ、出立前近ゟ泄しされトノ事ヲ聞付ケ、則迫田ゟ有馬次郎右衛門江告ケ、有馬より將江告候故、ソコテ將心中ニ悦ひ、是迄大事之御用ヲ、其役場より近江泄しきま次第違罪之と、たちまち退ケンと計りされ所ヲ、嶋壹・二（二階堂行經）主ゟ相留られ、残念ト乍存止ミ申、夫故己か悪名ハいよいよ増長いたし、此上とても　御隠居御家督ニも相成候ハヽ、近・山・高其外よりさへられ、御用ひハなしと少し恨抜生し、

肥後平左衛門但馬市助ノ密告

人形呪咀ハ證據ナシ

久徳ノ人形一件糺明ト其中止

誠忠士ノ所業ニアラズ

久武及ビ二階堂行經ヘ

夫故近・高・山等之事ニ、何篇氣を附罷在候所より、嶋壹へも迫田を出役ニ附遣し申候半、右通之所江肥平か申出ル上へ、但馬市助かも平(伊集院)江申出、望候所と存し取計申たるか、此節之都合ニ相成申候半と奉存候、右通之推察的中仕候得と、調笑・伊平抔ト申少し譯も違ひ可申哉と奉存候、然共邪曲ハ同日之論ニて、彼之人形咒咀如キ之事、無之と申迄ても候半歟、是以證據無御坐候へハ、いかふ共難申上御坐候得共、咒咀抔之事、其所ハ念遣有なしとの事ハ、壹も申合申候、

一將根元ハ已江魂なしと奉存候、彼之人形一件等ハ、差となり内糺しも仕たるよし、是ハ先一寸之證據かと奉存候、是以段々糺候所、彼之蔦(ゆら)か手より出たる事か、たび〳〵知レたふニ成りたるも、例之兩全ヲ計る倿智か出て、糺明し候事ハ止メニ仕候半、是ハ關東ヲ指テ申上候、御前江ハいかニ申上候歟難計御坐候へ共、宜しく申上候ハヽ、先六ヶしく相成候而ハ、彼是御指支も出來候故、何となく極内糺し、よき計ひ樣可有御坐抔ト樣子申上置候半、是以誠忠士之なす事業ニ無御坐候得共、乍憚前之知れたる人品故ニ、大かた夫位之なまぬるき事かと奉存候へとも、是以畢竟脇目八目ニて可有御坐候、

一篤と勘考仕候へ共、嶋壹・二主御咎メ沙汰ニ付、一事とふとも難補譯ハ、彼之去夏近

ノ嫌疑

高崎温恭用筋ノ大事ヲ漏洩ス

隆左衛門ノ輕率

隆左衛門等處分ノ一時中止

隆左衛門等ノ糾問

隆・高五兩人ヲ、遠嶋ニ而も申附度ト、將か申出候ハ前文通、私意遺恨ハ勿論なれト、彼之高五が大事ナ御用筋ヲ、いかニ近隆なれハ迚、極内ニ而も泄し候ハ、高五が大罪故、公道ヲ以咎メ候時ハ、何トモ申譯ハ有御坐間しく、いかなる服心の者なり候共、左様之義ハ泄サスニ置所ニ、眞味ハ可有御坐、又夫程之大事を泄し候ニ、近隆か吉七郎(吉井泰諭)右衛門や、肥平抔ニ咄き候、是以近の實儀ヲ失ひたる上、大事之御用筋ヲ申破りたる罪ものなれかさく、夫故ニ將か私恨ヲ捨置而見る時ハ、頓与申分ケもなく公道ニ相成り、遠嶋迄ニハ不至候共、御役御免ニ而愼ミ位ハ相應之事ニも候半歟、然るニ嶋壹・二主か相留たるニ付、夫ハ表向聞合而も被致而之事たるや候申ヲ、將之拔目ニいたし、將考ニハ迫田か口ヲ承居候ゆへ、泄したるニ相違なしと取極居候而も、夫ハ内分之内訴ニ候得ハ、成程夫ニ而ハ御取扱ハ出來兼候事ニ閉口いたし、扨表向聞合ヲ掛、其上ニ而兎も角も取扱可被仰付候之事ニ評決いたし、ソコデ嶋壹・二主も勘考スル所、高五か篤實之性得ニ而ハ泄しそうもなき事なから、近隆与ハ別段譯もあれ共、自然泄したるも難計(裁許掛、後自又)与而深く碎肝膽、夫故萬一之用心の爲、二主か下役之内より、服心之中村嘉右衛門と今一人、名ハ忘れ申候、此二人ヲ近隆へ對談ニ遣し、高五ハ直

清安温恭等ノ日記ニヨリ久武等ノ罪狀判明ス

久武ノ正德ニ與ヘタル言葉

糺しニ而も有之候哉、山一（山田清安）江ハ縁者之平田清右衛門（目付）ト申ものニ、今一人對談ニ遣し、肥平江も遣したるか、右通ニ而聞糺し候ゆへ、たとへ彌高五泄したる事も、泄したり承りたるト、白狀可申樣も無之故、其形行ヲ役場々々ゟ申出るを以、公道ニ評議定り、夫故危難もみゐれ申候事ニ御坐候、夫ハ誠ニ公道ニ而壹・二之所も申分ハなく候所ニ、舊冬以來彼之肥平か色々と申出、其上切服〔腹〕後ニハ、山田・高崎等之日記等申出たる所ニ而ハ、日記之内ニハ、定メテ其時之一評抔ヲ始メ、嶋壹・二主之事なと、委細書記有之たるより、吟味いたしたる所か、何事も實事明白ニなし、勿論肥平も彼之高五か泄したる事抔も、無相違譯ヲ申候半、依而評儀仕る所、何れ嶋壹・二主か計ひニ而、現在罪人ヲ極内密ニ而助たるニ相成候ゆへ、二主も何之通ニ而御座候半、して見れハ嶋壹も同前、是ハ實ニムゴヒ事なから、不運之大罪の而れ難く、難補譯合ニ相成申候、是ハ今更よう〱勘考仕出し、大方是ニ相違有ましく哉と奉存候、又其時壹岐より私江申たる言葉ニハ、とても高五ハ泄ハせにと申ヲ承り、夫ハ壹之役場丈表向左様可申かと存し承り居申候へ共、今更相考候得共、嶋壹ハ實ニ高五泄したる事ニ而ハなき哉、將之作意ニ而退かんとの事ト思込居も難計、左すれハいよ〱ムゴヒ事ニ御

久德勝軍ノ形トナル

條陳ノ件々ハ實事ニ準ジ取捨ヲ請フ

正德一度ハ廣鄕ニ取入ル

日本臣士ノ魂ヲ自悟ス

坐候得共、是ハをんを時運之令然所、今更補樣ハ御坐有ましく、强て彼是仕候ハヽ、いよ／＼惡しく罷成可申候、右次第に御坐候へハ、將之所只今極勝軍の形に相成居申譯ニ被存申候所、尙又權道御勘考ものを乍恐奉存上候、

右之條々ハ全く壹岐之事より存付、前後勘考仕候譯にて、中にも甚邪推ト奉存候事も不少御坐候得共、彼是實事ト準じ、御照し合セ御勘考被遊被下、不當之義ハ能御取捨被遊被下候樣ニ奉心願存上候、私にハ先にも白狀仕候通、實に中品以下之生品にて、至て卑劣愚佞にて、實ニ一端ハ奸智にも迷ひ、彼之調笑にも取入り、少々出身仕度工夫迄仕候得共、ソコニ少シ學文トても仕り、彼之人臣當各立於其職、不可有出位之思、又ハ竭力盡勞而不望其報、程功積事而不求其賞を申意味ヲも考附、尤出身ヲ存し候心根程、臣士之大病ハ無之、故ニ實ニ房主之悟り見タ樣に自得仕、屹与日本臣士之魂に立歸り、此上ハ弓矢八幡も照覽あれかし、いろ成御時節ニ相成ルトモ、右之心根基礎ヲ亂し候義ハ、神ニ誓ヒ無御坐候、實ニ迷々自悟者不深迷を申先言にて、一端邪見之地にも踏込ミ居候て、自悟仕ゑ候事故、此上ハいろ成奸

ハラワタヲ打出シテ上申ス

大久保彦左衛門ヲ仰望ス

智にもだまされ不申候、夫故善悪迄もニ推察も過申候得迄も、大方奸佞邪謀之腹臓ハ知れざるもの迄奉存候、餘り潔白ニ申上候而も、却而　御疑念も差起り可申事迄奉恐入候、追々迄御為沈し被下候而、相分る事迄奉存候、然れ共ケ様罷成候上は、彌ハラワタ抜打出し申上不奉候而ハ、いかにも心濟不仕候、故ニ不顧恐奉申上候、追々人之質〔實〕否得失も奉申上候事、故ニ微塵程も私意御坐候而ハ、彌　御徳にもかゝたる事故ニ第一番ニ私之心根ゟ白狀仕置候譯合に而御坐候間、重疊幾重にも申上過之罪ハ、　御仁徳ヲ奉仰候、私にハ彼之　神君（徳川家康）江奉仕し、大久保彦左衛門（忠教）ト申人か、大の賞くもんに而、眞之従士為るものハ、あの様ニ有為し迄忘るゝ間敷く、まつ／＼信實ニ従士タルものゝ手本与奉存候、夫位之志に而罷在申候間、萬端　御明察被遊被下度、乍恐私之心に而奉申上置度存附候事之分ハ、無差扣言上可仕申候間、善悪邪正ハ

御明決被遊被下、存寄申上候事ハ　御仁恵ヲ以、蒙　御免罷在候得は、心中至而清潔に罷成、いか成蒙　御恵よりも難有次第無此上奉存上候、再拜恐惶頓首欽言

四月十七日

上

七二　二月二十四日　徳川齊昭への書翰

（封筒ウハ書）
「別紙御請」

（所見ナシ）
御別紙拜見仕候、牛痘御用相成候由難有奉存候、

一海岸御達も（昨年十二月二十五日發令ノ沿海防備ニ關スル幕達ヲ云フ）外ゟ御覧ニ相成候由、肥前も（鍋島齊正、肥前守、佐賀藩主）此節ハ何も論等（海防ニ關スル意見）不申出、餘程用心之様子ニ御座候、

一琉人參府之事、（琉球王襲位謝恩使）代替ニ（齊興ノ退隱ヲ諷意）參府仕候御沙汰之事、誠ニ的中、恐入奉存候、此儀ハ内實心配仕候事ニ而、色々勘考仕候得共、致而ハも無之意味ニ御座候、公邊ゟ被仰出候譯ニハ無御座候、滯夷（ベッテルハイム、英醫、宣教師）中々歸國之様子無御座候、

一大竹（薩摩産孟宗竹）御用之由、幸ひ參居候間奉差上候、

一螢蠅抄・（塙保己一編）海外新話（鳥有生著）之儀、此間披見仕候、

鍋島齊正緘默

琉球謝恩使ノ參府

孟宗竹ヲ贈ル

螢蠅抄海外

新話ヲ披見ス

南部利剛ノ婚儀

役人任セノ施政ヲ難ズ

小梅邸ノ會合

孟宗竹ヲ贈ラレタルヲ謝ス

一廿八日御登城之節、兩姫君御同道被仰出候由恐悅奉存候、

一内々申上候儀云々、拜承仕候、御詠哥も難有奉存候、

一南部へ御縁組之儀、（二月十八日、徳川慶篤妹明子南部利剛ニ入輿ノ件）幷山野邊之御一條、（兵庫、義觀、水戸藩家老）恐入奉存候、兎角無事平和ニ而、役人任セ之人ニ無之候而者、何方も請不宜世上、扨々恐入奉存候、役人任ニ御座候へ共、事ニ預候面々ゟ都合も宜敷可有之候得とそ、其向ニ無之面々、又者下々難義之餘りニ不思儀〔議〕之企ニ成行候事、可恐事と奉存候、

廿四日

一此間小梅之義、（水戸藩別邸會見ノ件）運阿彌（水戸藩同朋）迄申談置候、其内御聞ニ入候事と奉存候、以上、

〔參考〕三月朔日　徳川齊昭より齊彬への書翰（控）

返翰扣

櫻花如雪之時、無御障令抃賀候、過日者大竹到來、深謝之至、此燧石袋供一笑候也、

三月朔 嘉永戊之、

修理殿

參

七三　三月二日　伊達宗城への書翰

五日ノ登城前ニ出向ヲ請フ

牧野閣老書取ノ案文勘考ヲ請フ

愈御安康奉賀候、別紙御覧可被下候、(所見ナシ)五日ゟ何卒登　城前ニ早く御出可被下候、小子も參り可申候、五日迄ニ御考も可被仰下、牧之口氣手ぬるく可思召候へ共、(牧野忠雅、老中、備前守、長岡藩主)小子直ニ申候間、先其儘ニ致候、此段ゟ牧(牧野忠雅)江參候而、か樣々々ニ被申候と申義、南部ゟ直書ニ而小子江表向(信順、遠江守、八戸藩主)參候而も可然と奉存候、南(信順)江も六日ニ牧江參候姿ニ而武兵衛被召呼、(堅山利武、抱守兼側役側用人)同苗江直書と申遣候(齊興)へ共、考候處武兵衛江か樣ニ牧野江問合候處、返答有之と書面被渡可然と奉存候、其書取貴所樣御勘考可被下候、夫故小子同苗江申候處大意申上候、都合よろしき樣奉希候事、誠ニ取込以口上申上候、以上、

三月二日夜、

齊彬拜

(奥封宛書)
「藍山(伊達宗城)公閣下

(所見ナシ)
別紙南部江御見セ可被下候事、

書物ヲ贈ラレタルヲ謝ス

七四　四月三日　徳川齊昭への書翰

（封紙宛書）
「上　　　　　　」

（奥封宛書）
「上　　御請　　修理大夫」

先比ゟ尊書（所見ナシ）難有拜見仕候、追々暖和之節御座候へ共、益御機嫌能恐悦奉存候、然者兼而相願置候御書物、早速頂戴被仰付、難有永重寳可仕、萬々難有奉存候、此品誠麁末之至ニ御座候へ共、御禮之心迄進上仕候、甚タ延引恐入候へとも、御請御禮迄奉申上候、恐惶頓首、

四月三日

猶々、時氣折角被遊御自愛候様奉存候、以上、

七五　四月九日　伊集院兼直への書翰

（包紙ウハ書）
「齊彬公より嘉永三年戌四月於江戸被成下候御直書」

「伊集院藤九郎（小納戸見習）兼直」

嘉永三年四月

近藤隆左衛門等ノ輕擧ニ驚ク

爾後書面ハ和蘭文字ヲ用フベシ

口上ニテ差出ハ不可署名モスベカラズ

一此度之様子、（近藤隆左衛門等ノ處刑）存寄之儀者不殘可申遣候尤山口・吉七等之義、（不阿彌、定救、數寄屋頭・吉井七郎右衛門、泰諭、屋久島奉行）如何ニ候や、是又可申遣、何事も少しも無殘可申遣候、誠ニ不思儀〔議〕之企、夢ニも不存處、以の外麁忽之義、近・山（近藤隆左衛門、物頭町奉行勤・山田一郎左衛門、清安、町奉行格鐵砲奉行勤）等甚タ輕々しき取計、仰天いたし候、其方如何と存候處、無事ニ出府、大慶ニ存候、此うへ必至油だんいたしましく候、村野（傳之丞、實晨、寺社方取次）も丈夫之人と見得候間、是も書面之儀、申義も有ましくと存申候、何事も心得ニ相成候間、不殘可申遣候、

一此返事其外、以後申遣度事者必至麁忽ニ書き申ましく、おらんだ字出來候ハヽ、おらんだニて書き可申、又出來ても候ハヽ、佐太郎（高崎正風）處江參候て佐太郎江計り内分申聞候て、二階ニて書面も書く様可致、拾・梢等（山崎、御抱守兼伽役・折田、小納戸兼抱守）江も必至しらせぬ様ニ申聞候て、書面書き可申、左候て佐太郎ゟ奧江廻し候様可致候、極少サきもそのニ御座候ハヽ、表ニて四ツ後小座江參候節出候てもよろしく、口上ニても何ニても申ましく候、其方名前者書き申ましく候、其外追々可申遣候、此書面も少しも不差置、燒捨可申候、以上、

四月九日

七六　四月　伊集院兼直へのローマ字の書翰

kakitoeke hiken itasi sooloo iosij iamagoeti no kakitoeke tijsaki mono naraba dikini
watasitemo iolosikoe soolae domo kono setoe wa sataloo iolosikoe sooloo
kimoera sinnodioo kakeoti itasisolo iosi
inooee idoemo wa tikoezen e mailisolo minonokami, adoekali moosisooloo tadaima
kakeiaitiûû ni solo koewasikoe wa sataloo kata ioli moosoebekoe sooloo
mamoli mo sataloo kata ioli toekawa soebekoe solo
iosij sitizaemon niwa kakoebetoe no koto aloemadikoe, iamagoeti wa taiiakoe to zon-
disolo.
konotabi no hikiakoe ni iosij iamagoeti e kanarazoe boentoe itasoemazikoe sono go
ioosoe sidai niwa boentoeu itasoebekoe
raigetoe soee made niwa nokorazoe soemi moosoebekoe to zondi sooloo isai wa sataloo

ioli no hendi ni moosi toekawasoebekoe solo.

〔譯〕

書附披見致候、吉井（七郎右衛門、泰諭、屋久島奉行・不阿彌、定救、數寄屋頭）・山口の書附、小きものならば、直に渡しても宜敷候へ共、此節は佐（高崎正風）太郎宜敷候、

木村時澄出奔

木村新之丞（仲、時澄）駈落致候由、

井上正德筑前ニ潛入ス

井上出雲（正德、出雲守、諏訪明神祠官）ハ筑前（福岡）へ參り候、美濃守（黑田齊溥、福岡藩主）あづかり申候、只今掛合中に候、委敷は佐太郎方より申べく候、

守（まもり）も佐太郎方より可遣候、

吉井七左衛門（七郎右衛門）には格別の事あるまじく、山口は大役と存し候、

此度の飛脚に、吉井・山口へ必ず文通致す間敷、其後樣子次第には文通致べく、

斷獄ハ來月末落著スベシ

來月末迄には、殘らずすみ申べくと存じ候、委細は佐太郎よりの返事に申遣べく候、

七七　五月二十一日　徳川齊昭への書翰

燧石袋贈與ヲ謝ス
豚肉ヲ贈ル
譯書ヲ呈示ス

（封紙宛書）
「上　　修理大夫」
（奥封宛書）
「上　　修理大夫」
　　　御側中

入梅中鬱々しき天氣御座候處、益御機嫌能被遊御座恐悅奉存候、然者其後久々御不沙汰申上恐入奉存候、先比者御好之燧石袋頂戴被仰付、誠ニ以て難有奉存候、此程より御機嫌伺旁呈書可仕處、色々取込罷在、何共恐入奉存候、此節如何之品ニ御座候へ共、例之豚肉御内々呈上仕候、被下ニも相成候へ者難有奉存候、此譯書（炮書）も此節和解爲仕候間、不取敢入御覽候、圖者近日中ニ差上候樣ニ可仕候、先も御機嫌伺且御請、延引之御詫旁可申上如此御座候、恐惶頓首、

　　五月廿一日

　猶々、乍恐時候折角被遊御厭候樣奉存候、以上、

（別紙）

（封紙）
「㊞」

（奥封宛書）
「上」

〇本書ノ傍點ハ齊昭朱批ニ係ル

琉參一條

一別紙申上候、琉參之一條云々（琉球謝恩使ノ參府）、御不審御尤ニ奉存候、何卒丸藥（戸田忠温、老中、山城守、宇都宮藩主）同様之譯と思召奉願度、此御請甚タ當惑仕候、名利姑息之世の中、御賢察奉願候、

小梅ノ一條
齊昭齊彬ノ會合阻マル

一小梅之一條（小梅村水戸藩別邸會見ノ件）、先月十五日運阿彌（水戸藩同朋）ニ何と乍く相尋候處、御察しの通、運阿彌失念仕候よし、內實外ニ可申上程之義も無之候得共、小石川（水戸藩上邸）ニ而滯り候而、山運（運阿彌）失念ニ相成候様子之口振りニ御座候、山運も困り候様子ニ申聞候、公邊之方ハ少しも御差支も無之候へ共、御屋形（徳川慶篤、水戸藩主）之而ハ今少し之處可御座候趣、內分申聞候、

一序故心得ニ相伺申候、山運も寒方（奸人）ニ御座候や、如何ニ心得よろしく御座候哉奉伺度候、

幕閣ト大奥トノ動向

一丸藥之儀云々、恐入奉存候、宗（伊東宗益、幕府奥醫師、法眼）ゟ紅葉（松平乘全、老中、和泉守、西尾藩主）之儀も、先比も申談候事も御座候へ共、隨分紅葉も承知之様子ニ候へ共、長女（姉小路、幕府上﨟、橋本實久妹、後勝光院）も半信半疑位之よしニ申居候、阿閣（阿部正弘、伊勢守、老中、福山藩主）と長女之儀ハ、此比ハ長女之方ハ宗ゟ申聞、餘程よろしく相成候よしニ御座候、又極內外ゟ承候ニ、大奥總體もとかく丸藥よろしく、阿（阿部正弘）もよろしくハ御座候へ共、恐を候様子ニ而、丸藥程ニハ無之

松前ノ漂流

幕府雜說ヲ禁ズ

幕府目付ノ建白

江戸灣巡檢

勘定奉行ニ異船ヲ見セタシ

藩地混雜ノ爲呈書遲ル

內訌ノ落著

よしニ承り申候、中々宗位壹人ニて申候而も、急々もこひ候様ニ者相成間しくと奉存候、

一松前又々漂流（英捕鯨船エドムンド Edmund）御座候よしニ承り申候、

一此節種々珍說申ぬらし候間、（十九日ノ幕府ノ海防ニ關スル妄說流布禁止ノ發令ヲ云フ）以來急度雜說申ぬらしいるはましく、一昨日伊き（阿部正弘）ゟ申達シニ相成候、大目付廻狀相廻申候、

一目付ゟ阿部（阿部正弘）出候との書付も、虛說之よし承候へ共、又內實承候へ者阿部ゟもいまた不申候へ共、目付內調もいたし候由ニ而、其書面それ候間、全く虛說ニ相成候よしニも承り申候、

一海岸見分も、（勘定奉行石河政平西丸留守居筒井政憲等幕吏ノ江戸灣巡檢）十三日出立仕候、此節も御入用も御かまひなく、十分ニ御手當申出候様ニとの事之よし內々承申候、勘定（勘定奉行）、浦賀（相模三浦郡）邊參候節ニ、異船を見セ度ものニ御座候、左候ハヽ又少し者都合ニも可相成と奉存候、

一先比ゟ呈書可仕筈ニ御座候へ共、內實者國元少々混雜（近藤隆左衛門等ノ處刑）之譯有之候而嫌疑之譯も御座候間、呈書も先々差扣罷在候、最早平和ニ可相成様子ゆへニ、餘り延引ニも相成候間呈書仕候、無理ニ寒氣（奸黨）を止メ可申と企候その有之、（隆左衛門等ヲ云フ）其事破れ候事ニ而、甚タ心痛仕候へ共、先寒氣（奸黨）之儘ニ而嚴寒（奸黨）ニも不相成、平和ニ可相成様子ニ御座候、誠ニ可恐事と奉存候、伊達（宗城、遠江守、）ニも

每々出會仕候、先ツ內密御請可申上如斯御座候、頓首、

（宇和島藩主）

五月廿一日

〔參考〕五月二十三日 德川齊昭より齊彬への書翰（控）

新譯ノ炮書借覽ヲ謝ス

豚肉贈與ヲ謝ス

返翰扣

如諭鬱々之天氣、無御障令抃躍候、陳者新譯之炮書爲御見、感謝之至ニ候、然ル處右書者圖迄一部手ニ入候間、讀合致返璧候、此段御答迄、草々申進候也、

五月念三夜 嘉永戌之、

二白、時候御厭專一ニ候、豚肉御惠贈令多謝候、礈嚢之御謝詞入御念候事ニ候、眼病中燈下亂筆、御海恕御推覽可給候、不備、

水戶隱士（德川齊昭）

修理大夫殿

布復

七八　五月二十三日　木村時澄書上への批答

「(嘉永三年)五月廿三日、(齊彬)麟洲被参致密談候事、
(黒田齊溥)一福岡より参候飛札中、木村仲之丞(時澄、小姓與、無役)方薩州表之模様申出候樣(齊溥)濃州被申付置候所三月廿六日書取差出候條々之内虚實付札之覺左之通、」　〇伊達宗城筆

庶政改革ノ行ハレザルハ島津久徳ノ所意ニアラズ

一、一之ヶ條、(調所廣郷、家老・二階堂行健、大目付兼側用人側役)笑左衛門・志津馬退候後、庶政改正可致乍筈、唯今以大隅(齊興)義笑左衛門者悪敷不存居候而無止意味合有之、早速改り不申候ニ付、表方ニ而者少も不存場よりハ、笑左衛門時代与相變義無之樣存候者尤之事ニ候へ共、(島津久徳、家老)全將曹義、笑左衛門時之如く、諸事取計候存念ニ而有之間敷、

加藤平八ノ行爲ハ不正ニアラズ

且加藤平八(町人出身、小姓與)拜借金取立方之義者、賄賂等ニ付催促相止候譯ニも有之間敷、如何嚴重申付候共、一萬餘之拜借早速返納可致身元ニも無之ニ付、不得止年賦上納ニ致し遣候譯与相聞候事、

海人草買占メハ主命

且海人艸一手ニ買纏メ申聞候義ハ、内實ハ主人之製藥方差繰之爲、極密申付ニ相成居候趣之事、

申出ハ事實ト相違ス

一、二之ヶ條、申出事實与相違致し居、恐ら隆左衛門(近藤、物頭町奉行勤)等、似寄之義抔結構以為し申立候哉

申出ハ事實ト相違ノ惑說

稻留數馬ノ再出ハ久德ノ推擧ニアラザルベシ

之事、

一、三之ヶ條、事實と相違いたし候、修理大夫(齊彬)國元發足前、大隅(齊興)より、今度致寄京、近衛(忠熙)殿江參り、歸路之砌ハ高瀨川筋船ニ而致通行可然と、咄有之たる由之所、其時ニ右將曹より、川筋ゟハ陸之方近ク、且手數も不相掛候ニ付、陸路可被歸哉、左候ハヽ、國元江ハ高瀨川之義、當節水淺く通船難相成趣ニ申越候半と申出候間、陸路より歸候叓、且其節大隅ゟ申含ニ而、君樣附之老女、心得方不宜者ニ付、御暇被遣候樣入御聽候含之所、修理相立候も夜八ッ前相成、且御名殘之御樣子ニ而候へハ、當夜將曹御目通りも願出兼、明朝迄居殘り候末、御目通り相願、御暇之義可取計哉之旨、修理江伺候ニ付、其通り承置、翌日夜分五ッ過、伏見屋敷江罷歸候事、尤馴染之事故、篤と申候女之方江參候哉ハ難計候得共、爲右修理を欺候譯ニハ無之候、尤市〔一〕郎左衞門(山田清安)も、兼々とく与ハ馴染ニ而候所、別ニ市〔一〕郎左衞門不行屆之義有之、退役申付相成たれば、將曹とくの譯ニ而貶し候事と存し居候故、ヶ樣之惑說申出候事哉も難計、

一、四之ヶ條、此度稻留數馬(舊調所左門)再出之義、仲(吉利久包、當番頭兼側用人側役)出府前大隅殿より咄し有之候へども、見合候方可然由聞ニ入候所、仲出府後申付相成、其節も大奥江手被入き、奥之火之手盛有之きれ由

有馬純厚起用ハ齊興直命ナリ

虛實確カナラズ

大旨申出通ナリ

人形ノ事ハ誤ナリ

寺尾定計ハ罷免

處刑ハ差アリ

書面通ナリ

ニ付、推擧ハ奥向ニ而可有之、將曹義も被仰付候得ハ、難在可奉存位ニ入聽候歟も難量、併膽煎を申程之義ハ有之間敷哉、

一、五之ヶ條、舍人（有馬純厚、側役兼側用人）事ハ兼々笑左衛門ゟ、極宜敷人物を、大隅江入聽置候ニ付、大隅存寄ヲ以、側役申付候事ニ而候へハ、將曹・平（伊集院、小納戸頭取兼用取次）等推擧ニハ無之事、

一、六之ヶ條、虛實ハ聢不相辨候得共、禁止相成候後ハ、金子不融通ニ而、難澁以爲し候哉ニも相聞へ候得共、斟酌之取計以爲し候やも難量、夫而已ならず將曹勝手之取計より致し候を如何哉、

一、七之ヶ條、多體申出之通候得共、双方共無餘義譯有之候事、

一、八之ヶ條、虛實難辨、其内人形之義ハ間違居候事、

一、九之ヶ條、庄兵衛（寺尾定計、用人）事も、山田（清安）等引合御坐候譯逐而相分り、近頃退役申付相成候ニ付、全く賄賂ニ而差逃候義ニ無之、

一、十之ヶ條、此節之人數、皆々無差別死罪を申ニも無之、罪之輕重被論し、去月末迄ニ多分片附候事、

一、十一之ヶ條、書面之通無相違事、

一、十二之ヶ條（マヽ）

一、十三之ヶ條、申立通ニ可有之、配分いたし候ハ不宜樣存候、右利得計之取入ニ而無之、何も考可有之事、　申立通ナルベシ

一、十四之ヶ條、申立之通ニ而、君門萬里事情不通、惡弊ニ可有之事、奥役人表を兼候ニハ尤譯有之事、　申立通ナリ

一、十五之ヶ條、笑左衞門抔ハ毎度讐口致候由、當時ハ如何哉不可解事、　調所廣鄕讒言

一、十六之ヶ條、申立之通ノ人物ニ相聞候事、　申立通ナリ

一、十七之ヶ條、申立通ニ可有之、尤當節取調申出候迚も不相貫義ニ付、時節爲見合相止候哉ニ相聞候事、　申立通ナリ

一、（十八）從來之禍源此一條ニ相極候、關心難止ニ唯々此事ニ存候、　禍源ハ此一條ニ極ル

〔參考〕　三月二十六日　木村時澄書上

「薩州表之模樣委しく申出候樣申付置候處（三月）同廿六日左之通書取出ス、書取寫」〇黒田齊溥筆

島津久德等ノ私曲

二階堂行健ノ出頭

久德ノ再登用ト士氣頽廢

加藤平八ノ不正行爲ノ數々

（二）

一、嶋津將曹(久德)・伊集院平等私曲之條々ニ付而ハ、第一主人側向之內密ニ御坐候得ハ、慥成證據可申上儀ハ伺得不申候得共、前後人物之位、且外見之次第を以、彼是推考仕候事御坐候、全體將曹事ハ調所笑左衛門(廣鄕)吹擧を以、平士ゟ不順之出身仕候者ニ而、親類分之交を仕候者ニ而御坐候、既ニ鎌田八郎左衛門と申もの之娘を、將曹養女ニいたし、笑左衛門嫡子左門(後稻留姓)江娶セ候程之事ニ而、此前ゟ萬事笑左衛門同樣政事取扱、家宅之結構進物等、夥敷相受來候處、二階堂志津馬(行健)出頭ニ罷成候砌より互ニ猜疑之間ニ而、御前向之都合志津馬別而宜敷、暫時之權柄ハ中々笑左衛門杯と手上ニ有之哉相伺申候、夫ゟ將曹暫時其權威薄罷成居申候處、此節ニ至り再度登用いたし候ニ付而ハ、調所・二階堂(行健)仕法落之跡故、風俗改正も可仕所、少々相變儀無御座、賄賂杯役場之者共ゟ表向差贈候得ハ則差返し、內證より取次又ハ不斷出入仕候者杯と相賴差贈候得ハ、如何程ニ而も相受候由ニ御坐候、鹿兒島上町居住加藤平八と申者、商賣方勤功ニ依り、町人ゟ小姓與ニ被召出候者、笑左衛門第一之氣入ニ而、唐物拔荷商賣等之一條ニ付而も、專取扱仕候者御坐候處、笑左衛門死後ニ罷成、將曹方江頻りニ付入、過分之金子等差贈候事御坐候、右平八事主人之金子一萬兩餘も拜借仕居、笑左衛門死後右金子早速返上いたし候樣、將曹杯と

久徳ノ齊彬侍女周旋

久徳ノ京都扈從先ニ於ル自恣

頻りニ催促仕ニ付、右通賄賂等差贈出入いたし候所、右之催促相止、却而平八事琉球蔦々其外國許諸浦々出來之海人草一手ニ買圓被申付、莫大之金子拜借相調、當分其手先之者共、大坂表ニ罷居申候、其外賄賂之儀も夥敷事ニ而、一々難申盡御坐候、

(二)一、先年江戸詰之節、將曹かこひものニ仕置候女之妹を、(齊彬)修理大夫妾ニ肝煎之節、外々のハ都而宿元ゟ支度等いたし參り候由御坐候處、右譯を以將曹世話ニ而爲致支度、御用部屋ニ而相調差出之由御坐候、然所右女少々疵物之由ニ而、修理大夫寵愛無之、右疵物ニ付而も、醫師中江得と爲致吟味候樣被申付、吟味ニ罷成候處、何も差支有之間敷段申出之由御坐候、然を共一向手掛り不申、右之譯將曹ニも案内之事御坐候得共、自分緣類之者故、江戸表出立之砌、右女之儀者何樣之譯有之候而も、暇等差遣之儀も一切不相成旨、奧付年寄之女中江嚴敷申付置候事も有之由御坐候、

(三)一、修理大夫京都通行之節、將曹供いたし罷通候處、(忠熙)近衛殿河原御殿江被參、夜ニ入歸館之砌、高瀨川船ニ而被致歸館度旨、將曹江被申付候所、當夜將曹ニも屋敷近邊江徳と申女前々ゟ相馴居一兩日位之滯留故、夜ニ入直ニ暇いたし、右女所江差越之賦御坐候處、右之通船ニ而罷歸候而ハいつを主人供不仕候而ハ不相叶故、高瀨川之儀ハ當分水淺罷成、

久徳ノ稲留數馬推擧

有馬純厚陞任ト久徳等ノ收賄

御船ニ而ハ御通行御出來不被遊候と申取、左候ゟ京都役々菱刈七左衛門(大坂留守居)・國尻次兵衛(伏見假屋守)・山田一郎左衛門(清安、京都留守居)なとへハ、今晩船ニ而御歸館之筈ニ候處、俄ニ思召被爲替、陸路御返り之筈ニ相成候と申取、直ニ御暇致罷歸、右女所ゟ差越、終夜遊興仕候由御坐候、然處修理大夫陸地被罷歸候道筋、高瀬川之岸ゟ出候所、段々川下ゟ船材木なと引上せ候を輿中より被見及、菱刈七左衛門を召呼、先刻も高瀬川筋ハ水淺相成、船不相通由申出候付、陸路罷歸候得共、あまをとよ段々船共引上き候も何様之譯歟と被相尋候ニ付、七左衛門ニハ致仰天、將曹取繕申取置候半と致推察、よきやとニ致返答置候由、此事ハ山田一郎左衛門ニも同前供前ニ罷在憷成事ニ御座候、

(四)一、(廣郷)調所一件ニ付而ハ、將曹ゟも内々修理大夫方ゟも、あしき様と申入置候事も有之哉ニ御坐候、然を共内實ハ矢張同穴之者共御坐候得ハ、此度稲留數馬(舊調所左門)再出之一條なとも、將曹決而肝煎と相違無御坐候、國中切齒仕候事、

(五)一、有馬舍人(純厚)此節側役被申付候事、諸人案外之事御坐候、全體裁許掛相勤候事、五六年前方ニ而、夫ゟ琉球在勤被申付渡海仕居候、惣而琉球詰之儀も過分之勝手向罷成、品物莫大持上り申候付、夥敷品物土産として將曹・平等ゟ差贈候由承申候、

給地高賣買ニ因ム久徳ノ不當利得

（六）
一、國許給地高賣買方之儀ハ、前々ゟ勝手次第仕來候處、色々不正之譯合共有之、近年賣買又ハ知行高所務米引當を以、金子借入利錢之方ニ所務重差遣來候事なと、禁制相成居候所、將曹則右之禁止を相止メ、勝手次第借銀之方ニ高差遣候樣申渡候、乍然壹石ニ付何貫文ツヽと相究、直段書ヲ以一々奉行所江屆申出候樣、申添候譯ハ右禁止相破せ候處、諸方豪富之者共澤山金子差出、壹石貳拾五六貫文、又ハ三拾貫文迄ニ而買入候ニ付、將曹儀ハ都而拾八貫文ツヽニ而買入候故、一人も將曹江差遣候ハ無御坐候故、又々嚴敷壹石拾八貫文、又ハ譯ニ依而ハ貳拾貫文限りニ無之候而ハ、屹度不相成段申渡ニ付、無據金子入用之者共ニハ、右直段ニ而差遣候事御座候、

久徳高崎温恭等ノ擧措ヲ島津久武ニ密告ス

（七）
一、去年春之時分ニ而も御坐候哉、將曹ゟ嶋津壹岐（久武、家老）江密々相談仕候趣ハ、高崎五郎右衞門（温恭、船奉行兼家老座書役勤奥掛）・近藤隆左衞門右兩人之者共事、內々修理大夫樣ゟ御書被下、此方內證之事共滅多ニ申上ル由告知するもの有之候、就而ハ右兩人不屆之者ニ而候間、咎目申付度存候間、大目付方江申渡有之度相談有之候由、然處壹岐ニハ前廣內實之譯も承知いたし候故、夫ハ一先大目付方江相糺、其上如何樣共可申付とて、糺方ニ及候得共、其事ハ無事ニ相治り申候、右之事も畢竟將曹自分政事之得失ニ而も、修理大夫方江相聞得候而ハ、安心不仕

齊彬兒子ノ夭亡ト調伏

所ゟ頻りニ恐を生し候事与被察申候、

一、（八）幼君早世一條ニ付而ハ、前書既爲申上置通御坐候、此事ハ押出し候而難差究御坐候得共、先頃修理大夫方より、亡寛之助（二男）病床之下ニ有之候由ニ而、人形之封物壹ツ被差下候、修驗家之者共、色々吟味仕候所、疑ひなき調伏之人形ニ相違無之、且上包書付之筆跡共、牧仲太郎（廣敷番之頭、兵道者）筆跡相違有之間敷と申事ニ而御坐候、右牧仲太郎と申者之儀ハ、全體數十年來之修法家ニ而狐を仕ひ候ものゝ由専承申候、右之者ゆらへ相付候御廣敷番之頭ニ而御坐候、早世之譯ハ彌共調伏之驗ニ而御坐候とも難定御座候得共、國中一統前々より頻りニ評判仕候ニ付而ハ、疑念難散折から、右式之物等實見仕候ニ付而ハ、十ニ八九世間評判通ニ而ハ有之間敷哉と奉存候、右調伏一件之事ニ付、先年相良〔一〕市郎兵衛（進達掛）同姓宗一郎と申親子之者共、伊集院平（小納戸頭取兼用取次）へケ樣々々承候、實以左樣之譯有之候哉と申掛候事有之候由、平事直ニ此事ヲゆら（齊興側室）ニ申込、右兩人之者共ハ直遠嶋申付候、爾後右之牧仲太郎、平所へ參り、偏ニ御蔭を以危き命ヲ助り候と、平ニ密談數刻ニ及候を宇宿彦右衛門（行誼、徒目付）と申もの、折節平所へ致出入候者ニ而參り合、物陰ニ而承り候を、私直ニ承申候、夫ゟ頻りニ平於て調伏沙汰之事申候者共ヲ詮議致、此節祈禱いたし候人數なと、嚴敷詮議仕候事ニ

寺尾定計贈賄ニヨリ處分ヲ免ル

無差別盡殺ノ處刑

被存申候、其證據ハ高木市助（製薬掛兼庭方、兵道者）・和田仁十郎なとハ、専若君成長、悪魔退治之祈禱迄ニ立障り、外ニ何事も格別手を付候程之事も無御坐候得共、嚴敷咎目被申付候、去冬六人之者共切腹仕候時も、將曹・平なと前以一兩日頻ニ取會致候事御坐候、右數條之事共ハ、女色一件等之事なとも有之、格別之罪科ニゐも有間敷候得共、此節無體ニ數十人を殺戮いたし候儀ハ、偏ニ奉分ヲ議するものへ、後來之いましめにいたし候歟、又ハおゆら方ノ内命を受候歟、ヶ程迄佞悪ニ可有之儀とハ始ゐ存當候事御坐候、

（九）一、寺尾庄兵衛（定計、用人）事、是以山田（清安・隆左衛門・温恭）・近藤・高崎等至ゐ入魂ニゐ、内外相談、祈禱方等ニ付ゐも、金子なと差出候譯合も御坐候、左候ゐ庄兵衛事、知行高千石程莫大之富豪ニゐ、府下中第一之者ニ御座候、依ゐ此節山田・近藤其外破滅之後、大ニ恐怖いたし、過分之金子、平・將曹等江差贈候由御坐候、夫故咎目ニ相遁を候上、此節勝手方用人被申付候、内實之譯ハ將曹・平なとも承知之事ニ相違無御坐候得共、打變り俄ニ過分之賄賂ニ付ゐ差免候と相見申候、

（十）一、此節之人數皆々無差別死罪申付相成候儀ハ、壹人ニゐも生殘罷在候ゐハ、内實之譯後來ニゐも、修理大夫方又ハ外方ニゐも決ゐ申立、彼徒之申分難相立事を察し、盡殺し

ゆら所持金ヲ納戸金トシテ融資ス

田中守實ノ放埒

久徳等ノ唐物抜荷沒收品配分

（マヽ）盡候と被察申候、二階堂主計（行經、大目付）死後ニ相渡候書付ニ、隱謀之聞得有之由相見へ候、是ハ惣人數隱謀と申所ニ而無御坐候得共、都而殺し盡し候事出來不申故、主人方ゟハ右之通强而申取置、當人歿後押付ニ申渡候事と相察申候、修理大夫方ゟハ少々忠義之端ニも可相成哉と存候者共、何樣之譯合ニ而隱謀之企可有御坐哉、乍恐御賢察被遊被下度存候、

（十一）一、遊良事過分之金子所持仕、右金子出入之事都而伊集院平引受致世話、主人納戸金之筋を以、田中四郎兵衛（守實、使番）と申者ゟ相預ケ、月々相應之利銀平方ゟ取揃、夫ゟゆら方ゟ差遣候由御坐候、

（十二）一、右田中四郎兵衛事、全體若年之折身持放埒ニ有之、婦人召つれ領内伊集院（薩摩日置郡）と申所迄致缺落候者ニ而御坐候、夫ゟ親族之者共追付召列歸り、久敷坐敷内ゟ召入置候處、莫大之富豪ニ而御坐候故、伊集院平妹を右四郎兵衛妻女ニいたし、夫ゟ頻りニ吹擧いたし、誠ニ以無能無藝之者ニ而御坐候得共、當分使番相勤罷在申候、此事ハ府下中一統物笑いいたし、右評判仕候事御座候、

（十三）一、領内之者共、間々唐物抜荷商買仕候者共有之、右露顯之上ハ右品物都而取揚ケニ罷成申候、右之品物過分ニ有之、端布類夥敷御坐候、嶋津壹岐在國之砌、將曹ゟ右品配分

奥役人ノ表方支配ト刑律ノ紊亂

齊彬ノ蘭方開明ヲ批難

いたし候ハヽ可宜と申談候處、壹岐（島津久武、家老）承知不仕、拙者ニハ右樣之品入用差當無御坐、若又無據入用之節ハ、市中ゟ隨分買入出來可申と相答え候處、共相談ハ相止申候、壹岐出府仕候跡ニ而、直ニ近江・石見（末川久平・島津久浮、共ニ家老）なとへ申談盡く配分いたし、自物ニ取入候由御坐候、

一、（十四）國許之儀、奥表之差別ハ別段有之、夫々支配相極居候事御坐候處、近來ニ罷成候而ハ、表方ゟ奥向之用事も不仕候得共、奥向ゟも表方支配之事共、何ニ而も致支配、御聲懸候と相唱へ候得ハ、如何程非常之事ニ而も出來候哉ニ御坐候、古來ゟ罪科之一事ニおひてハ、如何程輕き事たり共、大目付吟味之上、家老方ゟ申出相成、夫より主人ゟ相伺、得差圖申渡相成事御坐候而、刑律之一事も格別之規定、萬代不變之物ニ而御坐候得とも、前文此節之事ニおひても、主人聞通之趣有之由ニ而、手元ゟ家老ゟ申渡、直ニ大目付方申渡相成候事御坐候、右次第も專伊集院平掛りニ而、初中後取扱仕候事と相見へ申候、

一、（十五）修理大夫事蘭方之炮術、又も諸技藝之事共、物産地理學等、追々國中ゟ被相開度存念ニ而、飜譯書數十部取入ニ相成、亦も國元炮術方なとへ被差下候も御坐候、右等之事ニ付、平等修理大夫樣ニも、殊之外御物數奇被遊、餘計之品莫大御取入被成候なと、頻りニ申立候由御坐候、

伊集院平ハ表裏反覆ノ人物

入拂勘定ノ紛亂

一、（十六）平事表裏不相定者ニ御坐候、調所・海老原（宗之丞、清煕、軍役方總頭取）姦曲露顯之節ハ、直ニ修理大夫方ニ參り、彼等奸曲之次第一々密告、偏ニ彼者共を相除候手段仕候由、此事ハ潜ニ承り申候、然處罷下候而ハ中々以左樣之勢ニ而も無御坐、始終主人機嫌相伺、やう〳〵海老原退役隱居等罷成候得共、實ハ調所なと同種類之者共ニ而御座候得ハ、此節稻留數馬出身一件も、平等最初ゟ呑込居候事ニ相違無御坐候、當主人方と修理大夫方と、互ニ利口ニ申廻し、始終表裏反覆之者ニ御坐候、

一、（十七）國中惣體何角入用之金銀器物、其外一切之品々入拂之儀も、都而本拂帳面有之、時々出入高横目證印を以勘定方仕、一金一錢之過不足嚴重之事ニ御坐候處、奥上り又ハ御內用上りと相唱へ、過分之金銀諸品物、御用部屋又ハ御趣法方ニ、表方ゟ差出ニ相成分ハ、毛頭勘定方無之、側向之者共ゟ證文相渡、金子又ハ何ニ而も、如何程差出候樣申渡候得ハ、物奉行直ニ金藏ゟ申渡差出候事ニ御坐候、夫ゟ右金子何之入用ニ罷成候哉、又ハ如何程之入用ニ而相殘申候哉、一向相知不申、首尾合無御坐候處ゟ、此節二階堂主計なと頻りニ申立、勘定奉行新納內藏（久仰）・島津靱負（久倫）なと、段々古帳取しらへ、以來之入拂勘定相成候樣仕度、種々申立候得共、側向之者共右樣罷成候而も、第一之不勝手故、終ニ

其事相止申候、

右大概見聞仕候處、如此御坐候、格別之儀ニおひてハ、私式差究難申上御坐候得共、顯然明白之次第而已書認奉言上候、猶追々任存出可奉申上候、以上、

三月廿六日　木村仲之丞

「書取寫」〇黑田齊溥筆

（十八）國中第一念遣ニ存候根元ハ、嶋津周防（忠教、久光）愛妾（ゆら）之子ニる御坐候得ハ取扱別段ニる、主人參府中ハ家老座ニ毎日罷出、上之間ニ相詰、大小之政事、家老ゟ相伺、差圖を受候事ニ御坐候、此節川上彌五大夫（久運）大目付ニ罷成候事も、必定彌五大夫母ハ、重富（周防領所重富と申候、）ゟ嫁娶ニる、無據族家ニ御坐候へハ、不斷周防方江も參候者ニ御坐候、出身之次第ハ將曹・平ゟと吟味ニる、右通之姻婭之譯を以、吹擧仕候と存申候、周防事ハ、格別惡敷人物ニるも無御坐候得共、權臣姦婦と意通を以、頻りニ致推戴候事と、國中一統推察仕候、依る修理大夫世繼無之ゟと大ニ仕合ニ相違無御坐候、先年寛之助（二男）出生之砌、吉左右申來候處、大隅守（齊興）實母寶鏡院（鈴木氏）方ニるも大悦ニる、皆々祝儀ゟといさし候由御坐候得とも、本丸奥向

久光ノ藩政攝行ト齊彬廢立ノ説

女中ニるも、一人も祝著之體無御坐、祝儀として酒肴ニるも取もやし候事一切無御坐候由、夫故夭亡之時も、一人として愁歎仕候者ハ無御坐候由承申候、右様之振ニる御坐候故、修理大夫養子ニ是非仕候存念可有御坐、若又譯ニ依候るも、修理大夫押倒し可申心底も難計、夫故何歟ニ付、始終修理大夫方之事ハ、なしさなニ讒言仕候と相見へ、御父子之間和熟無之哉ニ被相伺申候、此事ハ私式卑官小祿之者共、得と相伺候事ハ出來不申、押究難申上御坐候得共、自然世間評判通有之事御坐候るハ、萬一之變事到來仕候るも、後悔仕候るも及不申と、日夜憂苦仕候事御坐候、夫故一日も早く家督ニるも相定候ハヽ、可然と奉存候事ニ御坐候、何分御心配至極御賢慮奉仰候、以上、

三月廿六日　　木村仲之丞

七九　五月二十六日　伊達宗城への書翰

（奥封宛書）
「藍山朋公（伊達宗城）　　麟洲拜答（齊彬）」

華墨忝致拜見候、晴雨不同之季候ニ候處、愈御淸福奉賀壽候、然者被仰下候兩條之義、（內訌事件ノ處理ト齊興ノ所見ナシ）於

嘉永三年五月

兩條ハ恥ヅ

ベキ事ニテ他聞ヲ憚ル

赤山久晋初ノ處刑人數書附差上グベシ

中津藩邸ニ會合

木村時澄ハ八戸藩ニ托シタシ

人がたノ事

吉利久包井上正德ノ引

(ニ退隠勧告ノ件)小子餘り内味之譯も有之、極意之處甚タ可恥事ニも御座候間、成丈ケ者為聞ニ不及樣致度、御口達ニ而相濟申候得者別而宜敷、乍然疑念等御座候而者不相成候間、宜敷樣御取計奉希候、朱書之儀相違も無之候、扨赤山(靫負、久晋、物頭)初人數(次ニ収ム)書付之儀、用人江申付置候得共、今日迄不差出候間、明後日迄ニ可差上候間、跡ゟ被遣候樣御談可被下候、此後何と兆久役儀斷等申出候ものは少々は可有之候得共、一條ニ付而之事者相濟候樣ニ申遣候間、左樣思召可被下候、且明日者奥平(昌高、左衛門尉、前中津藩主)方江南部(信順、遠江守、八戸藩主)同道參居候間、九ツ過ニ候ハヽ辰ノ口樣(阿部正弘、伊勢守、老中、福山藩主)子、鐵炮洲(中津藩中邸)江被仰下候樣ニ仕度奉存候、井(井上正德、出雲守、諏訪明神祠官)之方も折角無事と存候へ共、御存之通り之事故ニ、外ニ致樣も有ましく、木村(仲之丞、時澄)之方者未タ顯不申候ハヽ、奥(八戸藩)江之手數ニ致度ものと奉存候、近日中ニ者此節之一條起り候双方之心得等委細書付差上可申、種々御配慮被成下萬々難有奉存候、外ニも申上度義も御座候へ共、追々申上候樣可仕候、人おゝ外ニも先ツ為しあらしき事も一條承居候儀も御座候得共、此度之者共者存申間敷奉存候、是以て實否者難定、勿論當時之事ニ者無之、笑(調所笑左衛門、廣郷、家老)之比之儀ニ御座候、拜眉追々可申上候、昨日之貴報も可仕處、人數書面出候ハヽと存候内、今日も不差出、明日者奥平(昌高)江右書面持參致候間、差出候樣申付置候間、明朝迄ニ者可差出、左候得と、明後朝迄寫ニ而差出候樣可仕候、此方役人も美濃(黒田齊溥、美濃守、福岡藩主)之處隨分尤之事、仲(吉利仲、)等

渡ヲ拒マル

吉永源八郎召致

龍免遠島切腹

取つくろひ之事顯然ニ而(久包、當番頭兼側用人側役)、御渡無之候も御尤と申居候、木むら(時澄)の義ハいまた誰も不存候間、何卒先日御談申上候通致度事と奉存候、猶明日奥平相談相違之儀も御座候ハヽ、可申上、筑(福岡)江も別ニ大早差立候様可致、明日源八郎(吉永、福岡藩側役)鐵炮洲江呼寄候筈ニ御座候、先者貴答艸々如斯御座候、頓首、

五月廿六日

大早ハ廿九日朔日之内と奉存候、以上、

(別紙) 五月二十九日　薩藩處刑人數書附

(嘉永二年)酉十二月六日

町奉行格
御鐵砲奉行勤
山田一郎左衛門(清安)

近藤隆左衛門(物頭町奉行勤)

高崎五郎右衛門(温恭、船奉行家老座書役勤奥掛、正風父)

右被

聞召通趣有之、御役被差免遠島被仰付者ニ而、一昨四日評定所御用申渡候所切腹相果候、

切腹

同日

一

御小姓與

村田平內左衛門（謙齋、道方目付）

土持岱助（兵具方目付）

國分猪十郎（無役、兵道者）

右前條同斷ニ付、評定所御用申渡候所致切腹相果候、

附帋

酉十二月六日附ニて申來、

一

山田一郎左衛門

近藤隆左衛門

高崎五郎右衛門

御小姓與

村田平內左衛門

土持岱助

國分猪十郎

右致切腹候段者、別段被仰越通ニ候、右ニ付而ハ、兼而集會等以為し、御政事向を致誹謗
且於花倉御茶屋内、異賊調伏之御修法被仰付を惡様ニ申觸、且將曹殿吉利仲等を、可致殺
害抔と相企、其外段々不届之義有之、本文通爲被仰付譯ニ候、
(五大堂)

戌三月廿七日

一　　　　　　　　　　　　　近藤隆左衛門
　　　　　　　　　　　　　　山田一郎左衛門
　　　　　　　　　　　　　　高崎五郎右衛門

聞召通趣有之、一世遠嶋被仰付筈ニ而、評定所御用申渡候所、致切腹相果候付、右科相當
ニ而死體無御構旨申渡候段と、先便申越通ニ候、然所山田・高崎等親類共ゟ、密書等逐々
差出、同類共及糺合、又と山田ゟ京都町人鹽屋勘兵衛方江差遣候密書等も、同人ゟ差出、
證據證跡明白ニ相顯、大目附方ゟ御裁許掛り取調へ之上、右三人事專頭取ニ而致密會、徒
黨を結、御政事向を致誹謗、既
御國家御騷亂ニも相及勢之筋等、色々有間敷義共書認、前文勘兵衛方江差遣、
公邊も響合候様取計、

士召放直礫
隆左衛門ハ鋸挽相當ニテ直礫

御隱居御家督之義相工、且重御役等可致殺害申談以ゑし、其外種々不謂惡意之企、言語同[道]斷之至、別ゐ不屆至極ニ付、士被召放、於境瀨戸（鹿兒島城下ノ刑場）被行直礫、隆左衛門ょも一涯惡意深候付、鋸挽相當ょゐ被行直礫候、

三月四日

罪狀

一世遠島切腹死體無構

一　赤山靱負（久晋、鍵奉行）
　　野村喜八郎（廣敷横目）
　　中村嘉右衛門（裁許掛）
　　吉井七之丞（泰通、藏方目付、泰諭弟）

右前條隆左衛門其外折々致密會、御政事向を致誹謗、惡意相工候始末、證據證跡等も有之、御咎目大目附ゟ相ゑらへ候所、隆左衛門・一郎左衛門・五郎右衛門に深致隨身、不謂惡事取企候義、無相違相見得候ょ付、一世遠嶋被仰付度旨申出、評定所御用申渡候所、致切腹相果候ょ付、右科相當ょゐ死體無御構段申渡、

三月廿七日

一　山之内作次郎（貞倚、郡見廻）
肱岡五郎太（宗門方書役）
松元一左衛門（長篤、地方検者）
村野傳之丞（實晨、寺社方取次、吉井泰諭弟）
和田二〔仁〕十郎（兵道者）

罪状

右前條同断、隆左衛門其外折々致密會、御政事向を致誹謗等之義共證據有之、御咎目向大目附ゟ相調候所、隆左衛門・一郎左衛門与致一味候義無相違ニ付、遠嶋被仰付候、

遠島

右同日

一　名越左源太（時敏、物頭、盛胤嫡子）

罪状

右前條同断ニ付、御咎目向大目附ゟ相調へ候所、隆左衛門其外折々致密會申談之上、悪意相企候形ニも不相見候得共、隆左衛門書面之内、一郎左衛門・左源太・五郎右衛門日夜肝膽を砕候との趣有之、隆左衛門等悪意之企、自身於別荘承り、右通名前も書載有之候ニ付、於其場差留候上、名前も切除候得共、又々右同人ゟ名前書載之形ニも相見得候得共、御身

邊ゟ相拘事ニ付、則成行可申出之所、是迄押隱居候段、別ゐ如何之至ニ付、遠嶋被仰付候、　遠島

三月五日

亡

一　二階堂主計（行經、大目付）

右大目附御役中、徒黨を結隱謀取企候者共江、密々相集候段、被聞召通趣有之、格別成御役をも相勤居、不屆之至付、乍死後跡職之義、家格被相下筈候得共、數代引續功勞有之家筋ニ付、先祖共江被對、家格ハ當分之通被召置、主計事世代被相削、石塔等取除、到後年致祭祀候義不相成、先々二階堂主計名跡別段被仰付候旨、親類江申渡、　罪狀　世代削リ石塔取除キ

四月廿六日

一　嶋津壹岐（久武、家老）

右被聞召通趣有之、御役被成御免候、左候ゐ隱居剃髮成被仰付、愼罷在候樣、　罷免隱居剃髮愼

右同人

右者御家老職相勤候內、惡意之者共無筋儀相企候を、乍承夫形差置、且心入不宜義も有之、別ゐ不束之至、今形難被召置候付、世代被相削、其身一代嶋津之御稱號、幷久之御一字、　罪狀　世代削リ島

津稱號久ノ一字及ビ國名取揚島津久度ニテ愼

國名御取揚、嶋津郷十郎(久度、當番頭)家内に被入置候條、屹与愼可罷在候、

右之通被仰付置候所、同廿八日夜致切腹相果候、

罪狀

一　仙波小太郎(馬預)

右赤山靱負に兼ゐ別懇心安、同人ゟ種々密事承り、依譯ㄜ御身邊ニも相拘程之義ヲ是迄押隱居、右ニ付ゐハ、靱負に深く致隨身、惡事俱ニ可相企所存無相違形相見得、其上御手元御用筋段々相洩し、表方之者共に懇意ニ相交候仕形、御側に相勤居別ゐ不屆ニ付、遠嶋被仰付筈ニゐ、評定所御用申渡候所致切腹相果候ニ付、右科相當ニゐ、死體無御構旨申渡、

切腹死體無構

一　吉井七郎右衛門(泰諭、屋久島奉行)

不阿彌事
山口及右衛門(定救、數寄屋頭勤)

罪狀

右者本近藤名字之隆左衛門其外惡事相企候者共に、別懇心安相交、折々密會いたし候義共書面等よも相見得、右に立障候義無相違形ニ付御役被差免爲知之上、嶋方居住被仰付候、

罷免島方居住

板鼻清太夫

罷免島方居住

右前條同斷ニ付、御役又ゝ移地頭役義差免、嶋方居住被仰付候、

罷免愼

右同斷ニ付、御役被差免、愼被仰付候、

愼

右同斷、愼被仰付候、

新納彌太右衛門（時升、甑島地頭）

近藤七郎右衛門（裁許掛見習）

琉球館藏役

大久保次右衛門（利世、利通父）

寺尾庄兵衛（定計、用人）

木場次右衛門（記錄方添役）

有川十右衛門（右筆見習）

小番

奈良木助左衛門

御小姓與隱居

有馬一郎（義成）

新納（立夫、小納戸格）嘉

隆阿彌事

松山（軍役方掛）隆左衛門

罪状　罷免奉公方除

右嘉義、仙波小太郎ゟ密事為承譯も有之候所、夫形罷在、隆左衛門義ハ、前條同斷ニ付、御役被差免、御奉公方被除置候、

八田（知紀、廣敷番之頭）喜左衛門

罪状　罷免奉公方除

（附紙）「右者京都江相詰居、兼而本山田名字之一郎左衛門江、別懇心安取遣いたし候書状之趣ヲ以て、一郎左衛門江致一味候義無相違形ニ付、御役被差免、御奉公方被除置候、」

（附紙、伊達宗城筆）

六月朔日修理話

笑左衛門・二階堂・海老原申合、海防大銃臺場抔相製候為ニ、去る未年ゟ毎歳、五千石ツヽ引除之都合ニ相成居候所、段々此節調ニ而ハ、只今迄ニ大筒抔ニも右程入費ハ無之、跡の餘分いかゝ相成候哉、始末不相分候由、當年ゟハ右之五千石ニ而、實ニ追々大銃臺場抔出來候樣為相成由、

〔参考一〕　四月二十八日　黒田齊溥より阿部正弘への内申書

阿閣（阿部正弘、老中、伊勢守、福山藩主）江不表立差出候書面寫

正徳ノ事ニ就キ吉利仲ヲ召致面談セル件

一井上出雲守事(正徳、祠官)ハ、去年申上置候通之儀御坐候、然處同人事筑前ゟ參候途中、足配之模様薩州ゟ相知レ候趣ニ付、薩州側役吉利仲(久包)事、江戸表ゟ歸路領内罷通候ニ付呼寄、内々井上事申聞候、其末同人共ゟ是非引渡候樣申越候得共、御内々なから兼ゐ申上置候人柄ニ付、今一往不表立申上候上ニテ、否哉可申遣旨返答仕置候、如何取計可申哉(脱アルカ)奉存候間、此段不表立奉申上候、以上、

四月廿八日

木村時澄脱走福岡ニ到ル

時澄ニ藩情ヲ錄上セシム

阿閣ゟ不表立差出候書面寫

一薩州家來木村仲之丞(時澄、小姓與、無役)と申候者、昨年之一件ニ付、愼申付ニ相成居候處、何分國家之爲危存候ニ付、三月十四之夜出國仕、廿二日夕方吉永源八郎(福岡藩側役)方ゟ罷越候ニ付、得と相糺候處、相違も無之候、且又薩州ニゐ又々四人切腹申付ニ相成、其外數人咎中ニゐ、此先キ之模様不相分、いつれ數人切腹等申付ニ相成可申哉難計候由、猶又一體之模様委しく申出候様申付置、書面差出候間、致披見候處、不容易事多く、於私當惑之次第ニ御坐候、右仲之丞儀、咎中出國重罪之者ニ付、早速薩州ゟ引渡可申事相當ニ候得共、書面之趣ニ

薩事情伊達宗城ヲシテ内聽ニ達セシムベシ

ゐて、以之外之儀ニ付、爲後日深くかくし置申候、此事も不表立奉申上候、扨又昨年より此節迄之都合、井上・木村之事、其外共ニ委敷儀ハ、伊達遠江守(宗城、宇和島藩主)ゟ極秘不殘申遣候間、其内同人ゟ達御内聽可申候ニ付、宜敷御含、何卒同人ゟ委細被仰付候樣奉願候、伊達(宗城)迄遣候書面之儀ニ、呉々も御見流し奉願候、薩州混雜之次第、其外色々難申上事も候得共、相控候ゐて實情も難相分儀御坐候間、無據不殘申上候、萬事御見捨、呉々も奉願候、御面倒之儀奉申上候段、重疊奉恐入候次第御坐候、何卒御憐察被下、御賢慮之程奉願候、以上、

四月廿八日

〔參考二〕 五月朔日 黑田齊溥より伊達宗城への書翰

〇本書ノ傍點ハ伊達宗城朱筆ニカヽル

(封紙宛書)
「伊(伊達宗城)遠江守樣　　　　　　　　松(黑田齊溥)美濃守

平安極秘用

御直披　　　　　　　　五月三日封之、」

(封紙ウハ書)
「內用

御直覽」

嘉永三年五月

時澄入筑

薩事件ノ秘冊ヲ阿部閣老ノ内覽ニ供セン事ヲ請フ

唐物抜荷ニ對スル表沙汰ヲ恐ル

正德ノ事ニ就キ吉利久包ト談ズ

時澄ノ隱匿

一筆致啓上候、薄暑之節候得共、彌御安寧奉賀候、然ハ薩州表之一件、荒々先達申上候得共、其後居り合不申、又々先達ゟ切腹申付ニ相成候由、然處木村仲之丞と申者、密々罷越候ニ付相糺候處、相違も無之誠忠之者ニ付、深くかくし置申候、右之子細ハ秘書ニ而委敷御分り之事故致省略候、大隅(齊興)不明不及是非候、右昨年ゟ之一件事長く候間、一冊(所見ナシ)ニ仕立差上申候、右之内ニハ唐物抜荷、其外他方江相響不宜事多く、貴君江も難申上候得共、實情不相分候間、打明少も不殘申上候、辰ノ口(阿部正弘)江右之秘書被入御内覽可被下候、尤辰ノ口江も何分入御覽兼候事多く候得共、打明申上候間、何卒右書通ハ御見流しニ奉願候、右ゟ事起唐物抜荷等之儀、表向御沙汰ニも及候而ハ誠以奉恐入候、此際さへ御見通し被下候ハヽ、以來ハ嚴重ニ仕、抜荷無之様屹度爲仕可申候間、右ハ重疊御含被仰上可被下候、

一何分難澁之譯、今ハ井上・木村之所置ニ御座候、井上事ハ足配相分り居候ニ付、秘書ニ有之候通仲(吉利久包)江打破申談候末、無據辰ノ口江一往伺候と申處相成申候、尤輕々敷辰ノ口之事申出候事ニハ決而無之、可相成丈不申候而爲濟候心得候處、何分六ヶ敷候間、無據仲江申聞候儀ニ御座候、木村事ハ秘書之通り、(島津久德、家老・伊集院、小納戸頭取兼用取次)將曹・平同自分惡事ヲ存居候者共、

正徳時澄兩人ノ擁護

正徳等留置ノ爲ニ阿部閣老ノ封物下付ヲ要望ス

薩藩正式ノ申立ハ齊興ノ危機到來スベシ

よき序ニ殺盡之心得相見へ候段申出候間、是又不容易事、國家大亂之基御座候間、小子隱シ置申候、右ニ付此節封之物（參考一）、辰ノ口ゟ小子留守居より、如例差出申候、井上・木村事兩通認申候、尤一ト通りニ認、委細者貴君ゟ極秘申上置候間、貴君ゟ内々御聞可被下旨、且又貴君迄萬事被仰聞候樣ニと認申候、此儀ハ辰ノ口ニも御内々なから御差圖ハ御六ヶ敷可有之、乍憚奉存候、然ニ右兩人忠義之志ハ同樣御座候處、一人ハ足付候ニ付無據指返し、又一人ハ足付不申候故、留置候而ハ片落之取計ニ相成候間、何卒兩人共小子參府迄、是迄之通りニ仕置候而、修理（齊彬、修理大夫）家督以後指返候樣仕度、格別之忠臣、只今直ト死罪ニ相成候事、何共殘念至極ニ御座候、とても不相成儀とハ存候得共、小子身勝手之事申上候、辰ノ口ゟ一寸不差立書付封之物、小子留守居ゟ御渡被下、國元ゟ不差立遣候樣被仰付、右御書付之趣ハ小子ゟ不差立申上候事御承知ニハ候得共、何分御差圖ニ難被及、乍然先薩州役人共ゟ、猶又内談仕候而、是迄之姿ニ致置候樣、小子參府之上、否哉御内話可被下旨抔と申候御事致出來候得ハ、㝡上ニ奉存候、左候而ハ、右を以薩州役人ゟ申談候ハヽ、先々夫ニ而當時靜謐与と奉存候、乍然又考候得ハ、將曹・平（島津久徳・伊集院）抔、後日自身之上危候間、是非と存候ハヽ、表向辰ノ口ゟ願出候ハヽ、殊之外

引渡要求ニ對スル延引策

閣老ノ封物下付不調ノ場合ハ宗城ノ手書ヲ以テセラレタシ

奥平昌高等トノ合議ニヨル對策

辰ノ口ニも御面倒之御事奉存候、左様相成候ハヽ、小子も是非共かくし置候主意可申立、夫ゟ御糺も候ハヽ理非も明白可仕候得共、大隅彌以不相濟様成行候而も氣之毒不好事ニ御座候、是又上策共不存候、又ハ封之物御受取之儘、有無之御返答無之候ハヽ、其内定而薩州ゟ催促可仕、其節ハ差出候處御落手之儘ニ而、いまた何共模様一向不相分候、老中之事ニ付、催促致兼候得共、是非と申事ニ候ハヽ、何卒伺候様申來候ハヽ、又々封之物可差上、其内ニも秋ニも可相成候間、參府之上ニ而辰ノ口ゟ御内話可被下旨、夫迄ハ只今迄之通ニ仕置候様ニとの御事、辰ノ口ゟ御封物ニ而參候得ハ猶更宜敷、とても難相成事ニ候ハヽ、貴君迄辰ノ口ゟ不差立御内話之事ヲ、貴君ゟ小子江被仰下候ハヽ、右之貴書薩州役人江爲見候ハヽ、夫ニテ先々留可申哉奉存候、扠又右之内ニ萬一火急ニ引渡之事申來候ハヽ、實以此節も鐵炮洲兄・南部弟（奥平昌高、前中津藩主・信順、八戸藩主）江も委曲内談申遣置候、定而是も參府迄見合置、不容易儀ニ付、三人打寄申合候上ニ而、井上指返候様ニと可申來候間、辰ノ口模様ハいまた不相分候得共、鐵炮洲・南部ゟも如此申來候間左様存候様もし疑候ハヽ、鐵炮洲・南部、薩州役人共江可申遣旨返答可仕候、彼是ニ而延引さへ致居候内ニハ參府仕候得ハ、いか様共取計可仕、右之外工風無之候間、猶得と御

時澄留置ニ關スル手段

事件通報遲引ノ事由

賢慮被下候而、辰ノ口ゟ御内話呉々も奉願候、不容易事柄日夜心痛仕候、

一(時澄)木村事ハ先々只今迄之姿ニ而子細も無之候得共、萬一薩州ゟ相しれ候ハヽ色々可申來候、其節ハ先井上同様ニも可申、乍然將曹・平事を別而申立居候者ニ付、右兩人之事ヲ可申遣哉、夫ニテよく參候得ハ宜敷候得共、仕損候テハ以之外ニ付、得と工風可仕候、良策も候ハヽ可被仰下候、木村事申來候趣ニ依テハ、是非共小子か議論可仕、至其節候テハ手弱き返答ハ不仕心得ニ御座候、先々可相成丈和らうよ可仕候、

一體此節之儀一日も早く申上候心得之處、如此入組精々取しらへ、又家來共ニも難爲認事多く候間、不殘自身ニ認申候處、存外隙取、淸書仕候而ハ猶以延引ニも相成候間、例之愚文愚筆、書損も多く御座候得共、其まヽ下書ニテ差上候間、右之趣も御含、辰ノ口ゟ程よく被仰上可被下候、且又修理ゟハ親之事ニ付、小子か相談も不仕候、然し一向不申も餘りニ付、大意を内々申遣候、秘書辰ノ口ゟ出候事、修理承り候ハヽ仰天可仕候得共、何分事情不通ニテハ辰ノ口考御出來不被成事ニ付、差出候事ニ御座候、何事も此度之事ハ小子ゟ任置候樣、兼々修理ゟ申遣置候、左樣御承知可被下候、南部遠江(信順、遠江守)ゟも、右ニ付御用候ハヽ御咄合可被下候、萬端貴君御出精之程奉願候、是非之儀、

薩家柄ノ臣ニ人ナキヲ恥ズ

島津久德等ノ處置ハ參府ノ上內談スベシ

島津久武連座ノ顚末

正德ノ久武宛書翰草案押收セラル

久武ハ事件ノ擴大防止ニ努ム

何分小子ゟ大隅江一應之異見も不仕、辰ノ口江申上候段、丹顏之仕合御座候、薩州ニも家柄之大身之者共居りなから、一言半句口ヲ開候者無之、誠恥入候次第、不及是非候、貴君思召も赤面之仕合御坐候、秘書ニ愚意ヲ以色々認置候得共、理非如何奉存候、不當理事候ハヽ、無御遠慮被仰下候樣呉々も奉願候、いつれ共將曹・平之所置ハ、參府之上御內話可仕、とても只今手さし不相成殘念至極御坐候、尤極打破候得ハ致出來候得共、萬一仕損候而も以之外ニ付、時節ヲ見合居申候、

一薩州家老嶋津壹岐(久武)事、至而直成人物之由、當時同方家老ニテハ右ニ出候人無之、一統歸服仕居候處、近隆(近藤隆左衛門)初手荒之企、壹岐江近隆爲申由之處、以之外之事、決而不相成旨、嚴敷指留、其事先相止居候處、壹岐江戶詰方として出立後、又々近藤思立大變引出申候、然處壹岐事右不容易事ニかヽり合居候趣ニ罷成申候、尤井上出雲ゟ壹岐江文通之下書、井上出奔後宿元詮儀ニテ出候由、尤何之子細も無之、壹岐出立後、又々近藤存立候間、井上ゟ屹度指留候得共、猶又壹岐ゟも指留候樣との事計ニ而候得共、重役ニ居なから同役ニも不申事落度ニ相成候由、尤壹岐事將曹・平なと之事存居候間、申出候ハヽ大變引出候而ハ不可然候間、無事ニ爲濟候得ハ人命も無恙存候間、包居候儀ニ

久武ノ斷罪

齊彬ノ爲ニ久武救解ヲ斷念ス

二階堂行經ノ不當處刑

隆左衞門一味處分ノ不合理

齊興ノ自負ト久德等ノ佞辯

相聞へ申候、此節壹岐事歸國仕候、先達仲ゟ對面之節、一寸右之模様承候處、壹岐歸國以後ハ定而退役斷ニ而も可申哉と存候旨申候、斷と申候得ハ切腹之事ニ可有之存候、か程ニ人望も有之重役迄切腹仕候事、沙汰之限りニ御坐候、然し彌左様ニ候哉、いまた模様ハ不相分候、是非壹岐事も無事ニ相成候様、小子心痛仕候得共、右ヲ彼是小子ゟ申候てハ、彌以修理爲ニ不相成と存候間、殘念至極ニ候得共、天ニ任申候事ニ御坐候、小子心中御察可被下候、

一二階堂主計(行經、大目付)事病死以後、をし付ニ秘書之通申渡有之、けしからぬ事ニ御坐候、主計事ハ至而剛直之人之由ニ御坐候、人望も宜敷者ニ候、吉利仲實兄ニ御坐候、

一一件、近藤(隆左衞門)事ハ爲筋とハ乍申、手荒き見込ニ而不宜候得共、右近藤ゟ兼々懇意之人々手荒事指留候者迄殺し候事、殘忍之至言語同斷〔道〕ニ御坐候、首惡切腹仕候ハヽ、餘ハ遠嶋又ハ隱居位ニ而相當之事ニ存候得共、如何之取計御坐候、其上此節之儀、殊之外手あらニ所置仕候様ニ大隅存居候旨、仲ゟ内々承り、以之外之事ニ御坐候、是又御含迄ニ申上候。右將曹・平ゟ佞辨ヲ以左様取なし候事と存候、萬事是ニ而御推察可被下候、

一木村出國以後、數十人小子城下(福岡)ゟ召捕方之者共薩州ゟ遣候事、不得其意候、近親之儀

薩藩捕吏多數福岡城下ニ來ル

薩藩間者時澄蹤跡ヲ求ム

正德並ニ時澄留置ノ意義

亡命入筑ハ幾人ニテモ可

ニも候間、書通ニ而も可然、重罪之者ニ候ハヽ、早々捕可引渡儀ニ御坐候處、纔一人之儀之事、仰山ニ仕ゐけ候ハヽ可相渡抔存候見込候哉、又ハ外ニ子細も可有之哉不審之至、其上近國之評判も可有之、第一侍分度々出國可恥事ニ候得共、其議も無之沙汰の限り之取計ニ御坐候、右捕方數十人來候得共、實ニ召捕候模樣ニも無之、形容のミニ而御坐候由、然シ其後薩州ゟ密々間者參候樣子ニ付、深く潛居申付置候、薩州ニ而ハ是非木村足付候樣ニと、種々工風可致と存候、

一井上・木村容易ニ不差歸譯合、外ニも有之候、井上事先達ゟ之懸合ニ而、差迫咎等ニ相成居候ハヽ、木村事筑前江不參、他國ゟ又ハ老中江走り込可申と存候、左樣ニテも彌以大隅爲ニ不相成候、他國とハ乍申、小子之事ニ付、外々江參候とハ違申し事靜ニ御坐候間、旁以薩州治り候上ニ而、差返候方萬事宜敷御坐候、然し只今右樣之事申候而も、耳ニも入不申都合ニ付、小子含居候迄之事ニ御坐候、筑前江參候者共ハ直ニ薩州江引渡候事と、薩州一統存候ハヽ、此後又々出國之者候ハヽ、定而老中江可參存候、小子方ニ候得ハ何人參候而も不苦儀ニ御坐候、右之條々存出候儘話申候、厚御世話可被下候、恐惶謹言、

五月朔日　　　　　　　　　　　松　美　濃　守

伊　遠江守様

秘書ハ筒井政憲ニモ内覧セシメラレタシ

〔参考三〕　五月三日　黒田齊溥より伊達宗城への書翰

（封紙宛書）
「伊　遠江守様　　　五月三日封之、　　　松　美　濃　守」

（封紙宛書）
「宇和嶋賢君（伊達宗城、宇和島藩主）　　平安極内用御直披　　　福　岡」

別啓申上候、秘書一冊、何卒筒井紀伊守（政憲、西丸留守居、齊彬師老）ゟ極内分爲御見可被下候、其上ニ而辰ノ口（阿部正弘）ゟ御差上可被下候、筒井も兼々少々ハ心得居候得共、委敷存居候方宜敷御坐候、書状一通筒井ゟ御届可被下候、

五月三日

一此節不表立留守居ゟ辰之口ゟ差出候封物下書、（参考一ヲ指ス）爲御心得差上申候、以上、

二白、今日迄ニ不残相仕廻候ニ付、明日大早飛脚差立申候、今日も大取紛大亂書高免可被下候、以上、

五月二十八日伊達宗城ヨリ阿部正弘ヘノ書翰

〔参考四〕　自五月二十八日至六月十三日　伊達宗城手留

阿閣（阿部正弘）へ遣候書面寫　五月廿八日出ス、

薩藩事情別冊ニテ呈覽

井上正德ニ對スル黒田齊溥存念

一薩州一條、去月廿八日美濃守（黒田齊溥、福岡藩主）ゟ申上、御承知被成下候儀と奉存候、當月三日立以飛脚、委曲尚又其後之模様申越、井上出雲（正德）・木村仲之丞（時澄）兩人之事も、尚相伺申越候様頼越、委曲別兩冊（所見ナシ）ニ而被成御分と呈覽仕候、尤内用ニ有之小帳ハ御返却奉願候、委曲拜趨萬々可奉申上候得共、兼而此分御披見被下置度、尊慮之程も罷出可相伺と奉存候、尤美濃（黒田齊溥）よりハ仲之丞へ委細申出候様申付候ニ付、三月廿六日數條申出候處、皆々不容易事柄ニ付、偏聽ニ而も不安堵存候ニ付、極密ニ修理大夫（齊彬）へ此間及密談候所、仲之丞申出候通ニも無御坐、君門萬里事情不通之時合故、傳聞之誤又ハ見聞違等有之、何分推立後證ニ難相成趣申聞候間、其分ハ除候而寫上不申候、其内御披閲可被成と思召候ハヽ、被仰下次第何時ニ而も可呈候、其外始ニ井上抔歸候様薩よりハ申し、筑よりハ不歸候様之懸合も御坐候處、右も御必用とも不奉存候間相省き申、何事も拜眉之上、萬縷可奉申上候得共、此間ゟ修理大夫始申談候譯申上候ハヽ、御考量之御端ニも可相成哉と奉存候ニ付、申上置候間、御賢考被成下度奉希上候、

一井上出雲儀ハ、美濃存念ハ委細別帳ニ御坐候通種々なやはり、以御内命參府迄留置度事と推察仕候得共、是非參府後ハ相伺候而、何等決著不仕候而ハ不相濟、一向ニ不差

正徳自盡セバ雙方ノ面モ立ツベシ

木村時澄ハ後證ノ爲留置キ度

時澄ヲ八戸藩ニ潛居セシムルガ可

齊彬ヨリ處刑人數書付來ル

歸都合出來候ハヽ、右樣ニ取計候ゟも宜敷候得共、さし其時ニ至、薩へ引渡遣候樣相成候ゟハ、素意も不相達、彼方申勝候譯ニも可相成、殘念至極之事ニ付、矢張先般申談、相伺候ゟ申遣置候通ニ而、出雲共身之以覺悟自盡仕候ハヽ、双方之面も相立可然哉之事、

一木村仲之丞之儀ハ、爲後證留置度、且一人者歸シ、一人ハ留置候も、片落之儀と存候旨、美濃存念も尤ニハ御坐候得共、出雲儀ハ足配も附居、亦仲(吉利久包)ニも相話、薩役人も承知之上ハ、何分致方無御坐候得共、仲之丞儀ハ尋ニハ參候得共、いまた足配も不相附を幸とし、程能以便船南部(信順、八戸藩主)八戸(陸奥三戸郡)へ遁し潛居爲仕置候ハヽ、大安心之儀ニ可有之、福岡ニ居候ゟハ、久敷内ニハ足配も附、留置ひ潛居爲致候趣、薩ニゟ致傳承候ハヽ、後日迄も近藤・山田(隆左衛門・一郎左衛門、清安)へ荷擔ニゟも致候樣存候程も難量、左候ゟハ、此末隱居家督之儀抔取扱候時ニも、種々故障筋可相生と存候ニ付、旁絶遠之奥筋へ遁シ候方可然哉と申談仕候事、

一五月廿九日修理ゟ而到來、六月朔日阿部(正弘、老中)へ出候、於薩藩咎申付相成候面々之書附左之(第七九號別紙)通、

六月二日伊達宗城阿部正弘對話書

首罪者ノ再處分

山田清安遺書ニヨリ新事實露顯

一六月二日阿部（正弘、老中）へ逢對話之覺

此方よ里（伊達宗城）

此間内追々呈覽仕候書面ハ、御披見被下候や、御面倒之儀ニて恐入旨申候、

阿答（阿部正弘）

皆々熟覽いたし候、扨々不容易事ニ存候、舊臘ニる咎方も追々爲濟候事と存候處、段々多人數ニ相至、殊ニ主罪も再度嚴重之仕置申付候ハ、如何之譯ニて二度ニ咎有之候や、

此方ゟ

山田（清安）切腹之後鹽屋（京都町人鹽屋勘兵衛）へ遣候遺書有之、親類ゟ差出開封相成候所、兼る遺置候書面之宿意ハ、是非〳〵相達候樣賴之文意ニ付、直ニ勘兵衛方へ手を入、山田ゟ遣置候書面取戻し候よ里、巨細ニ表向ゑかね候委敷譯相顯候ニ付、不得止再度之咎申付候由、全體將曹（島津久德）始も可相成國家騷亂ニも可及勢ひ、公邊へ爲響、代替り之儀相工候抔之譯ハ、最前ハ申出さぬ心得ニて、輕く爲濟候含御座候所、表向よ里むつと仕候故、右

齊興今以テ調所廣郷ヲ信用ス

久光順養子ニ立ツベシト讃ロスル者アリ

島津久徳吉利久包ノ人物ト施政

體取計仕候、最早此度ニて相濟可申と奉存候、

阿ゟ

全體大隅(齊興)心得ハ如何や、將曹・仲抔(吉利)もいかゝや、

此方ゟ

此儀ハ委曲辨別も不仕候得ど、容易ニ難申上候得共、只今以笑左衛門(調所廣郷)ハ宜敷者ニ存込候趣、それ故同人仕置之儀ハ何もあしき事もなくと存候様子、夫故諸政も一洗不仕、只今ニても目立候様改革御坐候ハヽ、直ニ貶られ候勢と申事ニ御坐候、一體之儀ハ是迄追々御見聞も被成候通ニ御坐候、又美濃(黑田齊溥)ゟ差越候書面中、木村(時澄)ゟ再度申出候意味ハ御坐候半、其内大隅をまさかニ廢立の存念ハ有御坐間敷候得共、萬一修理子供無御坐時ハ、周防(久光)事を養子ニ可仕存念ハ、從來可有御坐候由ニて、色々促し疑惑れ讃口をいなし候者も御坐候間、迷之念可萠ゐと痛心仕候、將曹・仲之人物ハ尚更何とも難申上、其内修理之密話抔承候ゐハ、笑左衛門・二階堂・海老原之類(志津馬・宗之丞)ニハ無御坐、當時之政體惡弊ハ追々おゐ／＼改候存念の由、海防抔之義も、專將曹世話仕候故、追々相整候模樣御坐候由、折角修理大夫家督之儀も、內々心配仕候樣相聞

申候、君邊之都合有之候中ニ而心痛致し、改正筋之儀一尺れまたきれ、五六分位ツヽ直し候含之處、脇方ゟ笑左衞門同樣ニ有之樣疑念を入、惡敷申候者數々御坐候處を、憤歎いたし居候やニも承知仕候、忠邪眞僞ハ如何可有御坐や難申上候、仲事ハ隨分よろしきよしニ承知仕候、何分ニも取極候所ハ申上兼候、

齊興ノ不行屆ヨリ事起ル

但、此返答申述候後、此間之帳面被取出、いろ〳〵話有之候事、

阿ゟ

御內話ハさておき、全體大隅不行屆ゟ事起候儀ニて候得ハ、公邊ゟ御吟味ニ相成、きつと御沙汰有之ときニ申譯ハ無之事ニて、御內々之相談ハ御相談ニ候得共、實ニつまらぬ儀と存候、

此方ゟ

齊溥等幕府ヘノ影響ヲ苦慮

左樣御沙汰御座候而ハ實ニ恐入義、不行屆ニハ無相違、公邊ニてきつと御見聞被爲在候上ニて、御沙汰筋御坐候而ハ、一言も申譯ハ無之間、恐入候儀ニ御坐候半、畢竟美濃守始も、共儀を心痛當惑仕候故、當今彼是奉得御內慮候、表向ニ不相成、是迄大隅儀も首尾能相濟候間、此末隱居家督都合能相濟せ度

薩事情ハ幕閣モ熟知ス

正德時澄ノ處置

と周旋仕候間、其段ハ幾重にも厚御含被成度候、

阿か

何も只今左樣之都合ニ相成と申ニハ無之、全く右ハ太段之處を一寸御話申候事ニて、此末之所一和ニ相語ゟ、隱居抔候ハヽ可然事と存候儘御話申候、只今之處ハ御心配有之程ニも不及、然し不靜謐之模樣ハ隨分能相知れ居候事故、何卒此末之所大事と存候、

此方か

左樣ニ候ハヽ、先々難有事ニて安心仕候、何分被仰聞通、此末一和平寧仕、隱居仕候樣無御坐候ゐハ不相成事と奉存候、美濃出府も仕候ハヽ、尙又御工夫も被成下度候、扨井上・木村ハ如何處置仕樣可申遣や、

阿か

折角此儀如何相成可然や、井上事ハ御申合之通相成候ゐも可然、其内美濃ニてハ之きゟニ參府迄ハ其儘差置度存念と相察申候、丁度御書取ニ有之通り、參府迄留置ても、其後渡さ𛂋バならぬ樣至候ゐハ、美濃存意も不相達候半と存候、尤參府迄之處、

正徳ハ齊溥参府迄留置

時澄ハ南部信順隱匿

ハ、手前ゟ一體此度之儀ハ此方ニても見聞之趣も有之、不容易事柄故、參府後尚直ニ可申談候間、先ツ留置候樣申候ハヽ差支も有之間敷と申され候内ニ、御太鼓打出候事、

此方ゟ

丁度被仰聞候通り、左樣申遣候ハヽ、何も聊無差支、美濃守ハ如何計り難有可奉存候半、其通可申遣樣可仕や、

阿ゟ

それハ先御控可被下、尚々篤と熟考之上、又候話可申、尚委敷御内話申度候得共、今日ハもはや御太鼓故、近日御沙汰可申上候、

此方ゟ

委細畏り候、尚御沙汰御座候ハヽ、罷出可相伺候乎存候、木村事ハ如申合南部(信順)へ遣し候てよろしく御座候や、

阿ゟ

木村ハ丁度被仰聞之通之方可然、左樣可被成と被申わふれ候事、

宗城信順ニ密報ス

正徳ノ處置ニ關スル宗城ノ意見

一同日歸り懸、南部へ立寄面會之上、委曲ニ及密話、南部只今ゟ芝（齊彬）へ被參、昨日話合候とハ趣も替候ニ付、右の趣被傳度旨頼置歸候事、

但、明朝早飛脚立候筈之處、右ニ付被見合候ゟハ如何と申儀も申遣候事、

一同夜修理手帖參り、早飛脚ハのへ候よし申來る、

一井上處置之儀、修理始自盡可然と申談、先日阿部へも得内慮候上、福岡へ申遣有之儀ニて、此度申合候處も、矢張同樣ニて動も無之、既ニ今日尚又阿部へも申述候通有之候處、途中ゟ与風考見候處、全體阿部へかゝりそめニも爲後證留置候と申遣候者故、一應ハ伺不申候ゟハ如何樣申越候とも難相渡旨、薩へ申遣有之上ハ、平日も重々入念手厚心を付させ置可申筈ニ有之處、阿部之返答も無之内ニ、自盡なといゐさせてハ、薩へ渡候よりも面目なく、申分無之姿ニ可相聞、左候ゟハ阿へ對ゟも麁略之樣可相成、薩ニても阿部樣へ御伺云々とハ被仰越候得共、實ニ御伺爲相成儀ニも有之間敷、段々此方ゟ嚴敷申上候ニ付、不被得止自盡被仰付候事ニ可有御坐なと、申ましきニもあらぬ、さすれハ双方へ不都合ニ相成可申候間、先ツ此節之處ハ、阿ゟ今日被相話候位ニ被申聞候ゟ、參府迄留置、出府後とふしても返さねバ不相成事ニ至候ハヽ、㝡早阿部

ゟ差歸し候樣改而被申聞、其時薩へ迎人參候樣被申遣、其間ニ井上覺悟ニて、最前申合候通、自盡いたし候ハヽ、阿(阿部正弘)之方かゝり合ニも無之人ニ相成候上候得ハ、爲差議論も出間敷哉と考量いたし候ニ付、南部へたのみ芝へも被相話候樣申遣候之、

六月十一日伊達宗城阿部正弘對談覺書
阿部閣老薩藩混亂一條ニ關スル內諭

六月十一日阿閣(阿部正弘)と應對之覺

此間美濃守(黒田齊溥)ゟ申越、且委細御內話有之候薩州混亂之一條段々致熟考候處、何分井上(正德)・木村(時澄)兩人之處置者、乍內密も取極難及指圖候故、其趣被申遣度と存候、尤是非〳〵內々指圖も致し候樣ニとの存念候ハヽ、双方之是非邪正与篤相糺之上、參府後可承と存候、一體此度之儀相糺候時ハ、手元ニても追々見聞有之、藩士近藤(隆左衛門)始主罪之者嚴重之咎相成、其外連坐之面々、切服(腹)抔申付候者不少趣、異却至極之儀、与篤忠邪是非之處明白いたし候樣ニも不相聞候處、多人數死刑申付慘劇之至、畢竟大隅(齊興)心得不宜、家事國政共、氣ニ入候者へ致偏任、又ハ婦言抔信用いたし、內外上下之情意不相通、隔絕甚敷より事起候義ニて可有之、是迄之處笑左衛門(調所廣鄕)始之取計とハ乍申、事ニ依而ハ參府後直ニ大隅ニも可相尋、其時老年之大隅一向ニ不存と申而も相濟間敷、つまり同人不行屆

伊達宗城應答

ニハ無相違、表立被仰出候時者、一言之申譯も有之間敷、其處折角氣毒之儀ニ存候故、此上ハ篤近親衆熟慮之末、程能所置有之儀肝要と存候、右等之趣内密御傳可被成候、

(伊達宗城)小生御答

委細被仰聞候趣畏候、過日も申上候通り、畢竟者大隅守不行屆ゟ事起候ニハ無相違候間、表向御見聞も御坐候而被仰出候時者、何とも申譯ハ無之、恐怖仕候儀ニ可有御坐候、美濃守始も其所を染々心痛當惑仕候故、不得止極密奉得御内慮候儀御坐候處、段々厚く御汲取被成下、表向被仰出候樣相至候而ハ氣之毒被思召候間、只今之内近親共申合熟考仕候上、處置可仕旨御教示被成下候段、早速美濃守始へ可申傳、先以於小生重疊感荷之至難有仕合奉存候、井上・木村兩人之儀ハ難被及御沙汰段奉畏候、右の趣も早速相傳候樣可仕候、尚美濃守參府之上ハ又々御内密相伺候儀も可有御坐、宜敷相願申候、

六月十三日伊達宗城ヨリ黒田齊溥ヘノ書翰案

(黒田齊溥)福岡へ返翰案

五月朔日立御密翰、(參考二)同廿二日相達拜見仕候、其頃薄暑之候、今程ハ酷暑中相成候得共、

時澄ヲ糺明ノ上隱匿

薩藩浮沈ノ一大事阿部閣老ヘノ内申略決著ス

唐物拔荷事情ニ關スル内申

彌御清寧奉大賀候、然ハ薩州表之儀、先頃荒々被仰下候處、其後居り合、又々切腹申付ニ相成候由、然處木村仲之丞と申者、密ニ罷出、密々被相糺候處、相違も無之誠忠之者ニ付、深く御かくし被置候右子細ハ秘密、御別冊中ニ委敷御坐候間分り可申、大隅不明不及是非候旨、御委曲之御紙表、再三奉拜閲候、愚昧不肖之僕儀、御熟知之上候處、薩藩浮沈ニ關係之一大事御打明し被仰下云々、御教示之趣、扨々恐縮當惑之至、迚も庸昧之僕、辨別も不出來、御密用筋貫徹仕、御主意相達候所ハ千々萬々無覺束奉存候得共、當時御近親衆へ可相讓人も無御坐候間、尊諭之趣ハ時々修理(齊彬)始之鼎力をかり、辰ノ口(阿部正弘)へも申達、昨日迄ニ概略決著仕候ニ付、則左ニ奉申上候、誠ニ多端入組候次第御委細御教示被成下忝奉存候得共、萬分の一も禿筆ニ而認解候儀も不相分、御疑惑も可被爲在と奉恐入候、御推察奉願候、

一昨年ゟ之一件事長く候間、一冊ニ御仕立被下、誠ニ詳悉明了とハ此冊子之儀、如見情事相分り申候、扨右之內ニハ唐物拔荷、其外他方へ相響不宜事多く、僕ニも爲御見被成かたく候得共、事情不相分候間、御打明少も不殘被仰聞候由、其儀ハ御安心可被下、決而もらし候儀ハ無御坐候、辰ノ口ニも爲御見被兼候得共、打明し爲御見被成候故、

幕府ノ抜荷探査

時澄ノ條陳書ニ齊彬批答

正德時澄處置ノ困難

御別冊入披見候様、何卒右御書付ハ被見流候様ニ被成度よし、右ゟ事起唐物抜荷抔之義、表向　御沙汰ニも及候而ハ、誠以被恐入候、此際さへ見通し候ハヽ、以來ハ御嚴重ニ被成、抜荷無之様、屹度御志まり被相附候旨云々奉畏候、重々阿部(正弘)へも其趣を申述爲見候間、其所も御安心可被成、此度之御書面ニ而抜荷抔之儀者表向之　御沙汰ハ無御座事と奉存候、尤是迄ニ　公邊へハ存分委敷相志れ居候趣ニ御坐候、扨右御別冊中、木村(時澄)ゟ申出候十七ヶ條(第七八號參考)、不審之條々も御坐候間、極密修理へ爲見、條々相尋候得ハ、大ニ相違申候條多く候故、其儘爲見候而ハ萬々一忠誠無二之心よリ申出候而も、内外情意不通場よりハ、推察違も可有御坐、折角事情分り候爲ニ難爲見内曲之事迄爲見候而も、後證とも不相成、却而　尊慮ニ戻り候而ハ不宜と奉存候間、右之處ハ相控不爲見候、尤右條々ニ當り、修理ゟ密話の趣申上度候得共、愚文難認故、間違候而も不宜候間、御參府之上可申、芝(齊彬)ゟハなら〳〵可申上と奉存候、

一何分御處置御難澁之譯合ハ、井上・木村兩人之儀御坐候由ニ、御秘册ニ有之候通之御都合ニて、一人ハ足付候ニ付無據被指返、又一人ハ足付不申候故、留置れ候而ハ、兩人とも忠義之志ハ同様御坐候處、片落之御取計ニ相成候ニ付云々相成度旨ニて、三通

正徳自盡ガ雙方ノ爲ナラン

參府後奥平昌高等ト熟談ノ上決スベシ

の内、阿（阿部正弘）ゟ差圖有之様被成度旨、御賢考之處ハ御尤至極奉存候、其通得内慮可申候處、井上儀ニ付而ハ、先便も申上候通、芝始申談候處、同意之儀御坐候而、此度之御書面を拜見、御深慮相伺候而も、初念相替儀ハ無御坐、乍然被仰下候處を、御主意之通之處と芝始申合候處、兩端ニ辰へ申述、何れゟ可然と申處取極被申聞度旨、過日より及密談置候處、別帳の通、一昨日ハ過る二日ニ粗申候主意と相違、手切れ之返答ニ相成、畢竟ハ㝡前ゟ小子申述方不行屆故、右様之落著ニ相成候事と恐怖之至、今更當惑仕候、乍然公然たる筋ゟ論候而ハ、辰（阿部正弘）申聞候處つまり之處ハ、丁度其通り可相成と奉存候得共、强而異論も難申述と相考候故、如別冊返答仕置申候、右體辰之方手切れ相成候而ハ、尚更㝡前ニも申上候通之主意ニて、井上覺悟之上自盡仕候ハヽ、御双方之御都合可然而と奉存候、尤御參府迄ハ、辰ハ此度の通り、返答いたし候とても、外人ハ不存儀候得ハ、薩へハ矢張辰ゟ返答無之と被仰遣候ハヽ、御留置ハ何も無子細可相整と奉存候得共、御出府後迄ハ大丈夫御留置出來可申候得共、其後ハ如何いたし候もの哉、此度辰ゟ内話之趣も有之候得ハ、是非〳〵御參府後ハ鐵炮洲（奥平昌高）ヲ始御熟談之上、御決著無御坐而ハ不相濟、其上ニて被差歸候ハヽ、修理ゟ咎不申付候とも可相濟や、其處さへ御

正徳ハ單ナル出奔人ニアラズ

正徳ハ時澄ト事情ヲ異ニス

著眼御坐候ハヽ、なさら忠誠之士を失ひ候ハ如何ニも殘念至極候付、無理〳〵ニ御留置相成度奉存候得共、代替ハ御坐候ゐも、出國抔之罪ニて處置有之儀ニ候ハヽ、其節無止御引渡かハ、當今自分ニ處置仕度事と奉存候、生ハ難く死ハ易しの譯故、重疊右之處ハ御賢慮之末ニ奉願候、此度ハ僕ゟ一存ニて申上候、只今僕を以存候ニハ、井上ハ全亡名出奔人とハ申間敷、爲越訴貴邦へ罷出候事故、並之亡名と一論ニハ難相成譯可有之やと奉存候、人臣痛憤之難堪苦思より、無據處置とも可申候間、後日引戻しの難出來とハ不奉存候、然し此ハ辰ノ口一昨日手切後の事ゐを吐露仕候儀ニて、いまさ芝始へも話不仕、又芝存念も不承候得共、辰ノ口聲かゝりニて御參府迄留置れ候様相成候ハヽ、尚僕ゟ胸袖[裡]の此存意ハ御直話可申上と相含居候處、意外之返答有之候故、毫も不殘存意ハ申上候、自殺可然と申ス存意ハ、迚も御參府迄御留置、始終無事ニ可相濟とも、當時之勢ニて相考申、且代替之義抔追ゐ御取扱ニ相成候ニも、不都合可被爲在やと奉存候故、申上候儀御坐候、又御參府迄御留置相成候方可相成候ハヽ、代替後御引渡し相成ゐ、無事ニ薩ニて差置可相成と申處、屹度御著眼無御坐候ゐハ、歸著の處つまらぬ儀ニ可相成やと奉存候事、井上木村と相違仕候御處置ハ、被仰下候通

時澄ハ八戸潛移ガ良策

返書ノ遷延ヲ謝ス

薩士中一ノ開申者ナキハ遺憾

不相好候事候得共、一人ハ足付候計ニも無御坐、乍内密打破ル御話も有之儀候得ハ無致方、一人ハ如何樣足付候上も御存知無之と被仰張候ハヽ、致樣もなく候得ハ致よき樣ニ奉存候、扨又木村ハ芝始如申合、何分御配慮を以、幸便船ニ而極密ニ途中用心いたし、八戸(陸奥三戸郡)へ潛移被仰付候方、御良策ともニハ無御坐やと奉存候、此存意ハ動き不申候、

一此節之義、一日も早く被仰下候思召之處、如此入組精々御取調、夫々不殘御自身御認故、御隙取相成候由、御書損抔も可被爲在、辰ノ口へも其趣申述爲見候樣、御遜辭之樣ニハ無御坐候、誠ニよく相分り、御丹精之程奉恐入候、從是も早く御返事申上度存候處、段々辰ノ口懸合抔ニて手間取、さそ〳〵御待兼被爲在之奉恐入候、其上御註文通り之都合ニも不相成、旁恐縮之至奉存候、且又修理へハ親子之事ニ付、御相談も無御坐由、御尤ニ奉存候、乍然僕儀ハ追々當惑之事も御坐候間、不得止相談仕候事ニ御坐候、南部(信順)も相談仕候、將又大隅(齊興)へ一應御異見不被爲在、辰ノ口へ被仰候段丹顏云々御尤之至、乍然無止御都合と奉存候、薩州ニも家柄之士分居りなから、一言半句口ヲ開候者無之、誠ニ御恥入被成候由、是ハ實ニ遺憾千萬奉存候、乍然當今　廟堂之上ニ

正徳ノ事件打破計ハ殘念

ても、如此勢御坐候時ニて候得ハ、時勢とも可申、憤歎可仕事無限奉存候、且御秘册中之御存意、理非如何可奉存哉、申上候様、是ハ小子抔愚昧者、中々考え付候儀ニハ無御坐候得共、再三懇讀仕候處、御尤千萬之思召と奉存候、只井上之儀、御打破計ハ殘念ニ奉存候、其外ハ極御同意ニ奉存候、甚失敬の儀申上奉恐怖候、何を如命御參府之上、御内話可相伺候、只今御手出し不相成、御殘念至極被思召候旨、御尤之儀奉存候、其内當御參府ニハ、是非此度辰ノ口ゟ之返答も有之候故、御處置被成度事と奉存候、

島津久武ノ人物ヲ難ズ

一薩州家老島津壹岐(久武)事、至る直成人物之由被仰下、右様之人物ニ候ハヽ、遺憾之至御坐候、其内薩之先般之始末ハ、武士道ニなるましき擧動と存申候、右を以相考候へハ、爲差人才とハ不奉存候、

二階堂行經ノ酷刑ヲ哀レム

一二階堂主計(行經)肥後(平九郎)云々申付相成、けしからぬ事云々被仰下、御同意甚慘なる致方と存候、

齊興ノ望蜀

一此度之一件、仲(吉利久包)ゟ内々御聞被成候處、大隅ハ殊の外手あらに所置致候様存居候旨、以の外之義、氣の毒之至御坐候、加之不相替三位の望、當時もそしそれゟ六ツケ敷候得ハ、出格之拜領物云々望の由、實ニ驚愕之至、左様存念故、如此度混亂も相起候事と

阿部閣老トノ對談書ヲ示ス

福岡藩江戸上邸類焼

長崎奉行交替

奉存候、

一辰ノ口へ對談模様、別帳の通り御坐候、外ニ㝡前懸合候一通、奉入電覧候、誠ニ亂略之書取、御分も被成間敷と奉恐入候、宜布御推覧可被下、萬事委曲ハ芝始より御承知被下度、恐々頓首、

六月十三日

二伸、折角辰ノ口ニてもさそ御心配可被成と御察申候、此段も序ニよろしく申上候様被相頼申候、已上、

〔參考五〕　五月二十八日　黒田齊溥より伊達宗城への書翰

（封紙宛書）「宇和島賢公　平安貴答極密用御直披　福岡」

暮春十九・二拾三（日脱ヵ）兩度之貴書（所見ナシ）相達致拜見候、彌以御安寧奉賀候、然ル霞（福岡藩江戸霞關上邸）類焼ニ付御見舞被仰下忝奉存候、當惑至極御坐候乍非常之事ニ付、如何様共繰合可仕相心得罷在候、早速普請も可致之處、本勤第一ニ御坐候間江戸普請ハ少々延引仕候共、不苦存念ニ御坐候、無據忰（官兵衛、福岡藩世子）引移も當時延引仕候、長崎も先々静謐、奉行（大屋明啓、遠江守、嘉永三年五月二十五日歿）相果候ニ付、新奉行早々參候事被存候、右貴答早々可申上之處、薩一件ニ而彼是以延引仕候、此節も大取込ニ付、荒々申上

薩一件ノ書類ヲ送付ス

參府延期ヲ申請セン

薩一件遠路行違多シ

齊彬ト議合ハズ離脱セシム

候、頓首拜、

五月廿八日

尙以、時候御自愛御專一奉存候、何分薩一件大入組ニ而當惑仕候、委曲南部(信順)迄貴君江差上候書類も遣申候、同方ゟ相達可申候、折角被仰下候得共、小子方無據都合も候間、何分被仰下候通ニも難仕奉恐入候、小子ゟ申上候書付類と行違ニ相成申候、最早近々ニハ御返事可參存申候、何卒宜敷御工風被仰下候樣奉願候、右南部江遣候而差上候書面ハ、色々失敬のミ相認候段、御高免可被下候、乍然至此場只和らかのミニも不參事ニ御坐候、當年類燒ニ付、小子參府御尋先例矢張參府仕候、乍然近年之非常打つゝき候間、同しくハ參府延引も可願存候へとも、芝(薩邸)一件何分不安心ニ付、旁以色々繰合、押して參府之心得ニ御坐候、然し當夏異船入津候ハヽ、延引可仕儀も可有之候、左樣御承知可被下候、芝一件も遠路行違多く、其上愚文ニ而事情不通之事不及是非候、乍然理之當然、小子愚意ニ及候丈、取計候心得ニ有之候、且又修理ゟ鐵・南(奥平昌高・南部信順)も同意、井上・木村早々引渡候樣、小子へ申遣候旨、仲江修理ゟ申遣候間、最早色々と申候事ニ小子一人ニ相成申候、乍然少しも頓著不仕候、修理事ハ以來彌以此一件ニハはなれ候

正勝邪ノ道理

伊達宗城著府井上一條ヲ齊彬ト密談ス

薩藩近親ノ正徳自刄決定ニ阿部閣老モ同意ス

齊溥ノ久包等應對ハ謀計ニアラズ時澄ハ久徳等惡事ノ證人

様、表向嚴重申遣候、小子と薩州役人とせり合候方萬事宜敷、乍平尋小子取計候事ハ正ニ付、是非共正勝邪之道理と奉存候、如例大亂書御海容可被下候、近來髭而ぶれ致出來、筆取難澁仕候ニ付、別而大略申上候、以上、

〔参考六〕　五月二十八日　黒田齊溥より伊達宗城への書翰

（封紙宛書）「伊　遠江守様　　極密用御直披　　松　美濃守」

（所見ナシ）貴書相達拝見仕候、不順之時候候得共、彌御勇猛奉賀候、御著府義も無滯被仰上候由奉遙賀候、然ハ井上一條、修理江も度々御密談被成候由、小子ゟ仲・平江遣候書狀も御内覧被成下候由、辰ノ口被申述、返事參り候上ならでハ不相渡と申候文面義ハ一時之謀計ニ而候哉、修理・奥平・南部江も被仰合、只今之内井上江極々密嚮ニ而切腹致候方可然兩全りと思召候由、右之事共辰ノ口江ハ如何可存哉、御出被成御密談ニおよひ候處、是又御同意ニ被存候由、段々御委細被仰下候儀、深く忝奉存候、然ニ乍不肖小子此度之事、萬々明白ニ取計居聊僞り無之、右仲・平江申遣候事信實之事ニテ有之候、右之事早々可申上之處、大入組ニ付無據延引仕、當月初ニ早便差立、㝡早御承知可有之候、右ニ而萬事御分可有之候間致省略候、少も僞り小子ニ無之候、木村事秘し候ハ

宗城ノ差圖同意シ難シ

僞りニ似候得共、將曹・平惡事存候者盡果候てハ、後日咎可申付手懸も無之、且又不容易事ニ付、深く秘し居候事ニ御坐候、貴君御賢明之差圖御同意可仕筈ニ候得共、何分御同意ニ難相成、辰ノ口も外ニ存念無之と申候得共、何分此節被仰下候趣ニ而ハ承知難仕奉存候、右愚意之趣左ニ奉申上候、

正徳ノ念願ハ齊彬ノ家督ノミ

一井上・木村之儀ハ先便秘書ニ而御承知之通ニ有之候、然ニ根元修理大夫無事ニ相濟候得ハ、外ニ小子望も無之事ニ候得共、被仰下候通取計候事ハ至而安き事ニ御坐候、一體井上事望ハ修理此節之事ニ拘合不申趣致明白、且又其内家督相濟候得ハ、外ニ望無之由、扨又出國之罪重候ニ付薩州江差返し候樣ニ相成候ハヽ、彌以覺悟之儀有之候旨申居候間、彌以無事ニ相成、井上一人ニ相成居候間、井上事返し候得ハ、彌以修理無別條家督ニ可相成申聞候ハヽ、極有而さかり直樣切腹仕候事ニ御坐候、無事ニ歸り候心得ニハ無之儀ハ相顯居申候、然ニ薩州江井上事可相渡旨申遣置候以後切腹いたし候ハヽ、先事濟候樣ニも御坐候得とも、薩州ニてハいつれ井上罷歸り、いろ〳〵申立候てハ不相濟事有之候ニ付、小子方ニおゐて切腹致させ候樣ニ相疑、夫ゟして是迄小子ゟ色々申懸ケ居候返報ニ、井上事ニ付色々か樣之事ハ井上如何申居候哉抔、いろ〳〵難

自刄セシムル事ノ不可

久包トノ約ニ反シ且家臣ノ不信ヲ買ハン

久徳等ヲ嚴刑ニ處スルニ於テハ正德時澄ヲ交付スベシ

題等申來候ハヽ、彌以事むつゝかしく可相成、其上仲ニも井上事急度預居候間、安心可致旨申候事も無ニ相成、先等閑之申付方故、致切腹候樣ニも相聞え十分ニも無之、其上右用向取扱候家賴共ニも、格別之忠臣ニ付留置候旨申聞居、皆々感服仕候折柄、薩州表佞臣共ハ其儘ニゐ、忠臣之者ハ死非命候小子取計と存候ハヽ、小子以來之政事向ニも相懸り、且又右之儀ハ極秘し居候得とも、自然と國中ニも響居候間、十分之所置致不申候てハ人氣ニも相拘、非常之節長崎表之御用等之節、平日國中歸服仕居不申候てハ下知ニも難從、井上所置小子も不容易儀ニ有之候、然し輕重を論候得ハ、臣たる者爲君死候事當然之事ニ候へ共、元惡將曹・平之其儘ニゐ、忠臣計死候事如何可有之哉、且又木村事も秘書ニ申上候通ニ有之、一人歸し候ハヽ兩人共歸し可申、右木村只今迄留置候趣意不相立申候ゐ歸し候事ハ不相成儀ニ付、是非とも將・平之事申遣、兩人も嚴しく咎可申付候ハヽ、井上・木村歸し可申、薩州ニ懸合候ゟ外ニ無之、又小子家賴兩人程付添申付薩州ニ歸し、出國之罪重く候得共、於小子取調候之譯合有之候間、兩人とも留置候得共、最早萬々御無事ニ相濟候旨ニ付、兩人共指返し候間、重罪之者ニハ候得共、對小子切腹被仰付候樣、爲念小子家來爲見屆兩人遣候旨をも申付、薩州ニ

參府ノ上久徳平兩人ノ處分ヲ取計ルベシ

齊溥ヘノ難題意トスル所ナシ

薩存念次第ノ應對ヲ決意ス

遣候、扨又右之儀ニ付てハ參府之上、大隅守江小子ゟ及直話候次第有之旨申遣候外無之、左候而參府之上、將・平事咎是非申付候樣ニ取計候心得御坐候、右之都合ニ相心得罷在候儀ニ付、いつれとも過日早便を以申上候秘書得御覽候上、猶又辰ノ口江御内話可有之、右御返事參り候上、いか樣とも取計可申候、折角厚御賢慮被仰下、是又辰ノ口江も違存無之旨被仰下候得共、何分承知難仕押而御同意仕候譯ニも無之、不容易儀ニ付過日之貴答相待申候、萬一其内ニ修理ヘ薩州ゟ難題等出候ハヽ、小子申留可仕候、小子江ハいか程難題出候とも少も頓〔貪〕著不仕候、老中江申出候とも不苦、老中江申出候ハヽ將曹・平等之一件不殘申立候心得ニ御坐候、近親之小子取計居候事を、老中江申出候儀ハ有ましく、右ヲ申出候重役初メ心得ニ候ハヽ、小子も近親ヲ捨薩州秘密之事申立候ハヽ、極不容易事出來可致、右等之儀も薩州存念次第、小子も應對可仕、兼々相決居候間、いか様之事有之候とも驚不申、近比過言申上恐入候得とも、一大事ニ付愚意之趣不閣如此御坐候、恐惶謹言、

松　美濃守

五月廿八日　　齊溥（花押）

久包ヘノ申付ハ一時ノ謀計ニアラズ

久包等ノ齊彬ヘノ申立ハ正當ニ似テ然ラズ

嚢ニ送致ノ秘書ニ對スル懸念

阿部閣老ノ

伊　遠江守様

猶以、時候御自愛御專一奉存候、薩州一件色々御面倒之事申上恐入候、何分不容易儀と相成申候、仲ゟ小子ゟ申遣候辰ノ口云々一時之謀計と思召候儀、吳々も殘念之至御坐候、小子每事明白ニ仕居候事ハ貴君ニも兼々御承知可有之候處、一時之謀計と被仰下、誠ニ老中名を而り謀計可仕哉、小子信實不明故之儀ニ可有之恐懼之至、何分丹顏之仕合ニ御坐候、一體此節之所置仕樣ニてハ、小子身分も立不申相心得罷在候間、猶又厚く御賢慮之程奉願候、仲・平ゟ修理ゟ申立候事、一ト通りハ當然之樣ニも候得共、內味ハ小子參府仕直話ニ相成候而ハ以外六ヶ敷可有之、將曹・平無事ニも相濟間しく存候ゟ、是非とも早く引渡候樣ニと申候事哉ニ存候、

一第一懸念仕候儀ハ、過日秘書指上、筒井披見之上、辰ノ口ゟ御指出可被下旨申上候得共、右書面萬一辰ノ口ゟ御指出之前ニ修理ゟ御見せ被成候ハヽ、御指留メ可申哉ニ奉存候、尤貴君へ重疊申上置候間、是非御指出とハ奉存候へとも、萬一御控御口達計ニ而程よく被仰述候樣之儀ニ御坐候而も、小子も折角か程心勞仕候甲斐も無之儀ニ付、萬一御控被成候ハヾ早々辰ノ口ゟ御內覽有之、否哉被仰下候樣奉存候、過日之貴答如

秘書内覽ニ關シ報ゼラレタシ

久包齊彬ニ正德ノ事ヲ報ズ

齊彬等奥平邸ニ協議シ

何可被仰下哉、たとひ辰ノ口御内話之趣被仰下候共、理ニ不當事ニ候ハヽ、再三御問合可申上候心得ニ御坐候、何分修理事ハ相濟候共、小子一國人氣ニも響、不容易次第ニ罷成、不明之小子彌以良策も無之候得共、人事を盡し天命をもあらさる心得ニ御坐候、一修理ゟも井上・木村早々引渡候樣申來候得とも、(別紙一)別紙之通り返答仕候、奥平・南部江も(別紙二)別紙之通申遣候、別而大亂毫御高免可被下候、以上、

〔別紙一〕 五月二十八日 黒田齊溥より齊彬への書翰草稿

火中分

(齊彬)芝江之草稿

極書ちらし候得共、寫候隙無之候間、其儘差上候、

御披見後御火中可被下候、

(所見ナシ)貴書相達致拜見候、不順之時候候得共、彌御安寧奉賀候、然ハ先達仲江逢候儀、一寸申上、其後御文通不申上、如何之都合ニ候哉と思召候處、井上出雲守儀、爰元江留置候儀、(所見ナシ)御別紙之通仲ゟ申上、御驚入被成候由、幸南部罷出候間、御相談被成候處、先比奥平江小子ゟ委敷申遣候旨、南部申上候間、廿八日御退出ゟ南部御同道ニ而、(江戸築地、中津藩中邸)鐵炮洲江御出被

正徳引渡ノ事ヲ決ス

阿部閣老ノ指示ヲ待タズ正徳ヲ引渡スベシ

時澄モ亦速

成候處、小子ゟ奥平(昌高)江遣置候書狀も入御覽候由、全體同方ゟ貴君江御はなし申候ハヽ、是非引渡候樣御はなし可有之存、御はなし不申趣ニ御坐候由、小子厚存念御大慶被成候得共、引渡無之而ハいつれ事濟不申、其うへ貴君御迷惑ニ可及譯ニ候ハヽ、證據留置候事も尤ニ候得共、左樣之儀ニも無之、惡意者夫々及露顯、最早事濟候樣子ニ御坐候間、少しも早く引渡候樣、左候得は貴君御都合も御宜敷候間、何卒阿部(正弘、老中)之返事まち不申引渡候樣可致、呉々も以來之御都合存候ハヽ何卒引渡候樣、尤厚小子存念ニ候間、罪之儀ハ一二段も輕く取計候樣、貴君ゟも可被仰遣候、出雲(井上出雲守)心底尤之樣ニ思召候得共、か樣之大事を押隠し取者つめ可申致候も、身分ニハ過キ候所行と思召候由、又爰元江參候事も小子ヲ後だてニ致候心底も可有之思召候由、貴君御存無之所ハ證據分明ニ候得共、何も此度之證據人等ニ可及譯ニも無之、其上最早御事濟ニ相成候御樣子申上候間、旁早く引渡候ハヽ、貴君も御大慶之旨、勿論引渡候うへ、何か事六ヶ敷相成申候か、又當人之罪存外重く取計ニ相成候得ハ、夫こそ將曹初小子江表裏申述候譯ゆへ、其節ハ如何樣嚴敷申候而も宜敷、乍然決而左樣之事ハ有間敷、貴君御請合相成候間、少しも早く引渡相成候樣思召候由、且又木村仲之丞(時澄)と申候もの、小子方江參候やニ仲ゟ申上候よし、是又早メ

ニ引渡スベシ

阿部閣老日光社參ニテ決裁得難シ

引渡後正德ハ輕罪ニ處スベシ

齊溥ハ引渡ニ同意シ難シ

事件ノ根元ハ齊興ノ處置ニ出ヅ齊彬ノ關スル所ニアラズ

阿部閣老ノ了解ナク引渡ヲ行フハ以ノ外ナリ

ニ引渡候樣、呉々も引渡相成候得ハ、不殘御事濟候段、仲・平ゟ細々申上候段、以早便被仰下候由、且又當時阿部日光（東照宮參拜）留守ニも候ゆへ、同方返事延引可致思召候間、右申下不申引渡候樣、夫ニ而心濟無之候ハヽ、貴君・南部・本多（康融、隱岐守、膳所藩主）、阿部ゟハ程よく可被仰候間、伏而承知仕候樣、將又引渡候ハヽ以後急度掛念之儀も無之、且又罪も輕く取計可申、小子好次第書面豐後・將曹・仲ゟ小子ゟ出候樣可被仰遣間、呉々も此段承知仕候樣、尤奧平・南部ニも被仰含御同意仕候由、奧・南ゟも小子ゟ可申遣候由、南方ゟも申來候、折角御委曲被仰下候趣ニ付、得と拜見仕候得共、乍失禮少しも御同意難仕奉存候、小生存念左ニ申上候、

一萬々被仰下候趣打返し致拜讀候得共、根元此節之一件ハ御尊父君（齊興）御所置之儀ニ付、最初ゟ貴君ゟハ事々不申上候、然處此度井上事仲・平ゟ委細申上候ニ付、御委しく被仰下候得共、乍不肖小子も一國之主ニ而　日本之御先手も仕候身分中々以麁忽之取計可仕樣ハ無之候、第一阿部ゟも貴君・南部・本多ゟ、井上引渡候事、阿部返事無之内引渡候共、御申ひらき可被成と被仰下候儀、如何之御存念ニ候哉、以之外之事ニ奉存候、全く貴君思召ニハ、一日も早く相濟候得ハ可然との御事ニも可有之候得共、小子も不

齊彬ノ容喙ヲ拒絕ス

昌高等ノ同意ハ輕擧ト云フベシ

齊彬ニ難事生ズレバ齊溥責ヲ負フベシ

容易事柄ニ付、乍內々も阿部江申遣置候末、返事も相まゝに取計候事、決而相成不申譯合ニ御坐候、いか程被仰下候共、於此儀承知不仕候、以來共か樣之御麁忽之御取計無之樣、屹度御斷申上候、一體小子所存も有之儀ニ候得共、いづれ共阿部返事次第ニ可致候、此節之事、一體貴君江も御相談不仕、此度御委敷被仰下候得共、貴君より被仰下候筋合ニ毛頭無之、仲・平ゟ貴君江申上候共、被仰下候ニ不及事ニ奉存候、小子見込ヲ以宜敷取計候間、以來決而被仰下間敷、たして被仰下候而も御返事仕間敷、且又奥平・南部熟慮も不致、輕々敷御同意仕候段、如何之儀奉存候、同方江も屹度申遣候、木村事とも參不申候事ニ付、仲ゟ申來候得共、不參旨申遣置候、委敷申上度候得共、貴君御かゝり合無之儀、御相談も不致事ニ付、不申上候、此事不相濟內、萬萬一貴君江御難題等出候ハヽ、小子申開き可仕候、乍失禮小子政事向靑天如白日心かけ居候間、此道之事も明白ニ致居、薩州　御國家御安全ニ相成候樣存居候處、將曹ともしめ如何之存念ニ候哉、不審之至御坐候、近比過言申上恐入候得共、義理明白之事ニ付、失敬ヲモ不顧不閣如此御坐候、恐惶謹言、

松　美濃守

齊溥（花押）

松　修理大夫様

尙々、小子ゟ井上儀貴君ゟ申上候趣、仲ゟも申聞候由、仲ゟ貴君へ申上候趣、仲ゟ差上候書面之寫被下致披見候、右ハ如何之間違候哉、仲ゟハ奥平・南部ゟハ申遣候得共、貴君ゟハ不申上段申聞置候處、全仲事承り違ニ可有之候得共、左様申上候事不審之至、不相濟事ニ御坐候、小子此節之取計萬一大隅様（齊興）思召ニ違、小子ゟいる様御難題等被仰下候共、少しも不苦事ニ御坐候、呉々も以來此一件被仰下間敷、小子ゟも彌以不申上候、以上

［別紙二］　五月二十八日　黑田齊溥より奥平昌高への書翰草稿

奥平（昌高）ゟ遣候草稿

南部（信順）ゟも同様ニ申遣候、御披見後御火中可被下候、

去七日之尊書（所見ナシ）相達拜見仕候、不順之時候候得共益御安全奉恐賀候、然ハ井上引渡候様御委細被仰下承知仕候、南部ゟも御相談も被遊候由、仲・平ゟ修理ゟ申出候事も御承知之由、只今之都合ニ相成候ハヽ、早く引渡候方小子爲ニも可然、留置候ゐハ薩州と小子と

久包ノ誤聞ヲ正ス

齊溥ハ齊興ニ顧慮スル所ナシ

正德引渡ニハ同意シ難シ

阿部ノ指示ナクシテハ行ヒ難シ

木村仲之丞ナル者來藩ナシ

いぢ立可申、其上仲之進〔丞〕とゟ申候者小子方ニ參候や、是迄も早々引渡可申、とかく早く治り候樣、且又辰ノ口ニ封之物小子ゟ出居候得共、往返もひまとり可申候間、とかく早く引渡候樣、段々御委細被仰下、厚難有奉存候得共、何共以奉恐入候得共、御同意難仕御坐候、此節被仰下候御事も無御餘儀御事ニハ候得共、根元不容易事柄ニ付、爲後日阿部ニも無據申述置候末、いかよも御內味之御都合宜敷候共、此度小子ゟ辰ノ口ニ申遣候返事無之內ニハ決か引渡申間敷、乍內々も辰ノ口申上置、返事も不參內取計候事麁忽ニも相當り、小子心底相濟不申候間、折角被仰下候得共承知難仕、思召之程も奉恐入候得共、小子存念不閣奉申上候、不惡御聞得可被下候、仲之丞と申候者ハ一向參り不申候、萬一ニ此事不相濟內ニ薩州ゟ修理ニ難題等出候ハヽ、小子きつと申ひらき可仕候、且又小子ニハ薩州ゟいか程之難題來候共少も不苦、たとい薩州ゟ老中ニ申立候共、小子事々明白ニ取計居候間、少も心配之儀毛頭無之候、爲御安心申上候、呉々も被仰下候御事御同意不仕段重々恐入候、大事之事柄ニ付たして御同意仕候譯ニも無之勘辨仕候間、不顧恐奉申上候、恐惶謹言、

松　美濃守

齊彬ノ申出ヲ拒絶ス

久包等ヨリノ來書寫等ヲ送致ス

齊溥（花押）

（奥平昌高）
鐵炮洲大君

二白、時候御自愛御専一奉存候、右之事修理ゟも申來候得共、右ハ同人ゟ申越候譯柄ニ無之、最初ゟ貴君・南部計ニ御相談申上居候事ニ付、以來決ゐ修理ゟハ此儀不申越様きつと申遣候間、左様御承知可被下候、以上、

〔參考七〕 六月十三日　黒田齊溥より伊達宗城への書翰

（封紙宛書）
「宇和嶌賢公　平安極密内用御直披　　福岡」

一筆致啓上候、大暑之節、御安寧奉賀候、去十二日、蘭船入津無別條候、只今長崎ゟ申來候、然處只今薩州ゟ飛脚著仕候、仲・平ゟ別紙（別紙一）寫之通申來候間、別紙（別紙二）之通申遣候、右日も書面ニゐ相分候間、致省略候得共、先々便申上候御返事參候上、一決斷可致候、幸便ニ付形行一寸申上候、芝（齊彬）ニハ不申遣候、貴君ゟ御内話ハ御勝手次第ニ奉存候、只今飛脚立候付、如此御座候、頓首、

六月十三日　　福岡　拜

宇和島賢公

齊彬在府近親ト議シテ正徳ノ引渡シヲ決ス

阿部閣老ノ指示ヲ待タズ交付セラルベシトノ報ニ接ス

二白、時候御自愛可被成候、右別紙ハ極々急き寫候間、大意外ハよめ兼可被成候、以上、

（別紙一）　六月七日　吉利久包並伊集院平より黒田齊溥への書翰寫

六月十二日之夜薩州ゟ來寫

乍恐又々書付を以奉申上候、

此内井上出雲守一條ニ付、乍恐以書付奉願上候趣御坐候處、委細も　聞召通被成下、誠ニ以難有仕合奉存候、乍然　江戸表御懸引之御譯も被爲在候間、御往復之上御引渡可被下旨承知仕候ニ付、早速修理大夫様江も右之趣申上越候所、最早奥平様・南部様ニも、右之一條ハ御存知様之御事ニゐ、右御兩所様とも篤と御示談被爲在候所、此上何乃後日爲御證據被差留置、詮立之儀も不被爲在、阿部様御方之儀ハ修理大夫様よりも、右等之譯筋被仰進可相成ニ付、阿部様御方御返答之御旨不被爲待、何卒一日ニゐも早目御引渡被下候様、修理大夫様ゟ先月三日御仕出之大早ニゐ、其御方様江被仰進候筈候間、其段奉承知候様ことの御事ニ候、先月二日之御内書、同廿六日到來仕候付、早速右之段奉願上度内評も仕候得共、餘り差付奉願儀ハ暫差扣罷在、御往復之御日合旁勘辨仕、是迄差扣罷在候、然處此節之黨類、最早無餘殘御取扱も相濟、何も御平治罷成申候得ハ、出雲

齊興正徳ノ事ヲ案ジ諸役ヲ責ム

島津久徳ハ奥兼帶

正徳ハ輕罪ニ處スベシ

大目付ノ吟味書ヲ呈示ス

守儀ニ付而も、大隅守様品々被爲在御案も、度々御尋之譯も有之、御役々緩怠之様ニ御沙汰も被爲在、御答ニ込入〔困〕、實ニ手足之置處も無御坐、日夜心痛仕罷在仕合御坐候、修理大夫様ゟ被仰進候趣被遊御承知被下候ハヽ、何卒此内より奉申上置候通之御手續ニ被成下、御引渡御比合等之儀、爲御知置被下候ハヽ、不事立様請取之者差上置申度奉存候、尤先度も申上置候通將曹儀奥兼帯之勉役御坐候付、最初ゟ相もらし候儀も御坐候得ハ、其後大隅守様前文ニ奉申上候通り御都合ニ付、極内豊後迄も無據是迄之形行申聞之上、此御兩方様ニ而御咎目向、吟味之儀ハ大目付御請持之事御坐候間、出雲守御取扱振之儀、精々輕目之所吟味爲仕候所、別帋(別紙二)之通り取調申出、尚又篤と示談仕、今一段輕目之所迄も吟味爲仕候得共、士格之者他國江致缺落候てハ、いつれの筋士之格式ハ不被召放候而ハ相濟不申、殊ニ外之御格式ニも相拘申儀ニ而御坐候得ハ、至極輕目之所ニ而、別紙通ニ御取扱相成候儀相違無御坐、此上重き御取扱ハ迚も無御坐、御受合奉申上候付、何卒早目御引渡被下候得ハ、修理大夫様御爲筋ハ勿論、大隅守様御安慮も被爲在、次ニハ重役方私共ニ至り、無此上安心仕、難有仕合奉存候、爲可被爲在御安慮、別紙(別紙二)調書相寫、極内奉入御覧候間、何卒旁被爲思召譯、一日ニても早目御引渡被成下候様、又々遮而奉

伏願候事、
但、別紙（別紙二）調書ハ他所様被差上可申譯ニも無御坐候得共、誠以不容易無御據御筋合ニ
御坐候間、内實之形行奉入　御覽候間、御聽屆被成下候ハヽ直ニ御下ケ被下候様、
是又奉願上候、以上、

六月七日　　伊集院平

吉利仲

上

（別紙二）　六月　薩藩大目付川上久連吟味書寫

同斷　〇六月十二日之夜薩州ゟ來寫

井上出雲守

右出雲守事、不謂惡事相工候本近藤名字之隆左衛門外兩人（山田清安・高崎溫恭）江致隨身居候處、右三人重き
御取扱被仰付候得ハ、出雲守ニも身上恐敷相考候哉、去酉十二月宿元を出行衞不相知旨、
親類共遂披露候、就而ハ右通如何敷譯合有之者候間、爲捕方、御兵具方與力・足輕數與
被差出及御尋方、當分も貳與被差出置候ニ付、若於他領致捕方、御當地江引越候而ハ、御

特ニ輕罪ノ取扱ヲ以テ遠島士召放チニ處スベシ

取扱向何様被仰付可然哉、致吟味候様致承知、先例見合候處、士他領江致缺落候節ハ、書抜通身分被召放遠島七ヶ年被仰付儀ニ候得共、此節出雲守儀ハ、大罪人江致随身悪事之次第折々致密會、剰前文通身上難遁時宜相成候處、致缺落候仕形、身分不成合、重疊別而不屆之至候得共、斬罪以上御咎目被仰付程ニハ無之候付、先達而御取扱被仰付候本高木名字之市助例同様、相見得候間右例通士被召放、一世遠島被仰付可然哉、於其儀ハ評定所御用之節、親類江内諭之上、切腹ニ被仰付候儀、相當ニ相見へ候、乍然出雲守儀ハ別段何ゝ譯合之趣有之由ニ付、右通之御咎目難被仰付、輕目之御取扱被仰付儀共候ハヽ、右一世遠嶋ゟ一段下ハ長キ遠嶋、右ゟ一段下りハ拾ヶ年遠嶋ニ而候間、右兩様之間御吟味之上、士被召放御取扱被仰付度儀ヒ致吟味、此段申出候、

六月

川上矢五太夫(久運、大目付)

(別紙三) 六月十三日 黒田齊溥より吉利久包並伊集院平への書翰案

薩州江返事下書

去七日之書狀、昨夜相達致披見候、大暑之節、彌無事相勤珍重存候、然ヒ井上一件先達申遣候處、早速芝江申上、奥平・南部も承知之由、右ニ付芝ゟ御委細其方共へ被仰下候

齊溥ヨリ齊彬ニ與ヘタル書翰ノ草案ヲ示ス

閣老ノ指示ヲ待チ申遣スベシ

大目付吟味書寫ヲ返付ス

久包ノ誤聞ヲ質ス

云々其外萬事委細申越致承知候、小子江も芝・鐵炮洲(奥平昌高)・南部ゟも申來候、然ニ芝ゟ別紙(參考六)之通り申上置候ニ付、誠ニ草稿ニ候得共、其儘爲見申候、控無之候間、披見後無間違早々返し可申候、右ニ有之候通ニ付致省略候、小子ゟも早々可申遣存候得共、右之次第ニ付、最早近々阿部ゟ返事可參候ニ付、其上ニ而可申遣存居候事ニ候、其方共幷芝御心配御尤ニ候得共、最早阿部返事も可參候間、何分共其上ニ而可申遣候、延引氣之毒存候得共、小子返事不參內ニ而ハ、小子心底決而相濟不申候間、此段申遣候、外ニ子細も無之候間、荒々如此候、不一、

六月十三日　　名

吉　利仲との

伊集院平との

尚々、大目附調書迄も內々差越致一覽候間、返し申候、落手可致候、いつれ共辰ノ口返事次第、近々ニ可申遣候、以上、

三白、別紙ニ有之候通り、仲ゟ芝江申上候書付之寫、芝ゟ被下候處、井上事小子ゟ芝江申上候趣ニ有之、仲江小子對面之節ハ、小子ゟ芝江も不申上段申候と存居候、仲事

承り達りと存候、夫とも小子申ちあひと候哉、爲念承申候、以上、

〔參考八〕七月四日　黒田齊溥より伊達宗城への書翰

(封紙宛書)「宇　和　嶋　樣　平安極々秘密用御直披　　福　岡

六月十三日之返事　　初秋六日出、」

六月十三日之貴書、(參考四)去朔日相達拜見仕候、五月初ニ(參考三)委細申上候事、相達候趣被仰下、且又段々厚御世話御心配被下、小子秘書被添候御書取(所見ナシ)一通幷小帳二冊(同上)被下、拜見仕候、得と熟考之上、取計候ハヽ、早々可申上候、

一辰ノ口返答、難被及差圖と申候御事、於小子無此上厚難有奉存候、右之御主意ヲ以、得と熟慮仕候而取計可申候、追而委細可申上候、辰ノ口ニも厚く御心配被下御儀、千萬難有仕合奉存候、御序不取敢御禮宜敷奉願候、辰ノ口傳言難有奉存候、猶又宜敷奉願候、

一筒井(政憲、紀伊守、西丸留守居、齊彬師老)之事も致承知候、

一貴君阿閣御應對、無殘所御儀感服仕候、

一井上所置早速可仕候處、其後薩州之人氣も大體相分り候事有、井上所置次第ニて、

阿部閣老ノ指示ヲ謝ス

正德ノ處置

次第ニテ薩藩動亂

正徳自盡ハ兩全策ニアラズ

時澄ノ八戸藩輸送ノ困難

又々動亂無相違事可有之相察候事段々有之、此儀ハとても書中難申上候、御面話ニ可仕、尤修理身の上ニ而ゝ宜候事ニハ無之、大隅殊[ニ脱カ]方表向　公邊御沙汰ニも可及儀よも可至候、辰ノ口ニも以來靜謐ニ候ハヽ、可然と申候儀も有之候得ハ、井上一人之事ニ而事立候而ハ以之外ニ而、諸君ニハ井上さへ自盡仕候得ハ、兩全と可思召候得共、決而左樣ニも無之儀有之、然し留置候而、表向　公邊御沙汰可願、小子存念ニハ毛頭無之至而六ヶ敷、近親共可申合之處、遠路共儀も隙取、最早近々一決斷之場合ニ付、得と重役共ゟも內談仕候而、後來薩國無事靜謐之所ヲ取計可申存申候、

一木村之事致承知候、達存ハ無之候得共、數百里之海上、湊々ニ而薩廻船出會之程も難計、其上八戸著岸何之浦ニ而、何之何某ゟ內々何と申入可然哉、右も不被仰下候半而ハ、速ニ出帆仕候而も極不安心ニ付、何共其所迄御明細被仰下候ハヽ早々取計可申、尤弊國廻船是非國仕出し有之節ニ無之而ハ、別而荒波容易ニハ難出事ニ御坐候、委細申上度候得共、右用向談合日々仕候間、先荒々申上候、其內萬々可申上候、頓首拜、

初秋四日　　　　　　　　　　福岡

宇和嶋賢公

正徳ヲ五六年預ラバ靜謐ニ至ルベシ

尋常風説書荷物人數附及ビ極秘内風説書ヲ呈覽ス

註文ノ唐本ヲ送ル

二白、段々御深切被仰下、海山難有奉存候、何分愚昧之小子、良策も無之候得共、是非共宜敷都合ニハ致度、殊ニゟ候ハヽ理解申聞、井上五六年小子預り候得ハ、彌以靜謐ニ可有之候、如何可仕哉いまゝ相決不申候、以上、

〔**參考九**〕七月四日　黑田齊溥より伊達宗城への書翰

（封紙宛書）「遠江様　平安貴答　福岡」

六月十三日、貴書相達拜見、彌御安祥奉賀候、彼之用向ニ取紛、著中御尋問も不申上、恐懼之至御坐候、相替事無之候、尋常風説書・荷物人數附等差上申候、内風説も入御覽候、右ハ極秘ニ奉願候、兼々之風説ニ似寄候事も少ハ有之候、其外被仰下候事々承知仕候、

一御註文之內、唐本參候ニ付差上候、御側向ゟ側向ゟ差廻候樣申付候、右貴答大亂書、如此御坐候、恐々頓首拜、

初秋四日

二白、時候御自愛御專一奉存候、爰元殊外不順、昨今ハ仲秋末之比之氣候候、小子無事御放念可被下候、以上、

久包等ヨリノ來書ヲ廻付ス

齊彬トノ書信往復ヲ絶ツ

〔參考一〇〕七月四日　黑田齊溥より伊達宗城への書翰

（封紙宛書）
「遠江様　　平安極内用御直披　　美濃」

彌御安寧奉賀候、然ハ先達仲・平ゟ修理ゟ云々申來候處、小子ゟ一向何事も同人共江不申遣候間、如何之都合候哉之旨申來候間、先達修理江嚴敷申遣候下書ヲ爲見、何分辰ノ口模樣分り次第可申遣、右下書指歸し、（別紙一）別紙之通申來候間、最早小子ゟ用事も先無之候間、家來ゟ相應申遣候、別ニ子細も無之候得共、阿部返事延引仕候ハヽ、何ゝもつゝき立可申由、共もつれ立と申譯合、如何之事哉存申候、不審之至御坐候、且又右下書之中ニハ、以來修理ゟ此度之一件小子江不申越樣、もし申越候而も指歸し可申旨認有之候得共、矢張委細形行修理江伺可申とゝ認有之、右下書之所ヲ不差構文面、不埒至極ニ候得共、先々右ハとゞめ不申候、定而修理へ色々事六ヶ敷可申候得共、修理ゟも小子ゟ嚴敷申越、とても掛合ニ而、修理ゟニ而も小子受取不申、何分ニも修理ゟ小子江申達候事ハ、修理ゟハ出來不致旨申遣、以來表向ハ此一件彌以双方ゟ不申姿ニきつと仕候樣、修理へ御傳聲可被下候、夫もへ此節來候表向之內用之書外ハ、返答難仕と下ヶ札いたし候而、修理江差歸し申候、右申上度、早々頓首、

初秋四日　　　　福岡

宇和島様

尚以、此儀ハ鐵炮洲・芝・南部江ハ別段不申遣候間、御序宜敷奉願候、以上、

（別紙一）六月二十三日　吉利久包並伊集院仲より黒田齊溥への書翰

（本書以下四通ノ包紙ウハ書）「伊　遠江守様　平安極内用御直披　美濃守」

乍恐奉申上候、

井上出雲守一條ニ付、再往恐入奉存候得共、先達而奉歎願趣御坐候處、直様御返札頂戴仕、誠ニ以難有奉存、謹而奉拜見候、此程阿部様御方江被仰進置御譯合も奉承知罷在候上なから、餘り不勘辨之様ニ而再重願上越、其段ハ何とも奉恐入候、外ニ不被爲在御子細、阿部様御方御返事被爲在候ハヽ、直ニ御引渡被成下候段、此節猶又奉承知、誠ニ以難有仕合奉存候、

齊彬ヘノ書翰ノ草案ヲ示サレタルヲ謝ス

一奥平様・南部様・修理大夫様御方ゟも、阿部様御方御返事不被爲在候とも、御引渡相成候方可御宜との御事も被爲在御承知様、右ニ付修理大夫様江御返答被仰進候御書御下書迄も拜見被仰付、難有得と拜見仕候、豐後・將曹江も極内拜見爲仕候處、兩人ゟ

井上ノ件ハ齊興ノ聽許ヲ得ルニアラザレバ處理不能ナリ

惡徒ノ謀計明白ナル證據アリ

事態延引スレバ纏ヲ生ズベシ

而已何とも奉恐入候、出雲守一巻ハ何分ニも存分一盃之取扱、迚も出來不申譯合ハ、此内ゟ追々奉申上置候通、不殘大隅守様達御聽ニ不申候而も、筋々相當之御取扱出來不申儀ハ勿論ニ御坐候、又事實旁奉伺候得共、とかく修理大夫様御名も出申譯ニ成立、尤惡意之者共謀計之筋ニ共相違無御坐候、明白證據も御坐候へハ、萬々一大隅守様何様ニ歟被遊御引受、御疑意之御廉も被爲在候様とも成立候節共、如何様ニ御都合仕候ても、早々詮立不申事ハ案中ニ御坐候ニ付、爰之御都合計ニ晝夜心配仕罷在申候事ニ付、早々不殘御取治相成候様呉々も奉念願次第ニ御座候、是取計ニ乍恐をどふも爲奉歎願形行ニ御坐候間、阿部様御方ゟ御返答被爲仕候ハヽ、何卒早々ニ御指圖被成下候様、猶又幾重ニも奉願上置候、若々阿部様御方御返事御延々ニも相成候御譯合も御坐候得ハ、何處ニて歟御もつれ之廉ニ成立候半も奉恐入、右様品々心苦仕候儀も、偏ニ修理大夫様御爲一筋ニ奉存譯合乃ミ之儀ニ御坐候間、猶又委細之形行申上越ニ而、修理大夫様御賢慮奉伺、何分取計も仕度内談仕候間、此段御内々奉申上置候、誠惶謹言、

修理大夫様ゟ御返書被遣候御下書、難有拜見仕申候間奉返上候、

六月廿三日

伊集院 平
吉利 仲
上

齊溥ノ申付ヲ誤リ傳ヘタル事ヲ謝シ執成ヲ請フ

（別紙二） 六月二十三日 吉利久包より安永延助への書翰

一筆致啓上候、然ハ當春私事其城内へ被爲召、従美濃守様御直被仰付候御用向之儀ニ付、承知違之儀有之、何共奉恐入候、右ニ付而ハ、別段伊集院平を以御斷奉申上候得共、猶又貴所様ゟ御都合を以宜御執成、御斷被仰上被下候様、御賴申上候、勿論修理大夫様御方江も巨細形行御斷申上越候、右御賴申上度如是御坐候、恐惶謹言、

六月廿三日 吉利仲 書判

安永延助様

吉利久包ガ齊溥ノ申付ヲ齊彬ニ誤リ傳ヘタル

（別紙三） 六月二十三日 伊集院平より吉永源八郎並安永延助への書翰

一筆致啓上候、時分柄彌以御安康被成御勤仕珍重奉賀候、然も吉利仲先度其御元通行仕候砌、極御内々美濃守様被爲召、難有御目見仕候節、重御用筋被仰付候内、修理大夫様江御懸合越之儀、全心得違仕、今更何とも驚入恐怖仕居候、尤修理大夫様江形行申上、

事ヲ謝シ執成ヲ請フ

御斷被仰進候儀と奉存候得とも、夫ニてハ結句事立方ニあた、當人も乍此上御都合向如何と心配奉恐入候故、何分無調法筋、貴所様迄私より御內話奉願候旨申出仕候間、以御機嫌可然様御取繕被仰上可被下儀奉願度、此段得御意候、恐々謹言、

六月廿三日　　伊集院平
書判

吉永源八郎様
安永延助様

井上一條ニ關スル齊溥宛封物ノ傳達ヲ請フ

（別紙四）　六月二十三日　吉利久包並伊集院平より安永延助への書翰

一筆致啓上候、彌御堅勝被成御勤仕珍重奉存候、先般從美濃守様被仰付置候井上出雲守儀ニ付、封物指上候處、御封物一通被成下難有頂戴仕候、且貴所様ゟ之御返書去ル十九日相達、是以委細致拜見候、然處右一條ニ付、又々乍恐封二通指上申度奉存候得共、御都合を以御指上被下候儀とも、宜御取計被成下度御願申上候、此內よりも度々申上越候通、出雲守儀ニ付てハ、一日ニても早目御引渡不被下候てハ、此御方様ニて御都合向ニ相懸御指急之譯合御座候間、何卒右等之譯筋深御含置被下候ゐ、何分早目御引渡相成候

阿部閣老へ上書ノ草案執筆ヲ謝ス

閣老へ提出書類ヘノ書面ノ添附ヲ謝ス

宗城ノ阿部閣老應接ノ勞ヲ謝ス

御都合向ニ運立候様、猶又宜御執成被下候様、偏ニ御頼申上候、右旁得御意度如此御坐候、恐惶謹言、

六月廿三日　　伊集院平 書判

　　　　　　　吉利仲 書判

安永延助様

［參考一一］　七月十四日　黒田齊溥より伊達宗城への書翰

（封紙宛書）

「宇和島賢公　　福岡小生」

六月十三日之貴書（參考四）、去朔日相達忝拜見仕候、彌御安寧奉賀候、筒井（政憲、西丸留守居、齊彬師老）之儀承知仕候、

一辰ノ口（阿政正弘、老中）江小子ゟ出候封之物下書願上候所、御承知之由奉得貴意候、委細も一二御印有之御書付幷小帳一被下、厚忝奉存候、貴答左ニ申上候、

一阿閣江五月廿七日小子ゟ差上候書類ニ御添被遣候御書面も、寫一印拜見仕候、被行届候御文意厚忝仕合奉存候、

一六月二日、辰ノ口御對話之儀、御分明被仰下拜見仕候、

一六月十一日、阿閣御對話之儀、御委細承知仕候、右兩度之御應對之儀、小子存念ニ厓

秘書ハ齊彬内見ノ上閣老ニ提出ス

正德ハ自盡時澄ハ八戸潛居

毛も達不申御事大慶之至、紙墨ニ御禮難申盡候、段々厚御心配被下候故、阿閣ニも不一方御心配被成下、御差圖ニ難被及旨被仰聞、且又御内秘之御含迄、貴君迄御もらし被成候御事御懇篤之至、何共御禮申上様無之、難有仕合奉存候、此節阿閣返答之趣、且又貴君御答之儀、小子存念符合仕候、右ニ付而ハ取計方十分ニ致出來、無此上難有奉存候、過日幸便御座候間、荒々御禮申上候得共、猶又厚申上候、御序ニ阿閣江宜敷御禮被仰上可被下候、

一内密直披ヒ御認之御小冊拜讀仕候、秋暑之節彌御安靜奉賀候、然者五月朔日之書状、同廿二日相達之由、御委細被仰下承知仕候、

右之儀厚御引受御厚配被下候事、千萬難有奉存候、右秘書云々御承知被下、且又芝(齊彬)江も内秘爲御見被成候處、相違之ヶ條ハ御省被成候而阿閣江御差出之由、段々忝奉存候聊存寄無之候、

一井上(井上正德)所置之事申上候處、御委細被仰下承知仕候、井ハ先日も被仰下候通自盡、木八戸(木村時澄)(八戸藩)潛居可然再應思召候由承知仕候、尤參府迄留置候而も、以後之儀屹度著眼無之而者、つゝまりつまらぬ事ニ可及旨御尤奉存候、其外一々承知仕候、委曲御答不仕、御海容可

被下候、要用之所計申上候、以下同斷御座候、

阿部正弘ノ配慮ヲ謝ス

一辰ノ口ニ而も、さぞ心配可仕御察被成候由、此段も御序ニ小子ゟ御傳へ被成候様との御事之由、厚難有奉存候、猶又此節も不一方御面倒之儀、御内々申上候處、御深切ニ御教示被成下、千萬難有奉存候旨、厚宜敷被仰上可被下候、

右六月十三日之貴答、

宗城胸痛ニ悩ム

一六月廿五日夕之貴書(所見ナシ)、去十日相達、拜見仕候、彌御安祥奉賀候、御胸痛ニ而御難澁被成候由、然共をして貴答被下候旨、段々御深切之御事奉存候、最早御全快とハ奉存候得共、當年殊外不時候ニ付、厚御用心可被成候、御好物之御障ニハ有之間敷哉、御用心專一吳々も奉存候、

齊溥ノ正德處置意見

一井上儀ニ付、芝始御相談之上被仰下候處、乍失禮小子存念申上候處、御明細被仰下忝奉存候、右之都合ニ候ハヽ、參府迄引のをし候而も可然哉、尤此間辰ノ口返答之趣被仰下候間、右ニ而取計居可申哉、十三日之書狀も相達候由伸・平か申越候趣も御承知之由、遠嶋之所置如何ニ思召候由、御同意ニ御座候、遠嶋も不宜、表向切腹ニ候ハヽ

蘭船ノ入津

薩州騒亂ノ風説ト齊興ノ危機

可然候、然ニ申上候弊國人氣ニも係候ニ付、參府迄阿（正弘）べ返答不申所ニ薩へ申遣候而も可然、右之通ニ取計候ハヽ、辰ノ口ゟも右之趣御内々被仰上置度云々承知仕候、

一筒井ゟ之一封落掌仕候、

一蘭船入津一寸申上候事御承知之由、其内風説等も差上申候、其後何さる事も不參候、先靜謐ニ有之候、

右六月廿五日貴答、

一右追々被仰下、且又奥・南ゟも申越（所見ナシ）候次第有之候間、左之通重役初内々熟談之上取計申候、

一右阿閣ゟ之返事之次第、且又内秘貴君ゟ阿閣被申候趣、得と打返し愚考仕候處、何レ共薩州騒亂世上風聞甚しく、近國之風聞ニも、往古仙臺之都合ニ似、調伏毒殺世子ヲ可致事致露顯云々と申候説多分ニ而、十七人迄切腹有之候由、然ニ段々取調へ候處、十三四人ハ姓名も相分候得共、殘三人程一向不相分候得共、所々ニ而申候事、十七人と有之候間、先ハ相違も有之間敷哉、彌以手廣ニ咎も相聞へ、實ニ大隅危事如累卵存

正德ノ交付拒否ト齊彬

權道ノ取計ヲ反省ス

齊溥隱密ヲシテ薩藩情ヲ探ラシム

候、且又此節被仰下候通ニ、辰ノ口一向返答無之候間、參府迄引渡不申旨申遣候ハヽ、彌以薩役人共疑心ヲ生し手つよく可申哉、其上右之通り引渡延引仕候得ハ、修理事珍事出來無相違旨、たとひ虚文ニ而も屹度申來候ハヽ、夫ニ而も不相渡とも難申、其節ハ是非共相渡候歟、自盡爲致候歟此二ッ之外無之、右ニ而ハ十分ニ無之事ニ付、猶又愚考仕候ニハ、是迄薩州役人應對も信實ヲ旨と致取計居候所、此節權道とハ乍申、辰ノ口御差圖も有之居候事も、いまた御差圖無之と僞ヲ申候事、小子心底恥入候次第、彌以信實ヲ盡し可申儀と決斷仕候、重役初相談仕候處、何も同意仕候間、一之印別紙（別紙一）之通、仲・平江昨日早便差立申遣候、尤夫ニ而ハ不相濟、又々種々可申來、其節ハ二（別紙二）印之通り豊後・將曹江申遣候心得ニ御坐候、尤右昨日之返事之都合ニ而ハ少々添削も可仕候得共、大意たかへ不申心得ニ付、二印も爲御勘考差上申候、萬一ハ貴君且又辰ノ口御存慮とハ大違之事も可有之候得共、別ニ取計方無之候間、右之通ニ取計申候、二印ニ而一句も無之參府迄た留置出來可仕奉存候、實ニ薩之儀、小子も追々隱密之者遣候處、井上所置ニ而又々騷亂必定之事有之候、爰元ニテ自盡ニテも、同樣之騷亂致可申勢、且又至其場候ハヽ、老中江推參、事實申上候薩藩之義士可有之事、必定之事も

取計上ノ過誤ニ就テハ其ノ責ニ任ズベシ

久寶福岡ニ來ラバ說得理解セシムベシ

時澄ハ來ラザル事ニ申張リ八戸藩ニ送ルベシ

御座候間、修理爲筋ハさて（脱アルカ）不容易儀出來眼前ニ分明仕候間、無據右之通り決斷仕候、辰ノ口深秘、貴君迄御噂之事もらし候事、奉恐入候得共、右迄も不申してハとても薩役人發明仕不申候事ニ御座候、此節之取計、萬一小子不宜候ハヽ、參府之上辰ノ口ゟ御沙汰有之候ゐも不苦覺語仕取計申候、遠路御相談之間も無之不及是非候、一二之印書面ハ別ニ差上候間、致省略候、㝡早芝江ハ何事も不申遣候得共、極内々南部江賴、あらまし申遣候、奥・南江も此節之取計ハあらまし申遣候、猶又貴君ゟ御序ニ南部江ハ御委細被仰付候樣奉存候、右ニ付、萬一豐後（島津久寶）弊國江參候得ハ㝡上、直話ニ理解申聞、心服仕候樣是非取計候心得ニ御座候、何分追々深秘之趣、段々其後有之候得共難申上、參府之上可申上候、井上つゝまり小子決斷仕居候事も候得共、御直話ニ無之テも難申上、右ニ決著動き不申候間、安心ニテ此節取計申候、木村ハとこ迄も申張、不參方ニ相決、重役共も同意ニ御座候、八戸ゟ委曲申來候ハヽ、幸便船ニ八戸江可遣候、其事ハ御同意ニ奉存候、

右之條々委細申上度候得共、少々暑氣ニ相障長文難認候間、大略而已申上候、宜敷萬事御賢察可被下候、右内秘申上度、如此御座候、恐惶謹言、

久徳等ノ處置等ハ参府ノ上直話スベシ

初秋十四日晝前認、　　　福岡

宇和嶌賢公　　　小生

二白、時候厚御自愛御専一奉存候、何共右返事之模様次第、又々近々早便ニテ可申上候、今日認候書面ハ、兩三日中ニ早便差立可申上候、只今少々手透有之候間認申候、將・平所置ハ參府之上取計、萬事隱・家督（齊興隱居・齊彬家督）も都合よく相濟候樣愚考仕居候、是又御直話ニ可致候、段々御面倒之事申上候處、一々御深切被成下、且又萬事小子存念ニ符合候事多忝仕合奉存候、猶其内萬々可申上候、以上、

三白、右之趣、筒井ゟ御序ニ委細御咄置可被下候、一二書面も思召次第爲御見可被下候、以上、

記落又々申上候、薩一件何とそ小子參府迄、大隅ゟ表向御沙汰無之樣、且又御直ニ御尋之事無之樣、偏ニ奉歎願候旨、阿閣ゟ重疊奉頼候、

一此節阿閣返事之事ハ、書面之通り薩州ゟも書面ニて申來候共、又貴君ゟ御とり次相願候共不申遣候、萬一右ヲ承り候ハヽ、南部ゟ頼候ニ付、南部迄返事有之候と可申遣候、右之方薩州氣受宜敷と奉存候間、左樣御含可被下候、以上、

事態重大化シテ正徳ノ引渡シハ行ハレ難シ

書面ニテハ慎重期シ難シ

參府ノ上重役等ト直談スベシ

疑心ヲ生ジ彼此申立ニテハ齊興ノ不爲必定

（別紙一）　七月十三日　黒田齊溥より吉利久包並伊集院平への書翰案

戌七月十三日薩州へ差遣候下書一之印

一筆申入候、秋暑之節、彌無事相勤致大慶候然ハ井上一件内々辰之口ゟ伺置候處、此節模様相分申候、右ニ付早速引渡可申之處、乍内々此節辰ノ口返答趣不容易譯合有之、何分共只今井上引渡難申候、右返答之次第不外事ニ付申遣候而も可然哉ニも存候得共、一大事之儀ニ付、輕々敷以書中難申、何共其元家老之内豊後・將曹間呼寄直談致度候得共、夫ニてハ事々敷、此節柄相聞へ不可然、乍去書面ニハ難申、萬一間違候而ハ以之外之珍事出來可致候間、右之位申候而ハ不分ニ可有之候得共、何分共小子參府之上、重役共其方共ゟ直話之上、取極可申候、其御家大切之場合ニ付、御内味之御都合ハ御六ヶ敷共、重役初誠忠ヲ存上候ハヽ、右之通屹度取計可申、萬一疑心を生し彼是申立候ハヽ、大隅様御不爲之儀必定ニ有之候、右を小子存なら當坐向、大隅様只御都合宜敷様ニ致置、其内何分不相濟御事御到來ニ而ハ、古近親之詮も無之、殘念至極ニ有之候間、其元重役共方共存念ニハ違可申候得共、不閣右之段申達候、此上ハ其元重役共評議次第、否早々可承候、右之段内々申度如此候、不一、

奥平昌高南部信順ヨリモ正徳引渡シ不可ヲ報ジ來ル

初秋十三日　　　美濃

吉利　仲との

伊集院　平との

二伸、過日も共方共ゟ申候ニも、萬一辰ノ口返事致延引候ハヽ、いづれ之筋御もつれ立、事六ヶ敷相成候ハヽ、何分共方共手ニ不及段も致承知居候得共、前段之御都合ニ相成居候間、厚骨折左様之事ニ不致様出精無之ゐハ不相濟場合有之候、當時ゐらとろく事仰山ニ他方ゟ不相聞事肝要ニ存候、且又奥平・南部儀先頃ハ井上事引渡可申旨申來候得共、猶又小子ゟ追々申遣候事致承知、及熟慮候處、不容易事柄ニ付、當人忠邪ハともゐくも、小子參府之上相談ニゐ取極可申候、夫迄ハ井上事不相渡候様、奥・南ゟも申來候、右ニ付ゐ只今井上指返し候ゐも、いゐ程内々ニ取計候共、世上風聞仰山ニ相成、大隅様御爲不宜候間、右之事小子深く致心配申遣候事ニ有之候、天地神明も照覽之事、聊以小子私心ニ申遣候事ニ無之候、以上、

（別紙二）　七月　黑田齊溥より島津久寶並島津久德への書翰案

追ゐ薩州ゟ遣候下書二之印

阿部閣老ノ井上一條ニ關スル指示ヲ報ズ

閣老指示ノ大意

近藤隆左衞門等及ビ連座者ノ不當處刑ニ就キ幕閣聞知スル所アリ

一筆申入候、殘暑甚敷候得共、彌以無事珍重之至奉存候、然ハ井上出雲守事、辰ノ口ゟ內々伺置候處、此節返答有之候、於小子當惑至極存候、其元共心配可致相察申候、辰ノ口內々返答之事ハ極事重き次第ニ付、書面ニハ難申、是非其元共ゟ直話可致儀なれ共、此節柄目立候事不宜、乍然極秘之儀、其元たりとも容易ニ難洩筋ニハ候へ共、極內相洩申候、

辰ノ口返事左之通、

一內々申越候薩州之一條、段々致熟慮候所不容易事柄故、內々同列へも申談候處、何分井上所置ハ、乍內密も取極難及指圖候事、

大意右之通有之候、

一猶又辰ノ口之存念極々秘、難洩候得とも、相包候而も、萬一其元とも初、心得違之事有之候てハ不相濟儀ニ付、深秘迄申遣候間、必深秘ニ可相心得候事、

一藩士近藤初（隆左衞門）主罪之者、嚴重之咎相成、其外連坐之面々、切腹抔申付候者不少趣、異却至極之儀、得と忠邪是非之處明白致候樣ニも不相聞候處、多人數死刑申付、慘刻之至、不行屆之儀ニ相聞ゟ候、一體手元ニても追々見聞之次第有之、其外色々尋度事も有之

齊興ノ過失被ヒ難シ

近親衆ニテ熟慮善處スベシ

幕威ノ強權出動モ計リ難シ

齊興ノ精勤ニ瑕瑾ヲ生ゼン事ヲ虞ル

候間、事ニ寄候ゐハ、參府後直ニ大隅にも可相尋、其時老年之大隅一向不存と申候ゐハ相濟ましく、つまり同人不行届ニハ無相違、表立被仰出候時モ、一言之申譯有之間敷、其處折角氣毒之儀ニ存候故、此上得と近親衆熟慮之末、程能所置有之儀肝要存候、右ハ洩兼候得共、別儀ヲ以申候事、此外色々之事有之候得とも、何分洩かさく大意如此有之、誠ニ以心配此事候、一體ハ最早大隅樣に

公邊ゟ表向御沙汰も可有之處、最初小子ゟ内々申上置候末ニ付、一往御ひゞあせ之由、此後御靜謐ニ無之、切腹又ハ重き御咎之者共數人有之、御國中不穩候ハヽ、兼々小子ゟ表向之御沙汰無之樣奉願居候得とも、

公邊御威光ニも相拘候間、押付候ゐ表向御沙汰之所も可有之旨ニ相違無之由ニ付、實ニ心痛此事ニ存候、是迄大隅樣御事御首尾能御精勤之處、此節御ふし立傳達等有之候てハ不相濟、其元共初も不相濟事ニ付、此處能々相辨へ、以後御國政正しく、御靜謐ニ萬事御取計有之候ハヽ、何之御子細も有之ましくと存候、小子あく迄御世話申上居候得とも、此後之御取計方ニよりてハ、表向御沙汰有之候とも、至其節ニてハ何分小子手ニ不及事ニ候間、只今之内、右之事其元とも初得と相心得萬事取計候ハヽ、御無

嘉永三年五月

在江戸近親姑ク正徳ヲ福岡ニ留置スル事ヲ決ス

正徳ヲ交付セバ騒動發生スベシ

齊溥參府シテ久寳等ト直話スベシ

事歟と存候、御近親之事ニ付、再三御意見申上度存候、猶又奥平・南部ゟも重疊申合候事ニ候、右ニ付井上事如何可致存候處、此節奥平・南部ゟ申來候ニハ、先頃ハ井上事引渡可然旨申述候へ共、得と及再考候處、何分不容易事ニ付、小子參府之上、直ニ三人談合之上取極可申候間、夫迄ハ井上事小子方ゟ留置候様ニと申來候、且又小子考ニハ、極秘と申候ゆも、井上唯今返し候得ハ、世上風聞も有之、彌以手廣之御咎メニ相聞、其上追々小子も御國元之儀、見聞之次第も有之、井上指返し又々御國中人氣騒動ニも可及哉と存候事も有之、其外不穩事致出來候てハ、不可然候間、旁以辰ノ口ゟも以後靜謐ニ候得ハ可然との儀有之候間、當時小子急度井上事預置候方、御靜謐萬事御都合可然存候、猶參府之上、其元共とも直話可致、修理爲筋ハさて置、大隅様御事極御大事之御事、其上琉人も參り居外國ゟ之御聞ゟ不可然、御國體ニも拘り候事故、深く重役初可申合事肝要存候、右之條々極秘ヲ以如此候也、

初秋　美濃

豐後

將曹

阿部閣老ノ内諭ハ嚴秘ニ附シ漏泄勿ラシム

二白、辰ノ口ゟ洩候事、萬一ちつと致風說候てハ以之外之儀、誠ニ御同方とも深切之御心入を以、小子迄極秘御洩し之儀故、深秘ニ可致候、右之形行御申合次第、大隅様ニも申上不苦候、とかく御都合宜様可取計候、御内味御都合六ヶ敷候とも、かゝる場合ニ相成立候上ハ、重役初誠忠ヲつくし、御國家御平安取計可申事申迄も無之候得とも、重疊出精有之度、猶不審之事ハ何返ニても申遣候様存候、直話ニ候得ハいろ〳〵申度事候得共、何分筆紙ニ難申盡候、以上、

〔參考一二〕七月二十三日　吉利久包並伊集院平より黑田齊溥への書翰寫

齊溥ヨリノ來書ニ對スル請書

薩州ゟ返事之寫

乍恐

御直ニ御請奉申上候、

去ル十三日御同封之

御内書、同十九日頂戴仕、誠ニ以冥加至極、難有仕合奉存候、

井上出雲守御引渡一件ニ付、辰ノ口様御方ニ、此程より被仰進置御譯合被爲在候御事共ニ而、再往奉伺罷在候處、此節御模様相分り、右ニ付而ハ早速御引渡可被成下筈之御事ニ

あら、御同方樣御返答、不容易御譯合有之、何分共只今井上難被遊御引渡御一大事之儀有之候ニ付、御輕々敷御書中ニも難被遊御認、此御方樣御家老之內、其御方樣ゟ被召呼、御直話被遊度ゐ被思召候得共、此節柄御聞得ゐ不可然、且又御書中ニゐ萬一御相違共相成申候ゐも、以之外之御珍事可被爲在ニ付、

御參府之上、御重役幷私共ゟ、御直話御伺セ被成下、其上御取極被遊度、此御家御太切之御場合ニ付、御內吟問之御都合ニ而御六ヶ敷共、御重役初誠忠存上候ハヽ、右之通屹ト御取計被成下度、萬一心得違彼是申上、大隅樣御不爲之儀、御必定ニ可有之候との御事共奉伺、何共〳〵奉恐入仕合御坐候、是迄之形行御重役共ゟも不殘申述、猶又篤ト評議仕候處、何分不容易御事柄ニ付、早速御家老之內よても、其御領內ゟ罷出、委細之御樣子奉伺度奉存候得共、何分是迄之初終之形行、大隅樣達御聽不申候ゐも、不被罷上次第ニ御坐候間、此筋も極內ニ相叶不申、只々何共難申上奉存候、出雲守御引渡被成下候樣、指急キ願上候趣意ニ而專御父子樣御間計ヲ一向ニ爲奉存計ニ付、前文通之御都合向夢々不奉存御事ニ御坐候、此上ハ兎角　思召樣乍恐御尤樣ニ奉存候間、無御程御參府之上、何卒大隅樣御爲、御父子樣尙又御都合宜敷樣ニ、

御近親之御好ミ樣ニ付、御賢慮被成進被下候樣、幾重ニも乍恐奉願上候、尤御家老中ゟ
ゟ同樣願上、當時此一條外ニ奉念願御一儀無御坐候間、深重被遊
御汲受被成下候樣、誠仰乍恐奉祈上候、謹上、

伊集院平

七月廿三日

吉利仲

上

奉別啓候、御請之儀、早々可奉申上筈之處、丁度之折柄、參府之琉人御式事、引續御
手當向之御覽抔被仰付、御重役共得と打合、則々相調兼申候ニ付、存之外延々罷成、
何共奉恐入上候、

補遺

一　（天保九年カ）正月十二日　伊集院兼珍への書翰

すまノ生母トノ書附取交セニ就キ指示ス

外見上母タルコトヲ憚ル

侍女くらトノ關係

一内々申入候、證文致披見候、則返し申候、此度母（齊彬側室すま生母）其方下女之場ニ而參り候ニ付而ハ、猶又よく〳〵申聞候而遣候様ニ存申候、且又別紙之意味合之書取爲致候様ニ存候、何も無之候而も宜敷候得共、念の爲ニ候間、母此方ニ不參内ニ、書付其方名前ニ而取り候様、左候得ハ、しめ（奥女中）・山なそ若承り候而も行届候處ニ相成、旁都合宜敷と存候間申遣候、書付ニ判爲致、出來候ハヽ一寸と見せ可申候、當時何も無之候得共、外ゟ母と見得候様ニ致候而ハ、女中ハ口なしきものゆへ、又やかましく、參りなれ候上ハともかくも、ハしめ大事ニ候間、よく〳〵申聞候様ニそんし申候、尤當時新御殿（齊彬正室英姫、德川齊敦女）之方ハ少しも申分も無之、至極宜敷御座候、只仲間之方かへつてむつかしき様子ニ御座候、是以て何も差ゐる事ニハ無之候得共、くら（侍女、若年寄格、酒井氏）事餘り利口過き候ゆへ、時々ハむつかしき事も見請申候、右之處ハ自

母ノ參殿ニ對スル心得

分もよく〳〵承知候まゝ、宜敷候得共、母此節參り候節之心得ニ、其方ゟ内々申聞候間、先ゟは不申聞候て、其處も有之候事ゆへ、夫故ぬく〳〵致候てよく〳〵可申聞候、又若まはか母ゟ右様之事、追々申へく哉とを存候間、左様の節其方存し不申候ては不宜候間、内々申聞候、尤いつ方ゟを内々ニ可致候、むつかしきと申候ても何もけして心配之義ニは無之、只當座之事ニ御座候、右之處は自分ニよく〳〵承知ニて候間、必ず心配いたすましく候、まはニなしき事も無之候、誠ニ心得れミ申遣置候、第一新御殿之方靜ゆへ、宜敷御座候、夫ゆへ此せつ母參候ても宜敷段申付候、以上、

新御殿ハ靜謐

正月十二日

證文案

（別紙）

一此度この子、御屋鋪ゟ内々上候様相成候ニ付ては、猶亦親ヶ間敷事一切仕間敷候、

一御貰切ニ相成候事ゆへ、此上共當人身之上、幷御訴訟ヶ間敷自由成儀、一切申上間敷候、

一御屋鋪ゟ上候義、其節々申上候て罷上り可申候、

〔參考〕（包紙ウハ書）（朱書）『「七拾壹番」』　安政四年五月二十三日　廣敷用人より記錄奉行への通達書

（齊彬）太守様御女子（島津忠鑑後珍彦夫人）典姫様御母附并右親姓名實名、御廣敷御用人より申出候趣御書附壹通、政安四年巳五月廿三日、』

太守様御子様

典姫様

御實母

壽海

右之親

亡 伊集院中二

兼珍

右之御實母并右之親可申出旨被仰渡趣承知仕、右之通御承知被申出候間、此段申上候、

以上、

巳 五月廿日

御廣敷御用人

すまノ宿百金ニテ出來

すま伊集院兼珍ノ子ト爲ル

小人ニ召抱ヘ高輪邸ニ置クベシ

小人ノ手當ヲ給與

高輪附近ノ町宅居住モ可

二　（天保九年ヵ）二月十九日　伊集院兼珍への書翰

（所見ナシ）書取致披見候、もは宿の義も、百金ニ御座候得ハ出來候よし致承知候、然ル處ニ、八郎右衛門（碇山久德、大番頭兼側用人側役、後島津、家老）考之處、只今近邊ニ引移り候而、若其事奥其外やしきうちニて色々申候而ハ不宜、一體もらひきり候而、其方實子ニ相成候間、かの方ハ手切之事ゆへ、右様の事ニて奥なそ色々申候而ハあしく候間、夫よりハ何となく内々の計らひニて、御小人江かゝへ候而ハ如何ニ候哉と申候間、小人ニかゝへ候而も、矢張人存知候まゝ、左様ニ候ハゝ、周助之様ニ、芝（齊興）（江戸芝新馬場、上邸）ニてハかまひ不申、高輪（齊宣）（江戸芝、下邸）ニ而内々御計らひニて、召かゝへ候而、高輪やしき江何となく置候方かと存候旨申候處ニ、夫ならハ至極宜敷、入用ハ内分ニ而相廻し可申と申候間、近日中御都合之節ニ高輪（齊宣）江伺ひ可申旨申置候、右之儀ハ先方承知可致哉、尤つとめて致候ニ不及事、若承知ニ候ハゝ、小人之あてかひ遣し、其上月々遣もの是迄之とふりニいたし、やしき江引移り候様ニ爲致申度候、若不承知ニ候ハゝ、芝江ハやしき江引移候筈なから、長屋都合も有之候間、夫迄高輪近邊江、不見[目]立處ニ居候と、申候處ニ而、宜敷邊見合、町宅いたし居候ても然ルへく存候、百金ハいつれ入用之事ニ候間、遣し申へく候得共、前文之處きまり不申候てハ、八郎右衛門ゟ申のこく候間、早く相談いたし、又候內々可申遣候、左候上ニ高輪ゟ自分か考付之様ニ申上候て、表か入用取り可申考ニ候事、且又月々壹兩相増候儀ハ、是ハ表ゟハ申ましく、奥ニて花岡(奥女中)ゟ申候て、月々壹兩ツヽハそなか其方迄遣候様ニ可致、是ハ此節ハ表ゟハ內々ニ可致候、

月一兩ヲ増給

一百金も早く無之候て都合なしを候ハヽ、是ハ表より取り候迄ハ、內分ニて遣候事も出來申候間、是又可申遣候、

百金ハ速ニ遣スベシ

一愈なしきゟ入候事承知ニ候得ハ、百金か以上六七十金之處ハ、表か爲出候ても宜敷様子ニ候、

邸入リ手當金

一當時之處ばハ何分早く引移り候様ニ致度、赤羽根(別邸)(江戸芝)も宜敷とハ存候得共、屋敷出入もむけく候間、成丈ハ承知と候ハヽ、なしきゟまつ小人ニてかヽへ候處ニ致候得ハ上々ニ御座候、全體其方娘之名目無之候得ハ、小人かよくかヽへ候事ニ候得共、是以て年數中々追付キ不申、其上其方娘之事ゆへ、誠之かけニ御座候間、小人ニまづかヽへ可申、追々年數立候上ハ、何様ニも相成候事ニ候、

現居所ノ移居ヲ望ム

召抱ヘノ事情

一右之條不分處も有之候ハヽ、廿日・廿四日なまふも有之候間、（頼徳、玄蕃頭、久留米藩主）有馬之用事も有之候間、八ツ後表に出候樣、有馬之事ニ付、御使旁出候趣ニゐ、宜敷御座候事、

一（齊宣）中將樣に申上候儀も、近日ニ一寸と（マヽ）罷出候筈ゆへ、自分ゟ可申上候間、其心得ニ可致候、

かしく以上、

二月十九日

江戸詰中ノ懇情ヲ謝ス

〔參考一〕　天保十二年六月三日　碇山久徳より種子島時昉への書翰

廿九日付の（所見ナシ）御懇書、去る廿七日相屆、是又細々拜見いたし候、貴所樣彌御安泰被成御精勤珍重奉存候、於當方御宿許御惣容樣御揃無御別條、御賢息樣方彌御安全御精勤ニ御座候、旁御懸念無御座御休意可被下候、扠私詰中公私ニ付、彼是御懇意被仰付、殊ニ出立前も品々御餞別等被成下、御懇情之程厚辱仕合奉存候、歸著則右御禮等深重申上筈御座候處、著涯ゟいそ〱繁雜ニ打過、何も不行屆之至失敬申上候、其段も御仁免奉希候、

齊宣ノ命ニヨル齊彬侍女ノ人選

一（齊彬）少將樣御召仕女之儀付、出立前御示談申上、（齊宣）高輪樣　思召付之筋よて、今一人御召仕候一條ニ付、細々被仰下趣承知いたし候、且つ此節山口五郎右衞門殿（側役）歸著ニ付、猶又御傳詞之趣、且其御許御形行等之儀も細々承知仕、品々御骨折御精勤之由、とふり

人選ノ困難

幕府若年寄林忠英等ノ罷免

徳川家齊逝去後ノ世相

仙波(市左衛門、永賛、小納戸)抔と被相談、近々ニ御供相成候様、呉々も御働被下候様、爰許ゟも掛而奉願候、尤　中將様(齊宣)ゟ猪飼氏(央、尚香、當番頭)へ御直書之内ニも右之御一條御認有之、南部様(信順、八戸藩主)ニ而御見分も被爲在候得共、格別御氣ニ付候程之者も無之、段々　御配慮も被遊候付、右之趣貴殿ゟ私へ申聞置候様と之御文言拜見仕、奉恐入仕合難有奉存候、江戸廣シといへ共、さてハ在少きものニ候、くれ〳〵も御心配之程奉遠察候、且花印事も御氣ニ入候得共、いまた年若者故、彼是と　御案しも被爲在候由、乍憚御尤ニ奉存上候、今一兩年も相立申候ハヽ、御番も相勤申候ハヽ、猶更御意ニ相叶可申儀も可有御座哉、此一卷ハ乍憚上も下も脇々の付藥ニ而ハ參兼申ものニ御座候、いつれニも　思召次第不被爲在候而、强而御進メも仕兼候、此節ハとふそ二十才位ゟ二三迄之人柄宜キものを、精々御探索被下候様相願居申候、

一(肥後守、忠英、若年寄・美濃守、忠篤、側用取次・筑前守、新番頭格小納戸頭取)林様・水野様・美濃部殿御役御免等之大變之一條、形行且風評等之儀、細々被仰越、且少將様(齊彬)御内沙汰等之儀、委曲承知仕候、達御内聽候儀者則申上置候、誠ニ大變到來ニ而

大御所様(前將軍徳川家齊)薨御後、いまた御日數不相立候處、いろ〳〵と世上騒敷、實以治まらぬ事ニ

附届ノ品多数ヲ取入ル

唐物屯荷行違荷評價物一條ハ公邊退役等ニテ沙汰止トナルベシ

平田友理伊集院久貫ノ事ハ兩人下著ヲ待チテ取計フベシ

御座候、當方ニ而取々様々風説區々御座候、いつれを正説とも相分り不申候、

一御内用一條ニ付、品々被仰聞趣承知仕候、保太郎ニも此節之御退役、又ハ轉役等ニ付而ハ、力落之譯も有之候半、いろ〳〵と爰許ニ而も御案シ申上居候、

一山口氏名越氏(彦太夫、盛光、抱守兼側役)江御内々御取替等之儀も、細々被仰下委曲承知いたし候、且又幡印ゟ御付届等之儀共品々申出、段々大粧成御品等御取入相成候段も承知いたし候、就而ハ御金も過分入嵩御心配の程察上候、調所家(笑左衛門、廣郷、家老)へ御續金之儀も承知いたし候、

一唐物屯荷行違荷、又ハ評價物等之一條ニ追々御願立も有之候處、段々と御模様宜相聞得申候處、此節之

公邊退役等ニ付、決而暫ハ御沙汰止ニ相成申候半等之儀共承知仕候、時節到來トハ申なから困り入たる仕合ニ御座候、唐物屯荷等ニ至而大金之御品、長々片付方不被仰渡候而ハ、過分之御損失相成事ニ付、調所氏ハ勿論、其掛御役々實以心配ニ御座候、

一山口氏便ゟ被仰下候、平田仁左衛門(友理、小納戸頭取)品能被仰付度、且又伊集院源之丞(久貫)一條も委曲承知仕候、いつれ御都合を以奉伺、兩人共ニ下著之上被仰付筋ニ取扱可仕候、平田儀ハ年功も有之、其上正道ニ何歟相守り、精勤之段ハ私ニも兼而見聞仕居候付、委曲　御内

門ノ出入取締ヲ嚴ニセラレタシ

沙汰仰之趣承知仕候、追ゐ何分可申上候、若其内少將様　御内沙汰も被爲　在候ハヽ、右之段ハ宜様御取成奉願候、山口氏別ゐ元氣歸著ニゐ翌日引續連勤ニ御座候、至ゐ壯健ニ御座候、且當方ニゐ其外同席中無異毎勤御座候、乍憚御休意可被下候、

一其御許ニゐ御門出入ニ付ゐハ、其御許御發駕前被　仰出置候付、一統相愼候由ニ相聞得、爰許ゟも仕合ニ相考居候處、間ニ者不勘辨之儀も有之候哉ニ相聞得、山口氏ゟ細々直話承申候、就ゐ者彼是と御配慮も被爲在候由、稀ニ馬鹿な事を仕出ゐまりさるをの二御座候、とふそ此末御取締行屆候様有御座度、奥向ニゐも吉井（七太夫、泰堅、小納戸頭取）・二階堂（主計、行經、大番頭兼勘定奉行）、毎々檢通ニ相見得候哉ニ相聞得申候付、則山口氏へ細々承候處、何も左様成事ニゐハ無之由、一度歟相付候哉ニ承申候も、掛ゐ之事ニゐ右通り噓實分り兼申候付、奥向ハ一統靜謐ニ有之様吳々もいたし度、乍御苦勞時々御聲を御掛被下度、萬々一も奥向御手許ゟ事を破り候様成立候ゐ不相濟事ニ候、併當時ハ　御留守中御座候間、何も小人數ニゐ御取締行屆申候半、來冬琉人被召列候節ハ奥表とも大勢、其上ゐさらのものも多人數、暫時も相詰候付、其節御取締向如何可有御座哉と、唯今ゟ案し居申候、當方ニハ何も

相變候儀無御座候、世上一統靜謐ニ而仕合ニ御座候、

右公私用取交御答旁申上度如斯御座候、猶期後雁可申上候、恐惶謹言、

六月三日　　碇山將曹（久德、大目付、後島津、家老）

種子島六郎殿（時昉、當番頭兼側用人側役勤）

追而、炎氣折角御厭御精勤專要奉存候、隨而私事無異每勤仕候間、乍憚御放意可被下候、

〔參考二〕　天保十二年六月四日　種子島時昉より碇山久德への書翰

少將様（齊彬）御附御中﨟御側女中須磨事、此涯若年寄被仰付、勤方是迄之通可被仰付旨、

中將様（齊宣）被思召候付其段私方

少將様へ申上候様、仙波市左衞門（永賛、小納戸）を以て承知仕、右之趣申上候處、

中將様御沙汰之趣難有被思召候、右御請御禮之御使可相勤、左候て須磨事、去子（天保十一年）四月御

中﨟被仰付、漸一ヶ年餘ニも罷成候儀故、來年ニも相成候上被仰付候歟、無左候ハ一往

太守様（齊興）へ御相談被　仰進、其上被仰付候儀候ヘハ猶又難有被思召、然なから此儀も、市

齊宣齊彬ニすまヲ若年寄ト爲サン事ヲ諮ル

すまノ閲歴

齊彬齊興ニ

内伺セン事ヲ請フ

齊宣更ニ侍女一人ノ人選ヲ命ズ

齊宣直書ヲ以テ齊興ニ詳報ス

左衛門迄内々相含居候様と之御事ニ而、先日御禮之御使相勤、右御勘考之處も市左衛門へ内々申聞候處、則

中將様入　御聽、其上右　思召之筋合も程好申上候處、随分御尤ニも被　思召、然共少將様其後御子様も不被爲在御事故、今一人御側女中可被進と之思召ニ而、當分折角被遊御吟味候、追々御見立之者相究り候、且表向被進候思召之かたへハ、須磨事最早多年相勤居候へハ、此度被取揚候者よりハ、夫丈役格等も相分り居不申候へハ不宜敷と被思召候御譯も被爲在候付、追而御しらへ可在相究候ハヽ、其節右通可被仰付候、此儀ハ中將様へ御任置可被遊、勿論右之趣ハ太守様へも今日飛脚ゟ　御直書ニ而御委被　仰進候付、何も御案被爲及間敷旨、猶又市左衛門を以而承知仕、其段申上候處、少將様被遊御承知、右

中將様御沙汰之趣ヽ御方迄申遣置候様被仰付、此段申越候、

太守様へ被申上候儀ヽ御勘考次第御取計可給候、以上、

六月四日

種子島六郎

碇山將曹殿

（張紙）
「本文御問合之趣、委曲致承知申候、則書面を以達御内聽置候、乍麁略以張紙此段及御返答候、以上、

七月三日　　碇山將曹

種子島六郎殿」

島津齊彬文書　上卷　終

島津齊彬文書 上卷

昭和三十四年八月二十五日 印刷
昭和三十四年九月 一 日 發行

編纂者 鹿児島市山下町三一の二 鹿児島市役所内
島津齊彬文書刊行會
會長 勝目 清

發行者 東京都世田谷區代田一の七二九
吉川圭三

印刷者 濱松市上池川町八八
鞍智宣章

發行所 株式會社 吉川弘文館
東京都千代田區神田神保町三丁目十九番地
電話(33)〇六七四・三五六六番
振替口座東京二四四番

島津齊彬文書　上巻（オンデマンド版）

2018年10月1日　発行

編　者　　島津齊彬文書刊行會

発行者　　吉川道郎

発行所　　株式会社 吉川弘文館
〒113-0033 東京都文京区本郷7丁目2番8号
TEL 03(3813)9151(代表)
URL http://www.yoshikawa-k.co.jp/

印刷・製本　株式会社 デジタルパブリッシングサービス
URL http://www.d-pub.co.jp/

ISBN978-4-642-73020-4　2018
Printed in Japan